관계인구의 사회학

인구감소 시대의 지역재생

다나카 데루미 지음_ 김기홍 옮김

'0.72'.

2023년 우리나라의 합계출산율 예측치이다. '이생망(이번 생애는 망했다!)', 'N포 세대'라는 말이 회자된다. 많은 사람들의 입에 오르내리는 반농담조의 자조적인 표현이지만 쉽게 흘려들을 수 없다. 위의 수치는 각자도생 외엔 선택의 여지가 없음을 잘 보여준다.

많은 이들은 '지방소멸' '지역소멸' 같은 거시적 담론엔 신경 쓸 여력이 없다. 개인만 있고 공동체는 사라진 듯하다. 머지않아 '국가소멸'이라는 말이 나오는 것도 무리는 아니다. 이런 상황을 초래한 기성세대들의 책임은 참으로 무겁다. 무(無)에서 유(有)를 창조했던 부모 세대의 희생과 도전 정신이 참으로 그립다.

일찍이 일본에서는 마치즈쿠리, 무라오코시, 내생적발전론, 도농교류론 등 시대에 맞춰 다양한 이론을 내놓으며 지방소멸과 지역소멸 위기를 극복하기 위해 노력해 왔다. 이런 일본도 2010년 1억2,806만명을 정점으로 찍은 뒤 2011년부터 인구의 절대적인 감소를 피하지 못해 2065년에는 8,808만명으로 줄어들 것이라는 전망이 나온다. 버블붕괴 후 '잃어

버린 30년'을 넘어서 침체일로를 걷고 있는 일본에서는 어떻게 미래를 대비하고 있는지가 늘 관심사였다.

사실 일본은 2008년부터 시작된 고향납세를 통해 나름대로 소멸위기에 직면한 전국 구석구석에 새로운 바람을 불러일으켜 왔다. 고향납세는 답례품을 이용한 호객행위라거나 지역 간 격차를 더욱 심화시킨다는 비판도 받고 있다. 그럼에도 지속적인 혁신과 제도 개선을 통해 문제점을 해결하며 전 세계 어느 곳에서도 전례를 찾아 볼 수 없는 제도를 완성시키면서 위기극복을 위해 몸부림치고 있다.

역자는 일본의 고향납세를 취재하고 연구하며 이 제도가 어떻게 우리나라에 정착돼 활용되면 좋을까를 계속 고민해 오고 있다. 그 과정에서 일본의 고향납세가 한 단계 더 발전하려면 '관계인구'를 확대하는데 목적을 둬야 한다는 점을 주목하게 됐다. 즉 일본의 고향납세를 발전시키는 방안으로 관계인구를 바라본 것이다. 이 내용은 2018년 국회 농림축산식품해양수산위원회의 정책연구용역과제인 '한국의 고향세 도입 필요성과 정착방안 연구'에 담아 정리했다.

그런데 '관계인구'는 고향납세제의 발전 방안을 넘어서 지방소멸과 지역소멸을 극복하기 위한 보다 근본적인 방안이 되고 있음을 알게 됐다. 사실 지금까지 대부분의 국가나 지역에서는 기본적으로 인구증가를 전제로 발전계획을 세우는 식이었다. 인구가 증가하면 양적으로 관계도 확대되며 국가의 발전을 지속할 수 있게 된다는 것이었다. 문제는 양적으로 인구를 증가시킬 수 없는 상황에서는 어떻게 해야 할까. 방향을 돌이킬 수 없어 인구감소가 상수화(常數化) 된다면 과연 지방이나 지역은 존재할 수 있을까.

인구감소 등으로 기인한 지방소멸과 지역소멸 문제를 양적 주술(呪術)에서 벗어나 질적 차원으로 전환할 경우 새로운 가능성이 보인다고 제시한 게 바로 일본 시마네현에서 지역사회의 변화를 취재·연구하는 다나카 데루미 박사의 『관계인구의 사회학』이다. 오사카대학출판회에서 2021년 출간돼 현재 세계 최대의 온라인 서점인 '아마존'에서 돌풍을 일으키고, 일본 지방자치단체로부터 주목받고 있는 이 책은 지방소멸과 지역소멸에 직면한 국가나 지역이 어떻게 재생방안을 세워갈지에 대해 다각적으로 해답을 제시하고 있다.

혼자 읽고 덮어두기에는 너무 아쉬움이 커 어렵지만 책의 번역·출간을 결심했다. 이 책의 장점은 다음과 같이 정리할 수 있다.

먼저, 인구감소 시대의 생존방안으로 관계의 양(量)에서 질(質)로의 전환이 무엇인지를 이 책은 확실히 제시하고 있다. 우리는 관계의 양에는 익숙하지만, 질에는 둔감한 게 사실이다. 그런데 이 책은 관계의 양보다 질을 강조하고, 그 관계의 질은 어떤 것인지를 명확히 밝힌다. 이 책에서 말하는 관계의 질이란 수평적 관계에 바탕을 둔 호혜성과 협동, 진심어린 신뢰, 사리판단이 가능한 담백한 관계가 핵심이다. 즉 사회관계자본의 강화다. 수직적 관계를 중시하고, 말로만 신뢰를 강조하며, 피는 물보다 진하다는 감정을 당연시 하는 사고가 지배한 상황에서는 선뜻 이해하기 쉽지 않다.

둘째로, 지방소멸과 지역소멸을 경험하는 곳에서 관계인구가 지역재생이라는 현안을 해결하는데 어떤 역할을 할 수 있는지 막연한 기대만 갖고 있는 상황에서 이 책은 다양한 사례를 통해 그 해답을 주는 것도 역자는 크게 끌렸다. 관계인구는 그 자체로 여러 효과가 있지만 결국은 지역주민들과 협력해서 창발적인 방식으로 지역재생을 이끌 뿐 아니라, 궁극적으로는 관계인구가 존재함으로써 지역주민이 지역재생 주체로 거듭나도록 하는데 의미가 큰 것이다.

셋째로, 본서에서 등장하는 지역사회를 재생하기 위한 참신한 아이디어들은 독자들에게는 큰 자극이 될 수 있을 것으로 봤다. 2023년 1월부터 고향사랑기부제를 시행하는 우리에게 도움이 되는 것은 물론이다. 사실 지역재생을 추진한다고 하면 천편일률적인 접근방법을 적용하는데 익숙한 게 우리의 현 주소다. 본서에 등장하는 다양한 아이디어가 지역현안을 해결하고자 하는 이들의 무궁무진한 창의력을 일깨우는 계기가 됐으면 하는 게 솔직한 심정이다.

마지막으로, 이 책을 저술한 저자로부터 느낀 인간적 동질감도 역자를 자극하는 계기가 됐다. 저널리스트이자 연구자의 관점을 견지하면서 지역의 변화와 서사를 기록·탐구하는 자세를 오랫동안 실천하고 있는 것은 역자를 채찍질하기에도 충분했다. 사실 역자도 이런 문제의식을 갖고 부지런히 현장을 누비며 취재와 연구를 위해 달려왔지만 이를 객관화하고 체계화하는 데까지 이르지는 못했다. 어려운 일을 당당히 해낸 본서의 저자에게 박수를 보낸다.

한편 이 책이 국내에서 발간되기까지 우여곡절도 적지 않았다. 수개월에 걸쳐서 번역은 끝냈지만 사실 출판할 곳을 찾지 못해 출간작업은 반년 이상 방치돼 있었다. 결국 출간 의사를 밝힌 또 다른 출판사와 경합 아닌 경합을 벌여야 했지만, 미리 번역 의사를 저자에게 전달하고 초벌번역을 끝낸 덕분에 역자에게 권리가 돌아오게 됐던 것으로 생각된다. 특히 시장성이 약한 학술서적임에도 한흥수 한스하우스 대표님은 과감하게 출판을 결심했고, 김주형 도서출판 다리 대표님도 이런 결심을 이끌어내는데 큰 도움을 주셨다. 이 과정에서 징검다리 역할을 해 주신 이병서 한국식품유통학회 전 회장님도 이 책이 나온데 한몫 해 주셨다. 이 기회를 빌려 감사드린다.

사실 역자는 이 책을 번역하고 수정하는 과정에서 많은 한계를 느끼지 않을 수 없었다. 1990년대 초 고려대학교 아세아문제연구원 일본연구실 연구원 시절부터 지금까지 쭉 일본의 지역 활성화에 관심을 가지며 전문성을 쌓고자 노력해 왔지만 한권의 전문서적을 완벽하게 번역해 내는 것은 만만치 않은 과제였다. 따라서 이 역서에는 역자의 무능 등으로 인해 오역된 부분도 있을 것으로 생각된다. 이런 문제에 대해서는 독자들로부터 어떤 질책도 달게 받겠다는 각오다. 그럼에도 이 책을 펴내고자 했던 것은 '이생망'을 말하고 'N포 세대'가 넘쳐나는 가운데 지방소멸과 지역소멸 위기를 해결하고자 노력하는 분들께 조금이나마 도움이 됐으면 하는 바람에서다.

끝으로, 생업과 배움의 현장에서 많은 지적 자극을 준 선·후배님과 동료들, 본서의 번역과 출간 작업 동안 소홀할 수밖에 없었지만 어려운 가운데 각자의 위치에서 애쓰는 가족들과, 하루하루 다르게 건강을 잃어가고 계시는 부모님께 죄송함과 감사한 마음 가득하다. 아무것도 제대로 보이지 않는 안개 속을 걷는 듯한 삶임에도 미래로 한 발 한 발 옮길 수 있었던 것은 '합력하여 선을 이루시는 하나님의 은혜' 덕분임을 고백하지 않을 수 없다.

목차

서장.
전례 없는 '위기' 가운데에서

1. 지방소멸에 대한 과도한 대응

일본은 메이지시대(1868~1912년) 이후 인구가 계속 증가했고 이러한 인구증가가 돼야 국가와 사회 발전은 지속적으로 가능할 것이라는 인식틀을 갖고 있었다. 그러나 2011년부터 인구의 계속적인 감소가 시작됐다.[1] 더욱이 국립사회보장인구문제연구소(2018)의 추계에서는 2015년 1억2,709만명이었던 총인구는 2065년 8,808만명으로 급감하며, 향후 50년 동안 약 30%의 인구가 감소하게 된다고 밝혔다. 이 연구소는 일본에서는 역사상 이와 같이 장기적이고 지속적으로 인구감소가 일어난 적이 없고 "우리나라의 21세기는 정말로 인구감소의 세기라고 말할 수 있다"고 천명했다.[2]

다만 지방의 일부 지역에서는 '과소화'라고 이야기되는 바와 같이 이전부터 단계적으로 인구감소를 경험해 왔다.[3] 그 때문에 인구감소의 한가운데에서도 어떻게 지역을 재생시킬 것인가, 정부나 지방자치단체는 대책을 계속 모색해 왔고 학술연구의 주제로도 종종 등장했다. 그럼에도

불구하고 지금까지 지역재생 정책은 기본적으로 실패했다는 지적이 우세하다(이다 외, 2016).[4]

이러한 상황에서 일본창성회의(日本創成會議)가 2014년 소위 '마스다 보고서'를 발표했다. 이것은 2040년까지 일본 전체의 49.8%에 해당하는 896개의 지자체가 소멸될 우려가 있다는 내용이고, 이어서 이 회의의 좌장인 마스다 히로야는 '지방소멸'이라는 책을 출판하며 '위기'를 부채질했다. 이 '마스다 보고서'는 앞으로 서술하게 되겠지만 전국의 많은 지자체 관계자에게 충격을 주었다고 해서 다양한 비판과 반론을 받았고 그 중에는 설득력이 있는 것도 포함돼 있다.

그러나 인구감소의 단계가 더욱 진척돼 마침내 소멸한다고 하는 주장이 등장할 정도의 상황이 됐다고 하는 것은 사실이고, 전례없는 사태로서 받아들일 필요가 있다. 소멸이라고 하는 파워 워드(power word), 그리고 실패의 연속에서도 뾰족한 수단이 보이지 않는 지역재생 정책. 이것들을 앞에 두고 오늘날만큼 새로운 접근방법에 의한 지역재생이 강력히 요구되던 시대는 일찍이 없었다고 해도 과언이 아니다.

'마스다 보고서'에 응답하는 형태로 추진되게 된 것이 인구소멸에 제동을 걸고 도쿄로만 집중되는 현상의 시정을 목표로 하는 게 '지방창생'이다. 아베신조 전 수상은 '지방창생'의 결의를 처음으로 표명한 2014년의 소신표명 연설에서 "고향을 소멸시켜서는 안된다"고 호소했다. '지방창생'은 이와 같이 갑작스럽게 던져진 소멸의 위기감을 근거로 해 지나칠 정도로 인구대책에만 초점을 맞추고 있다. 실제로 '지방창생'을 위해 노력하고 있는 지역에서는 이주를 적극적으로 추진하는 것이 재생의 방향성으로서 폭넓게 인식돼 왔다. 그 결과 빈집의 알선이나 자녀 의료비 무상 지원, '이사해 주면 OO만엔'과 같은 방식으로 이주자들에게 특전을 제공하는 등 '지자체간 인구획득게임'(야마시타, 2014: 187)의 양상이 나타나게 된 것이다.[5]

한편 지방소멸을 호소한 '마스다 보고서'에 대한 반론은 역시 지방은 소멸하지 않는다고 하는 것에 집중하고 있다.

예를 들면 오래된 데이터를 사용한 것 등 '마스다 보고서'의 전제조건에 의문을 던지는 것이다. 또 앞으로 서술할 전원회귀라고 이야기되는 것과 같이 지방에 대한 관심의 고조라고 하는 트렌드를 철저히 무시하고 있는 점도 들 수 있다. 그리고 젊은 여성인구의 증감률을 갖고서 소멸 가능성을 논한 난폭함을 결정적인 문제점으로 지적한다. 게다가 어차피 지방은 소멸되지 않는다고 하는 점, 즉 존속이 충분히 가능하다는 것을 강조하고 있다(후지야마藤山, 2015; 오다키리小田切, 2014; 시마다嶋田, 2016a).[6]

그 가운데는 모든 지역에서 인구 증가를 목표로 하는 것은 불가능한 점, 인구는 절대적으로 감소하는 것을 전제로 한 논의도 있지만 그 전제를 통해 논할 수 있는 것은 지역이 존속하기 위한 방책이다(도쿠노德野, 2010; 데자키出崎, 2017).

확실하게 지방소멸이라고 하는 살벌한 논의와 동시에, 이로 인해서 흔들리는 '위기'에 대한 대응으로서 지역의 지속가능성을 호소하는 것으로는 커다란 의미가 있고, 또한 필수불가결한 작업이기도 하다.

그러나 존속의 의의나 가능성이 과도하게 강조된 나머지 인구를 유지만 시키면 지역재생이 실현된다고 하는 정의로, 원인과 결과가 바뀌어 버리기도 한다. 또 지역의 존속이 지역재생에 있어서 유일하고 절대적인 평가기준이 되는 것 같은 분위기가 강해지는 것도 사실이다. 새삼스럽지만 묻고 싶다. 정말로 그것으로 충분할까? 너무 엄격할지 모르지만 앞에서 서술한 바와 같이 지속적인 인구감소 사회를 맞이한 상황에서 모든 지역에서 인구증가를 목표하는 것은 불가능할 뿐 아니라 이미 지역의 존속을 목표로 하기도 어렵다는게 현실일 것이다.

인구감소가 전제로 되는 현대사회에 있어서 지역재생이란 도대체 무엇을 목표로 해야 하는가, 그 재정의도 요구된다.

2. 희망의 상실

지역재생을 둘러싼 논점은 또 하나 존재한다. 누가 지역재생을 담당할 것인가이다. 즉, 지역재생의 주체문제이다.

인구감소 사회란 단순히 생각하면 지금까지 지역재생의 주체로서 이해되어 온 지역주민의 양, 즉 정주인구가 감소하는 사회이다. 정치학자인 소가 겐고(曾我謙悟, 2019)는 저서 『일본의 지방정부』에서 지금까지의 지방자치단체는 인구의 증가를 하나의 목표로 해 왔다. 즉 인구라는 양적 측면에 주목하고 그것에 기초한 제도설계는 인구증대와 경제발전이 함께 진행되는 단계에서는 적합하다. 하지만 그 전제가 무너진 상황에서는 인구의 질(質) 대한 이해는 필수불가결하며, 인구라는 양적 '주술(呪縛)'로부터 해방되어 질로 향할 필요성을 강조하고 있다.

그리고 새삼스럽게 질로 눈을 돌려서 보면 인구감소가 진행되는 지역에서 주민들은 '자긍심의 공동화'나 '단념'에 기인하는 주체성의 결여가 이어지는 것으로 보고돼 왔다(호가키穂垣, 2014; 오다키리小田切 2014, 가미무라上村, 2017). '희망의 상실'이라고 말할 수 있는 상황이다.

이상을 정리해보면 지역재생의 주체는 정주인구가 줄고 주체성이 결여된다고 하는 양과 질 양쪽 모두 곤란한 상황에 처한 것이다. 지역재생 주체의 부족, 때로는 '부재'라고 지적될 정도로 심각한 사태에 직면해 있는 것이다. 지역사회, 그리고 지역재생을 생각할 때 진정한 '위기'란 여기에 있다고도 말할 수 있다.

지금까지 지역재생의 주체 형성이 중요하다고 하는 지적은 수없이 이뤄져 왔다. 하지만 중요성을 지적하는 것에 머물기도 하고 경우에 따라서는 당연한 것으로서(所與) 취급되기도 하는 경향이 강했다.[7] 최근에 이르러서 상세한 형성과정의 분석이나 축적이 진행돼 왔지만 공유된 이론적 틀은 아직 존재하지 않는다고 말할 수 있다.

한편 지역재생의 주체를 둘러싸고서는 지역주민 이외의 존재, 즉, 지역외부의 주체에 대해 주목하는 것은 적지 않다. 실제로 과거에는 지역외부의 기업에 의한 개발이 성행해 도시주민이 농촌을 방문하는 도시·농촌 교류에 기대를 거는 때도 있었다. 하지만 1980년대 이후 리조트 개발로 대표되는 것처럼 실패로 끝나 버리는 경우도 많고 도시·농촌 교류도 지역이 소비되는 일과성의 관계가 되어 '교류파탄' 현상이 보고되고 있다(오다키리, 2014).

다시 말하자면 지금까지 지역사회는 지역 외부 주체와의 사이의 관계구조에 실패해 온, 즉, 지역 밖의 주체를 지역재생의 주체로 상정하는데 실패했다고 해도 과언이 아니다.

이런 가운데 2016년에는 정주인구도 교류인구도 아닌 관계인구라고 하는 새로운 지역외부의 주체를 가리키는 용어가 등장했다(다카하시, 2016; 사시데, 2016). 총무성은 2018년 인구감소가 선행하는 지방에 있어서는 지역 외부 주체의 힘을(무리가 따르더라도) 활용하는 것이 필요하다고 해서 그중에서도 관계인구에 대한 주목이 지역재생의 계기가 된다고 하는 보고서를 공표했다.

더욱이 2019년도부터 총무성은 '관계인구 창출사업'을 시범적으로 시작해 '지방창생'의 방침을 결정하는 정부의 제2기 '마을·사람·일자리 창생종합전략'에서도 관계인구의 창출·확대를 제기하면서 관계인구에 대한 기대는 급속하게 확산된 것으로 볼 수 있다.

그러나 관계인구는 새로운 용어이기는 하지만 사회학적인 개념정의가 이뤄진 것은 아니고 지역재생에서 맡은 역할도 분명하지 않다. 때문에 지금까지 교류인구와 혼동하거나 과도한 기대, 그리고 본질을 벗어난 논의도 종종 나타나는 상황이다. 지역 PR 전략의 하나로 소비된다고 하는 지적도 받고 있다(다구치, 2017a).

역사를 돌아보면 새로운 지역 외부의 주체 등장에 일희일비할 것이 아니라 지역사회가 지역 외부의 주체와 어떠한 관계를 구축하고, 그리고 어떠한 지역재생의 주체로서 형성을 촉진해 갈 것인가를 생각해야만 한다. 이것은 지역주민이 양적으로도, 질적으로도 어려운 상황에 처한 현대사회에 있어서의 지역재생을 논하는데 있어 보다 중요성을 가진다고 볼 수 있다.

3. 목적과 구성

인구감소가 전제되는 현대사회에서 지역재생을 위해 누가 무엇을 목적으로 해야 할 것인가라고 하는 두 가지의 커다란 질문이 부상하게 된다. 그래서 본서는 새로운 지역 외부의 주체로서 등장해 온 관계인구에 주목해서 관계인구가 지역재생에 기여한 사례를 분석·고찰하는 것으로 관계인구가 어떻게 지역재생의 주체로서 형성되고 있는가, 그리고 지역재생에 어떠한 역할을 하는가 이 두 가지 사항을 명확히 하는 것을 목적으로 한다. 이러한 작업은 인구감소가 전제로 되는 현대사회에 있어서 지역재생이란 무엇을 목적으로 해야 하는가 하는 재정의로도 이어질 것이다.

구체적인 구성은 다음과 같다.

우선 제 I 부에서는 관계인구란 무엇인가를 명확히 하고자 한다. 제1장은, 관계인구가 등장하기까지 지역사회사(地域社會史)가 주제다. 소멸이란 말이 나올 정도가 된 지역사회의 변화를 개괄하는 것과 병행해서 지역재생 정책을 검증하고 지역재생을 둘러싼 본질적인 과제를 도출하고 자 한다. 좀 긴 듯한 장이지만 관계인구가 지금 왜 등장한 것인가를 생각 하는데에 있어서는 불가피하다고 생각한다.

제2장에서는 본서에서 주목하는 관계인구에 관한 논의를 정리하고 다 시 한 번 관계인구를 사회학의 개념으로서 정의하고자 한다. 관계인구라 고 하는 용어는 '도호쿠 먹거리통신'의 전 편집장인 다카하시 히로유키 高橋博之(2016)와 잡지 '소토코도' 편집장인 사시데 가즈마사指出一正 (2016)라고 하는 두 명의 미디어 관계자가 최초로 언급하고, 그 후 학술 연구에 있어서는 농업경제학자인 오다키리 도쿠미小田切徳美(2018)가 중심이 되어서 논의해 왔다고 하는 것이 큰 흐름이다. 지금까지 사회학 적으로 관계인구를 정의하고 지역재생에서 관계인구가 맡은 역할을 논 의한 연구는 존재하지 않았다.

게다가 제3장에서 관계인구가 지역재생의 주체로서 어떻게 형성되어 가고 있는가를 사회관계자본론[8]의 접근방법을 통해서, 지역재생에 어 떠한 역할을 할 것인가를 외지인론(よそ者論)의 접근방법으로 각각 분석 하고 설명하고자 한다.

사회관계자본은 2000년대 이후의 인문사회과학에 있어서 가장 폭넓 게 인용되어 논의된 개념이다(데라도코寺床, 2016). 그리고 재역재생의 유효성을 분석하는 연구도 학제적으로 수없이 이루어져 왔다.[9] 그러나 그 한편으로 사회관계자본과 지역재생 주체형성과의 관계는 충분히 검 토되어 왔다고는 말하기 힘든 상황이었다. 제2장과 제3장은 학술적인 기술이 중심적으로 되어있기 때문에 구체적인 실천에 관심이 있는 독자는 뒤로 건너뛰어도 좋을 듯하다.

제Ⅱ부에서는 관계인구의 다양한 모습을 다루고 있다. 제4장부터 제6장까지는 조사대상인 시마네현 아마정과 같은 현의 고쓰시, 가가와현 만노정의 관계인구가 어떻게 지역재생에 관여하고 있는가, 그 상황을 자세히 기술한다. 아마정에서는 폐교 직전인 고등학교를 부활시키고, 고쓰시에서는 셔터거리의 상점가가 되살아나고, 만노정에서는 고령자가 안심하고 살 수 있도록 구조를 정비하는 것이다.

이러한 과정을 거쳐서 제Ⅲ부는 관계인구와 지역재생을 본격 다룬다. 제7장에서는 관계인구의 지역재생 주체로서의 형성을, 제8장에서는 지역재생에 있어서 관계인구의 역할을 각각 분석하는 것에서 더 나아가 고찰을 추가해 인구감소가 전제로 되는 현대사회에 있어서 지역재생이란 무엇을 목표로 해야 할 것인가를 명확히 하고자 한다. 마지막으로 본서의 한계와 앞으로의 과제를 기술한다.

또 2020년에 발생한 신형코로나(COVID-19)바이러스의 감염확대는 지역과 관계인구에 커다란 영향을 주고 있다. 그래서 보론에서는 신형코로나바이러스의 감염확대와 동반하는 변화를 탐구하고 앞으로 관계인구의 존재방식과 과제를 검토하고자 한다.

4. 본서의 접근 방법에 관해서

지역재생 주체의 형성에 관해서 공유된 이론적 틀은 아직 존재하지 않은 상황이라는 것은 이미 언급했다. 요인은 여러 가지 있다고 생각되지만 그중 하나는 "개인의 의식변화을 이해하지 않으면 진정한 의미에서 주체형성의 실태파악이라고는 말할 수 없다"(하치야蜂屋, 2017: 25)고 하는 지적도 있는 바와 같이 개인의 의식변화을 이해하는 것이 어렵기 때문은 아닐까. 학술연구에 있어서는 시간과 비용이라고 하는 다양한 제약이 있다. 익숙하지 않은 지역에서 조사를 해야 하고 충분한 시간을 투입하기 어려운 경우도 적지 않다. 하지만 개인의 의식변용을 이해하기 위해서는 어차피 시간이 걸리는 것에 덧붙여 조사대상자와의 신뢰관계가 필요한 경우도 있을 것이다.

본서에 등장하는 3곳 가운데 아마정과 고쓰시 두 곳은 시마네 현 내에 위치해 있다. 필자는 시마네 현에서 태어나 자랐고 오사카대학 졸업 후에는 유턴해서 이 현의 지방지인 산음중앙신보사(山陰中央新報社)에 입사했다. 기자로서 15년간 근무하며 특히 지역재생에 관심을 가지며 취재활동을 했다. 2014년에는 프리저널리스트로서 독립한 후 변함없이 시마네 현에 거점을 두고 집필활동을 계속하고 있고 현재도 이 현 내의 주고쿠中国 산지의 지역재생을 추적하며 신문연재를 담당하고 있다.

그중에서도 아마정과 고쓰시에 대해서는 기자시절인 2013년부터 지속적으로 필드워크를 해오고 있고, 그것에 기초해서 3권의 책(야마우치

山內·이와모토岩本·다나카田中, 2015; 다나카田中·후지요藤代, 2015; 다나카, 2017a)을 집필했다.

또, 2016년도에 오사카대학 석사연구과에 제출한 석사논문(다나카, 2017a)에서도 이 지역의 사례에 기초해 앞으로 지역재생 전략은 정주인구의 증가로부터 관계인구의 증가라고 하는 패러다임의 전환이 요구된다고 지적했다. 이어서 2017년도에는 관계인구를 창출하는 시마네의 연속강좌 '시마고토아카데미'를 사례로 책을 집필하는 등(다나카, 2017c), 관계인구의 최전선에서 함께 뛰며 기록을 계속해 왔다. 그리고 이것을 더욱 발전시켜 2020년에 오사카대학 인간과학연구과에 제출한 박사논문을 새롭게 각색한 것이 이 책이다.

본서는 앞으로 서술하게 되는 바와 같이 장기간에 걸친 필드워크와 조사대상자와의 신뢰관계에 기초해서 개인의 의식변화를 철저하게 추적해서 기술·분석하고 있다는 점이 특징 중 하나이다. 도호쿠東北지방의 권역(bloc)지이자 가와기타신보사(河北新報社)의 전 기자인 데라지마 히데야(2012)는 지방지 기자의 본질은 "그 장소에 머물며 당사자들과 동 시간을 사는 것"이라고 서술하고 있다.

필자도 이러한 생각을 중요하게 생각하고 목표로 하고 있다. 다만 또 하나의 조사지인 가가와현 만노정에 관해서는 아마정과 고쓰시만큼 오랜 시간을 들이는 것이 가능한 것은 아니었다. 조사대상자와 정중한 커뮤니케이션을 하는 것에 신경을 썼지만 어려움이 있었던 만큼 이 부분만 고려해주신다면 더 바랄 것이 없다.

이러한 과정을 거쳐서 기술한 본서는 학술연구로는 많지는 않지만 실명을 공개적으로 하고 있다. 그 점에 관해서는 조사대상자에게 설명을 하고 허락을 받았다. 또 기술 내용에 대해서도 확인하고 수정을 희망하는 곳에 대해서는 조사대상자와 수정을 거쳤다.

질적 조사의 기술이나 묘사의 방법에 대해서는 개인정보보호 문제로 인해 익명으로 처리하는 것이 최근 요구되고 있다. 분명히 중요한 점이지만 한편 익명화를 함으로써 살고 있는 사람이나 지역이 소위 기호화되어 어떻게 하더라도 그 숨소리와 심장의 박동을 전달하기 힘들어 버리는 측면도 있는 것으로 생각된다.

이에 대한 찬반을 이해할 수 있지만 본서에서는 주체의 형성을 고찰하기 위해 빼 놓을 수 없는 것이 개인의 의식변화를 파악하기 위한 것이기 때문에, 그리고 "대상자의 허락을 얻을 수 있는 한 이면에 살아 있는 현실에 대한 구체적이고 자세한 기술을 목표로 하는 것이 질적 연구의 본질"(요시카와 토루吉川徹, [2001] 2019: 5)이라고 하는 생각으로 실명을 밝히고 있다.

5. 시마네현이라고 하는 지역

본서에 등장하는 3곳 가운데 2곳이 시마네현인 것은 지금까지 설명해 온 것처럼 필자 자신이 태어나 자랐고 저널리스트로서 활동하고 있는 곳이기 때문만이 아니다.

우선 첫 번째로 시마네현은 급격하고 심각한 인구감소의 발상지이고 더욱이 현재도 인구감소가 진행되는 최전선에 위치하고 있기 때문이다. 최근에도 인구감소 지역이 계속 증가하고 있는 데다 반세기 이상 전부터 시마네현은 과소와 급격한 인구감소에 직면한 실정이다.

현재 현의 인구는 2015년 국세조사(國勢調査)에서 69만4,352명. 정점인 1955년 92만5,066명과 비교하면 약 23만명이 감소한 것이다〈그림 1〉. 무엇보다도 제1회 국세조사가 이뤄진 1920년의 현(県)인구를 밑돈 전국 유일의 도도부현이다.[10]

강연 등에서 다이쇼(大正)시대보다도 인구가 줄어든 것을 소개하면 강당에서는 항상 떠들썩한 반응이 생겨날 정도다.

1964년에 개최된 도쿄올림픽으로부터 5년 후인 1969년 시마네현 구(旧) 히키미정(현 마스다정)의 고(故) 오타니 다케요시 정장은 중의원지방행정위원회에 참고인으로 출석해 "과소라고 말하면 먼저 시마네현이고, 시마네현 중에서도 히키미라고 할 정도다. 과소에서 히키미는 전국적으로 반갑지 않은 이름을 먼저 떠올리는 것을 정말로 부끄럽게 생각한다"고 말한 바 있다. 이 시기에는 시마네현이 과소화의 대표적인 존재로서 인식되는 것은 확실하다고도 말할 수 있다.[11]

왜 시마네현이 과소화의 대표적인 존재로 되었는가. 그것은 바꾸어 말하면 옛날에는 그만큼 풍요롭게 인구를 끌어안고 있는 것이 가능했다고하는 의미도 된다.

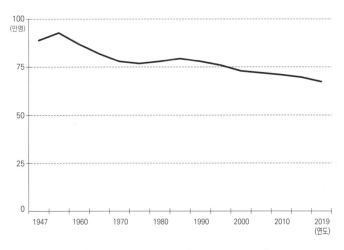

〈그림 1〉 시마네현의 인구 추이(출처 : 시마네현 2020a)

　시마네현은 주고쿠지방의 북쪽에 있고 이웃인 돗토리현과 함께 산음(山陰)지방이라고도 불리고 있다〈그림 2〉.

　주고쿠산지를 가로지른 히로시마현이나 오카야마현의 산 양지쪽과 비교하면 구름이 끼거나 비오는 날이 많고 겨울이 되면 거의 파란하늘을 볼 수가 없다. 필자 자신도 어린 시절 언제나 늘 우중충한 빛깔의 하늘과 시커먼 바다가 너무 싫었다. 어쩔 수 없이 기분이 무겁고 보고 있으면 너무 우울했다. 그런 그림자가 비치는 (바다의) 아름다움이나 심오함을 사랑하게 된 것은 성인이 되고나서였다.

　시마네와 돗토리 두 현은 '섬(島)'과 '새(鳥)'라고 하는 한자가 혼동되는 것에 더해 좌우의 위치도 헷갈리는 경우 많다. 그래서 시마네현은 "시마네는 돗도리의 왼쪽입니다!", 돗도리현은 "시마네의 오른쪽입니다!"라는 식으로 지도를 그려 넣은 티셔츠를 판매해서 홍보하고 있은 경우도 있다.[12] 실제로 두 현 모두 인터넷 상에서 진반농반으로까지 이어져 '실은 어디에 있는지 잘 모르는 도도부현 랭킹'의 최상위에 항상 함께 있다. 한마디로 말하면 너무도 특색없는 지역이다.

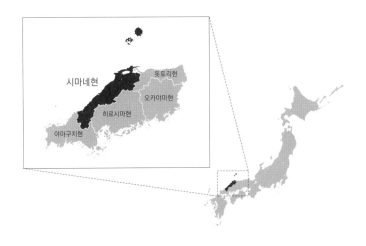

〈그림 2〉 시마네 현의 위치

그러나 과거에는 메이지시대까지 계속된 국내 제철의 중심지였다.[13] 시마네현을 포함한 주고쿠산지는 철분을 많이 함유한 화강암이 풍화되어온 진사토(眞砂土)가 대량으로 나온다. 여기에 더해서 현의 면적에서 차지하는 삼림비율이 79%에 달해 전국 3위의 삼림현이다. 습기가 많고 비교적 표고가 낮은 산들이 이어져 목탄생산에 최적인 갈참나무와 너도밤나무 등 활엽수가 많기 때문에 사철(砂鐵)과 목탄을 흙으로 만든 가마에서 제조하는 '골풀무제철'이 왕성하게 발전했다. 특히 전국의 목탄생산이 정점을 맞은 1960년대까지 동쪽의 요코즈나(橫綱, 일본 전통씨름인 스모 경기에서 우승자를 일컬음)는 '이와테목탄', 서쪽의 요코즈나(橫綱)는 '시마네목탄'이라고 인식될 만큼 제탄이 중요한 산업이었다.[14] 이런 이유로 산이 깊은 오지에도 마을이 형성되어 사람이 오랫동안 정착하고 있었다.

그러나 메이지시대에 들어서며 근대적인 제철이 시작되고 더욱이 1950년대부터 각 가정에 가스가 보급되기 시작하면서 목탄의 생산량은 단번에 감소했다. 현금수입의 수단을 잃은 시마네현의 농촌지역부터 인구유출이 시작됐다. 앞에서 서술한 시마네현 히키미정이 주고쿠산지에 있고 총면적의 97%가 삼림이었던 것은 상징적이다.[15] 한 집이 모조리 떠나는 '거가이촌' 현상이 계속된 이 정의 인구는 7,186명(1960년)에서 5년만에 5,256명이 되었고 지금은 1,119명으로 약 80%나 줄었다.

시마네현에서 산양(山陽: 일본 주고쿠지방 중 세토나이카이에 면한 지역) 쪽으로 가기 위해서는 거의 반드시라고 말해도 좋을 만큼 주고쿠산지를 넘지 않으면 안된다. 에도시대에는 하리마노쿠니히메지(播磨国姫路, 효고현 히메지시)로부터 이즈모노쿠니마쓰에(出雲國松江)를 연결하는 이즈모가도(出雲街道)가 존재하고, 현재는 국도와 고속도로의 정비가 진척되고 있다고는 하지만 겨울에는 적설량이 1m를 넘는 곳도 적지 않다. JR도 산간을 마주치듯이 달리는 지역 열차가 산음과 산양을 연결하고 있지만 고속도로의 영향으로 존재감은 없고 신간선은 다니지 않고 있다.

이런 까닭에 시마네현은 통근·통학을 위해 이웃의 다른 현으로 다니는 것은 일부를 빼고서는 거의 불가능한 지리적 환경에 처해 있다.[16] 그렇기 때문에 1950년대 이후의 고도성장기에는 직장을 찾아서, 그 후에는 대학을 비롯한 고등교육 기관을 찾아서 사람들의 유출이 계속됐다. 지역을 벗어나는 것 외에는 선택지가 없었던 것이다. 시마네현은 면적이 결코 작지 않은 현이다. 현의 동서는 약 200㎞, 면적은 약 6,708㎢(전국 19위)이다.[17] 그러나 이 중에 대학은 불과 2개교(국립대학 1개교, 공립대학 1개교)밖에 존재하지 않는다. 전국 47개 도도부현가운데 가장 적다. 시마네현과 더불어 사가현도 똑같이 2개교 밖에 존재하지 않지만 지리적으로 이웃한 후쿠오카현이 가깝고 교통기관도 발달해 있어서 후쿠오카현의 대학에 가는 것이 가능하다는 점에서 크게 다르다.

실제로 시마네현(2020b)을 총정리하면 나이별 현외 전출자수는 15~19세에서 크게 증가한다. 현외 전입자수를 차감한 증감수는 대부분의 세대에서 전출초과인 것으로 나타나는 가운데, 특히 15~19세부터 25~29세의 전출이 대폭 초과한다. 15~19세 대부분의 가장 큰 이동이유는 취학과 졸업이다. 이것은 18세 인구가 약 6,000명에 이르는데 반해 현 내에 존재하는 2개교의 입시정원은 1,600명 남짓하다보니 현 내 18세 인구의 27%만 수용할 수밖에 없는 것이 큰 영향을 주고 있다. 일본사회의 높은 진학률을 고려하면 부족하다고 말할 수 있고, 정원에서 넘쳐난 젊은이는 진학을 단념하든가 진학을 희망한다면 현 외로 나가는 것 외에는 선택지가 없는 셈이다. 이런 이유로 시마네현은 현재 인구가 다이쇼 시대의 인구를 밑도는 전국 유일의 현이 되었다.

그래도라고 말해야할지, 아니면 그 때문이라고 말해야할지 모르지만 현재 시마네현은 이주·정주대책과 이 책의 주제인 관계인구의 측면에서는 일본에서 가장 앞선 지역으로서 유명세를 타게 됐다. 이것이 시마네현을 현지조사 지역으로 선정한 커다란 이유의 두 번째다. 왜 선진적인가? 그 이유는 적지 않다. 여러 가지로 생각되지만 다만 적극적으로 시대를 앞서간 기풍이 있는 풍토(風土)때문은 아닌 것으로 생각된다. 풍토로 말하면 오히려 보수적으로 자주 거론되는 지방의 현 중의 하나가 아닐까? 그럼에도 왜인가하는 하는 것은 앞에서 서술한 시마네현 구 히키미정의 오타니 정장이 1968년 밝힌 의견진술에 힌트가 숨겨져 있는 것으로 생각된다. 조금 길지만 이를 인용함으로써 제1장 도입으로 삼고자 한다.

우리가 복잡하게 얽힌 과소의 문제에 대해서 진지하게 문제를 제기한다면, 또 전국에서 776개의 정촌 가운데에서 저는 마을만들기를 통해 과소화를 가장 훌륭하게 극복할 수 있다고 하는 의욕에 불타는 한 사람입니다. 아무쪼록 시골티가 여전한 산촌에 있는 우리들의 마음을 배반하지 마시고 용기를 주시며, 그런 마음이 생겨날 수 있게 과소입법이 부디 실현될 수 있도록 모든 분들의 각별한 노력을 부탁드리는 것으로 의견을 끝맺겠습니다.

과소화 발상지이기 때문에 전국 최전선에서 인구감소가 계속 진행되는 것이야 말로 사람들은 고민하고 발버둥 치며 더욱 노력을 계속하게 되는 셈이다. 여기에 선진성이 깃들게 되는 것은 아닐까.

제 I 부. 관계인구란 무엇인가

제1장.
관계인구 탄생 전 역사-지역사회의 변화

1. 인구감소 단계에 따른 3가지 시대구분

서장에서 서술한 바와 같이 현대사회에서는 인구감소가 전제로 됐다. 다만, 인구감소라고 하는 현상 자체는 갑자기 시작된 것이 아니고 지방에서는 현재화해서 오랜 시간동안 진행되고 있는 것으로 이미 많이 지적돼 온 바이기도 하다.[18]

사회학자인 야마시타 유스케(山下祐介, 2010)는 2차 세계대전 이후 지역의 인구변동을 3가지의 과소로 구분했다. 1960년대에 나타난 것으로 지방으로부터 도시로의 인구가 이동하는 사회감소에 의한 과소가 제1차 과소기이다. 1980년대 말 이후가 되면 사망자수가 출생자수를 웃도는 자연감소로의 전환기가 시작됐다. 사회감소와 자연감소가 모두 진행되는 것이 제2차 과소기이다. 그리고 2000년대를 지나서 현재는 제3차 과소기로 들어가고 있다. 제3차 과소기란 "인구의 사회감소+자연감소가 더욱더 지역사회의 도태에 영향을 미치고, 2010년대에는 일부의 과소 마을이 한계를 넘어서 소멸까지 예언된다"(야마시타, 2010: 5)고 지적되고 있다. 이런 구분에 따라서 제1장에서는 학제적으로 축적되어 온 지역사회의 변화를 개관하고 관계인구가 탄생하기까지 지역사회사로서 위치 짓고자 한다. 지역 가운데서도 특히 인구감소의 영향이 큰 과소지역과 중간지역(지방도시)에 주목하고자 한다.[19]

2. '황금알'과 이별하며-과소의 탄생

민족의 대이동

제1차 과소기부터 순차적으로 보고자 한다. 일본 국내에서는 1955년 시작된 고도경제성장을 배경으로 '민족대이동'(우치노, 1990: 16)이라고 불릴 만큼 농촌으로부터 도시로 젊은이들의 대규모 유출이 발생하고, 인구의 지역분포에서 현저한 불균형이 초래됐다. 구체적으로는 비도시권으로부터 대도시권으로 이동하는 인구수는 1955년부터 1962년 사이에 급증해서 연간 120만명에 이르렀다.[20] 3대 도시권으로의 전입초과수로 보면 연간 30만명에서 60만명 사이를 오르내리면서 1961년 65만명을 피크로 한 뒤 감소하고 1980년부터는 약간의 증감이 반복되고 있다〈그림 3〉.

특히 1955년부터 10년 동안 학생복장의 지방 중졸자는 '황금알'이라고 불렸다. 특별 준비한 취직열차를 타고 집단으로 대도시를 향해 이동하며, 취직하는 '집단 취직의 시대'(가세加瀬, 1997: 5)였다.[21]

예를 들면, 시마네현에서는 1965년 중학교를 졸업하고서 취직한

7,207명 가운데 5,551명이 현 외로 취직해 현 외 취직률은 77%로 높아 졌다(이마이, 1968. 〈표 1〉).

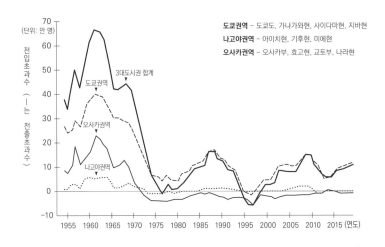

<그림 3〉 이동인구 추이(출처 : 총무성, 2016)

이러한 인구의 지역분포상 눈에 띄는 불균형, 지방으로부터 보면 격렬한 인구유출이라고 하는 현상에 새롭게 과소라고 하는 용어가 붙여진 것이다. 교토통신의 전 기자였던 이마이 유키히코(今井幸彦, 1968)에 의하면 경제심의회가 1967년 제출한 지역부회보고서에서 처음으로 '과소'에 대한 정의가 있었다. 보고서에서는 고도성장이 지역경제사회에 준 영향은 아주 큰 것이었던 데다가, 문제점으로서 ①지역 격차문제 ②인구 급증 지역의 과밀문제 ③인구 급감 지역의 과소문제 3가지를 들었다. 과소문제는 독립해서 존재하는 것이 아니고 도시의 과밀문제와 세트가 되어

이해되는 것을 엿볼 수 있다.

> 인구감소 지역에 있어서의 문제를 '과밀문제'에 대한 상대적인 의미에서 '과소문제'라고 부르고, 과소를 인구감소 때문에 일정의 생활수준을 유지하는 것이 곤란하게 된 상태, 예를 들면 방재, 교육, 보건 등 지역사회의 기초적인 조건의 유지가 힘들고, 그러한 이유로 인해 자원의 합리적인 이용이 어려워져서 지역의 생산기능이 현저하게 저하되는 것이라고 이해할 수 있다. 즉 인구감소 결과 인구밀도가 떨어져 연령구성의 노령화가 진전되며 기존의 생활패턴의 유지가 곤란하게 되는 지역에서는 과소문제가 계속 발생하고 또 그와 같은 문제가 생겨나게 된다.[22]

중학생의 이촌 선언

과소화는 탁류처럼 커다란 흐름이 되어 지역을 집어삼켰다. 이러한 모습을 생생하게 전하고 있는 것 중의 하나가 히로시마시에 본사를 둔 주고쿠신문사의 기자가 시마네현을 포함해 주고쿠지방의 산촌을 걸어 다니며 현지르포로 소개한 '주고쿠산지(中国山地)'이다.

〈표 1〉 시마네현 신규졸업생중 현내·현외 취직 추이(출처 : 이마이今井, 1968: 96)

	연도	졸업생수(명)	현내 취직(명)	현외 취직(명)	취직합계(명)	현외 취직률(%)
중학교	1962	21,252	2,343	5,705	8,048	70.9
	1963	26,987	2,817	6,543	9,360	69.9
	1964	25,217	2,022	6,279	8,301	75.7
	1965	24,258	1,656	5,551	7,207	77.0
	1966	22,079	1,766	4,422	6,188	71.5
고등학교	1962	9,036	2,200	4,219	6,419	65.7
	1963	8,786	2,356	3,950	6,306	62.6
	1964	7,207	1,729	3,276	5,005	65.5
	1965	10,722	2,382	4,951	7,333	67.5
	1966	14,688	3,451	6,556	10,007	65.6

이 10년간 마을의 인구는 30~40%나 줄어든 곳이 속출하고 있다. 그때까지가 '과잉인구'였다고 말하면 그렇지만 마을에 남아있는 사람들의 질적 에너지를 환산하면 마을의 힘은 10분의 1로 줄었다고 해도 과언이 아니다. 게다가 남은 사람들은 "이웃이 언제 다른 곳으로 나갈지 몰라 초조해서 일이 손에 잡히지 않는다"고 이야기하는 것을 들었다. 마을의 생활기반이 준비할 겨를도 없이 토대부터 변하고 있었던 것이다.[23]

더욱이 도시와의 격차를 줄이는 방책도 보이지 않는 '짐짝'으로 표현되기도 했다.

지금 일본에서는 이 '주고쿠산지'에서 거론된 지역을 버림받은 것처럼 취급하고 있다. 일본경제의 고도성장기 가운데 지역격차가 확대됐다고도 말하지만, 무엇보다도 크게 격차가 벌어진 지역은 산촌과 농촌이다. 이러한 소위 '산지'의 마을들은 어느새 격차를 축소하기 위한 방법을 찾을 수 없는 '짐짝'으로 보인다. [24]

또 하나가 농업경제학자로 시마네대학 교수였던 아다치 이구쓰네(安達生恒, 1973)가 시마네현을 주요 연구분야로 해서 저술한 『'마을(村)'과 인간의 붕괴』이다. 주목하고 싶은 것은 인구의 급감에 의해 산업의 쇠퇴가 일어나고 남은 주민들 사이에 무언가를 해도 이젠 안된다고 하는 주민의식의 쇠퇴가 일어나서 지역이 붕괴하는 '과소화의 내부 메커니즘'(아다치, 1973: 120p. 〈그림 4〉)을 묘사하고 있는 것이다. 이러한 악순환의 가운데에서 중학생까지 마을을 단념하고서 이촌을 선언하고 있다.

'마을의 장래에 대해서 생각하는 것'을 주제로 한 논술에서 "이 마을에서는 사토야마(里山)를 개간하면 담배 재배와 소 사육도 늘릴 수 있는데 관공서도 그것을 하려고 하지 않고 어른들도 완전히 단념하고 있다. 그렇기 때문에 나는 이 마을이 별 볼일 없다고 생각한다. 별 볼일 없는 마을이니까 졸업 후에는 오사카로 간다. 아마 마을로 돌아오는 일은 없을 것이다"며 이촌선언과 유사한 논술이 여러 편이나 제출됐다. [25]

제 I 부. 관계인구란 무엇인가

1960년대의 과소화는 '빈곤 속의 과소화'(오카다岡田·스기만杉万, 1997: 17)라고 불렸다. 당시의 과소화는 도시화의 그림자 현상으로서 국토관리상으로 말하면 필요악으로 간주되는 경향이 있고, 그러한 곳에 살고 있는 사실로부터 연상될 수밖에 없는 것으로, 도시로 나가면 훨씬 행복하게 될 것이라고 하는, 고도성장사회란 그런 것이라고 하는 가치관이 지배하고 있다. 또 '빈곤 속의 과소화'로부터 탈출하기 위해서는 나가는 것만이 선택이고 나가지 않으면 선택이 아니라 오히려 선택할 수 없는 것으로 뒤쳐진 결과라고 받아들일 수밖에 없었다. '선택을 할 수 없을 정도의 가난함이야 말로 가난의 진정한 본질이다'(오카다·스기만, 1999).

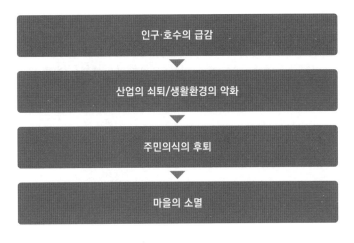

〈그림 4〉 과소화의 내부 메커니즘(출처 : 안도, 1973: 121)

앞에서 기술한 이마이 유키히코에 따르면 과소지역 주민의 목소리도 이것을 뒷받침하고 있다.

> 어쨌든 이 땅은 이미 산업이라고 해도 이렇다할 만한 것이 없습니다. 젊은 이들이 도시를 동경해서 나가는 것은 물론 한 가족 전체가 이촌해가는 경우도 적지 않고, 폐가는 해마다 그 수를 늘려가기만 합니다.(중략) 자식 놈조차 저의 뒤를 이을 생각이 있는지 없는지…그러나 저는 마지막 남은 단 한사람이라 하더라도 이 땅을 떠나서는 안되고, 또 허용될 수도 없다는 사실입니다…[26]

이에 대해서 이마이는 "그럼 침몰해 가는 배의 선장같군요…"라고 한탄하는 것 외에 다른 말도 없었다고 기록하고 있다.

좋은 길을 만들어도 나간다.

급격히 진행되는 과소화에 정부나 지방자치단체는 어떻게 대응했을까. 전후 지역정책의 역사인 정부의 전국종(총)합개발계획(전총)을 중심으로 살펴보고자 한다.[27]

'국토의 균형있는 발전'이라고 하는 캐치프레이즈는 과거에는 폭넓게 공유되었다. 이것은 1962년 '제1차 전국종합개발계획'이 과소·과밀문제를 배경으로 1970년까지 '지역 간의 균형 있는 발전'을 목표로 내건 것이 발단이 되고 있다. 지방도시를 신산업도시로서 개발거점으로 지정하는 '거점개발방식'에서 공공투자와 기업유치를 집중시켜 지역개발이라

제 I 부. 관계인구란 무엇인가

고 하는 명칭의 공업개발이 추진되었다. 이어서 1969년의 '신전국종합개발계획(2전총)'에서는 고속도로와 신간선 등 전국네트워크의 정비와 대규모 공업기지 등의 산업개발프로젝트를 채택했다. 1977년 '제3차 전국종합개발계획(3전총)'에서도 지방은 여전히 교육, 문화, 의료 등의 서비스와 다양한 취업기회에 있어서 대도시보다도 일반적으로 저수준에 있다고 해서 도로와 초·중학교 등의 정비 추진 필요성을 제기했다.

한편 과소대책을 요구하는 목소리가 높아지는 것을 받아들여 1970년 '과소지역대책긴급조치법(과소법)'이 10년의 시한입법으로 제정되었다. '긴급'에 생활환경이나 산업의 기반을 정비하고 인구의 과도한 감소방지와 지역격차의 시정에 기여하는 것이 목적으로 제기되었다. 도로, 진료시설과 어항, 보육원, 노인복지시설, 공민관 등 사회간접자본 정비를 하는 지자체에 대해서 정부로부터 재정지원을 받는 제도가 처음으로 도입되었다. 현재까지 끊이지 않고 계속되는 과소대책의 시작이었다. [28]

이어서 1980년의 '과소지역진흥특별조치법'에서는 '긴급'으로부터 '진흥'으로의 법률명은 변했다고 할 수 있지만 도로를 비롯한 사회간접자본정비에 대한 재정지원은 변함없이 핵심이었다. 그 후 버블경기를 시대 배경으로 해서 1987년에는 '제4차 전국종합개발계획(4전총)'과 '종합휴양지역정비법(리조트법)'이 제정되어, 지방개발이 기업유치로부터 리조트정비로 교체되었다. 더욱이 1988년부터 이듬해에 걸쳐서는 '후루사토창생사업'으로 지방자치단체에 사용처를 자유롭게 허용하는 1억엔이 교부되었다(오구마 編, 2012). 1990년, 이번에는 '진흥'으로부터 '활성화'로 옷을 갈아입은 '과소지역활성화특별조치법'에서도 기본이념은 계속 이어지고 있다. 하지만 지원을 받는 시설에 관광이나 레크레이션 시설이 추가되어 이 흐름에 한층 박차를 가했다. 1987년부터 약 10년간 국토면적의 16%에 상당하는 600만㏊에 영향을 미치는 특정지역에서 골프장이나 스키장 등의 대규모 리조트개발이 이루어졌다(요시미, 2009).

지금까지 살펴본 바와 같이 1차부터 4차까지의 전총과 일련의 과소법에서는 기업유치나 사회간접자본 정비에 중점을 두는 것이었다. 즉 '하드웨어'에 의해서 지역을 발전시켜 도시와 지방의 격차를 시정하는 것이 목적이 되었던 것이다. 이렇게 해서 지방에서는 확실히 도로나 건설의 정비가 추진되었다. 그러나 도로를 정비해도 인구의 유출은 멈추지 않았다. 군마현의 어느 촌(村)에서는 도로정비를 추진한 촌의회 의원의 회심에 찬 발언이 소개되기도 했다.

> 인간이라고 하는 존재는 좋은 도로를 만들어도 나가버린다.[29]

인구의 정착과 증가를 목표로 한 도로정비가 오히려 인구나 산업이 도시로의 흡수를 초래하는 빨대효과를 낳고 있는 것이다. 그밖에도 도로정비가 인구유출을 가속화하고, 외부자본에 의한 난개발을 유도한다는 지적도 있다(나카타니야마長谷山, 1996). 이에 더해서 공장유치에 성공한 지역에서도 사업세와 고용의 효과가 그다지 보이지 않고 발생한 수익은 많지만 본사가 소재하는 도쿄로 환원될 뿐 아니라 중앙의 대기업 계열사가 위치함으로써 지방의 산업과 기업은 하청을 받아 관련기업이 되어 가는 등 결과적으로 지방산업의 쇠퇴와 환경파괴로 이어진 것이다(마쓰모토, 2017). 기대를 모았던 리조트 개발도 파탄이 이어져 전 국토청은 개발붐의 가운데에서 눈앞의 이익을 쫓아 지역진흥 등에 대한 배려가 불충분했다고 반성하지 않을 수 없게 되었다(미야시타, 1993). 그리고 '후루사토창생사업'도 호화로운 문화시설이나 관광시설, 기념관 등의 건설로 이어져 '돈을 뿌린다'는 비판이 강하게 뿌리를 내리게 되었다(요네자와, 2002). 전총이나 과소법 등 일련의 대책에서도 지적된 지역격차의 시정은 실패로 끝난 것으로 결론지어지게 될 것이다.

3. 대중교육사회-대학진학에 의한 유출

로컬 트럭

제2차 과소화기에서는 과소지역에 있어서 관성적으로 계속되어 온 사회적 감소에 더해서 자연적 감소도 시작되어 인구감소가 고착화되는 다음 단계로 접어들었다.[30]

자연적 감소는 제1차 과소시기로, 자녀를 낳는 젊은 세대가 유출되어서 절대수가 감소한 것, 또 고령화가 진전되면서 사망자의 절대수가 증가한 것이 영향을 미치고 있다. 한편 사회적 감소의 요인은 제1차 과소기에 나타난 '황금알'의 집단취직으로부터 '대중교육사회'(가리타니, 1995: iii)로 변화하고 있다.[31] 고등학교 졸업 후 대학으로 진학한 사람의 비율을 보여주는 대학진학률은 1985년에는 30% 전후였지만 그 후 계속 상승해서 2002년에는 40%를 넘었다〈그림 5〉.

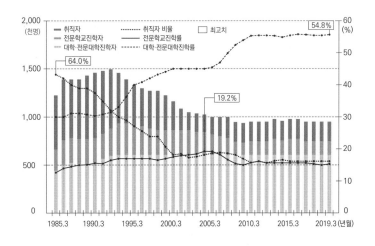

〈그림 5〉 대학진학률의 추이(출처 : 문부과학성, 2019)

지방으로부터 대학진학을 연구한 요시카와 토루(吉川徹, 2001)는 저서 『학력사회의 로컬 트럭-지방의 대학진학』에서 시마네현 내의 현립고교 가 젊은이들에게 많은 교육투자를 해서 대학진학을 뒷받침하는 것을 명 확히 하고 있다. 시마네 방식이라고도 불린 각 고교 내부에서의 학업진척 도에 따라 학급을 철저히 구별·편성하는 특이한 시스템에 의해, 산간부 에서도 대학진학률을 전국 수준으로 끌어올렸다. 나이가 어린 엘리트(예 비)층의 현외 유출을 조장하는 것인가라고 생각될 정도이고, 게다가 지방 자치단체는 그 손실의 크기에는 '무둔자'(요시카와, 2001: 233)였다.

마치 벨트컨베이어와 같이 지역은 젊은 사람을 불가역적으로 유출시켜 버렸다. 그것은 도시로의 '공출'(요시카와, 2001: 232)이라고 표현한 방식이 보다 적절할지도 모른다.

요시카와 저서의 제목에 있는 로컬트럭은 '각각의 지방 출신자가 아카데믹한 진로선택과는 차원이 다른 것으로, 스스로 지역이동을 선택해 가는 진로의 흐름'(요시카와, 2001: 223)이다. 요시카와는 고교졸업 후 젊은이의 진로가 개개의 선택에 의해서 다양하게 분기되어 가는 동시에 소수의 모양으로 수렴해가는 것을 발견하고 1990년대에 시마네현의 로컬트럭 모델로서 다음 4가지 유형을 제시했다.

① 현 내에서 진학·취직하는 현 내 주류형(周流型)
② 현 외로 나간 뒤 그대로 도시정주자가 되는 도시정주형
③ 현 내로의 주류에 가담하는 J턴형
④ 출신지까지 돌아가는 U턴형

대량유출의 가운데서도 토박이로 남은 ①과 현 외로부터 되돌아오는 소수의 ③④가 미묘한 균형을 유지하고 있다고 분석하며, 시마네현의 로컬트럭을 어떠한 형태로 할 것인가 지방행정과 교육기관이 주체적으로 결정해 가는 것이 중요하다고 서술하고 있다.

이 요시카와의 연구를 계기로 아오모리현과 오키나와현, 홋카이도 등 전국 각지에서 지방으로부터 대학진학에 의한 젊은층의 유출과 그 후의

U턴의 상황 등이 연구되기 시작해 지방에서는 시마네현과 거의 똑같은 정도로 진학에 의한 젊은 층의 유출이 존재하는 것이 명확해졌다.[32]

이것은 서장(序章)에서 언급한 바와 같이 젊은층의 대부분이 지역의 대학진학을 희망하지만 대학 측의 수용력은 부족한 게 지방의 현실이다. 대학으로 진학을 생각할 때 대학의 분포가 도쿄권(도쿄도, 가나가와·사이타마·지바현 1도 3현을 뜻함)과 긴키권(近畿圏 오사카부·교토부, 효고·시가·나라·와카야마현 등 2부 4현을 뜻함)에 치우쳐 있는 현상은 지방출신 가운데 진학을 생각하고 있는 젊은이의 이동을 강요하고 있다.

특히 대규모로 경쟁력이 있는 대학은 거의가 도쿄를 중심으로 한 대도시에 설치되어 있어 "젊은이에게 허용된 의사결정은 '이동하는가 하지않는가'가 아니고 '어디로 이동하는가' 만이 가능한 측면도 있다"(이시구로 외, 2012: 2)는 것이다.

도시·농촌 교류와 '교류 피로'

인구가 감소하며 활성화를 부르짖게 된 과소지역에서 등장한 것이 도시·농촌 교류였다.[33] 사회복지학자인 오가와 다케오(小川全夫, 1996)는 격차시정을 도모할 수 없는 현실에 부딪치자 소위 그 틈을 메우는 개발수법으로서 도시·농촌의 교류가 주목받았다고 지적다고 있다.

도시·농촌 교류의 노력은 1980년대 중반 이후부터 왕성하게 이뤄지면서 대표적인 형태로서 ①자매도시 제휴 ②서밋(summit) 교류 ③농산물 매개로 한 교류 ④특별촌민 제도 ⑤오너 제도 ⑥이벤트 교류 ⑦농업체험

교류 ⑧휴양시설에 의한 교류 ⑨도시 내 거점시설 설치 ⑩시민농원 교류 ⑪산촌 유학 ⑫리사이클 교류 등 12가지 패턴을 열거할 수 있다.[34]

이러한 분류에 관광은 포함되지 않는다. 관광은 내방자에게 필요 이상으로 영합하는 경향이 있기 때문에 관광과 교류는 구별된다. 즉 교류는 내방자와 토박이 주민이 대등하며 그래서 상호신뢰의 성립을 중시한다는 점에서 차이가 있다.

앞에서 서술한 오가와는 교류인구란 양보다는 질의 문제라고 강조했다. 주인공은 어디까지나 지역주민인데다 관광객을 유치하는 것이 아니고 도시로부터 교류민을 동지나 파트너, 농촌의 후계자 혹은 후원자로서의 책임을 서로 분별하는 존재로 바꾸어 가는 자세에 문제를 제기하고 있다. 교류인구를 지역재생의 주체가 될 수 있는 지역외의 주체라고 위치지우면서 기대를 모았던 것이다.[35]

그러나 지역에서는 '교류피로' 현상이 보고되었다. 교류 초기에는 의욕을 갖고 열심히 참가하지만 2~3년 후에는 '도시민에게 머리를 숙이고 서비스해서 지역에 무엇이 남을 것인가'하는 의문과 더불어 참가자의 피로도가 높아지는 현상이 나타나고 최종적으로는 활동이 붕괴된 예도 적지 않다(오다키리, 2014).

실제 이벤트 교류 등의 기회는 늘어났지만 대부분은 농촌주민의 무상노동에 의해서 성립되고 일부에서는 본업인 농업에 지장을 초래할 정도다. 본래 양자의 관계는 상호보완적으로 부담하는 등 당연히 대등해야하지만 실제로는 서로에게 상대측에 대한 기대에 어긋남이 있고, 전체적으로는 자금과 노력의 양면에 있어서 농촌 측이 더 큰 부담을 지게 되는 경우가 많았다(모리토, 2001). 도시·농촌 교류를 둘러싸고서는 도시주민의 시각에 의해서 소비되고 있다고 하는 비판이 항상 따라 다녔다(마쓰미야, 2011; 즈시, 2012). 교류인구는 후계자 대책으로서는 거의 유효성을 갖지 못하는 것으로 정리되고 있다(도쿠노, 2010).

이렇게 해서 도시·농촌 교류는 피곤해지는 것과 더불어 단기의 관광으로서 이야기되는 경향이 강했던 것이다.[36] 관광의 정의는 애매하지만 관광학에서는 '즐거움을 위한 여행'이라고 하고, 그 주체는 관광객이다(오카모토 編, 2001). 더욱이 보다 본질적으로는 '대중사회와 소비사회의 탄생을 연결 짓는 것'(히가시, 2017: 27)이고, 신뢰관계를 맺기 위해서는 지역주민과 관광객의 접촉시간이 너무 짧아서 지역이 소비되기도 하고 상품화되기도 한다는 비판이 강하다.

즉 관광진흥이 지역재생에 직접 연결되는 것은 아니라고 하는 부정적인 견해가 뿌리 깊다(아부쿠, 2000; 다키모토, 2016). 지역재생의 주체로서 기대를 모으는 교류인구는 지역재생이 아니라 관광의 주체이고 오히려 지역을 객체화한다고 말할 수 있다.

셔터거리 상점가

과소지역에서는 이와 같은 문제가 생겨나는 한편으로, 지방도시에서는 중심시가지의 활성화라고 하는 과제가 부상했다. 인구감소와 자동화(motorization)의 진전 등을 배경으로 1980년대 후반부터 상점 등의 폐점 혹은 폐쇄로 셔터를 내린 풍경을 가리키는 셔텨거리라고 하는 말을 사용하게 되었다.[37] 그만큼 중심시가지와 그 중핵이 되는 상점가의 쇠퇴가 두드러졌던 것이다.

셔터거리 상점가의 주민의식을 살펴보자.[38] 인용하는 것은 신문기자가 장기간 지역에 살면서 집필한 니혼게이자이신문사의 시리즈 '인연의 풍토기'이다. 무대는 야마가타현 신조시의 역 앞 거리. 사람이 거의 걸어다니지 않고 셔터를 내린 상품을 철거한 가게, 점포를 부숴버리고 주차장으로 만든 곳이 4채 중 1채의 비율이었다. 교차로 가까이에 있던 찻집의 남성은 케익을 만들고 있던 아버지가 사망한 것을 계기로 이렇게 적자경영을 지속해서는 장래가 없다며 자발적으로 폐업을 했다.

> 이변은 1990년대 후반부터 시작됐다. 우왕지왕하는 사이 상점가에서 사람의 모습이 사라졌다. 절약을 위해, 점심 무렵에 상점에서 커피를 마시는 어른들도 격감했다. 위기감이 있었다. 그렇지만 "무엇을 해야 할지 몰랐다". "나는 독신이지만 만일 자식이 있다면 특단의 생각으로 다음 단계를 생각했을지도 모른다".[39]

이미 폐점했기 때문에 말하는 것은 절대로 아니라면서 취재에 응한 녹차판매점의 여성은 미래의 계획을 구체화하지 못해 자식에게 가업을 잇도록 하고 싶지 않다고 말했다.

봄이 되어서도 "새로 나온 오차(녹차) 있습니까?"라며 찾아오는 손님이 한 명도 없었다. 새로 나온 녹차를 학수고대하며 기다리는 사람도 없으니까 폐점해야겠다는 생각도 더욱 확고해졌다. (중략)자식에게 물려줄 생각은 당초부터 없었다. "상점의 장래가 보이지 않았어요. 교원자격증을 따면 고향에서 살아갈 수 있다고 생각하고 자식에게는 대학에서 자격증을 따라고 지상명령과 같이 말했지요."[40]

이렇게 해서 중심시가지의 쇠퇴로 고민하는 많은 지역에 최후의 카드로 받아들여졌던 것이 1998년 시행된 '중심시가지에 있어서의 시가지 정비개선 및 상업 등의 활성화의 통합 추진에 관한 법률(중심시가지성화법)'이다. 이 법에 기초해서 '중심시가지활성화기본계획'을 책정하는 지방자치단체도 증가했다(야베, 2006).

그러나 '중심시가지활성화기본계획'의 내용은 이 법이 그 정식명칭에 시가지의 정비개선을 내건 것에서도 볼 수 있는 바와 같이 역시 도로폭 확대나 신설, 재개발 빌딩의 건축이었다(야마시타, 2006). 여기에서도 과거의 지역개발이나 과소대책과 변함없이 '하드웨어'를 정비한다고 하는 사고가 이어졌다. 더욱이 통행량, 거주인구, 매상고 등 수치목표는 거의 달성하지 못하고 보조금이 끝나면 오히려 지방의 쇠퇴는 더욱 심화되는 결과가 됐다(마쓰오카, 2018).

제Ⅰ부. 관계인구란 무엇인가

4. 한계로부터 소멸로-더욱 심해지는 인구획득 전쟁

계속 살고 싶어도

21세기에 들어서 일본사회는 지속적인 인구감소의 국면을 맞았다. 인구감소가 지역사회의 도태에 영향을 미치는 제3차 과소기이다. 이 시대의 초기는 '한계마을'(오노, 2009: 51)이라고 하는 용어가 계속 확산되는 양상을 보였다.[41] 65세 이하의 인구비율이 반수를 넘어 사회적 공동생활의 유지가 곤란한 상태로 되고, 인구감소 사회에 대한 관심의 고조가 배경으로 자리잡고 있었다.

과소사회에서는 학교의 통폐합이 증가했다〈그림 6〉. 1998년 이후 거의 매년 200개를 초과하는 초등학교가 폐교되고, 더욱이 2003년 이후에는 400개를 초과할 정도로 확대되는 등 1998년부터 2007년까지 10년 동안 3,639개교가 폐교로 이어졌다(니시무라, 2010).

국토교통성의 '헤이세이 25년(2013년) 새로운 낙도진흥시책에 관한 조사'에 따르면 고등학교가 존재하는 지역과 존재하지 않는 지역에서의 인구증감률의 차이는 10.9포인트, 초등학교의 경우는 12.0포인트로 높아져 병원 진료소의 0.2포인트와 비교해도 폐교가 지역의 인구감소에 주는 영향은 적지 않았다. 또, 1990~2019년의 29년간 1시정촌에 한 개의 공립 고등학교가 존재해 있던 시정촌의 약 20%에서 공립 고등학교가 소멸하고 고등학교가 소멸한 시정촌에서는 연간 총인구의 1% 정도가 전출초과일 정도라고 하는 데이터도 있다(아베·기타시타, 2019). 인구감소 등을 동반하는 지방자치단체 재정의 악화는 일상생활의 유지에 필요한 의료·복지·구매·교통 등의 서비스 저하를 초래했다. 실제로 생활하는 고령자에 관해서는 '전출자'와 '타출자', '별거자' 등으로 불리는, 즉 지역으로부터 전출한 자식으로부터 물심양면으로 지원을 받고 있다고 하는 것이 보고되고 있다.[42]

예를 들면 후생노동성에 의한 전국 규모의 통계조사 '국민생활기초조사'에서도 별거하면서 돌봄을 담당하는 사람은 전체 개호자 가운데 12.2%에 이르러, 개호사업자의 13.0%와 그다지 큰 차이가 나지 않는 상황이다.[43] 근거리의 경우는 왕래하면서 부양하는 것이 가능하지만 먼 경우는 '원거리개호'가 된다. 이때부터 미디어를 통해서 멀리 떨어져서 사는 노부모의 돌봄이나 케어에 자녀가 왕래하는 현상이 보고되고 사회문제화 됐다(나카가와, 2004).

이러한 가운데 사회학자 다카하시 겐지高橋憲二는 같은 현 내의 과소지역에 사는 고령자를 조사해 많은 사람들이 "계속 살고 싶다"고 하는 생각을 갖고 있으면서도 돌보는 사람의 고령화와 돌보는 부담의 증가 등에 의해서 입원이나 특별양로홈에 입소시키지 않을 수 없는 상황이 되면서 안심하며 계속 살아가는 환경이 되지 못하는 것을 보고했다(다카하시, 2012). 또 "'환자가 되어서' 시설이나 도시지역의 자식 집에 가면 인생은 끝난 것이다"(하야시, 2010a: 24)고 하는 고령자의 말이 인상에 강하게 남았다고 하는 보고도 있다.

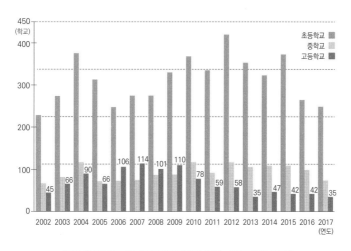

〈그림 6〉 공립학교의 연도별 폐교발생 건수(출처 : 문부과학성, 2018)

'지방창생'이라고 하는 인구대책

더욱이 2014년에는 전술한 '마스다 보고서'가 발표되었다. 그 근거는 2010년의 국세조사를 기초로 어림잡아 계산한 것으로, 2040년까지 20~39세의 여성인구가 반감한다는 것이다(마스다, 2014). 이 가운데 2040년까지 인구 1만명을 밑도는 523개의 자치단체에 대해서는 "이대로 소멸가능성이 높아진다"고 밝히고, 도도부현별로 보면 아오모리·이와테·아키타·야마가타·시마네 등 5개현은 80% 이상의 시정촌이 소멸가능성이 높다고 기록하고 있다.

그 후 '마스다 보고서'에 대해서 비판이나 반론이 이어지고 있다. 그리고 반론을 포함해서 지역재생을 논할 때에는 지역의 존속을 목표로 하는 것이 중심적이 되고 있다는 것은 이미 서술한 대로다.[44] 그렇지만 좀 더 엄격하게 표현하면 지금까지 살펴본 봐와 같이 지방은 불가역적으로 사람을 계속 유출시켜 온 곳이기 때문에 당연한 귀결이라고 말할 수 있을 지도 모른다.

그리고 '마스다 보고서'에 응답하는 형식으로 시작된 '지방창생'을 특징짓는 성격은 과도한 인구대책이다.[45] 전술한 '마스다 보고서'의 모태인 마스다의 저서 『지방소멸』의 부제가 '도쿄 일극중심이 초래하는 인구급감'인 것처럼 그것들을 꿰뚫는 것은 출생률이 낮은 대도시의 인구비율이 높아지는 것은 일본전체의 인구감소에 박차를 가해서 지방소멸로 향한다고 하는 논리이다. '지방창생'이라고 말하면서도 도쿄일극중심의 시정에 무게를 둔 과도한 인구대책이 되고 있는 것이다(기도, 2016).

'지방창생'을 목적론부터 다시 생각한 것은 경제지리학자인 나카자와 다카시(中澤高志, 2016)다. 그는 '지방창생'을 지역재생의 주체를 확보하기 보다는 도쿄로만 집중되는 문제의 시정을 위해 인구를 어떻게 이동시킬 것인가 하는 양적 측면을 강조하고 지역은 국가 전체의 경제나 인구를 유지·확대하기 위한 장치로 위치지워지고 있다고 비판했다. 더욱이 '지방창생'에서 자주 사용되는 자원이라고 하는 말은 유용성이라고 하는 기준에서 객체화된 인간의 능력으로 인간 그 자체가 아니고 보다 충실한 인생이라고 하는 문제의식이 결여되어 있다는 것도 서술하고 있다.

더욱이 '지방창생'에 기초해서 정부의 방침을 정한 '마을·사람·일자리 창생종합전략'의 2017년 개정판에서 처음으로 지방소멸의 위기를 강조하는 문구가 담겨 있다. 이렇게 해서 위기감을 갖게 된 각 지역이 '자치단체간 인구획득 게임'이라는 인구획득 전쟁을 펼치고 있는 것이라고는 이미 서술했다. 인구라고 하는 양적 측면에만 착안한 과도한 기대에 대한 과도한 걱정과 두려움이라고도 지적되고 있지만(쓰쓰이筒井·사쿠마佐久間·가사미嵩, 2015), 현실 지방자치단체의 인구획득 전쟁의 과열양상을 보면 양적인 인구증가, 그리고 지역의 존속에 의의를 찾는 경향은 역시 뿌리 깊다고 말할 수 있다.[46]

외지인(타관사람)에 대한 기대

인구획득 전쟁이란 골똘히 생각해보면 외지인에 대한 기대를 의미한다. 현재의 지방은 인구유출에 의한 사회적 감소가 멈추지 않고 계속 진행되며 자연증가도 기대하기 어렵다. 이런 가운데 인구를 얻고자 한다면 생각해 볼 수 있는 것이 이주·정주정책의 추진, 즉, 지역 외의 주체인 외지인의 이주를 촉진하는 전략밖에 남지 않게 된다. 그러나 외지인은 폐쇄성이 지적되어온 지방에서는 경계하는 경향이 강한 존재였다(시키다敷田, 2009). 그것이 최근에는 지역재생의 결정적인 수단은 '외지인, 젊은이, 바보ばか者'라고 할 만큼 기대를 모으는 것으로 변했던 것이다.[47]

왜 지방에서 외지인에 대한 시선이 변하게 된 것일까. 한 가지는 (너무 노골적이라) 멋도 정취도 없는 이야기가 되어버렸는지 모르지만 '돈이 부족하다(재정이 어렵다)'고 하는 현실을 의식하지 않을 수 없게 된 점을 들 수 있다(하야시林, 2010b).[48] 2000년 이후 지방분권과 함께 이뤄진 '3

위 일체 개혁'과 동반해 지방자치단체의 수입에 해당하는 지방교부세가 대폭 삭감되어 시정촌합병이 추진되었다(사카모토坂本, 2008).[49]

사회학자인 시미즈 료清水亮(2008)는 인구감소로 인해 재정확대를 기대할 수 없는 가운데 공공정책의 철회를 포함한 재편의 필요가 강요되는 기조를 '축소사회'(시미즈, 2008: 3)라고 하고, 새로운 사회체제의 전망을 제시하는 것이 요구되고 있다고 제기했다.[50] 이렇게 해서 새로운 접근이 요구되는 가운데 본격적으로 주목을 받게 된 것이 외지인이다(시키다, 2009).

정책으로서도 종래의 보조금을 대신해서 '보조인' 제도가 등장했다. 2008년 농림수산성의 '농촌에서 일꾼을!'에 이어 2009년에는 지방자치단체가 일정기간 생활거점을 옮기는 도시주민에 대해 최장 3년간 지역협력활동에 종사토록 하는 총무성의 지역부흥협력대가 시작됐다. 지역부흥협력대는 대원수도, 받아들이는 지자체도 해마다 증가해 사업을 시작한 2009년도에 89명(지자체도 31곳)에서 2019년도에는 5,349명(동 1,071곳)으로 늘어나는 등 착실하게 정착돼 왔다.[51]

그러나 지역부흥협력대로서 이주를 했지만 잘못된 매칭이 나타나기도 하고 본의 아니게 지역을 떠나는 경우도 적지 않다.[52] 지역부흥협력대의 지역횡단형네트워크·촌락(村樂)LLP를 조직한 도다이지東大史(2014)는 "전(前) 협력대원에 의한 '실패의 본질' 연구"라고 하는 논고에서 부랴부랴 모집해서 자치단체에 자리를 만들고 사무보조의 일을 시켜서 대원에게 동기부여를 하거나, 잡초제거, 청소 등 마을의 심부름센터로서 취급하는 사례에 대해 언급하며 대원의 생생한 불만을 소개하고 있다.[53]

> 협력대 유치에 열심이었던 담당과장이 이동해 버렸던 것도 뼈아팠다.
> Yes나 No도 아닌 형식상의 협의만 계속됐다/받아들이는 지구나 지자체
> 와의 협의가 제대로 되지 않고 지구는 "자치단체가 말하니까 인수해드렸
> 다"며 폐교를 활용하기 위한 움직임이 없는 것이나 마찬가지고, 자치단체
> 내부도 준비가 부족한 상태였다.

이러한 상황에서 '왜 이주자가 필요한가'를 자각하고 있는 지역은 적다고 하는 비판도 쇄도하고 있다(다구치, 2017a). 더욱 뜨거워지는 인구획득 전쟁의 가운데 지역도 이주자도 행복하다고는 말할 수 없는 상황이 발생하고 있는 것이다.

5. 지역쇠퇴의 사이클

주체성의 결여

인구감소가 단계적으로 진행되는 가운데 고령자가 안심하고 생활을 지속할 수 없는 과소지역, 셔터거리 상점가가 확산되는 지방도시가 당연한 풍경이 되었다. 그리고 '지방창생'의 깃발아래 인구획득 전쟁을 펼치면서 대학진학을 통한 주변 젊은이들의 유출에는 거의 둔감했던 것이었다. 교육, 경제, 복지 대부분의 분야에서 과제가 산적해있는 것이 지역사회의 실상이고, 지금까지의 지역재생 정책은 실패의 연속이었다고 결론지을 수 있을 것이다〈표 2〉. 왜 이와 같이 되어버린 것일까.

1960년대의 과소화를 '빈곤 속의 과소화'라고 제기한 오카다 노리오岡田憲夫·스기만 도시오杉万俊夫(1997)는 도로정비 등 환경변화를 거쳐서 '풍요로움 속의 과소화', (오카다 스기만, 1997: 17)로 성격이 변했다며 당시의 주민의식을 다음과 같이 묘사했다.

> 조금씩 인구가 줄어드는 것과 더불어 남아서 계속 사는 사람들은 일말의 적적함과 막연한 불안감을 느끼더라도 일상적으로는 상당한 충격을 느끼지 못하는 가운데 과소화가 진행되어 가는 것이 전형적인 상황인 듯하다.[54]

지역재생의 장해는 여기에서는 언급되어 있는 일말의 적적함과 막연한 불안감으로서 고령자에게 있어서는 지역의 지속가능성에 대한 회의나 '단념'이 뒤섞인 것이고, 젊은이에게 있어서는 지역의 폐쇄성 등이 포함된 것이라고 분석했다.[55]

이러한 것에 대해서 주민자신이 눈치 채지 못하는 것이 적극적인 대응으로 연결되지 못하는 원인이며 진지하게 대응을 모색하면 실마리는 있다고 강조한다. 앞에서 서술한 아다치安達(1973)와 똑같이 과소화의 원인으로 주민의식, 즉 주체성의 결여를 주시하고 있는 것이다.

〈표 2〉 주요 지역재생 정책이라고 공표된 연설과 키워드 일람(필자 작성)

연차	사회적 상황	주요한 지역재생 정책	연설·키워드	
1955	고도성장기			
1962		전국총(총)합개발계획(1전총)	지역간 균형적인 발전	
1969		신전국종합개발계획(2전총)	빈곤 속의 과소화	제1차 과소기
1970		과소지역대책긴급조치법		
1977		제3차 전국종합개발계획(3전총)		
1980		과소지역진흥특별조치법		
1986	버블 경제 개시			
1987		제4차 전국종합개발계획(4전총)	교류	
1988		후루사토(고향)창생	리조트개발	제2차 과소기
1989	1.57 쇼크		풍요로움 속의 과소화	
1990		과소지역활성화특별조치법		
1991	버블 붕괴		셔터거리상점가	
1995	한신·아와지 대지진			
1998		중심시가지활성화법	교류피로	
2000		과소지역자립촉진특별조치법	지방의 자립	
2005	헤이세이 대합병	삼위일체개혁	지방분권	제3차 과소기
2008	리먼쇼크	농촌 인력부대의 제도화	한계마을	
2009		지역부흥협력대의 제도화	보조인	
2010		과소지역자립촉진특별조치법 연장	축소사회	
2011	인구감소 원년 동일본대지진			
2014		'마스다 보고서' 발표 지방창생	지방소멸 전원회귀	

같은 방식으로 셔터거리 상점가의 근본원인에 대해서도 야마가타현 신조시新壓市의 상점가를 취재한 '인연의 풍토기'의 스가이 미치오須貝道雄(2012)는 상점의 사람들이 '사고정지의 상태'(스가이, 2012: 224)라고 하는 시 직원의 말을 소개하고 있다. 실제로 "만일 자식이 있다면 다른 생각으로, 또다른 대안을 찾았을지도 모른다"고 하는 상점 사람들의 이야기에서도 발견할 수 있는 구도이다.[56] 그 밖에 직접적으로 재생주체의 불안을 지적하는 연구도 있다(야베矢部, 2006).

더 나아가 교육문제에도 적용해 보고자 한다. 시마네현 내의 현립고등학교 교육을 연구한 히다 다지로樋田大二郎·히다 유이치로樋田有一郎(2018)는 지방 교원의 지도에 따라서 학생이 도시로 취직이나 대학진학을 사명이라고 한 것, 지역문제는 정(町)이 해결해야 하는 것으로 학생의 눈은 반드시 대도시로 향해야 한다는 것, 역으로 지역문제에 학생이 눈을 돌리는 것은 학생의 유명대학 진학이나 대기업취직에 방해가 되는 것일지도 모른다고 하는 생각을 명확히 하고 있다.

'대중교육사회'를 배경으로 이러한 자세는 부정되는 것이 아니고, 또 부정하기 위해 언급하는 것은 아니다. 그러나 여기에서 연상되는 것은 지역과제를 해결하는 주체로서 학생, 즉 주민을 상정하지 않고, 또 자기 자신도 지역의 한 당사자라고 하는 의식이 결여된 모습이라고 말할 수 있는 것은 아닐까.

'자긍심의 공동화'와 '단념'

눈이 많은 호설豪雪지역에서의 제설대책을 연구, 실천해 온 설빙공학자 가미무라 세이지上村靖司(2017)는 인구가 감소하는 것이 진정한 문제가 아니다. "쇠퇴해 가는 지역의 현실에 눈을 감고 문제가 일어나면 전혀 다른 사람 일처럼 지방자치단체 사무소에 알려 왔다. 지역을 지속해 간다고 하는 각성도 없고 행동을 하는 것도 없었다. 자신이 태어나 자란 지역에 긍지를 갖지 못하고 이런 불편한 지역에 미래는 없다며 스스로 자학적으로 말하는 것이다. 진정한 문제는 이런 자세에 있는 것이 아닌가"(가미무라, 2017:5)라고 말을 던졌다.

니가타현 주에쓰中越지진을 경험한 이나가키 후미히코稻垣文彦도 주에쓰지진이 현재화한 본질적인 과제는 '문제에 주체적으로 마주하지 못한 지역사회의 자세'(이나가키 외, 2014: 9)에 있다고 지적한다. 지진 이전부터 과소화와 고령화라고 하는 문제가 있었지만 그 문제를 자신의 일로서 생각하지 않고 누군가 혹은 무언가의 탓으로 돌리고 주체적으로 문제해결을 위해서 적극 대응하지 않은 것이 지역사회(주민, 행정기관, 주변의 주민)의 태도였고, 이런 태도를 변화시켜 가는 것이야 말로 지역재생의 본질적인 과제라고 밝히고 있다.

이러한 지역주민에게 나타나는 주체성 결여의 배경에 오다키리小田切(2014)는 사람·토지·마을 3가지의 공동화가 진행된 결과 계속 거주하는 의미나 자긍심을 잃은 '자긍심의 공동화'(小田切, 2014: 41)라고 하는 본질적인 공동화를 지적했다. 자식이 도시로 나가서 좋았다, 이런 곳에 젊은이는 살지 않을 것이라고 하는 이야기를 지역에서 듣는 경우가 종종 있다고 서술한 뒤 '자긍심의 공동화'가 현재화된 것이 '단념'이라고 설명하고 있다.

또 나가노현의 고등학교를 조사한 미야모토 가즈오宮本和夫(2007)는 "이제 더 이상 이 마을에 아이들이 돌아오는 것은 희망할 수 없다", "가까운 장래, 이 마을은 멧돼지와 사슴, 원숭이에 포위될 것이다"(미야모토, 2007: 65)고 말하는 두명의 교육장이 중얼거리는 것도 소개하고 있다. 지역의 교육자들 사이에도 '단념'이라는 느낌이 표류하는 것 같다.

지금까지 서술해 온 바와 같이 1960년대 이후 과소지역을 중심으로 불가역적인 인구감소를 계속 경험하고 있는 과정에서 사람·토지·마을 3가지의 공동화와 다양한 문제가 현실화되고, '자긍심의 공동화'와 '단념'을 낳게 된다. 이것들은 '마음의 과소화'라고 명명해도 좋을 것이다.

그리고 그 결과 주체성이 상실된다. 지역재생의 주체는 형성되지 못하고 과제는 해결을 향해 나아가기는 커녕 악화되고 있는 것이다. 그리고 이 사이클은 소외지역뿐만 아니라 셔터거리 상점가와 교육자들에게도 공통적이라고 정리할 수 있다.

'지역쇠퇴 사이클'의 귀결

다시 말해서 지금까지 지역재생의 주체로 이해해 온 지역주민을 둘러싸고 '자긍심의 공동화'와 '단념'이 반복적으로 보고돼 왔다. 보다 본질적인 '위기'란 이것에 기인하는 '마음의 과소화'나 '상실된 지역주민의 주체성으로, 지역재생 주체의 부족, 경우에 따라서는 '부재'라고 지적하는 것도 가능한 상황이 됐다. 지금까지 지역사회의 모습은 문제가 현재화되더라도 주체적인 해결의 움직임이 일어나지 않고 상황이 악화되고 있다고 하는 연쇄적인 '지역쇠퇴 사이클'의 귀결이다〈그림 7〉.

그럼에도 불구하고 제1차 과소기에는 공장유치나 도로정비 등 '하드웨어'의 정비에 의해서 지역격차를 시정한다고 하는 사고로부터 벗어나지 못하고 주체에 대한 투자는 이루어지지 않았다.

홋카이도 유바리시의 재정파탄을 연구한 사회학자 나카자와 히데오 中澤秀雄(2012)도 인재에 대한 투자가 없었던 점을 들어 앞으로는 인재에 대한 투자나 가치관의 전환을 할 수 있는 주체를 육성해 가는 중요성을 강조하고 있다. 제2차 과소기에도 지방도시나 일부의 과소지역에서는 '하드웨어'를 정비하는 사고가 계속되는 한편, 지역 외 주체와의 대등한 관계구축을 목적으로 해서 기대가 높아진 도시·농촌 교류도, 도시주민에게 소비되는 일과성의 관계만 결부시키는 것에 불과해지면서 '교류피로' 현상이 일어났다.

그래서 오늘날 제3차 과소기에는 지역소멸이라고 하는, 더욱 심화된 '위기'에 의해서 인구획득 전쟁이 뜨거워지고, 인구라고 하는 양적평가만이 첨예하게 드러나게 된 것이다. 본래라면 지속적인 인구감소라고 하는 새로운 국면을 맞이하면서 지역재생의 새로운 목표를 그릴 필요가 있음에도 불구하고 지역의 존속 의의나 가능성이 과도하게 강조되어 인구를 유지하려면 지역재생이 현실화된다고 하는 정의로 부지불식간에 바뀌어 버리면서 지역존속이 지역재생에 있어서의 유일절대 평가기준이 되는 분위기가 강화되는 것처럼 보인다.

이상을 정리하면 지역재생 주체를 둘러싼 문제가 지적되고 있음에도 불구하고 그 주체를 어떻게 형성해 갈 것인가에 대해서는 어느 시대에도 충분히 노력하지 못했다. 결국 여전히 커다란 문제로서 남아 있게 된 것이다. 지역재생 주체와 그 형성과정에 주목해야 하는 이유는 정말로 여기에 있다. 그리고 인구감소가 전제로 되는 현대사회에서 새삼스럽게 질문해 봐야 할 것은 지역재생이란 무엇을 목적으로 해야 하는 것인가는 지역재생의 재정의로 본서에서도 주제의 하나로 다루고자 한다.

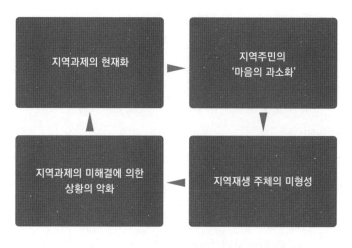

〈그림 7〉 '지역쇠퇴의 사이클'(가미무라, 2018: 176을 참고로 필자 작성)

제 I 부. 관계인구란 무엇인가

제2장.
관계인구의 개념규정

1. 등장의 의미

정주도 교류도 아니다

　제1장에서 지역사회가 일찍이 경험하지 못한 '위기'에 직면한 것을 확인했다. 제2장에서는 이러한 지역을 재생시키는 실마리로서 본서가 주목하는 관계인구의 사회학적 개념정의를 시도해 보고자 한다.

　관계인구에 주목하는 이유는 다음 2가지이다.

　첫 번째는 '물질적인 것'이 아니라 사람, 즉 주체라고 하는 점이다. 제1장에서 도로와 시설 등 '하드웨어'를 정비해서는 지역재생으로 연결되지 않기 때문에 투자해야 할 것은 주체라는 사실을 명확히 했다. 두 번째는 주체 가운데서도 지역 외의 주체라고 하는 점이다. 지역재생의 주체로 이해되어온 지역주민의 수가 줄어드는 것 뿐 아니라 주체성의 결여가 보고되고 있는 것은 반복적으로 서술했다. 지역재생 주체로서 지역주민이 양적으로 곤란한 상황에 직면한 가운데 관계인구는 지역재생을 담당하는 새로운 지역 외의 주체로서 기대를 모으고 있는 것이다.

새삼스럽지만 관계인구는 2016년에 생겨난 새로운 개념이다(다카하시高橋, 2016; 사시데指出, 2016). 제창자의 한 사람인 다카하시는 저서 『도시와 지방을 뒤섞는 것』으로 교류인구와 정주인구의 사이에서 잠자는 존재가 관계인구라고 서술하고 있다.

> 모든 지방자치단체는 인구감소에 제동을 거는데 기를 쓰지만, 여전히 관광과 정주촉진 밖에 말하지 않는다. 관광은 일과성으로 지역의 저력 강화로는 연결되지 않고, 정주로 이어지기에는 여전히 어려움이 많다. 나는 그 사이를 겨냥해 한결같이 말하고 있는 것이다. 관광도 정주도 아니고 '갸쿠산킨코타이逆參勤交代(에도 막부가 지방의 다이묘를 통제하기 위해 다이묘를 정기적으로 에도에 머무르게 한 제도)'와 같이 지방을 정기적으로 방문하는 니즈는 계속 확산 일로라고 생각한다. 즉 교류인구와 정주인구 사이에서 잠자는 관계인구를 발굴하는 것이다. 일본인 자체가 계속 줄고 있기 때문에 정주인구를 극적으로 늘리는 것은 매우 힘든 일이다. 그러나 관계인구라면 늘리는 것이 가능하다. 제 주변의 도시민들에게는 이주는 무리지만 이러한 라이프스타일이라면 가능하다고 하는 사람이 아주 많다. 현실적인 선택이다.[57]

또 다카하시와 더불어 관계인구의 제창자중 한사람인 사시데도 저서 『우리들은 지방에서 행복을 발견할 수 있다』에서 지금까지는 지방을 활기있게 하는 방법으로서 이주자를 늘리는 인구증가와 관광객이 방문해서 경제적 효과를 올리는 것이 주류였다. 하지만 도쿄에서조차 2020년에는 인구감소로 바뀔 것이라고 하는 예측을 근거로 이주와 관광 두 가지로 사람을 모으는 것은 어떤 지역에서도 어렵다고 서술하고 있다. 게다가 이 두 가지 어느 쪽에도 해당되지 않는 새로운 인구로서 관계인구를 소개하고 있다. 관계인구를 특징짓는 것은 정주인구도 아니고 또 교류인구도 아니라고 하는 점이다.

시대의 요청

정주인구는 어디에 주민등록표를 둘까 0과 1의 선택으로 되기가 쉽다. 제1장에서도 언급했던 것처럼 소멸에 대항해서 인구가 중시되는 풍조가 강해지는 가운데 인구감소 사회에서 각 지자체가 정주인구의 증가를 목표로 해서 이주자를 서로 빼앗는 것은 어딘가의 지방자치단체에서는 감소하고 있다고 하는 '제로섬 문제'가 발생하는 우려가 제기되고 있다.[58] 그것에 반해서 관계인구는 복수의 관계처를 선택하는 것이 가능하다. 한 사람의 관계인구를 각 지역이 서로 빼앗을 필요가 없고 공유하는 것도 생각해 볼 수 있다. '제로섬 문제'라고 하는 딜레마를 극복하기 위해서도 정주인구가 아니고 지역 외의 주체가 필요한 것이다.

다만 지역 외 주체라고 말하면 도시·농촌 교류로 대표되는 것처럼 소비된다고 하는 일과성의 관계가 되고 지역재생의 주체로는 될 수 없었다고 하는, 즉, 지역사회가 지역 외 주체와의 관계구조에 실패했다고 하는 교류인구의 역사가 있다. 그리고 교류인구가 아닌 형태로, 지역 외부의 주체와의 관계를 재구축할 필요도 있는 것이다. 이것은 오다키리(2018)가 교류인구의 실패를 통해서 관계인구는 양적 개념이 아니라 개개인을 대상으로서 관계성을 보다 의식해야 했다고 강조하고 있는 점, 앞에서 서술한 사시데指出도 "사람을 수로 말하는 시대를 끝내고 얼굴과 이름을 기억하는 시대가 '지방창생'의 다음 단계(사시데指出, 2016: 245)"라고 서술하고 있는 것에도 잘 드러나고 있다. 이상 검토한 것을 근거로 하면, 관계인구에는 인구감소 사회에 있어서 '제로섬 문제'의 발생을 피하면서 지역 외 주체와의 관계를 재구축하는 것으로 지역재생의 주체확보로 연결한다고 하는 것이 포함되어 있다. 즉 양이 아니고 관계의 질로 눈을 돌린 접근이라고 하는 메시지가 담겨있고 그래서 그것은 시대의 요청이 되는 것이다. 똑같이 지금까지는 지역을 계속 살아갈 주체는 주민이 전제였지만 주민이 적극적으로 외부와 연계해서 교류를 전개하는 것으로 살고 있는 사람이 줄더라도 지역활동량이라고 하는 '인연의 양'(야마자키, 2017: 20)을 줄이지 않도록 할 필요가 있다고 하는 주장도 있다(야마자키, 2017). 그 밖에도 경제학자인 겐다 유지玄田有史에 의한 '희망활동인구'(겐다, 2015: 9)와 커뮤니티 디자이너인 야마자키 료山崎亮의 '활동인구'(야마자키, 2016:20)란 지역사회에서 적극적으로 관계하는 사람을 가리키는 조어로,[59] 양자 모두 이러한 사람들의 중요성을 제언하고 있다. 또 전술한 오다키리는 인구가 줄어드는 가운데에도 다채로운 주체가 얽히고 섥히는 상황을 '떠들썩한 과소'(오다키리, 2019: 4)라고 명명하는 등 똑같은 취지의 논의는 계속 확산되는 추세를 보이고 있다.[60] 이것들은 인구라고 하는 양이 아니고 질로 눈을 돌린 접근방법이라는 것이 공통적이다. 더욱이 인구감소 사회에 있어서 지금까지와는 다른 지역재생의 목표를 모색하는 노력으로 봐도 무방할 것이다.

2. 혼란과 비판

급속한 확대와 기대의 높아짐

그 후 총무성은 2018년 인구감소가 선행하는 지방에서는 지역 외주체에 힘을 쏟아 붇는 것이 필요하며, 그 가운데에서도 관계인구에 대한 주목이 지역재생의 실마리가 된다고 하는 보고서를 공표했다. 이 보고서에서는 관계인구가 지역외의 주체이고 동시에 지역재생의 주체로서도 이해되고 있는 것이 분명하다.

> 지방은 인구감소·고령화로 인해 보통 지역 만들기의 담당자 부족이라고 하는 과제에 직면하고 있습니다. 하지만 지역에 따라서는 젊은이들을 중심으로 변화를 가져오는 인재가 지역으로 들어가기 시작하고 관계인구라고 불리는 지역 외의 인재가 지역 만들기의 후계자가 되는 것도 기대할 수 있게 됐습니다.[61]

그래서 총무성은 2018년부터 '관계인구의 창출사업'을 시범적으로 시작했고, 전국 자치단체에서 관계인구가 알려지게 된 것이다. 첫해는 예산 2억5,000만엔으로 전국 30개 단체가 채택되고 이어서 2019년도에는 '관계인구 창출·확대사업'으로서 예산도 5억1,000만엔으로 배나 증가하고 채택단체도 44개 단체로 늘었다〈그림 8〉. 2020년도는 2억4,000만엔에 25개 단체가 채택되었다. 더욱이 '지방창생'의 방침을 정하는 정부의 제2기 '마을·사람·일자리 창생종합전략'에서 처음으로 관계인구의 창출·확대가 제기되었다.

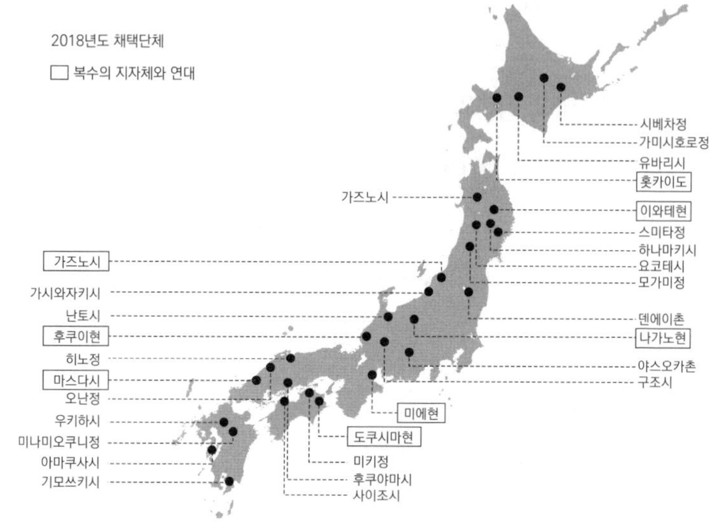

2018년도 채택단체
복수의 지자체와 연대
시베차정
가미시호로정
유바리시
홋카이도
가즈노시
이와테현
스미타정
하나마키시
요코테시
모가미정
가즈노시
가시와자키시
난토시
덴에이촌
후쿠이현
나가노현
히노정
야스오카촌
마스다시
구조시
오난정
미에현
우키하시
도쿠시마현
미나미오쿠니정
아마쿠사시
미키정
기모쓰키시
후쿠야마시
사이조시

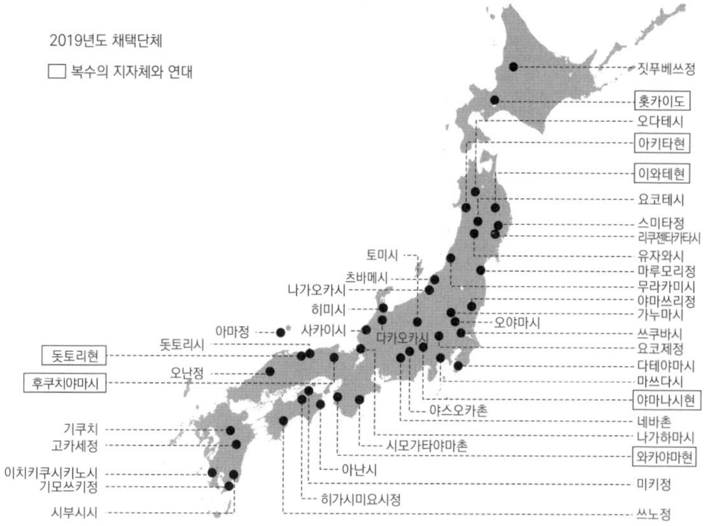

2019년도 채택단체
복수의 지자체와 연대
짓푸베쓰정
홋카이도
오다테시
아키타현
이와테현
요코테시
스미타정
리쿠젠타카타시
토미시
유자와시
츠바메시
마루모리정
나가오카시
무라카미시
야마쓰리정
히미시
가누마시
오야마시
아마정
사카이시
다카오카시
쓰쿠바시
돗토리시
요코제정
돗토리현
다테야마시
오난정
마쓰다시
후쿠치야마시
야마나시현
야스오카촌
네바촌
기쿠치
나가하마시
고카세정
시모가타야마촌
와카야마현
이치키쿠시키노시
아난시
기모쓰키정
미키정
히가시미요시정
시부시시
쓰노정

〈그림 8〉 총무성의 '관계인구 창출사업' 채택단체 일람(출처 : 총무성, 2020)

아베 전 수상은 2019년 6월 '마을·사람·일자리 창생종합전략' 회의에서 "과거 지방에서의 겸업·부업 등 관계인구의 창출·확대에 의해서 장래 지방이주로 연결하는 것이나 기업판 고향납세의 활용·촉진에 의한 지방의 매력을 한층 높여가는 노력 등의 정책을 통해서 지방으로 사람·돈의 흐름을 중층척인 형태로 보다 확대해 가고 싶다"며 관계인구에 대한 기대를 밝힌 바 있다.

　관계인구란 용어는 2016년부터 등장해 불과 3년 남짓한데, 일종의 붐이라고 일컬어질 정도로 급속히 확산중이다. 또한 기대가 급속히 높아지고 있는 것도 사실이다. 이러한 상황을 반영해서 국토교통성이 관계인구의 실태를 조사하는 앙케이트를 실시해 2020년 2월 공표했다. 이에 따르면 3대 도시권에 사는 18세 이상의 약 20%에 해당하는 1,080만명이 특정 지역을 방문하고 있는 관계인구라고 한다.[62] 그뿐 아니라 뒤에 서술하는 '고향납세'와 주민등록표를 두지 않는 사람에 대해서 행사나 빈집정보 등의 안내, 개호, 상속 관계서류의 송부처 변경접수 등 다양한 행정서비스를 제공하는 '후루사토주민표'를 발부하고자 하는 자치단체도 증가하고 있어, 이러한 것도 관계인구의 한 존재방식이라고 생각할 수 있다.

애매한 정의

　그러나 급속한 확대와 동반해 혼란과 비판도 나타나고 있다.

　우선 '관계한다'고 하는 개념의 넓이와 다양성도 있고, 자신과 관계가 강한(질이 높은) 사람을 가리킨다고 하는 해석과, 교류인구보다도 좀 더 넓은 의미에서 사용되는 경우가 많다고 하는 해석 등 일반적인 사용에 대해서 여러 가지 해석이 존재하고 있다.[63] 이러한 상황에서 '지역과 관계를 갖는 외부자'(다구치, 2017a: 15)가 공통의 요소이지만, 관계인구의 정의 자체는 아직 애매하다고 정리되어 있다(다구치, 2017a).

이것과 관련해서 관계인구에 대한 자치단체의 수용방식도 제각각이다. 앞에서 서술한 총무성의 관계인구 시범사업에 응모한 자치단체의 사업내용을 상세하게 보면 사업의 목적을 정주인구의 증가로 연결짓는 것에 두는 경우와, 이것과는 반대로 교류인구와 구별하지 않고 지금까지와 같이 관광객을 모아서 불러들이는 경우도 여기저기서 목격된다.

그러나 목적을 정주인구의 증가에 두거나 관광객을 불러들이는데 초점을 두는 것은 관계인구의 창출과 확대를 내세우면서 결국은 정주인구나 교류인구의 획득이라고 하는 종래의 지역재생 정책의 연장선인 것에는 변함이 없다. 그래서 이 장의 모두에서 서술했던 대로 정주인구에서도 교류인구에서도 없는 새로운 개념이 요구되고 있다고 하는 시대적 요청에 부응하고 있다고는 말할 수 없다.

물론 관계인구가 결국에는 이주·정주하는 것은 환영해야 할 일이다.[64] 또 교류인구나 관광객도 지역에 있어서 중요한 존재다. 정주인구나 교류인구를 결코 부정하는 것이 아니라고 하는 것은 반복해서 강조해 두고 싶다. 오히려 지역에서의 인구 개념으로서 정주인구와 교류인구라고 하는 두 가지 종류밖에 없는 상황에서 제3의 개념으로서 관계인구가 등장

함에 따라 폭이 넓어진 것으로 이해할 필요가 있다.

한편 비판의 내용은 크게 두 가지로 정리할 수 있다. 하나는 관계인구의 창출·확대를 위해 노력하는 정부나 지방자치단체의 자세에 대한 것이다. 예를 들면 2019년 6월 24일자 니혼게이자이신문의 사설에서는 정부가 제2기 '마을·사람·일자리 창생종합전략'에서 관계인구의 확대를 내 걸은 것에 대해서 "도쿄로만 집중되는 현상의 시정이라고 하는 과제를 직시하는 것을 피했다"며 비판한 바 있다.

똑같은 취지로 '시티프로모션'을 제창하는 가와이 코진河井孝仁(2018)은 관계인구의 유행배경을 "정주인구의 획득이 실질적으로 곤란하게 된 상태를 호도(糊塗)하고자 미온적으로 '관계인구'를 주장하는 것이 아닌가"라고 서술하고 있다. 인구획득 전쟁에 지쳐, 그리고 실패한 것을 감추기 위해 관계인구를 끌어낸 것이 아닌가 하는 지적이다.

또 하나의 비판은 관계인구 그 자체에 대한 것이다.

사회학자인 사다카네 히데유키貞包英之는 자신이 선택한 자치단체에 기부를 할 수 있는 '고향납세' 등을 염두에 두고 관계인구는 "골똘히 생각해보면 어느 지역의 특산품과 그곳에서의 경험을 사는 '소비자집단'에 다름 아니다"며 지역재생으로는 연결되지 않는다고 했다.[65]

또 『지역과 느슨하게 연결해가자! 제3의 장소와 관계인구의 시대』(이시야마, 2019)라는 타이틀의 저서에서는 관계인구가 대표적으로 취급되고 있을 뿐 아니라 관계인구의 정의를 둘러싸고서 "그 지역에 살지는 않지만 출신지이거나 근무경험지, 서로 잘 아는 관계의 사람이 사는 등 지역과 어떠한 형태로든 관계가 있어서 때때로 왕래하는 '느슨한 관계'를 갖고 있는 사람들"(이몬井門, 2018: 23)로서 정주와 비교해서 '느슨함'이 특히 강조되고 있는 측면도 있다. 이러한 '느슨한' 관계의 사람에게 무엇이 가능할 것인가 하는 비판으로도 연결된 것이라고 말하고 있다.

이러한 근저에 흐르고 있는 것은 단적으로 표현하면 '(살고 있지 않은 사람이) 어떤 도움이 되겠는가' 하는 순진하다고도 말할 수 있는 질문이다. 필자 자신도 여러 번 이와 같은 질문을 직접 던져 왔다. 확실히 폐쇄성이 지적되어 온 지금까지의 지방에서는 정주라고 하는 '뼈를 묻을 각오'가 요구되는 경향이 있다고 하는 것과 거주하지 않으면 지역에 관여할 자격이 없다고 하는 것과 같은 일종의 '암묵적인 양해'가 존재하고 있는 것은 경험적으로도 느껴왔다. 그 뿐만 아니라 앞에서 서술한 바와 같이 관계인구는 개개인을 대상으로 해서 관계성을 보다 의식하는 것이라고 하는 합의가 있음에도 불구하고, '인구'라는 단어와 붙어있기 때문에 무턱대고 관계인구를 '늘리자' '늘리면 그것으로도 족하다'고 하는 수를 중시하는 논의로 다시 돌아가기도 하고 정주인구와 똑같이 서로 뺏고 빼앗기는 싸움에 대한 염려도 제기되고 있다.

한편 전국에서 400곳이 넘는 지방자치단체가 관계인구의 창출·확대 사업을 실시하거나 검토하고 있는 것을 정리한 기사의 타이틀은 '관계인구로 지역의 존속·활성화'하는 것이었다(나카가와 우치中川内, 2019). 지역 외부의 주체에 대해서 지역의 존속이라고 하는 커다란 기대를 걸고 있는 것은 지나치다고 밖에 말하지 않을 수 없다. 이와 같은 혼란이나 비

제 I 부. 관계인구란 무엇인가

판이 생겨나는 것은 반복적으로 말해왔지만 관계인구의 학술적인 정의가 명확하지 않는 것과 완전히 무관하다고는 말할 수 없다. 그래서 우선 다음 절에서 사회학적인 관점에 기초해서 관계인구가 생겨난 배경을 검토하고 그 다음절에서는 관계인구의 개념정의를 시도하기로 한다.

3. 사회학적 배경

전원회귀

왜 관계인구라고 불리는 사람들이 생겨나고 있는 것일까? 배경에는 도시민의 지방에 대한 관심이 높아지며 소위 전원회귀라고 불리는 도시에 사는 주로 젊은이들의 변화에서 찾을 수 있다. 내각부(2014a)의 '도쿄 체류자(在住者)의 향후 이주에 관한 의향조사'에서는 40.7%가 '지방으로의 이주를 검토하고 있다'거나 '검토할 계획이다'고 답했다. 똑같이 내각부(2014b)에 의한 '농산어촌에 관한 여론조사'에서는 농산촌지역으로의 정주를 희망하는 사람이 31.6%로, 15년 전인 2005년 조사의 20.6%와 비교하면 11%포인트가 증가했다.

그러나 전국적으로 이주자의 실제 수를 통계적으로 파악하는 것은 어렵다.[66] 정확한 수를 알기는 어렵지만, 단서가 될 수 있는 것은 2014년도에 진행된 메이지대학의 오다키리연구실과 마이니치신문, NHK의 공동조사이다. 자치단체의 지원책을 이용하는 등으로 해서 이주한 사람이 1만1,735명으로, 2009년부터 5년간 4배 이상 증가했다. 이것은 자치단체가 파악해 온 수에 국한한 것으로 실제로는 더 많을 것으로 추정된다 (아베阿部·오다키리小田切, 2015).[67] 지방으로의 이주지원을 시행하는 '후루사토(고향) 회귀지원센터'(도쿄)에 문의 건수를 보면 역시 증가하고 있다〈그림 9〉.

2008년 리먼 쇼크를 계기로 우선 젊은이들이 찾아오게 된 것에 더해 2011년 동일본대지진 후에는 그때까지 움직임이 없었던 어린아이를 동반한 젊은 가족이 상담을 오게 된 것이다. 이러한 도피형태의 이주 움직임이 안정된 후에도 자녀의 교육환경이나 자신들의 삶을 변화시키고 싶다고 하는 상담이 증가하고 있다고 한다. 예를 들면 2017년의 상담건수는 3만3,165건으로 처음 3만건을 넘어섰고 게다가 그 70%를 20~40세가 차지했다.

'이주 붐'이라고 일컬어지는 측면도 있지만 이 센터의 가사미 가즈오嵩和雄(2016)는 붐이 아니라고 단언한다. 그 이유는 이 센터를 방문하는 '지방출신이 아닌 지방을 잘 모르는 젊은이'(가사미, 2016: 96) 가 지방으로 향하는 시각의 변화를 느꼈기 때문이라고 한다.

과거에도 출신지로 돌아오는 U턴, 출신지 이외의 지역으로 이주하는 I턴의 존재는 지적되어 왔다.[68] 그러나 U턴은 소극적인 이유가 중심이고, I턴도 주로 자신의 라이프스타일을 실현하는 게 이주의 목적이었다(아라라기 신조蘭信三, 1994; 가사미, 2016). 즉 지방에 대한 관심 때문에 이주로 이어진 것은 아니지만, 최근에는 그것이 변해 왔다고 하는 것이다.

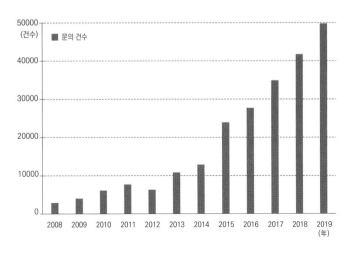

〈그림 9〉 후루사토(고향)회귀지원센터의 상담건수 추이(출처 : 동센터, 2020)

관동지방에서 오카야마현 미마사카시美作市로 이주해 활동하고 있는 남성의 말이 이러한 배경을 뒷받침하고 있다.

> 실제로 와서 보면 의외로 모두 풍요롭고 여기가 사람이 살아가는 장소로서, 젊은이들의 향후 선택지로서, 선택되더라도 좋은 장소이지 않을까.[69]

더욱이 젊은 세대의 변화를 '로컬지향'(마쓰나가松永, 2016: 6)이라고 이름 짓고, 배경으로서 자신이 하고 싶은 일과 지역의 과제해결을 병행하도록 조정해가는 경향을 분석하기도 했다.

> 개인에게 있어서는 지역이나 사회에 공헌하는 것보다도 자신이 하고 싶은 것을 지역 과제해결의 방향성에 맞춰 가는 그러한 사회의 디자인 능력이 활짝 피는 장소로서 지역이 활용처가 되는 양상이다.[70]

전체적으로 숫자를 파악할 수 없지만 지방에 새로운 사람이 유입되기 시작한 것은 확실하고, 무엇보다도 제1장에서 언급했던 것처럼 젊은이가 '떠나가는 장소'였던 지방에 대한 시각이 변하는 것을 엿볼 수 있다. 지금까지 U턴 하는 사람이나 I턴 하는 사람과는 다른 새로운 외지인의 모습이다. 일방통행이 아니고 자신의 관심과 지역문제의 해결이 양립하는 관계를 목표로 하는 '새로운 외지인'(다나카田中, 2017b: 9)이라고 일컫는 것도 가능할 것이다.

고향난민의 발생

젊은이들의 지방에 대한 시각의 변화를 조금 더 깊게 이해해 보고자 한다. 관계인구에 대해 지금까지 서술해 온 바와 같이 '도호쿠 먹거리 통신'의 전 편집장인 다카하시와 잡지 '소토코토'의 편집장인 사시데라고 하는 미디어 관계자가 최초로 언급한데 이어 필자인 다나카 데루미, 그리고 관계인구의 보고서를 정리한 총무성, 학술적으로는 농업경제학자인 오다키리가 중심이 되어서 논의해 오고 있는 것을 감안해 주로 이 다섯 명의 주장을 참고해서 정리하고자 한다.

다카하시는 "도시주민에게 있어서 사람과의 연결은 이미 자랑거리가 되고 있다. 더구나 그 자랑거리가 지방의 농어촌에 여전히 존재하고 있다"(다카하시, 2016: 79)는 사실은 살아 있다는 느낌을 갖게 하고, 그렇지 못해 사람과의 연결을 잃어버린 도시민을 '고향난민'(다카하시, 2016: 95)이라고 불렀다.

또, 사시데는 젊은이들은 자신이 보람이나 생동감을 느끼면서 살 수 있는 거처를 찾고 그 거처로서 지역을 주목하게 됐다며 "재해 등 유사시뿐 아니라 평상시에도 사람과 연결되고 안심할 수 있는 동료와의 관계를 모두 필요로 하고 있는 것이라고 생각합니다. 도시생활로 대표되는 개인주의가 존중되어 온 시기부터는 물론이고, '개인'이 아니라 어딘가에 속하는 것에 가치를 발견하는 사람들이 압도적으로 증가하고 있다"(사시데, 2016: 235)고 했다.

두 사람의 주장을 종합하면 ①연결이나 관계에 가치를 두는 도시민이나 젊은이가 늘어나 연결이나 관계가 있는 장소로서 고향이나 거처가 요구되고 있다, ②연결이나 관계는 도시에서는 상실되고 있고 상대적으로 아직 잔류하고 있는 지방을 고향이나 거처로 받아들이고 있다고 말하는 것이 가능하다.

다나카와 총무성도 이러한 변화를 도시의 젊은이에게 특징적이라고 지적하고, 더욱이 오다키리도 똑같은 취지에서 '관계의 가치'(오다키리, 2018: 15)가 발생하고 있다고 하며, "지역이나 그곳에 사는 사람들과의 관계를 갖는 것에 의미를 발견해 내는 사람들, 특히 그런 젊은이가 생겨나고 있다고 하는 것"이라고 말했다(오다키리, 2018: 15).

이것에 덧붙여 오다키리는 정보통신기술의 진화도 지적하고 있다. 재해지역으로부터 지원요청이나 빈집개·보수 자원봉사대의 모집이라고 하는 다수의 지역정보가 소셜미디어를 통해서 개인으로부터 발신되고 인터넷이 있는 곳에서 관계를 발견하거나 유지하는 것도 가능하다고 언급했다. 다나카(2019b)도 소셜미디어의 등장으로 사람들이 연결되기 쉽게 됐다는 것도 지적하고 있다.

이상이 젊은이의 지방에 대한 시각의 변화이고, 즉 관계인구가 생겨나는 배경이라고 다시 말하는 것도 가능할 것이다.

아이덴티티와 모빌리티

이어서 관계인구의 배경으로 제시했던 관계나 연결에 대한 갈망, 정보통신기술의 진화라는 두 가지 요소를 사회학적인 문맥에서도 의미를 파악해 볼 필요가 있다.

관계나 연결에 대한 갈망이라고 하는 것은 무엇을 의미하는 것일까. 사회학에서 종종 지적하고 있는 사실은 현대사회의 경우 아이덴티티를 이전보다 파악하기 어려운 상황으로 바뀌고 있다고 하는 점이다(스즈키, 2015; 요시카와, 2018). 개인의 아이덴티티는 주어지는 것이 아니고 다른 사람과의 관계성 속에서 스스로 만들어 갈 수 밖에 없고 아이덴티티의 확립은 인생에 있어서 가장 중요한 문제가 되는 게 사실이라는 것이다(사카모토坂本, 2017).

즉, 개인의 아이덴티티의 흔들림이라고 하는 현대적인 문제에 대한 해결방법의 하나로서 아이덴티티의 확립으로 연결되는, 타자와의 관계나 연결이 요구된다고 하는 것도 생각해 볼 수 있을 것이다. 그리고 그것은 정치학자인 우노 시게키宇野重規(2010)가 사람과 사람의 연결이라고 하는 사회관계자본은 '개인에게 있어서 재산'(우노, 2010: v)이 되고 있다고 설명하고 있는 것과 같이 사회관계자본의 갈망으로 연결되어 가고 있는 것이다. 이 점에 대해서 나중에 좀 더 설명하고자 한다.

시마네현의 연속강좌 '시마코토아카데미'를 통해서 관계인구가 생겨나는 과정을 추적한 다나카도 '시마코토아카데미'에 참가자를 '고향난민', '장래엔 시마네계(ゆくゆくは島根系)', '이도저도 아닌 어정쩡한 사람들'이라는 세 가지 타입으로 분류하고 있다. '장래엔 시마네계'는 앞으로 U턴과 I턴을 생각하고 있는 층이지만, 남아있는 '고향난민'과 '이도저도 아닌 어정쩡한 사람들'은 정말로 아이덴티티의 흔들림이 배경에 존재하고 있다. 여기에서는 도시·농촌 관계를 배경으로 둔 전원회귀로는 회복할 수 없는 도시에서 사는 개인의 모습이다.

또 하나인 정보통신기술의 진화는 사회학적으로 어떻게 의미를 부여할 수 있을까. 참고해야 할 것은 존 어리(John Urry, 2007[2015])가 제창하는 모빌리티(이동성)를 둘러싼 논의이다.

어리에 따르면 종래의 사회과학은 사회관계의 초기화 형태를 '눈앞에 있는 것=現前'이라고 생각해 왔지만, 지금은 사람과의 관계나 사회적 집단의 대부분은 눈앞에 있다고 하는 사실에 반드시 기초하지 않아도 된다고 하는 것이다. 사회생활의 과정은 신체의 이동, 물질의 이동, 대중매체의 이미지를 통해서 이뤄지고 있는 상상에서의 이동, 지리적·사회적 거리를 초월한 버추얼한 이동, 전화나 메일 등 통신에 의한 이동 등 5가지로 분류하며 상호의존하는 이동이 거리를 사이에 둔 사회적인 연결을 다양한 형태로 만들어가고 있는 것이다(어리, 2007[2015]).

이 시점에서 지역을 다시 이해한다면 연결은 쇠퇴하고 있다고 이야기하는 지적이 많지만 미디어나 인터넷의 보급에 의해서 가상의 이동이나 버추얼한 이동이 일상생활에 반영되는 등 실제로는 연결방식에 커다란 변화가 발생하고 이동이나 커뮤니케이션의 다원적인 교차가 일어나고 있는 것이다(다도코로田所, 2014). 정보통신기술의 진화는 모빌리티의 고도화라고 하는 사회변화로도 이어지게 된다.

이상을 정리하면 관계인구가 생겨난 사회학적 배경에는 미시적인 수준에서 아이덴티티의 불안에 의한 사회관계자본에 대한 갈망과, 거시적인 수준에서 모빌리티의 변화가 있기 때문으로 생각된다.

4. 사회학적 정의

'관심'과 '관여'

계속해서 관계인구의 사회학적인 개념정의도 시도해 보고자 한다. 다카하시는 관계인구를 교류인구와 정주인구의 사이에 잠자고 있는 존재라고 하는 표현에 머물고 있다. 사시데는 똑같이 교류인구와 정주인구의 사이에 존재하면서도 정주인구와 교류인구의 어느 쪽에도 해당되지 않는 상태에서 '지역에 관여해 오고 있는 인구'(사시데, 2016: 219)로, 즉 교류인구와 달리 적극적으로 지역 사람들과 관계하면서 그 사회적인 성과나 효과를 가시화하는 존재로 인식했다.

다나카는 '지역에 다양하게 관여하는 사람들=동료들'(다나카, 2017c: 8)로서, 총무성은 "장기적인 '정주인구'도 단기적인 '교류인구'도 아닌 지역이나 지역 주민들과 다양하게 관계하는 사람"(총무성, 2018: 19)으로 정의했다.

오다키리는 더욱 심화해서 관계인구의 '관계'란 '관심'이라고 하는 의식과 '관여'라고 하는 행동이 양자에게 영향을 끼쳤던 데다가, '지방에 관심을 갖고 관여하는 도시에 사는 사람들'(오다키리, 2018: 4)이라고 의미를 명확히 했다. 그 후 총무성도 보고서의 내용을 업그레이드한 '관계인구 포털사이트'에서 관계인구를 지역에 대한 관심과 관여를 축으로 한 상세그림으로 설명하고 있다〈그림 10〉.

이 밖에 가와이河井(2020)는 '지역에 관여하는 어느 일정 이상의 의욕을 갖고 지역에서 사는 사람들의 지속적인 행복을 위해 투자하는 존재'라고 정의하고 있다.

관계인구라는 용어는 앞에서 서술한 바와 같이 미디어 관계자인 두 사람으로부터 생겨나 저널리스트와 성청(省廳), 농업경제학자가 살을 붙이면서 중심적으로 논해온 것이 대체적인 흐름이다〈표 3〉. 이 때문에 사회학적인 관점이 부정되는 경향도 있었다.

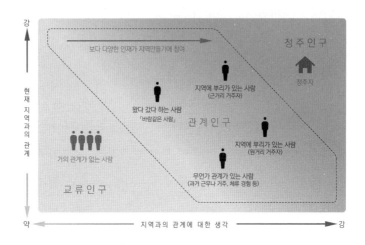

〈그림 10〉 총무성에 의한 관계인구의 분류(출처 : 총무성, 2019d)

그러나 도시·농촌 관련 논의로만 압축하는 것은 주의가 필요하다. 도시에도 지역은 존재하고 있고 관계인구의 존재는 상정할 수 있다. 도시·농촌 관련 논의의 문맥이 강한 것은 확실하지만 도시·농촌 관련 논의의 틀로만 한정해 정의해 버리면, 예를 들면 도쿄와 같은 도시에서는 관계인구가 생겨날 가능성을 차단해 버릴 염려가 있다. 그래서 새삼스럽지만 사회학적인 정의를 검토해 보고자 하는 것이다.

공간, 시간, 태도에 의한 정의

관계인구란 개념을 분해하면 '관계'와 '인구'로 구분된다. '관계'란 관계하는 것, 관여하는 것이고, '인구'란 사람들의 총수를 의미한다. 엄밀하게 말하면 '인구'란 수를 의미하지만 관계인구에 담겨있는 함의로

서는 단순히 숫자로 이해하기보다 '관여하는 사람' 그 자체를 가리키고 있다고도 생각할 수 있다.[71]

<표 3> 관계인구 정의의 정리(필자 작성)

	정 의
다카하시	교류인구와 정주인구의 사이에 잠자는 존재
사시데	지역에 관여하는 인구
다나카	지역에 다양하게 관여하는 사람들
총무성	지역이나 지역 사람들과 다양하게 관계하는 존재
오다키리	지방에 관심을 갖고 관여하는 도시에 사는 사람들
가와이	지역에 관여하고자 하는 일정 이상의 의욕을 갖고 지역에 사는 사람들의 지속적인 행복에 투자하는 존재

그리고 정의의 출발점은 '지역에 관계하는 사람'이 된다. 게다가 더욱이 어떻게 관계하는 사람을 가르키는지에 대해 ①공간 ②시간 ③태도라고 하는 3가지 사항부터 정의해 가고자 한다.

①공간적으로는 관계인구란 지역의 외부에서 관여하는 사람을 의미하는 것이 상정돼 있다. 사회학적으로 위치 지운다면 외지인이다.[72]

외지인이라고 가정하면 기존의 지역 외부의 주체인 교류인구·관광객과 어떻게 같고 다른지를 정리할 필요가 있다. 이 장의 전반부에서도 관계인구는 정주인구가 아니고 교류인구도 아니라고 하는 것이 불가결한 요소라고 확인한 바 있다.

우선 관계인구와 교류인구, 관광객의 차이는 ②시간이다. 다카하시와 사시데는 관광객의 의미를 일회성이라고 이해하고, 총무성도 단기적인 교류인구라고 하는 표현을 하고 있다. 관계인구는 교류인구와 달리 '일회성이나 단기적은 아니다'고 하는 의미가 담겨있다는 것이다.

그러나 장기적·영속적이라면 정주인구와 같아지게 된다. 그래서, 교류인구나 관광객과 정주인구의 사이, 즉 단기와 장기의 사이라는 것이 정의의 하나가 되는 것이다. 단기와 장기의 사이를 가리키는 말에는 '중기적'이라는 개념이 있지만, 중기계획이라고 하면 비즈니스 용어의 뉘앙스가 강하기 때문에 단기적으로나 장기적으로가 아닌 뉘앙스를 포함해 '계속적'이라는 의미를 담고자 한다. 그럼 계속적으로 관여하는 외지인이라면 모두 관계인구가 될 수 있을까.

오다키리는 '고향납세'의 경우 기부자에게 답례품으로만 눈길을 끌고자 하는 생각이 생겨날 수 있는 가능성에 대해서 설명하고 있다.[73] 여기에서 중요한 것은 관계인구로서 관여할 때의 ③태도이다. 자신에게 득이 된다고 하는 이기적인 욕심이 아니라 대상이 되는 특정 지역에 관심을 갖고 있는 것을 상정한다는 점이다. 오다키리가 관계인구를 상정할 때 '관여'뿐만이 아니라 '관심'을 포함한 두 가지 축이 필요하다고 하는 것은 이 점을 고려하기 때문일 것이다. 확실히 지역에 '관심'을 갖고 있다고 하는 태도가 관계인구에는 요구된다고 볼 수 있다.

특정 지역에 '관심'을 갖고 있다고 하는 태도를 정의에 포함하게 되면 과거에 지역재생의 주체로서 등장해온 기업이나 자원봉사자와의 차이점과 공통점도 명확하게 된다. 기업이란 경제주체이고,[74] 지역에 '관심'이 있다고 하는 태도는 요구되지 않는다. 그리고 자원봉사자도 뒤에서 자세

제 I 부. 관계인구란 무엇인가

하게 서술하겠지만 '자발성'에 의의를 두고 여기에는 대상에 대한 '관심'의 유무라고 하는 태도는 포함되지 않는다.

이상을 종합해서 보면 관계인구란 '특정의 지역에 계속적으로 관심을 갖고, 관계하는 외지인'이라고 하는 정의를 내릴 수 있게 된다. 정주인구도, 교류인구도, 관광객도 아니고 그렇다고 기업도, 자원봉사자도 아닌 새로운 지역외의 주체라는 개념이 성립된다.

공간과 이동에 따른 4가지의 유형

계속해서 관계인구로는 어떠한 유형을 생각할 수 있을까〈표 4〉.

수도권에서 도호쿠지방으로 오는 대부분의 사람들을 지켜 본 다카하시는 관계인구의 유형에 대해 도시민이 지방을 정기적으로 방문하는 '갸쿠산킨코타이逆參勤交代'(다카하시, 2016: 107)가 기본이라고 생각한 뒤 식자재를 포함한 정보지 '도호쿠 먹거리통신'의 창간을 통해 특정 지역의 식자재를 정기적으로 구입함으로써 그 지역의 생산자를 지원하는 유형을 스스로 만들어 냈다.

한편, 사시데는 반드시 빈번하게 오고가지는 않더라도 어떤 형태로든 지역을 응원하고 있다고 하는 존재방식을 포함해 ①지역의 셰어하우스에 살면서 행정과 협력해 마을만들기 이벤트를 기획·운영하는 디렉터 타입 ②도쿄에서 그 지역의 홍보를 할 때 활약해주는 도시와 지방을 연결짓는 허브적 존재 ③도시생활을 하면서 지방에도 거점을 갖는 '더블 로컬(double local)'을 실천하는 사람 ④압도적으로 그 지역이 좋다고 하는 단순한 관계방식의 사람 등 4가지 유형을 예로 들고 있다.

다나카(2019b)는 명확한 유형화는 시도하지 않지만 ①특정의 지역 상품을 계속적으로 산다 ②정기적으로 오가면서 이벤트나 축제를 돕는다 ③새로운 아이디어나 디자인 등 자신의 능력을 활용해서 지역의 특산품 개발을 돕는다 등 3가지 존재방식에 주목하고 있다. 이것은 ①산다 ②간다 ③일한다고 하는 관계인구의 행동에 초점을 맞춰 분류한 유형이다.

<표 4> 관계인구 유형의 정리(필자 작성)

	유 형
다카하시	① 갸쿠산킨코타이逆參勤交隊 ② 식자재를 정기적으로 구입한다
사시데	① 디렉터 ② 허브적 ③ 더블로컬 ④ 압도적으로 좋아함
다나카	① 상품을 계속적으로 구입한다 ② 이벤트나 축제를 돕는다 ③ 특산품 개발을 돕는다
총무성	① 가까이 사는 사람 ② 멀리 사는 사람 ③ 뭔가 관계가 있는 사람 ④ 바람같은 사람
오다키리	① 특산품 구입 ②기부(고향납세) ③ 빈번한 방문 ④두지역 거주
사쿠노	① 지역지원지향형 ② 슬로라이프지향형 ③ 지역공헌지향형 ④ 비거주지역유지형

한편, 총무성은 앞에 게재한 〈그림 10〉에서도 살펴보았던 바와 같이 지역과의 관계와 생각을 축으로 ①지역에 뿌리가 있고 근린에 사는 '근거자' ②멀리 떨어져 있는 '원거자' ③뿌리가 없더라도 과거에 근무나 거

주, 체류의 경험을 갖고 있는 '무언가 관계가 있는 자' ④비즈니스와 여가 활동, 지역봉사를 계기로 그 지역을 오고 가는 소위 '바람같은 사람' 등 4종류로 분류했다. 오다키리는 전술한 관계인구의 '관계'란 '관심'이라는 의식과 '관여'라고 하는 행동이 양자에게 미치는 것을 전제로 '관심'과 '관여'를 종축과 횡축으로 한 뒤에 ①특산품구입 ②기부(고향납세) ③빈번한 방문 ④2지역 거주라고 하는 4가지 유형을 단계별로 도식화하고 있다(오다키리, 2018: 15). 그 밖에 지리학자인 사쿠노 히로카즈作野廣和(2019)는 도시·농촌 쌍방의 관점과 수비·공격이라고 하는 두 축으로 ①지역지원지향형 ②슬로라이프지향형 ③지역공헌지향형 ④비거주 지역유지형 등 4가지 유형으로 보여주고 있다.

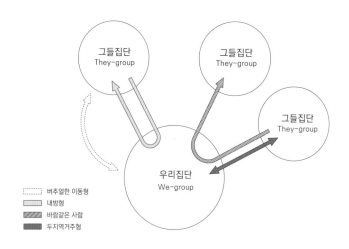

〈그림 11〉 공간과 이동으로부터 본 관계인구의 유형(아카사카, 1992: 20을 참고로 필자 작성)

정의뿐 아니라 유형에 대해서도 사회학적으로 중요한 관점인 공간과 이동에 주목한 분류는 이루어지지 않고 있다고 정리할 수 있다. 그래서 공간과 이동의 관점에서 살펴 본 유형을 검토하고자 한다.

미국 사회학자인 윌리엄 G. 섬너(1906[1959])에 의하면 가장 단순한 사회집단은 우리집단(We-group)과 그들집단(They-group)으로 분류된다. 양자 사이를 오가는 것이 외지인(요소자)이다. 섬너에 더해 지역사회와 외지인과의 공간적인 관계에 대해서 폭넓게 분석한 민속학자 아카사카 노리오赤坂憲雄(1992)도 참고했다. 그는 외지인을 도식화해 ①버추얼한 이동형 ②내방형(만남을 위해 찾아 오는 유형) ③바람같은 사람형 ④두 지역 거주형 등 4가지 유형으로 나눌 수 있다고 봤다.

①버추얼한(가상적인) 이동형이란, 앞에서 서술한 어리(2007[2015])에 따르면 신체를 동반하지 않는 이동을 총칭하는 형대로 사용한다. ②내방형은 '다른 집단으로부터 방문하고 얼마 지나지 않아 돌아간다'고 하는 형태이고, ④두 지역 거주형은 '다른 집단에도 거점을 갖고 있어 두 집단을 오간다'고 하는 형태이다. 더욱이 ③바람같은 사람형에 대해서는 '다른 집단으로부터 방문해서 일시적으로 거주하고 또다른 집단으로 이동한다'는 다나카(2017a)의 보다 엄밀한 정의에 따르고자 한다.[75] 마지막으로 지금까지 논의해 온 관계인구와의 관계를 정리한다〈표 5〉.

<표 5> 논의되어 온 관계인구와 유형의 정리(필자 작성)

종류	지금까지 논의해 온 관계인구	
① 버추얼한 이동형	압도적으로 좋음/특산품구입/기부(고향납세)	근거리 거주자/원거리 거주자/무언가 관계가 있는 사람
② 내방형	갸쿠산킨코타이/디렉터/허브적/빈번한 방문	
③ 바람같은 사람형	바람과 같은 사람	
④ 두 지역 거주형	더블 로컬/두지역 거주	

'고향납세'나 기부로 대표되는 기부금과 답례품을 매개한 연결방식은 실제로 신체의 이동은 동반하지 않는 다는 점에서 ①버추얼한 이동형의 유형으로 분류하는 것이 가능하다. 갸쿠산킨코타이나 빈번한 방문 등은 ②내방형, 바람같은 사람은 그대로 ③바람같은 형, 그리고 더블로컬이나 두 지역 거주는 ④두 지역 거주형으로 분류할 수 있다.

5. 확산과 다양성

지금까지 관계인구의 의미나 배경, 정의를 살펴봤다. 현장으로 눈을 돌려보면 관계인구를 창출해 내고 있는 사례는 전국 각지에 존재하고 있다. 그 가운데 지금까지 필자가 취재한 5가지의 사례를 소개하고 관계인구의 확산과 다양성을 알아보고자 한다.

'먹거리통신'(도호쿠를 비롯해 전국 각지)

2011년 3월, 도호쿠지방에서 발생한 동일본대지진은 그때까지는 없었던 도시와 지방의 새로운 연결을 낳았다. NHK의 보도에 따르면 활동한 자원봉사자가 모두 550만명에 달해, '자원봉사 원년'이라고 불린 1995년의 한신·아와지대지진의 138만명과 비교해 4배나 늘어난 것이다.[76] 지진발생시 이와테현의회의 현지 상황을 지켜보고서 전술한 다카하시는 도시민들이 자신의 능력이나 힘을 활용해 부흥을 돕는 가운데 피해자로부터 '도움이 됐다. 감사하다'며 기뻐하고, 일상생활에서는 느끼기 힘든 '보람'을 느꼈다고 밝히고 있다. 피해자는 도시민들에게 지원받는 것뿐 만 아니라 오히려 도움이 되고 있는 것이다.

다카하시는 지진이라는 긴급 시 뿐만 아니라 일상에서도 이러한 연결을 이어가는 것이 불가능한 것은 아니라고 생각하며 일본 최초의 식자재 정보지인 '도호쿠 먹거리통신'을 착안하게 됐다.

〈그림 12〉 '도호쿠 먹거리통신'(필자 촬영)

제 I 부. 관계인구란 무엇인가

2013년에 창간한 '도호쿠 먹거리통신'은 도호쿠지방 생산자의 인품과 수고, 즐거움 등 '누가 어떻게 해서 어떤 생각으로 농산물을 생산하고 있는가'를 전면 컬러의 16페이지로 정리해 그 생산자의 식재와 세트로 해서 도시에 사는 1,500명에게 보냈다. 정보가 중심이고, 식자재가 부록이라는 것이 특징적이다.

더욱이 전달하는 것뿐만 아니라 커뮤니티화 하는 것에 가장 신경을 쓰고 있다. Facebook에서 생산자와 구독자의 공동체를 만들고 소통을 촉진시키면서 구독자로부터는 "맛이 너무 좋아 감동했습니다" "이렇게 맛이 있는 것을 생산해 주셔서 감사드립니다"라고 하는 감사가 밀려오고, 생산자도 "그런 요리방법으로 맛있게 드셨군요" "다음 계절에는 이런 식자재도 수확합니다" 등과 같은 방식으로 답하게 되었다. 구독자가 생산자를 방문해서 작업을 돕고, 서로 친척이 된 것 같이 친밀하게 되는 경우도 있다고 한다.

지금까지 소비자로부터 "잘 먹었습니다"나 "감사합니다"라는 말을 들을 기회가 없었던 생산자는 비로소 행복해지고 자긍심도 회복하게 된다. 독자도 먹거리나 생명이 자연과 연결되어 있다는 것을 알고 생산자로부터 감사를 받는 것으로부터 '보람'이나 '사람과 관계하는 기쁨'을 알게 되면서 의식 자체가 바뀌게 된다. '먹거리통신'은 도호쿠 이외로 확산되어 2020년 4월 현재는 전국 36개 지역에서 발행되게 되었다.

단절되는 경향이었던 지방의 생산자와 도시의 소비자를 '다시 연결하기 위한' 노력이고, 먹거리를 통해서 관계인구를 만들어가는 것이라고도

말할 수 있다. 그 밖에 2018년에는 일손이 부족한 지역과 젊은이를 연결하는 '오데쓰타비(おてつたび:일명 알바여행)'라는 하는 서비스도 시작했다. 이것은 일손을 돕는 것과 여행을 통해서 관계인구를 만들어가는 것이다.

기노사키온천 '책과 온천'(효고현)

기노사키온천(효고현 도요오카시)의 지역한정으로 판매되어 현지를 방문하지 않으면 손에 넣을 수 없다고 하는 진귀한 소설 시리즈 '책과 온천'이 대 히트를 치고 있다.

1,300년의 역사를 갖고 있는 기노사키온천은 메이지시대부터 소화를 거쳐서 활약한 소설가 시가 나오야志賀直哉가 부상을 당해 요양하고자 체류하면서 단편소설 '기노사키에서城の崎にて'를 탈고한 곳으로도 유명하다. 그 밖에도 많은 문인이 족적을 남겨, '문학의 마을'로서 알려져 있지만 최근에는 바로 겨울에 게맛살요리를 먹기 위한 투숙객들로 떠들썩하지만 전체적으로는 감소경향이 뚜렷하다.

2013년 '시가 나오야 방문 100주년 사업'을 앞두고 무언가 새로운 시도를 할 수 없을까. 토박이로 온천여관을 경영하는 40대 이하의 젊은 남성들이 주축이 돼 발족한 '2세회' 회원과 이를 담당하는 도요오카시립대학교 교류협력과 직원들이 매일 밤 함께 논의해 왔지만 뾰족한 대안이 없어 막다른 길에 봉착해 있었다. 마침 그때 도쿄로부터 U턴해서 기노사키국제아트센터 관장을 맡고 있던 다구치 미키야田口幹也씨를 통해 도쿄주재한 북디렉터인 하바 요시타카幅允孝씨와 연결되었다.

"단 한 번의 이벤트로 끝내면 자신들의 소유권을 주장하지 못한다. 토박이가 '문학의 마을'이라고 가슴을 펼 수 있는 계기를 만들어 주고 싶다". 그런 생각이 번뜩 들어 하바씨를 기노사키에 초청했더니 "게는 확실히 맛있고 온천목욕도 좋았지만 문학의 향기가 나지 않는다"는 직언을 들어야 했다. 그래서 문학을 살리는 아이디어를 서로 내는 가운데 책을 만드는 사업이 부상하게 됐다. 예전처럼 작가가 체류하며 작품을 쓰면 좋지 않을까 하는 발상이 생겨나게 됐던 것이다. 지속성을 고려해 '2세회' 멤버로 구성된 비영리조직(NPO) '책과 온천'을 구상해서 출판까지 하기로 결정했다.

제1탄으로서 2013년 기노사키 출신(城崎ゆかり)의 문호 시가 나오야의 '기노사키에서城の崎にて'에 주역을 붙여서 간행했다. 이어서 인기소설가인 마키 메마나부万城目学씨와 미나토가나에港かなえ씨에게 의뢰해, 단편소설 '기노사키재판城崎裁判', '기노사키城崎로 돌아간다'를 펴냈다. '기노사키에서城の崎にて'는 가지고 다니기 편한 미니사이즈, '기노사키재판'은 온천에서 읽을 수 있도록 타월느낌의 커버에 방수가 가능한 종이를 사용했고 '기노사키城崎로 돌아간다'는 게를 이미지 한 장식을 새기는 등 모두 아이디어와 재치로 가득하다.

목적은 책 제작에 머물지 않고 새로운 형태의 정보제공과 '문학의 마을' 부흥으로 연결하는 것이다. 어디까지나 지역외부의 사람이 기노사키로 발길을 돌리게 하는 계기를 만들고 싶었기 때문에 지역 한정발매라고 하는 전략을 취하기로 했다. 그것이 주효해서 입소문을 타 책을 읽지 않는 시대임에도 누계 1만부가 넘는 대히트를 치게 됐다. '책과 온천' 시리즈는 도쿄에 사는 북디렉터와의 관계에서 탄생한 것이다. 이 북디렉터는 관계인구라고도 말할 수 있을 것이다. 그 지역에 살고 있지 않더라도 아이디어나 재능을 살려서 관계인구로서 지역과의 연결을 만들어갈 수 있다고 하는 것을 보여주는 예이다.

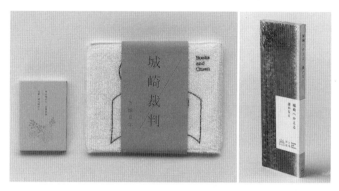

〈그림 13〉 『기노사키에서』, 『기노사키재판』, 『기노사키로 돌아간다』(책과 온천 제공)

모치가세 주말주인(돗도리현)

인구 3,500명의 돗토리시 모치가세정用瀨町에서 '주말주인'이라고 하는 새로운 개념을 내 걸고 있는 '체험과 민박 모치가세 주말주인의 집' 사례다. 주말만 그 지역에서 생활하는 '주말주인'도 진정한 관계인구의 존재방식중 하나라고 말할 수 있다.

이런 개념을 창시한 주인공은 돗토리시내의 공립돗토리환경대학을 다니고 있었던 이와타 나오키岩田直樹씨와 마쓰우라 이쿠루松浦生씨. 각각

기후현과 도쿄도 출신이지만 대학진학을 계기로 돗토리시내로 이주해 왔다. 당초 대학 가까이에 살고 있었던 이들은 지인의 소개로 인구감소와 저출산·고령화에 직면한 전형적인 '과소마을'이라고 할 수 있는 모치가세정의 주민을 만났다.

〈그림 14〉 모치가세 주말주인을 설립한 이와타 나오키씨와 마쓰우라 이쿠루씨(필자 촬영)

단지 말을 거는 이벤트에 참가하기도 하고 지도를 손으로 그려서 만들기도 하고 포장마차 주점을 열기도 하는 등 주말이 되면 모치가세정을 방문해서 '주말주인'으로서 활동하게 된 것이다. 빈 집의 활용이 현안이었던 것에 착안해 주민과 함께 모임을 만들어 빈집을 빌리는 등 2017년 1월 민박을 시작했다. 도시민이 일정기간 체류하고 일을 하면서 지역 주민들과 교류하는 총무성의 '후루사토(고향) 워킹홀리데이'를 받아들이기 시작했다.

그렇게 하는 사이에 두 사람 모두 모치가세정으로 이주해 민박시설에 살면서 대학을 다니게 된 것이다. 같은 해 가을에는 두 번째 빈집을 빌려 '체험과 민박 모치가세 생활의 나그네'라는 이름으로 오픈했다. '후루사토(고향) 워킹홀리데이' 뿐만이 아니라 대학의 세미나 합숙이나 개별 여행객도 받아들여 이용자는 연간 850명에 이른다. 도예체험과 함께 식탁을 둘러앉는 등 반드시 주민과 교류하는 시간도 준비했다.

이렇게 해서 한번 방문한 후 정기적으로 모치가세정에 다녀가게 된 사람들을 '주말주인들'이라고 부르고, 현재는 현 내외의 91명이 등록해 있다. 그 가운데는 '주말주인들'의 활동이 계기가 되어 취직할 곳으로 돗토리시의 기업을 선택해 현 외부로부터 I턴해서 온 사람도 있다. 그중 한 사람이 사이타마현 구키시 출신 여성이 가담해 지금은 다른 멤버와 함께 운영을 계속 이어가고 있다. '주말주인들'과 주민이 함께 식탁을 둘러 앉는 '주말냄비요리행사'도 정기적으로 열어 호평이다. 그리고 정내에는 새롭게 음식점도 오픈하는 등 활기가 돌고 있다. 두 사람은 졸업했지만 계속 관련 일을 할 수 있는 시스템을 마련하는 과정에서 '주말주인'이라고 하는 개념을 같은 돗토리현내의 오야마정으로도 확대하기에 이르렀다. 이와다씨와 마쓰우라씨는 "빈집이 있다고 하면 환경은 어디라도 상관없다고 생각하지만, 함께 하겠다고 하는 사람들이 존재하느냐가 무엇보다도 중요하다. '시골에는 아무도 없다'고 말하지만, 그렇지는 않다. 모치가세는 우리를 환영하며 받아들이는 사람이 많이 있고 아무도 사용하지 않는 자원이 잠자고 있는 가슴이 설레는 곳이다. 더욱이 자신의 '기호'나 '장점'을 더욱 살려서 활약할 기회가 있다. 전국의 학생들에게 '무엇이라도 가능한 곳이 시골'"이라며 입을 모은다.

니가타이나(벼)컬리지(니가타현)

2004년 10월에 발생한 니가타현 주에쓰中越지역 지진. 일부의 마을에서는 과소화의 흐름이 15~20년 동안이나 가속화하면서 후계자 부족이 심각한 과제로서 부상했다. 그리고 2012년 공익사단법인 '주에쓰방재안전추진기구'가 부흥기금을 활용해 '니가타이나(벼)컬리지'를 시작했다. 계기는 지진 후에 사람이나 물건, 돈 등 다양한 '지원'이 이뤄지는 가운데 당연히 '지원'을 하기 위해 온 지역 외부의 사람들이 모든 재산을 잃어버린 후에도 더욱 강하게 살아남은 지역에 매료되어간다고 하는 사실을 이 조직의 운영자가 착안하게 됐다.

〈그림 15〉 니가타이나컬리지의 모습(주에쓰방재안전추진기구 제공)

지역 주민들을 신바람나게 하는 무언가가 있을 지도 모른다. 그것은 지역 사람들이 간절히 바라는 새로운 후계자와 연결해주는 것일 수도 있다. 지역의 후계자 육성을 목적으로 도시의 젊은이를 농촌으로 받아들이는 인턴십프로그램은 이렇게 탄생했다. '니가타이나컬리지'는 주에쓰지역의 농산촌에서 자신에게 맞는 라이프스타일을 발견하고 만들어가는 인턴십프로그램이다. 전원농업이나 빈집활용, 마을생활 등 다양한 테마가 있고 농산촌에 들어가는 계기를 만드는 것을 목적으로 해 수주간부터 1개월의 단기프로그램뿐 만 아니라 자리를 잡고 눌러 앉아 농업을 본격적으로 배우는 1년간의 장기프로그램도 있다. 특히 단기프로그램은 참가자들을 정중하게 돌보는 등 특별히 배려해 준다.

인턴십을 끝내고 지역이나 지역에서 만난 사람에게 매료되어 이주한 사람도 있고, 도쿄나 주에쓰지역을 오가면서 밭을 경작하는 것은 물론 도쿄에서 초등학교 교사로 근무하며 농산촌에서의 경험을 아이들에게 전하는 사람도 있다. 그 밖에 농작업이나 행사가 있으면 돕기 위해 방문하는 등 자신이 할 수 있는 범위의 관계방식을 실천하는 사람도 적지 않다. 설령 정주하지 않더라도 관계인구로서 지역의 후계자가 되는 것이다. 의미가 있는 것은 "자신이 태어난 집으로 돌아가는 마음가짐으로 마을로 돌아간다"고 말하는 사람도 있는 등 '그저 간다'고 하는 장소의 문제가 아니고 '돌아간다'고 하는 장소가 중요시 되는 것이다.

이러한 젊은이의 존재를 알고 "저런 젊은이가 와 준다면 우리도 받아들이고 싶다"고 하는 목소리가 들려오게 된 것이다. 5년 이상이 지나 인턴십에 참가했던 젊은이는 모두 합해 100명 이상에 이르고 받아들인 지역 단체도 40곳 이상으로 늘어났다.

〈그림 16〉 시마코토아카데미의 웹사이트

2019년도부터는 체류형 뿐만 아니라 같은 현 내로부터 오가는 유형의 사람들을 대상으로 한 프로그램도 제공하기 시작했다. 오가면서 채소 직매소를 돕고 함께 식탁에 둘러앉는 것을 계기로 깊은 관계가 되어가고 있는 가능성을 느끼게 된 것이다. 사무국의 직원으로 도쿄로부터 이주해서 프로그램을 담당하는 이노우에 유키井上有紀씨는 "학생은 지역을 배우러 온다고 하는 자세로, 지역주민들과 '서로 배우는 만남'이 탄생한다면 좋은 관계로 이어질 수 있다"고 말한다.

시마코토아카데미(시마네현)
마지막으로 시마네현청이 800㎞ 떨어진 수도권에서 개강하는 연속강좌 '시마코토아카데미'를 관계인구의 창구로 하는 '관계안내소'의 사례로서 소개하고자 한다. '시마코토아카데미'는 거의 한 달에 1회 기준으로 열리는 반년 간 모두 7회 시리즈의 강좌다. 웹사이트에는 '이주 하지 않더라도, 지역을 배우고 싶다!, 관계하고 싶다'는 등 이주·정주가 아니라 관계인구의 육성을 목적으로 하는 다양한 프로그램 중의 하나다.

전체 7회중 전반 3회는 도쿄에서 개강하는데 시마네현 출신 게스트를 초대해서 기본적인 지역의 정보와 과제를 배운다. 4회째는 2박3일의 단기 인턴십으로서 시마네를 방문한다. 그 후 자신과 시마네와의 관계방식을 '시마코토 플랜'으로 각자가 발표한다.

2013년도부터 도쿄강좌가 시작돼 2020년도에 9기가 되었다. 2015년도부터는 간사이권, 2019년도부터는 시마네과 히로시마권의 거주자들을 대상으로 한 각 강좌가 시작되어 지금까지 수강생은 대충 연 225명에 이른다.

2016년도까지 5기를 마친 수강생을 대상으로 한 앙케이트 결과(회수율 82.5%) 시마네와 관계되는 활동을 하고 있는가 하는 질문에 대해서 '활동하고 있다'고 답한 응답자는 58.8%였다. 내용을 좀 더 자세히 살펴보면 '수도권에서 활동하고 있다', 즉 관계인구가 최다인 33.3%이고, 다음이 '시마네로 이주해서 활동하고 있다' 25.5%였다. 관계인구라고 하는 말이 생겨나기 전부터 시작되어 실제로 관계인구라고 하는 존재를 가시화한 강좌라고도 말할 수 있다.

수강생 중에는 수료 후 도쿄와 시마네 2개 지역에서 거주하면서 시마네 프로젝트의 프로듀서를 맡고 있는 플래너뿐만 아니라 도쿄에서 시마네의 식자재와 술을 맛볼 수 있는 상점 순회를 즐기면서 네트워크를 확대하고 있는 그룹, 관계자가 부담 없이 온라인으로 모일 수 있는 장소인 '시마코토 오우치(집에 있는 사람)'를 매주 개최하고 있는 사람, 시마네 비정부기구(NPO)의 정회원으로서 참가하고 있는 사람도 있다. 더욱이 사마네현 고쓰시江津市의 아리후쿠온천有福溫泉의 리모델링이나 고쓰시가 추진하는 지역주민이 강사가 되어 함께 배우는 고쓰시의 'GO쓰쿠루대학'의 운영 등 지역문제에 수료생이 관여하는 움직임도 시작됐다.

원래 수강생은 전원이 지역의 과제해결에 강한 관심을 갖고서 '시마코토아카데미'에 뛰어들고 있는 것은 아니다. 아무 생각없이 지역에 흥미가 있지만 어떻게 하면 좋을지를 몰라 헤매는 사람도 적지 않다. '시마코토아카데미' 참가자가 '고향난민', '장래엔 시마네계', '이도 저도 아닌 사람들' 등 3가지 유형으로 분류하는 것은 이 장에서도 소개한 대로이다.

그런 수강생들은 '시마코토아카데미'라고 하는 '관계안내소'를 계기로, 강좌나 인턴십을 통해서 지역의 과제를 배우고 지역의 과제를 깨닫게 된다. 그리고 자신이 할 수 있는 것과 접목시키면서 실제로 어떻게 해서 과제의 해결로 관계지어 갈지를 자신과 시마네와의 관계방식을 발표하는 '시마코토플랜'을 마지막에 정리한다고 하는 구조로 설계로 되어 있는 것이다.

'관계안내소'는 기존의 '관광안내소' 이미지 때문인지, 건물이나 사무소 필수적으로 연상되는 경향이 강하지만, '시마코토아카데미'는 사무소를 갖추고 있는 것도 아니다. 때문에 건물이 없는 '커뮤니티'라고 표현하는 편이 확 와 닿는다. '관계안내소'에는 반드시 건물이나 사무소가 필요한가, 건물이나 사무소를 두지 않을 경우 어떠한 결과가 나타날까도 고려해 사업을 추진할 필요가 있다.

2020년도는 신형코로나바이러스의 영향이 있어, '시마코토 DIGITAL'로 전면적으로 교체했다. 현지를 방문하는 인턴십 대신에 시마네의 주요 인물(key person)의 온라인 투어를 기획하는 등 모두 7차례를 온라인 인턴십으로 전개한 것이다. 운영하는 시즈종합정책연구소C's Research Institute(시마네현 마쓰에시)의 후지와라 게이藤原啓 사장은 "처음에는 어쨌든 탐색하는 형태였지만 막상 실천해 본 결과 지금까지 '시마코토'에 적합한 수강생이 몰려와서 예상을 뛰어넘은 좋은 공간이 되었습니다"라고 보람을 말한다. 2020년도는 상황을 보면서 가상에 현실(온라인과 리얼)을 가미한 하이브리드의 방식으로 인턴십 개최를 검토하고 있다고 한다.

제3장.
관계인구의 분석시각

1. 두 가지 문제

제2장에서 관계인구란 '특정 지역에 계속적으로 관심을 갖고 관여하는 외지인(ょそ者)'이라고 정의했다. 그럼 이것으로 관계인구를 둘러싼 혼란과 비판에 답한 것이 되는 걸까? 유감스럽지만 그렇지 않다고 생각한다. 더욱이 다음 두 가지의 질문에 대비할 필요가 있다.

다시 확실히 해 두고 싶은 것은 관계인구란 그 자체로 지역재생의 주체와 동의어가 아니다. 즉 지역재생의 담당자로 등치할 수 있는 것은 아니라고 하는 점이다. '특정 지역에 계속 관심을 갖고 관여하는 외지인'이라고 지역재생에 관계하는 것을 의미하는 것은 아니라는 말이다.

관계인구는 관여한다고 하는 말이 갖는 다의성으로 인해 다양한 전개와 가능성을 갖는다. 그렇기 때문에 폭넓게 공감을 얻는 것이라고 말할 수 있다. 제2장에서 소개한 국토교통성의 조사에서도 나타난 것처럼 관계인구는 예비군까지 포함하면 전국 각지에 다수 존재하고 있는 것으로 생각된다.

그러나 이 관계인구 전원이 지역재생으로 이어지는 관계방식을 갖는 것은 아니고, 또 그렇게 할 필요도 없다. 지역재생에 많은 관심을 가진 분들 가운데에는 실망하는 분이 계실지도 모른다.

그렇더라도 중요한 것은 앞으로 지역재생을 생각할 때 관계인구가 어떻게 지역재생에 관여할 수 있도록 할 것인가, 학문적으로 다시 말하면 관계인구를 지역재생의 주체로서 어떻게 형성해 갈 것인가, 이 점을 명확히 해 갈 필요가 있다고 생각한다.

그리고 또 하나 중요한 것은 관계인구가 지역재생의 담당자가 된다고 하더라도 어떠한 역할을 맡을 수 있을까 하는 것이다. 지금까지 지역에서는 정주인구에 무게를 두는 경향이 강했던 만큼 정주하지 않는 사람이 지역재생에 어떻게 역할을 맡을 것인가를 이해하기 어렵다고 하는 것을 이해하지 못하는 바는 아니다. 그러나 이 점이 명확하지 않기 때문에 앞에서 서술한 바와 같은 지역을 존속시키는 힘이 있다고 하는 지나치다고도 말할 수 있는 기대나 논의를 발생시키는 불행으로 이어지고 있다.

그래서 제3장에서는 관계인구를 지역재생의 주체로서 어떻게 형성해 갈 것인가, 그리고 지역재생에서 어떠한 역할을 맡을 것인가 라고 하는 2가지 문제를 제기하며 선행연구를 정리하면서 본서의 분석틀을 제시하고자 한다.

우선 관계인구를 지역재생의 주체로서 어떻게 형성해 갈 것인가를 검토한 뒤 지금까지 논의되어 온 지역재생의 주체에 관해서 지지를 받아 온 학술이론도 참조하며 그 역사적 전개를 확인해 보고자 한다.

2. 지역재생 주체의 역사적 전개

주역은 지역 외 기업과 행정

1960년대부터 지역개발 방식을 외부의 자본, 기술, 이론에 의존하는 것을 '외래형 개발'(미야모토, 1989, 285)이라고 명명한 사람은 경제학자인 미야모토 겐이치宮本憲一(1989)다.[77]

미야모토 겐이치의 뒤를 이은 경제학자 호보 다케히코保母武彦(1996)는 '외래형 개발'의 주체에 대해 선행 투자하는 지역의 행정과, 진출하는 지역외의 기업 두 가지가 있다고 했다. 게다가 행정이 대규모의 선행투자를 해도 진출과 철회의 결정은 지역 외 기업이 하기 때문에 진출하지 않기도 하고 채산성이 맞지 않아 폐쇄하거나 철회해버리기도 하기 때문에 "외래형 개발에 지역의 장래를 위탁하는 것은 바람직하지 않다"(호보, 1996: 134)며 이러한 접근에 대해 의문시했다.

이어서 1980년대의 리조트 개발에서도 이러한 흐름은 변하지 않았다. 호텔, 골프장, 스키장(또는 요트) 등 3가지를 세트로 하는 지역 외 기업에 의한 대규모 리조트 시설의 유치를 지역재생의 결정적인 수단으로 보고, 이러한 전형적인 '외래형 개발'에 의한 리조트 구상은 대부분이 기업의 철수나 참여중지로 인해 지연되거나 좌절됐다(오다키리小田切, 2014).

지역외의 주체에 의존하는 구도는 과소대책에서도 공통적이다. 앞에서 서술한 안도安達(1973)는 과소문제를 해결하기 위한 대책에 대해 중앙의 지도로 지방자치단체가 만든 것이 많고 주민의 발상이나 제언을 살린 예는 찾아보기도 쉽지 않다. 주민참여의 결여, 더욱이 주민들을 위한 시각의 부재도 지적하고 "대책이 '너무 조잡하다'"(안도, 1973: 146)며 통렬히 비판하고 있다.

'외래형 개발'의 비판으로부터 등장한 것이 1970년대의 내발적 발전론이다(와카하라若原, 2007b).[78] 이 이론의 창시자인 사회학자 쓰루미가즈코鶴見和子(1996)가 내발적 발전론의 주체를 '중요한 사람으로서 지역의 보통사람'이라고 해서 어디까지나 지역 내부의 개인을 상정하는 한편, 앞에서 서술한 미야모토(2000)는 지방자치단체에 더해서 주민조직을 주체로 들었다.[79]

그러나 과소화에 직면해서 진행된 '마을부흥운동'이 행정주도였던 것과 같이 주민의 힘은 상대적으로 약한 상태여서 지방자치단체가 중심이되지 않으면 안됐다(타시로田代編, 2004). 정책형성 과정에서 주민참가라고 하는 기본적인 틀이 준비돼야 하지만, 주민참가는 행정 측이 설정하지 않는 한 시작조차 불가능하다(이마카와今川, 2013).

이처럼 지역사회의 방식은 행정=관이 주민을 주도하고 계몽해서 과제해결에 나서는 지역사회의 존재방식을 '관민형 사회'(도미노富野, 2013: 27)라고 한다. 일본에서는 메이지유신 후 국가의 강한 통제를 동반하는 중앙집권이 관 우위의 사회를 만들어냈고, 공공=관주체라고 하는 공공개념이 성립하게 됐다. 고도성장에 따르는 주민욕구의 확대에 대해서 큰 정부가 공공적 활동을 독점해서 국민 복지를 책임지는 '복지국가모델'이 시작됐다(토미노, 2013).[80]

자원봉사 NPO의 등장

그 후 '복지국가모델'은 크게 변했다. 우상향의 경제성장을 더 이상 기대할 수 없게 됐다. 게다가 저출산·고령화, 글로벌화와 동반해서 많은 선진자본주의 국가에서 자유경쟁을 중시하는 신자유주의적인 경제정책 도입이 배경으로 지적되고 있다.[81] 일본 내에서도 버블붕괴 후의 적극적인 공공투자가 요구되면서 지방자치단체의 재정상황은 급격히 악화됐다. 따라서 제1장에서도 언급한 것과 같이 시정촌 합병과 지방교부세의 삭감이라고 하는 한층 더 행정축소의 흐름이 생겨나게 됐다.

이렇게 해서 지역재생을 담당하는 것이 어렵게 된 자치단체에 대해서 그 이외 지역의 주체로 눈을 돌리면, 주민은 행정에 의존하는 사회구조가 정착되는 과정에서 과제의 해결을 행정에게 요구하게 되고 스스로 해결하는 의식은 더욱 희박해지게 됐던 것이다(도미노, 2013). 더욱이 초나이카이(町内會)와 자치회가 중심이 되는 지역커뮤니티 등 중간집단도 개인화와 동반해 약화되고 이전과 같은 기능을 맡을 수 없는 상황이 되면서 통합력의 저하가 불가피해졌다(니시자와西澤, 2000; 쓰지辻·사토佐藤, 2014). 여기에 더해서 유치공장의 철회나 건설업의 부진 등이 겹쳐서 지역경제의 공동화가 진척되고 농협(JA)도 조직재편이 진행되어서 각 지역에 있었던 지소의 폐쇄가 잇달았다(나카조中條, 2017).

이 과정에서 급속하게 주목을 많이 받게 된 것은 자원봉사였다.[82] 자원봉사란 명확한 정의는 어렵지만 원래의 뜻은 '자발성', '스스로 자진해서'(야마시타山下·스가菅, 2006:230)이고, 더욱이 자원봉사론에서도 '자유의지' '자발성'(니헤이仁平, 2002: 70)이 강조되고 그 부분에 의의를 두고 있다.

일본사회에 있어서 자원봉사가 극적으로 확산된 계기가 된 것은 1995년의 한신·아와지대지진이었다.[83] 한신·아와지대지진에서 1년 동안 활동한 자원봉사자 138만명의 70% 이상이 30세 미만이고, 그 70% 미만은 처음으로 참여해 복구와 부흥에 커다란 역할을 담당하면서 '자원봉사원년'으로 불리게 된 것이다(키요하라淸原, 2008).

자원봉사는 그 후 재해뿐만이 아니라 교육·경제·복지, 그리고 지역재생을 포함한 여러 분야로 확산추세를 보이고 있다. 자원봉사 활동을 지원하고자 1998년에는 특정비영리활동촉진법(NPO법)이 제정되고 NPO도 자원봉사자와 똑같이 지역재생 분야를 담당하게 됐다(하야시, 2008). 이렇게 해서 자원봉사자와 NPO가 행정을 대신해 새로운 지역재생의 주체로서 이해됐던 것이다.

네트워크론과 사회관계자본의 융성

행정의 축소와 자원봉사자·NPO의 증가와 동반해 지역 내의 주체가 '연대의 네트워크'(다마무라玉村, 2016: 191)를 형성하면서 공공을 담당한다고 하는 인식이 확산됐다. 인구감소 시대에 대비를 호소한 1998년의 '21세기 국토 그랜드디자인'(제5차전국종합개발계획)에서도 관과 민의 적절한 역할분담을 전제로 지역주민이나 자원봉사단체, 민간기업 등 다양한 주체의 '참여와 연대'(국토교통성, 1998: 20)가 본격적으로 제기됐다.

이러한 다양한 주체를 전제로 지역재생을 둘러 싼 학문적인 이론에서
도 네트워크론이 유행했다.[84] 네트워크론과 지역활성화를 검토한 연구
뿐 아니라,[85] 상점가와 지연조직이라고 하는 조직 간의 네트워크에 주
목해서 중심시가지활성화로 연결되는 커뮤니티 형성을 논한 연구나 지
역재생의 네트워크 기반으로서의 플랫폼 설계를 논한 연구가 존재하고
있다.[86] 도시·농촌 교류도 지방과 도시의 주민 네크워크형성이라고 하
는 문맥으로 의미를 부여하는 것이 가능하게 된 것이다.

더욱이 21세기에 들어서 많은 주목을 받은 네트워크론을 더욱 발전시
킨 것이 사회관계자본론이다.[87]

사회관계자본의 정의에 관해서는 이 다음에 상세히 살펴보겠지만 여
기에서는 일단 신뢰와 상호성을 동반한 네트워크라고 생각해도 좋을
것이다. 이 사회관계자본에 대한 관심이 높아진 것은 단순한 정보전달
의 네트워크가 아니고 규범과 가치관을 공유하는 중요성이 새삼스럽게
강조된 것 등이 배경으로 지적되고 있다(이나바穗葉, 2007; 야노矢野,
2010). 그리고 앞에서 서술했듯이 사람과 사람의 연결이라고 하는 사회
관계자본론은 '개인의 자본'(우야, 2010: V)이 되고, 2000년대 이후 인
문사회과학에 있어서 가장 폭넓게 인용되고 논의된 개념이라고 말할 수
있다.[88] 실제로 지역재생과의 직접적인 관계도 연구되어 있다. 예를 들
면, 지역재생에 필요한 사회관계자본의 유형을 검토한 연구 뿐 아니라,
지역 외부의 주체에 눈을 돌려 지역 외부의 주체와 사회관계자본의 형성

을 강조한 연구나, 외지인과의 협력이 생겨나는 조건을 사회관계자본의 축적정도로 분석한 연구도 있다.[89] 이러한 관점은 지역재생에 있어서 지역 외부의 주체와 사회관계자본을 구축하는 중요성을 인식한 결과로 이해할 수 있다.

이상을 정리하면 지역재생의 주체를 둘러싼 초기의 지역 외부의 기업이 비판을 받은 것으로부터 지역 내부의 주체가 담당해야 한다고 하는 내발적발전론이 나오게 된 것이다. 지역 내부의 주체로서는 지자체의 존재감이 컸지만 그 비중이 축소되면서 새롭게 자원봉사자·NPO가 등장하고 이러한 다양한 주체가 네트워크로 연결되는 중요성이 논의되기 시작했다. 그 후 단순한 네트워크에 머물지 않고 신뢰와 호혜성을 동반한 사회관계자본에 대한 주목이 높아지며 지역사회와 지역 외부 주체와 사회관계자본의 구축도 중요시되는 상황이라고 말할 수 있다. 그럼 이렇게 밝혀 온 지역재생의 주체는 어떻게 형성되는 것일까. 다음 절에서는 지금까지 축적되어 온 주체형성론을 재검토해 보고자 한다.

3. 주체형성론의 재검토

주체형성론의 부족한 점

내발적발전론에 대해서는 앞 절에서 그 주체를 '중요한 사람(이하 key-person)으로서 지역의 일반 주민'이라고 한 쓰루미 가즈코(1996)에 대해서 미야모토 겐이치(2000)는 지방자치단체와 주민조직이라고 인식했던 것도 확인했다.

그러나 하마구치 게이코濱口惠子(2004)는 내발적발전론을 주체형성 과정에 주목해서 검토하며 이 이론에는 주체형성 과정의 논의가 부족하고 중요한 사람을 어떻게 형성할 것인가에 대해 충분히 논의하지 않고 있다는 점을 지적했다. 또 사례 중심으로 중요한 사람을 찾아내서 문제점을 지적하는 연구가 대부분이고, 주체는 이미 주어진 조건인 것처럼 취급하며 서술하고 있다.

한편, 지역재생의 주체로서 형성과정을 명확히 하는 것이 중요하다며 내발적발전론을 사회교육학의 입장에서 재정의를 시도했던 인물은 와카하라 유키노리若原幸範이다.[90]

와카하라(2007a)는 내발적발전 사례로서 홋카이도의 그린투어리즘을 소재로 주민이 연구회의 학습활동, 강연회, 시찰여행을 통해서 지역을 대상 과제로 해서 확인해 가는 과정을 기술하고 주체형성에는 협동의 학습활동(연구회)이 필요하다고 강조했다.

이러한 와카하라의 주장에 대해서 하치야 다이하치蜂屋大八(2017)는 '사회교육학에서 성인의 학습은 행정 이외의 기타 기관이 설정하는 학습의 장에 참여로 이해하고 그곳에 참여하는 자발적 의지를 필요조건으로 간주해 왔다'(하치야, 2017: 26)는 것을 근거로 자발적 의지가 없더라도 의도하지 않은 학습이 생활 속에 어떻게 존재하는가를 생각하지 않으면 안된다며 와카하라의 분석이 지금까지 학습활동에만 주의를 집중하고 있는 것에 비판적인 검토를 하고 있다.[91]

더욱이 하치야는 와카하라가 집단적인 지역 만들기의 후계자상을 구체적인 예를 들어 명확히 하는데 기여했다며 높은 평가를 했다. 하지만 이 책의 서장에서 서술했던 바와 같이 "집단으로서의 주체형성 전에 개인의 의식변화를 이해하지 않으면 진정한 의미에서 주체형성의 실태파악이라고 말할 수 없다"(하치야, 2017: 25)며 주체형성의 실태를 파악한 뒤 개인의 의식변화를 이해하는 것이 중요하다고 강조했다.

이와 같이 내발적발전론에서는 주체형성이 주제로 부상하고 추가적인 검토가 더해졌다고 할 수 있다. 이에 대해 지역재생을 고려하는데 있어서도 주요 이론으로 인식된 네트워크론이나 사회관계자본론에서는 주체형성이 거의 주제로 부각되지 않았다고 해도 과언이 아니다.

네트워크론에서는 어떠한 주체가 존재하고 있는지를 발견하는 관점뿐만 아니라 네트워크의 실상이나 네트워크의 형성과정이 중점적으로 논의되는 경우가 많고 주체에 대해서는 여건(환경)에 달려있는 것으로 인식하고 주체형성의 중요성을 지적하는 수준에 머물러 있다고 하는 것이 대부분의 비판이었다.[92]

사회관계자본론에 대해서도 예를 들면 시마네현 내의 고교교육을 사회관계자본론의 관점에서 분석한 연구가 있지만 이것은 후술하는 고교 매력화라고 하는 노력에 의한 사회관계자본 형성과정의 분석이고, 주체형성에 사회관계자본이 어떻게 작용하는가를 분석한 것은 아니다(히다樋田·히다樋田, 2018). 그 밖에 지역재생 주체형성과의 관계를 주제로 분석한 것은 거의 발견되지 않았다.[93]

한편으로 최근에 와서 주체형성에 대한 분석이 진척되고 있어 지금부터는 그것을 확인해보고자 한다.

주체 형성의 사이클

일찍이 내발적인 농업발전을 연구한 나가타니야마 도시로長谷山俊郎(1996)가 지역사회 활동으로 얻을 수 있는 '효력감(=보람)'(나가타니야마, 1996: 107)이나 상호신뢰 관계 등이 지역주민의 주체성 획득으로 연결된다고 정리한 바 있다.[94] 최근에는 재해 시 주체형성의 과정을 '주체형성사이클'(가미무라上村, 2017: 5)로서 보여준 것이 제1장에서도 언급한 가미무라(2017, 2018)이다〈그림 17〉.

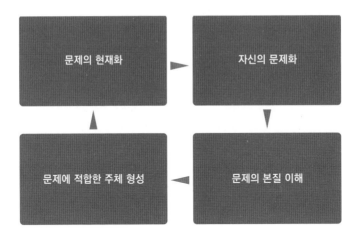

〈그림 17〉 가미무라가 제시한 주체형상 사이클(가미무라, 2018: 176을 일부 수정)

가미무라는 지역의 본질적인 과제는 인구감소가 아니라 주민의 주체성의 결여라고 지적하고 있다. 그것은 유일한 정답이 아니고 동시에 주체가 주민이라고 하는 과제는 다른 사람에게서가 아니라 자신의 일이라고 하는 인식이 없는 한 그 이전에는 아무런 진척이 되지 않는다고 설명한다.

그리고 지진을 경험함으로써 '자신의 일로 바뀌는 것'(가미무라, 2017: 5)이 비로소 가능하게 됐다고 하는 사람도 많다며, 문제의 현재화 → 자신의 문제화 → 다른 사람의 문제에 대한 본질 이해 → 문제에 적합한 주체의 형성이라고 하는 4단계의 '주체형성 사이클'을 제시하며 '다음 세대 주체'(가미무라, 2017:6)를 육성해 가는 구조야말로 재해에 강한 마을 만들기라고 했다.[95]

전제로서 지역에서는 지금까지 문제를 설정하고 해결책을 찾아 실행하며 좋은 해결책은 본보기가 되어 주변으로 파급해서 모델화하는 '문제해결 사이클'을 중요시하는 것에서 문제해결보다는 사람 즉 주체형성에 중점을 둘 필요성을 강조하고 있다. 이것은 재해에 있어서의 주체형성 사이클이지만 지역재생에도 응용할 수 있다고 생각한다.

지역 외 주체의 영향

더욱이 지역 외부 주체와의 관계에 주목해서 지역재생의 주체형성 과정을 분석한 인물은 앞에서 서술한 니가타현 주에쓰中越지진을 직접 경험한 호가키穂垣(2014)이다.[96]

호가키는 지역재생의 본질에 대해 주에쓰지진의 발생으로 '문제에 주체적으로 정면대응하지 않는 지역사회의 자세'(호가키 외, 2014: 9)가 바뀌는 것이라고 봤다. 실제로 니가타현 구 야마코시촌旧山古志村(현 나가오카시)의 사례를 근거로 "모든 사람이 자신의 일로 생각하는 것이 가능하게 됐다"(호가키 외, 2014: 94)며 이것이 지역재생으로 이어졌다고 말한다.

그리고 자신의 일로서 생각하는 것이 가능했던 원인의 하나로 지역 외부의 자원봉사자의 존재를 들었다. 지역 외부의 자원봉사자가 든든한 후원자가 되어 지역주민과 '얼굴을 아는 관계'(호가키 외, 2014:95)를 형성하고 신뢰를 얻으면서 주민만으로는 불가능한, 지역을 떠난 사람과의 관계나 마을의 연계를 만들어 낸 것을 지적하며 이러한 외지인과의 관계가 주민의 주체적인 의욕을 북돋우는데 효과적이었다고 서술하고 있다(호가키 외, 2014).

게다가 ①주민의 주체적 의식을 양성하는 지원(덧셈의 지원)과 ②주민의 주체성이 생겨난 후 장래의 비전 만들기와 실천에 대한 지원(곱셈의 지원) 등 두 종류가 필요하다고 하는 '지역 만들기의 덧셈과 곱셈'(호가키 외, 2014: 223)이라고 하는 아이디어를 제시했다. 외부의 컨설턴트 주도로 덧셈형을 제대로 실행하지 않은 채 곱셈형만을 해서는 마이너스를 크게 할 뿐이라고 하는 경종을 울리고 있다.

여기에 한 가지 더해서 사회학자인 히라이 다로平井太郎(2019)의 이론을 참조하고자 한다. 히라이는 자신이 아오모리현청으로부터 의뢰받아 워크숍의 운영강사로서 모두 14회를 거친 이 현의 구(旧)와키노사와촌(현 무쓰시)의 사례를 근거로 주체형성 과정과 요인을 분석했다.

지역주민에게서 나온 아이디어는 당초 '누군가가 한다면 좋겠네'라는 것이었다. 그러나 히라이는 "모두가 지금까지 제시해 준 아이디어는 주어가 없군요. 실제로는 '자신이 하고 싶다', '자신이라면 할 수 있다'라는 생각으로 압축되는 거 아닙니까"(히라이, 2014: 14)하고 호소했다. 또 현청직원과 더불어 여러 차례 오가면서 지역주민의 불만과 의견에 귀를 기울인 것, 그리고 히라이의 제안으로 학생의 인턴십을 받아들인 것 등이 축적되어 지역주민에게 주체성이 생겨나게 됐던 것이다. 히라이는 그 돌파구가 된 것은 지역주민에 대해서 행정이나 고등교육기관, 젊은들이 관심을 기울이고, 경의를 보였기 때문이라고 봤다. 여기에서 관심과 경의는 요약하면 '존중'(히라이, 2019, 19)이라고 할 수 있다. 지역재생의 주체형성에는 과제를 직면하는 지역주민에 대해 '존중'해 주는 것이 중요하고, 거기에서 '존중'의 연쇄작용이 생겨나면서 지역주민을 비롯해 서로 관계하는 주체성이 생겨나게 되는 것이라고 정리할 수 있다.[97]

4. 사회관계자본론과 주체형성

사회관계자본론과 지역사회

새삼스럽게 지역재생의 주체형성을 둘러싸고서는, 그 과정은 계속 공유되는 것, 그중에서도 지역외의 주체에 의한 효과나 키워드가 부상하고 있지만 이론화는 아직 충분하지 않다고 정리할 수 있다.

그래서 본서에서는 지역재생의 주체가 어떻게 형성되는가를 검토한 후 사회관계자본론을 도입하고자 한다. 선행연구에서 이미 중요하게 다뤄진 신뢰관계(나가타니야마, 1996)나 지역 외 주체와의 사이에서 '얼굴을 잘 아는 관계'(호가키 외, 2014: 95), '존중'(히라이, 2019: 19)도 사회관계자본이라고 이해할 수 있다. 사회관계자본이라고 하는 개념에 대해서도 상세하게 설명해 가고자 한다.

자본이란 통상 경제자본에 대해서 사용되는 용어다. 하지만 경제자본과 다른 맥락으로 처음 사회관계자본을 사용한 것은 1916년의 L. J. 하니판이다. 그 후 피에르 브르디외와 J. S. 콜만은 사람들의 사회적 지위 상승의 수단으로서 사회관계자본이 경제자본보다 열등하지 않은 역할을 하는 것에 주목하고 이론상 중요한 위치를 부여한 것이다. 특히 사회관계자본과 지역사회와의 관계를 강조해서 오늘날 사회자본론이 확산되는 데는 미국의 정치학자인 로버트 퍼트남의 역할이 컸다(사쿠라이櫻井, 2011).

이러한 논의를 받아들여 지역사회에 있어서의 경제활동, 사회복지나 시민활동, 정치참여, 사회문제 해결 노력 등을 위한 의지나 성과(Performance), 효과를 올리기 위한 사회관계자본의 형성이나 활성화가 중요해짐에 따라 일본에서도 실증연구가 경제, 교육, 시민사회, 의료, 복지, 환경 등 많은 영역에서 진행되고 있다. 지역재생의 특효약으로서 사회관계자본에 대한 기대가 높아지고 있는 것이다(사쿠라이·가와마타, 2016).

내각부의 조사 등에서도 사회관계자본이 풍부한 지역에서는 생활 만족도가 높고 사회관계자본이 축적되어 있음으로 해서 창업이 촉진될 뿐 아니라 고용의 창출로도 연결된다고 추론하고 있다. 또 범죄의 발생이나 억제, 출생률을 높이거나 평균수명을 늘리는 등 사회적으로 좋은 결과를 가져오는 것이 보고되고 있다(야마우치山內, 2006).

사회관계자본에 대한 비판

그러나 사회관계자본이라고 하는 개념을 둘러싸고서는 어떻게 이해할 것인가 완전히 일치하는 것은 아니다. 개념정의나 부가가치, 측정, 인과관계, 정책수단으로서의 애매함이 주로 지적된다.[98]

또 사회관계자본론에 대한 비판도 적지 않다. 단순한 네트워크만으로 자본이라고 말할 수 없고, 호혜성이나 신뢰가 매개돼야 자본으로서의 자격을 얻을 수 있다고 하는 특성에도 불구하고 네트워크의 특성과 사회관계자본을 구별하지 않는 것이 원인으로 혼란스럽다고 지적하고 있다(린, 2001[2008]). 더욱이 단순한 말장난에 불과하다는 지적뿐만 아니라 분석결과를 사회관계자본으로 귀착시키는 것으로 무언가를 설명했다고 하는 기분을 들게 하는 정도라는 비판도 적지 않고, 환상으로서의 기대만이 사회관계자본론을 둘러싸고 있다고 하는 견해도 만만치 않다.[99]

이러한 가운데 사회학자인 미스미 가즈토三隅一人(2013)는 사회관계자본을 다의적이지만 그런 까닭에 여러 면에서 유용하다고 강조하며, 사회구조의 제요소를 측정해서 경제개발 프로젝트의 성공이나 민주주의의 성숙과 관련 짓는 등 의미 있는 논의의 틀을 제공했다는 부분은 평가할 만 하다고 했다. 게다가 실체가 없는 비유개념으로 다의성이 있다는 것을 적극적으로 받아들이고 연구목적에 따라서 초점을 정할 필요성도 언급하고 있다.[100] 사회관계자본이란 매력과 의미를 가지면서도 당연히 신중하고 엄밀하게 다뤄야 할 개념이라는 것에도 이론의 여지가 없다. 이러한 논의를 기반으로 해서 본서에서는 사회관계자본의 정의와 유의점을 서술하고자 한다.

정리를 위한 3가지 관점

본서에서는 사회관계자본론 가운데에서도 사회관계자본과 지역사회의 관계를 강조한 퍼트남(2000[2006])에 기초해 논의를 진행하기로 하고,[101] 시마네현 내의 고교교육과 사회관계자본을 연구한 히다樋田·히다樋田(2018)도 참고해 사회관계자본을 ①요소 ②연결의 형상 ③축적의 장이라고 하는 3가지 관점에서 정리한다.

① 요소

퍼트남(2000[2006])은 사회관계자본에 대해서 '물질자본은 물리적 대상을, 인적자본은 개인의 특성을 나타내지만 사회관계자본이 지시하고 있는 것은 개인 간의 연결, 즉 사회적 네트워크, 또 거기에서 파생하는 호혜성과 신뢰성의 규범'(퍼트남, 2000[2006]: 14)이라고 밝히며 네트워크와 호혜성, 신뢰성이라고 하는 3가지의 요소를 강조하고 있다.[102]

게다가 이러한 요소의 인과관계는 '여러 재료들이 뒤섞여 뒤죽박죽인 스파케티와 같이 서로 얽혀 있다'(퍼트남, 2000[2006]: 160)면서 구별이나 정리하는 것의 어려움을 서술하고 있다.

네트워크에 대해서는 "수직적인 네트워크는 관계자에게 그것이 아무리 긴밀하고 중요하다고 해도 사회적 신뢰와 협력을 유지하는 것은 아니다"(퍼트남, 1993[2001]: 217)며 수평적인 것을 중시하고 있다. 이것은 '함께 한다'(퍼트남, 2000[2006]: 134)는 것이 중요하다고 하는 주장과도 연결되어 있다. 타자의 '무언가 이익을 위해서' 선행하는 것은 아무리 놀라운 일이라도 사회관계자본에 대한 정의의 일부는 아니라고 강조하는 것이다. 또 호혜성에 대해서는 '당신이 그것을 해 준다면 나도 이것을 해 주겠다'(퍼트남, 2000[2006]: 17)고 하는 특정적 호혜성과 반대로 '보상의 기대 없이 타인을 돕는다고 하는 습관'(퍼트남, 2000[2006]: 554)이라는 일반적 호혜성을 중시하고 있다.

똑같이 신뢰에 대해서도 친밀하게 알고 있는 사람들 가운데 존재하는 단순하면서도 두터운 신뢰가 아니고, 또 정부와 기타 사회제도에 대한 신뢰도 아닌 익명의 타자에 대한 담백한 신뢰(퍼트남, 2000[2006]: 160)가 사회관계자본의 중요한 판단기준이 된다고 서술하고 있다.

퍼트남이 요소에 대해서 네트워크의 수평성과 특정 개인에 대한 호혜성이나 신뢰를 뛰어 넘어서 익명의 타자에 대한 호혜성과 신뢰를 인식하고 있다는 것은 중요한 점이다. 이것에 더해 호혜성의 규범에 대해서 히다·히다는 직접적으로 상대에게 은혜를 갚는 '보은'뿐만 아니라 다른 사람(제3자)에게 은혜를 돌려주는 '은혜돌리기恩回し'(히다 히다, 2018: 166)도 포함한다고 서술하고 있다. 이것은 일반적으로 '은혜보내기恩送り'라고 말할 수도 있을 것이다.

제 I 부. 관계인구란 무엇인가

② 연결의 형상

퍼트남은 사회관계자본을 '가교형(bridging)'과 '결속형(bonding)' 두 종류로 구분했다(퍼트남, 2000[2006]: 19. 〈그림 18〉). '가교형'은 외부를 지향하는 것으로 다양한 사회적 균열을 뛰어넘어서 다양한 사람들을 포함하는 네트워크이고, '결속형'은 내향적인 지향을 갖고 배타적인 아이덴티티와 등질의 집단을 강화해 가는 것을 뜻한다. 게다가 어느 쪽이든 한 쪽으로 깨끗하게 구분되는 것이 아니라 보다 그런 경향이 크거나 작다고 하는 차원의 문제라고 덧붙여 말하고 있다. 또 퍼트남에 국한하지 않고 일반적인 사회관계자본론에 대해서, 예를 들면 '결속형'에 대해서는 결속의 힘과 같은 상식적인 개념에 호소하고 그 메커니즘에 관한 논의에 대해서는 오히려 소홀하게 되는 경향이 있다며, 신중하게 살펴볼 필요가 있다는 지적이다(미스미三隅, 2015).

③ 축적의 장

퍼트남은 사회관계자본을 개인이 획득하는 것이고 동시에 외부성이 있어서 사적 재산인 동시에 공공재라고도 간주한다.[103] 게다가 '연결이 풍부한 개인이라고 해도 소유한 연결이 빈약한 사회인 경우는 연결이 풍부한 사회에 존재하는 연결이 풍부한 개인만큼 생산적이지 못할 수 있다. 그리고 연결이 빈약한 개인이라도 연결이 풍부한 사회에 살고 있는 경우에는 거기에서 발생하는 이익을 얻는 경우도 있다(퍼트남, 2000[2006]: 16)며 공공재를 중시하고 있다.

이와 관련해서 히다·히다는 사유재와 공공재가 분리된 형태이고 각각의 재산으로서 축적될 수 있다고 하기 보다도 중층적으로, 말하자면 '판매자·구매자·사회 모두에게 좋다' 혹은 '동서남북 모두에게 좋다'는 형태로 축적된다고 분석한다. 특히 사회관계자본은 유출되기 힘든 자본으로, 예를 들면 학생이 고향을 떠나더라도 그것은 물리적인 유출에 불과하고 네트워크나 신뢰관계는 유지되기 때문에 모든 것이 유출되는 것은 아니라고 밝혔다. 게다가 인적자본은 개인이 지역으로부터 유출되는 것과 동시에 유출되지만, 사회관계자본은 개인과 지역 내에 축적되어있기 때문에 개인이 지리적으로 이동하더라도 그 개인과 지역의 네트워크가 단절되지 않는 한 커뮤니티의 공공재로 계속 축적되는 특징이 있다.

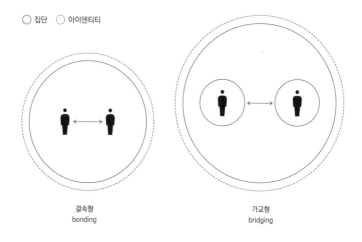

〈그림 18〉 퍼트남에 의한 관계 형상의 분류 도식화(필자 작성)

한편, 퍼트남은 "식물과 같이 인간에게 있어서도 빈번한 옮겨심기는 뿌리를 망치게 해 버린다. 이동하는 사람들은 새로운 뿌리를 내리는 데는 시간이 걸린다"(퍼트남, 2000[2006]: 247)며 이동이 커뮤니티를 기반으로 한 사회관계자본을 좀먹는다며 부정적인 견해를 보이고 있다.

이에 대해 앞에서 서술한 어리(Urry, 2007[2015])는 사회관계자본은 친밀한 커뮤니티에서 생겨난다고 하는 퍼트남의 관점에 대해 언급하며, "퍼트남의 사회관계자본 개념은 소규모 커뮤니티만이 대면적인 만남과 신뢰관계를 만들어 낸다고 하는 점에서 불충분하다"(어리, 2007[2015]: 248)며 비판하고 있다.

이상을 근거로 해서 본서에서는 사회관계자본이 갖는 요소로서 네트워크, 상호성, 신뢰성 등 3가지를 중요한 요소로 규정하고 네트워크에 대해서는 수평적이라는 점, 호혜성과 신뢰성에 대해서는 특정한 개인을 초월한 타자에 대한 것이라고 중시한다.

또 연결의 양상은 가교형과 결속형 두 종류가 있고, 사적 재산이며 공공재이기도 하다고 밝힌 뒤 사회관계자본이 구축되는 과정을 신중하게 살펴볼 필요가 있다. 여기에 더해서 퍼트남의 입장에 따르면 모빌리티를 내재하는 관계인구는 사회관계자본을 축적할 수 없어 본서의 가설과의 사이에 모순이 생겨난다. 따라서 어리의 비판도 고려해 사회관계자본과 모빌리티의 관계에 유의하면서 논의를 좀 더 진척시킬 필요가 있다.

5. 지역재생에 있어서 외지인(요소자)의 역할

'타자'와 '타인'

다음으로 또 한가지 본서의 주제인 지역재생에 있어서 관계인구가 어떠한 역할을 할 것인가를 검토한 후 외지인(요소자)의 개념을 활용해서 설명하고자 한다.

본서에서 관계인구를 '특정 지역에 계속적으로 관심을 갖고 관계하는 외지인(요소자)'이라고 정의했는데, 외지인에 대해서는 이미 사회학적으로 수많은 논의가 축적돼 있는 것도 사실이다.

타자의 존재를 중요시하는 사회학에서는 외지인이라고 하는 개념에 대해 오래전부터 논의해 왔다. 본서에서는 외지인을 사회학적으로 연구하고 있는 도쿠다 쓰요시德田剛(2020)의 입장을 참고하고자 한다.

도쿠다에 의하면 외지인, 다른 나라에서 말하는 장소의 이방인(외지인) 이론에는 크게 제1기와 제2기가 있다. 제1기에서는 그리스도교 세계에서의 주변적인 존재로서 유대인에게 아이디어를 얻은 독일의 게오르그 짐멜의 이방인을 효시로 해서 미국의 R. E. 파크가 이민의 증가라고 하는 사회적 배경으로부터 두 문화 사이의 좁은 틈에 위치하는 주변인에 대해 주목했다. 계속해서 알프레드 슈츠를 포함해 이러한 1950년대까지의 논의는 기본적으로 주류사회를 상정하고 이것과의 관계에서 외지인을 규정하는 사고였다.

근대화와 동반하여 많은 사람이 출신지나 귀속집단을 떠나서 공간을 이동하게 되고 더욱이 글로벌화로 국경을 초월한 이동이 더해지면서 대도시로 대표되는 단순한 주류사회와 같은 것이 없는 사회적 공간이 가능해졌다. 이러한 시대에 있어서의 이방인은 오히려 알 수 없는 존재나 익명적 타자로서 나타나게 된다. 제2기의 어빙 고프만은 모르는 사람과 굳이 관계하려고 하지 않는 시민적 무관심이라는 태도가 이방인 세계의 사회질서를 지탱하고 있다고 생각하고 L. D. 하만(Hamman)의 관점을 계승했다.

이러한 논의는 '타자'와 '타인'과의 차이로 연결된다. 사회학자인 미야하라 고지로宮原浩二郞(1998)는 "'타자'는 '타인'이 아니라 오히려 '타인'의 정반대에 위치하고 있다. '타자'는 '친구'일 수 있다. 오히려 '타자'야 말로 '친구'일 수 있다"(미야하라, 1998: 49)고 말했다.

즉 '타자'란 관계하기 때문에 '타자'이고, 관계하지 않는 '타자'는 '타인'인 것이다. 도쿠다가 분류했던 제1기의 이방인이란 '타자'이고, 제2기가 '타인'이라고 하는 것이다. 이것을 정리하면 본서에서 관계인구로서 채택하고 있는 외지인은 '타자'를 말한다.

한편, 일본에서의 외지인에 대한 논의는 문화인류학자 야마구치 마사오(山口昌男(1975)의 '익살꾼(道化)의 민속학'이나, 민속학자인 아카사카 노리오赤坂憲雄(1992)의 '외지인론 서설異人論序說', 경영학자인 나카니시 아키라中西晶(2001)의 '지적 사기꾼trickster' 등 폭넓은 분야에서 논의되어 왔다. 더욱이 사회학에서는 지역의 환경운동에 있어서 외지인에 초점을 맞춰서 외지인이 환경운동에서 맡은 역할에 대한 고찰을 추가한 기도우 슈이치鬼頭秀一(1998)을 비롯해 마쓰무라 가즈노리松村和則

(1999)나 오비타니 히로아키帶谷博明(2002) 등 사회운동론을 중심으로 축적되어 왔다.

관계개념으로서의 외지인

한편, 제1장에서 서술했던 것처럼 외지인에 대한 기대가 높아지면서도 지역재생과 외지인의 관계를 직접적으로 분석한 연구는 거의 존재하지 않았다.

비판적인 의미를 담아서 사용되는 경우가 많았던 외지인이 왜 지역재생의 현장에서 적극적으로 평가받게 되었는가. 지역재생에 외지인이 기여할 수 있는 이유는 무엇인가. 이러한 지역재생에 있어서의 외지인 효과나 그 메커니즘을 명확하게 하려면 기존의 일반적인 외지인 논의가 아닌 지역재생에 있어서 외지인의 특성을 고찰했던 인물인 관광학자인 시키다 아사미敷田麻實(2009)의 입장을 살펴볼 필요가 있다.

시키다는 관광분야를 예로 외지인의 효과와 그 효과를 발현하기 위한 상호작용 형식의 두 가지 사항을 분석했다. 이 부분에 대해서는 다음에 서술하겠지만 관계인구가 지역재생에 어떠한 역할을 할 것인가를 검토하는데 있어서 가장 중요한 연구라고 의미를 부여하는 것도 가능해 본서에서도 시키다의 논의를 중심으로 참고하고자 한다.

외지인은 동일한 지역에 있는 '관계자는 아닌 이질적인 존재'다(시키다, 2008: 83). 시키다는 이 이질적임은 동질인지 이질인지 양자택일이 아니라 외지인 특성의 변화에 따른 단계가 있다고 파악했다.

> 외지인의 외지인성이 변화하는 것은 상상하기가 어렵지 않다. 외지인은
> 유전형질遺伝形質처럼 외지인에게 준비된 특성이 아니고 외지인이 타자와
> 의 관계 속에서 갖게 되는 특성에 가깝다. 즉 외지인의 특성은 외지인과 그를
> 받아들이는 지역과의 관계에서 결정된다. 그래서 외지인이 같은 조직이나
> 지역에 계속 소속함으로써 외지인의 특성은 변하게 된다. 또 그 관계는 상호
> 관계이고 외지인과 지역 쌍방에 의해서 '조작하는' 것도 가능하다고 생각할
> 수 있다.[104]

외지인은 외지인의 존재만으로 외지인이 되는 것은 아니고 외지인과
지역주민과의 관계에서 결정된다고 하는 것, 외지인을 외지인답게 만드
는 것은 양자의 관계라고 하는 것을 강조하고 있는 것이다.[105] 외지인은
실체적 개념이 아니고 관계적 개념이다. 본서에서도 외지인인 관계인구
는 관계개념이라고 하는 전제를 채용하고자 한다.

관계개념이라고 하는 전제에 기초해 시간이나 관여적합도에 의해서 외
지인의 특성도 변하게 된다. 시키다는 지역 외부로부터 찾아오는 외지인
을 상정하는 경향이 있지만 실제로는 지역 내부와 외부를 불문하고 이질
적인 타자의 관점을 갖고 있으면 그것은 외지인이고 주민도 '지역 내 외
지인'(시키다, 2009: 93)이 될 가능성도 언급하고 있다.[106]

가까움과 멂의 동학(dynamics)

더욱이 외지인의 중요한 특성으로서 앞에서 서술한 도쿠다德田

(2007b)에 의한 '가까움과 멂의 동학'(도쿠다, 2007b: 75)이 있다.

도쿠다에 의하면 이것은 짐멜의 표현 '가까움과 멂의 총합'(도쿠다, 2007b: 16)에서 아이디어를 얻은 것이다. 짐멜은 외지인과 주류사회 (host society)나 그 구성원 사이에 존재하는 거리의 이중성을 본 것이 다. 먼 것에 반해서 친밀하다고 하는 것과 더불어, 가까이에 있는 것에 반해서 소원하다고 하는 친밀함과 소원함, 멀리 있는 것을 가까이 다가 가는 것과 더불어 가까이 있는 것을 멀어지게 할 수 도 있다고 하는 근접 화와 거리화, 혹은 집단 내에 있어서 일정한 거리와 더불어 집단내의 모 든 요소와 관계를 갖는 관여와 무관여 등 이중의 거리감으로 외지인의 특성을 설명했던 것이다. 이것을 근거로 해서 도쿠다는 실제의 사례에 대해서는 외지인이 갖고 있는 '가까움'과 '멂'이 각각 어느 정도인지가 의문시된다고 말하고 있다. 이상을 정리하면 외지인이란 '이질적인 존 재'이고 지역주민과의 관계에 의해서 그 이질성이 좌우되는 관계개념이 다. 그리고 '가까움'과 '멂'이라고 하는 양가적인(ambivalent) 특성을 갖 고 있는 것이 하나의 특징이다.

5가지의 외지인 효과

계속해서 시키다의 주장에 근거해서 외지인 효과를 상세하게 살 펴보고자 한다. 시키다는 의도적으로 일으키는 효과와 의도하지 않고도 일어나는 효과 양쪽을 포함해 외지인의 지역만들기에 대한 관여가 가져 오는 변화를 외지인 효과라고 했다. 다만 지역재생 현장에서는 이같은 효과가 복합적으로 동시에 일어날 수도 있어 분리해서 논의하는 것은 의미가 없다. 오히려 이러한 효과가 어떻게 발현할까에 고찰의 포인트를 둬야 한다고 주의를 촉구하고 있다. 이러한 상황에서 열거하고 있는 것은 ①지역의 재발견 효과 ②자긍심 함양 효과 ③지식이전 효과 ④지역의 변화촉진 효과 ⑤얽매임이 없는 입장에서의 문제 해결 등 5가지다.[107]

① 지역의 재발견 효과

지역주민은 일상 속에서 생활하고 있어 지역자원의 가치나 지역의 장점에 완전히 익숙해져서 그 가치와 장점을 알아차리지 못하는 경우가 많다. 하지만, 외지인은 지역에 익숙하지 않은 것이 오히려 긍정적으로 작용할 수 있다. 그래서 역으로 지역의 가치와 장점을 발견해 내는 것이 가능하다. 외지인은 지역주민이 일상에 매몰돼 '당연한 것'이라고 간주하는 것을 재검토해서 재발견하는 기회를 만들어 낸다. 이것은 외지인의 '시각'으로서만 가능한 경우가 적잖이 많다.

② 자긍심 함양 효과

외지인이 갖는 외부의 시각은 지역주민의 자긍심을 높여주는 매개가 되기도 한다. 자긍심은 어떤 의미에서 자랑이 되기도 하지만, 이것이 가능하려면 그 가치를 인식할 수 있는 타자에 의한 평가나 칭찬이 필요하다. 지역재생을 추진하는 가운데 이런 역할을 하는 것이 외지인이고, 지역주민은 지역 외부의 관점을 갖는 외지인을 의식하는 것으로 자신의 지역이 갖는 훌륭함을 알게 된다.

③ 지식이전 효과

외지인은 지역에는 존재하지 않는 지식이나 기술을 갖고 들어온다. 지역재생을 추진할 때 지역사람들에게는 지식이 부족한 경우가 많다. 그래서 외지인을 만나게 됨으로써 그 부족함을 보충하는 효과를 기대할 수 있다.[108] 본래 지역은 필요한 지식을 스스로 조달하지만, 최근에는 그것만으로는 충분하지 않는 경우가 종종 있다. 지역을 의인화하면 이것을 '학습'이라고 하는 것이 가능하게 된다. 그것은 지역사회의 사람들이 무언가 지식을 얻어서 그 행동을 변화시키는 과정이기도 하다.

④ 지역의 변화 촉진 효과

외지인이 갖는 이질성은 지역 주민들에게는 '놀라움'이나 '새로운 인식'을 가져오고, 이로 인해서 지역이 변하게 된다. 이것은 원래 지역이 갖고 있는 자원이나 지식을 외지인의 자극을 이용해서 변화시키는 것이다.

⑤ 얽매임이 없는 입장에서의 문제해결

지역에 특별히 얽매인 적이 없는 객관적인 입장이야 말로 좋은 해결책을 제안할 수 있다. 행정이나 지역정치와 거리를 둘 수 밖에 없는 외지인이 지역을 변화시키는 효과이다. 시키다는 이 다섯 가지를 외지인 효과로서 정리했다. 다만 효과의 지적에 머물고, 이러한 외지인 효과가 어떻게 지역재생으로 연결되고 있는가 하는 과정은 그의 논의에서 확실하지 않다. 그 결과 외지인이 지역재생에서 어떠한 역할을 하는가 하는 역할이 명확하지 않는 것은 하나의 문제라고도 말할 수 있다.

3가지 상호작용 형식

커뮤니티의 중개자가 되는 외지인을 연구한 호리우치 시로堀內史郞는 정중하다고 하는 인간성이 아니라 '다만 단순히 이동했다고 하는 성질'(호리우치, 2011: 62)이 중개자로서 도움이 되고 있다고 정리했다. 이것은 외지인 자신의 능력이나 자질과 관련없이 이동자체에 의해서 외지인 특성을 획득하고 효과를 발현시킬 가능성을 내재하고 있다고 생각해도 좋을 것이다.

시키다도 외지인이 갖는 효과를 적극적으로 평가했지만, '외지인이 단순히 지역에 이익을 가져온다고 하는 소박한 기대는 잘못'(시키다, 2009: 90)이라고 서술하고 있다. 중요한 것은 외지인과 지역이 어떠한 관계를 갖고, 이러한 효과를 발현시킬 것인가 하는 상호작용의 형식이고, 시키다는 3가지 형식이 있다고 정리했다.

그것은 ①지역의 자급자족주의 ②외지인 의존 ③외지인의 활용이다.

①은 지역의 문제는 지역에서 해결하고 외지인의 개입은 불필요하다고 하는 형식이다.

②는 지역의 주체성이 없는 상태에서 외지인에게 의존하는 형식이다. 지역외부의 전문가를 부르는 것은 일반적이고 유용한 것도 많다. 한편

폐해도 있는 이유는 내방한 외지인이 스스로 리스크를 부담하는 것이 적고 제3자적인 조언으로 전락하거나 외지인이 갖는 지식을 무리하게 적용하면서 지역의 실정을 제대로 파악한 뒤 적절한 내용인가를 보증할 수 없다는 점, 더욱이 전문가라면 권위를 동반하는 경우가 많고 맹목적으로 추종하는 일이 일어나기 쉬운 경향도 종종 나타나고 있다. 그리고 지역재생의 현장에서는 이런 상황이 실제 발생하고 있다고 했다.

이와 반대로 ③은 지역이 외지인을 활용하는 형식이다. 시키다는 그 포인트를 "지역의 주체성과 다수의 외지인 가운데 적절한 외지인을 발굴하는 전략"(시키다, 2009:91)이라며 지역이 외지인을 선택해서 추진하는 지역재생이 본래의 모습이라고 밝히고 있다.

이런 관점의 연장선상에는 '외지인 자원론(資源論)'(시키다, 2009: 89)이 있다. 외지인도 지역에서는 활용가능한 자원이고 '유효하게 사용해야 하는 것'(시키다, 2009:89)이라고 하는 현실적인 의미가 담겨있다. 시키다는 외지인은 지역주민이 노력해서 자원화되는 대상이라고 하는 견해도 소개하며 노력의 정도에 따라서는 자원으로서 사용될 수 없는 외지인도 존재한다는 것이다. 또 똑같은 외지인이라고 해도 어떤 경우에는 자원이 되기도 하고 자원이 되지 않기도 한다고 밝히고 있다.

실제로 외지인의 활용을 주장하는 연구도 존재할 뿐 아니라[109] 앞에서 서술한 히다·히다(2018)도 우수한 '지역 내의 외지인'이 우수한 '지역 외 외지인 활용'(히다 히다, 2018:144)이 되는 지원을 하는 중요성에 대해 언급하고 있다. 하지만 지역재생 현장에서는 '외지인, 젊은이, 바보'

를 제멋대로 사용하려고 하는 대처가 종종 나타난다고 하는 지적도 있다(마쓰시타, 2016). '외지인 자원론'이나 활용 등의 용어의 배후에 숨어있는 것은 외지인이라고 하는 한 인간을 객체화하는 태도라고도 말할 수 있고 임기응변주의에 빠질지도 모른다는 위험성도 공통적이라고 생각된다.

이 세 가지의 형식을 제 I 부에서 개관한 지역재생 정책에 적용해보고 더욱이 본서의 주제인 지역재생의 주체인지 아닌지 관점부터 정리해보고자 한다〈표 6〉. 이 때 지역의 자급자족주의라고 하는 형식은 자립이라고 바꿔 말 할 수 있다.

'외래형개발'은 지역 외부의 기업에 의존하는 ②외지인 의존방식의 전형이다. 주체가 지역외부의 기업이라고 하는 외지인이고 지역은 객체화되어 있다고 말할 수 있다. 도시·농촌 교류도 지역주민과 도시주민의 대등한 관계라고 하는 초기의 이념이 희박해지는 사이에 관광객이 지역을 소비하는 일과성의 관계가 되어 지역을 객체화한 것이다.

이러한 비판으로부터 활용방식이 등장해 왔다고 생각되며 모든 정책에도 적용할 수 있는 형식이라고 생각되지만, 앞에서 서술한 것처럼 외지인을 객체화하는 자세가 잠재되어 있다.

정리하자면 지역과 외지인 양자 모두가 주체가 되는 상호작용 방식은 존재하지 않는다. 이것은 심각한 문제다. 사회관계자본의 관점에서 본다면 사회관계자본은 주체들 사이에서 구축되는 것이 기본 전제이다. 또 이 3가지 모든 방식도 사회관계자본이 구축되는 상호작용 형식이 아니라는 의미도 될 수 있다.

이상을 근거로 해서 다음 제4~6장에서는 시마네현 아마정, 시마네현 고쓰시, 가가와현 만노정을 사례로 해서 지역재생과 관계되는 관계인구에 대해 구체적인 기술을 진행하기로 한다. 지금까지 서술했던 것처럼 주체형성의 실태를 파악한 다음 개인의 의식변화를 이해할 필요성이 있다고 하는 지적을 근거로 해서 개인의 의식변화에 역점을 둔 기술을 하고자 한다. 또 현지조사 이외에도 가능한 한 문헌이나 자료에 기반한 조사 등도 병행해서 근황을 추적하고자 한다.

〈표 6〉 상호작용 형식과 지역재생 주체, 지역재생 정책의 정리(필자 작성)

형식	특징	지역재생 주체	지역재생 정책
자립	지역에서 해결하고, 외지인의 개입은 불필요	지역만이 주체	
의존	지역의 주체성이 없는 상태에서 외지인 의존	외지인이 주체, 지역은 객체	외래형개발 도시·농촌 교류/관광
활용	지역이 주체성에 기초해 적절한 외지인을 활용	지역이 주체, 외지인은 객체	

제II부. 관계인구의 다양한 모습

제4장.
폐교 직전에서 매력적인 학교로
-시마네현 아마정

1. 조사대상과 방법

시마네현 아마정은 동해(한국 기준)에 떠있는 작은 외딴 섬이다. 아베 전수상이 "고향을 소멸시켜서는 안된다"고 호소한 소신표명 연설에서 '지방창생'의 대표적인 예의 하나로서 제시하면서 '지방창생'의 일등주자(톱 런너)로서 알려지게 됐다. 그 밖에 인구감소 사회의 과제를 해결하고 새로운 가능성의 창조와 도전을 권장하는 제1회의 '플라티나 대상'에서 대상을 수상한 바 있다.[110]

평가받은 최대의 노력 포인트는 학생수 감소로 폐교직전이었던 지역에서 유일한 고등학교였던 시마네현립 오키도젠고교(隠岐島どう前ぜん高校, 이하 도젠고교)를 부활시킨 고교매력화프로젝트이다. 2008년에 조직되어 학생수가 V자로 회복해서 고등학교를 계속 존속시킬 수 있었다. 그 후에도 프로젝트는 계속되어 젊은 세대의 U턴과 관계인구를 재생산하고 있다.

프로젝트의 중심인물 가운데 한 사람이 도쿄도로부터 2006년에 I턴해 온 이와모토 유(岩本悠)이다. 이와모토씨는 2015년 아마정을 떠나서 마쓰에시로 이주하고서도 시마네현청에서 시마네현과 전국의 교육매력화를 위해 노력하고 있다. 전형적으로 바람같은 사람형의 관계인구라고 말할 수 있다. 그래서 관계인구가 고교의 존속이라고 하는 교육과제에 관여함으로써 지역을 재생시킨 사례로서 본서에서 다루기로 한 것이다.

아마정에 관해서는 앞에서 서술한 바와 같이 2012년부터 계속 필드워크를 해 2권의 책(야마우치·이와모토·다나카, 2015; 다나카·후지시로藤代, 2015)과 석사논문(다나카, 2017a)을 집필했을 뿐 아니라 2019년 8월 17일에도 필드워크를 했다.

본서는 이러한 일련의 필드워크를 중심으로 문헌과 자료에 기초한 조사를 종합한 것이다.

제4장의 기술은 특별히 양해가 없는 경우 야마우치·이와모토·다나카(2015)로부터의 인용이고, 더욱이 관계인구인 이와모토씨의 이야기에 관해서는 다나카·후지시로(2015)로부터도 인용하고 있다.

본서의 조사대상자를 등장 순으로 표로 정리하고 인용근거가 되는 자료를 일람해서 정리한 다음 상관도를 작성하고자 한다〈표 7〉, 〈그림 19〉. 이와모토씨 뿐만 아니라 이와모토씨를 초대한 아마정사무소의 직원인 요시모토 미사오吉元操와 지역주민으로서 고교매력화프로젝트에 관여한 하마이타 겐이치浜板健一씨, 그리고 고교매력화프로젝트 초기에 도젠고교에 입학해 졸업한 오노 노조미大野希씨, 아오야마 다쓰야青山

達哉씨 등 5명이다.

<표 7> 아마정의 조사대상자(필자 작성)

성명	속성	주요 내용	인용처
요시모토 미사오씨	지역주민	아마정사무소의 직원. 고교매력화프로젝트 담당	야마우치·이와모토·다나카, 2015
이와모토 유씨	관계인구 (바람같은 사람형)	2006년에 이주해 고교매력화프로젝트 담당	야마우치·이와모토·다나카, 2015/다나카·후지시로, 2015
하마이타 겐이치씨	지역주민	교원·사회교육주사. 고교매력화프로젝트에 가담	야마우치·이와모토·다나카, 2015
오노 노조미씨	지역주민	도젠고교졸업생. 대학졸업 후 도젠지역으로 U턴	야마우치·이와모토·다나카, 2015
아오야마 닷츠야씨	지역주민	도젠고교졸업생. 대학졸업 후 도젠지역으로 U턴	야마우치·이와모토·다나카, 2015/2019년 8월 17일 인터뷰

2. '바다의 사무라이'

유배의 섬

"나는 새로운 섬지기이다. 오키바다의 사나운 풍파는 각오하고 불어야 할 것이다!"

고토바 천황後鳥羽上皇(1180~1239, 재위 1183~1198)이 조큐의 난承久の乱(1221년)으로 무너지고, 오키의 땅(國)으로 유배될 때 불렀던 것으로 알려진 노래다. 고토바 상황은 41세때부터 사망하는 60세까지 약 20년간 아마정의 겐푸쿠지源福寺에서 보냈다. 이 노래는 섬의 자연,

그리고 자신의 반평생을 보내고서, 자신의 재능으로 이 땅에 문화의 꽃을 피워서 보여줄 수 있다고 하는 뜻과 생각을 담은 것으로 해석된다. 섬에서도 '귀양백수遠島百首'를 비롯해 700수 가까운 와카和歌(일본 고유의 시)를 지었다.

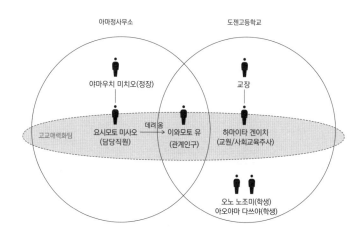

아마정사무소

도젠고등학교

야마우치 미치오(정장)

교장

고교매력화팀

요시모토 미사오 (담당직원)

데려옴 → 이와모토 유 (관계인구)

하마이타 겐이치 (교원/사회교육주사)

오노 노조미(학생)
아오야마 다쓰야(학생)

〈그림 19〉 등장하는 아마정의 주요인물 상관도(존칭 생략, 필자 작성)

나라시대부터 귀양을 보내는 유배의 섬으로서 알려진 아마정은 일본 시마네반도 앞바다 오키아이沖슴 약 60㎞ 지점에 떠 있는 나카노시마中ノ島〈그림 20, 21〉다.[111] 오키제도에 속하고 면적은 33.46㎢, 섬둘레 길이는 89.1㎞. 쓰시마난류対馬暖流의 영향을 받아서 왕성한 어업에 더해 지하수湧水도 풍족해 벼 재배가 가능한 반농반어의 섬이다. 헤이조쿄터平城京跡에서는 아마정의 '말린전복'이 헌상되던 것을 보여주는 나무

제Ⅱ부. 관계인구의 다양한 모습

판에 적은 편지가 발굴되는 등 옛날부터 해산물의 산지로도 잘 알려져 있다. 중국대륙과 교역의 요충지이고 에도시대에는 기타마에부네北前船의 가자마치항風待港(순풍을 기다리는 항구)으로서도 번성했다. 오키제도 중에서도, 인접하는 니시노시마정(니시노시마), 지부촌知夫村(지부리섬知夫里島)과 합한 산초촌三町村이 도젠(島前)지역으로 불리고 있다. 도젠지역의 인구는 현재 모두 약 6,000명이고, 헤이세이의 대합병 때에는 산초촌의 협병 방안도 부상했지만 각각 단독으로의 자치단체 운영을 택했다.

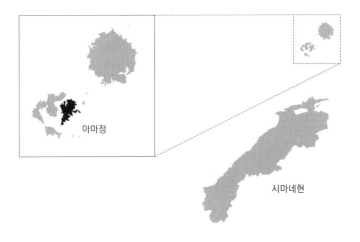

〈그림 20〉 시마네현 아마정의 위치

지방에서는 자주 있는 일이지만 지역의 외부에서는 도젠 3개섬의 지역성은 거의 같은 것으로 보이지만 3개섬 주민들의 말에 따르면 '완전히 다르다는 것'이다. 그중에서도 아마정은 '바다의 사무라이'라는 의미에서 합병 논의 당시에도 이에 대한 자긍심이 강해 그 명칭을 잃고 싶지 않다는 이유로 합병을 거부하는 주민도 있었다고 할 정도다.

다이쇼(大正)시대부터 5,000명 이상이 살고 있었지만 인구는 1950년 6,986명을 피크로 매년 계속 감소해 1995년에는 2,857명으로 2,000명대까지 줄었다. 다만 최근의 감소폭은 줄어들고 있다. 2010년 2,347명, 2015년 2,353명으로 거의 현상유지라고 말해도 좋을 정도다.

〈그림 21〉 아마정의 현관에 해당하는 히시우라항을 바라본다(필자 촬영)

인구가 계속 감소한 배경의 하나로 외딴섬離島(낙도)의 열악한 교육환경이 있다. 도젠지역에서는 산초촌三町村에 초·중학교는 각각 있지만 고등학교는 도젠고교 한곳 밖에 없고 대학이나 전문학교는 존재하지 않는다. 그 때문에 학교를 졸업하면 대부분이 지역 외부로 취업 또는 진학을 위해 유출되는 것이다. 다만 아마정은 신속하게 이주·정주정책에 힘을 기울여 2004년부터 2014년도말까지 11년간 483명이 I턴해 오면서 최근 인구 감소 폭이 작아진 것에 영향을 미치고 있다(아마정, 2015).

본토로부터 건너오려고 생각하면 시마네현의 현청소재지·마쓰에시에 있는 시치루이七類항구로부터 오키기선인 페리로 3시간 남짓 걸린다. 봄부터 가을에 걸쳐서는 고속선 레인보가 오가고, 본토로부터 한시간정도로 가까워진 후 편수도 늘어났다. 그러나 고속선이 운행을 쉬는 겨울에는 페리밖에 없어 당일 왔다 돌아가는 것은 곤란하다. 게다가 시치루이항까지도 마쓰에시의 중심부로부터 버스나 자동차로 여전히 한 시간 가깝게 소요되기 때문에, 마찬가지로 시마네현 내에서도 설령 서부에서 건너가려고 하면 반나절은 족히 걸린다. 일찍이 1970년대에 찾아온 '섬을 떠나는 봄'의 시대라면 모르겠지만, 그래도 아마정을 포함해 오키제도를 건너간 적이 없는 현민県民은 거의 없다고 말할 수 있다.

그러나 그런 아마정으로 I턴이 밀려들어 전국에서도 이름이 알려진 유명한 섬이 됐다. 아마정에서는 I턴 해서 온 사람을 '바다 필터filter를 통과해서 왔다'는 표현이 있다. 바다를 굳이 건너서 본토로부터 멀리 떨어져 있는 섬으로 찾아올 만큼 좋다는 의미에서 '연인'이나 '혁신인재'라는 의미인 듯하다.

'절반은 외지인'인 정장(町長)

이 정을 언급하는데 있어서 빼놓고 지나갈 수 없는 것이 2002년부터 정장을 4기에 걸쳐서 역임한 야마우치 미치오山内道雄씨의 존재이다.[112] 야마우치씨는 자신을 '절반은 외지인'이라고 칭하고 있다. 아마정 출생이지만 양친이 돗토리현으로부터 이주한 까닭에 조상들로부터 물려받은 집이 없다는 게 이유다. 도젠고등학교를 졸업하고서 구 전신전화공사(현 NTT)에 취직, 52세에 모친의 개호를 위해서 이 정으로 다시 돌아온 후 제3섹터 근무를 거쳐서 1995년부터는 정의회에 근무하기도 했다. 그런 야마우치씨가 2002년 정장선거에서 돌연히 많은 사람들이 눈독을 들이는 대상이 됐다. 타진을 시작한 것은 이 정의 건설회사 사장이었다. 야마우치씨는 종래의 시스템을 중심으로 유지해 온 건설업계가 공공사업으로 생계를 이어온 사람을 당연히 지원하길 원하고 지금도 그렇게 생각한다고 회고하고 있다. 실제로 계속 잇달아 조성되고 있는 공공사업으로 지방채의 상환액도 1999년에는 10억엔에 달해 연간예산 40억엔의 4분의 1이 빌린 돈의 변제에 충당되는 상황에 처해 있었다.

사장은 "정을 변화시키지 않으면 안된다" "당신밖에 없다" "이제 공공사업에 의지하는 시대는 끝났다" "당신은 민간기업에서의 경험이 있다. 앞으로는 행정도 민간의 감각으로 하지 않으면 이 섬은 생존할 수 없다"고 출마를 압박했다.

당시 정에서는 공공사업 중심에서 산업진흥으로 전환을 도모하고 인건비 삭감대책을 중심으로 연간 2억엔의 경비삭감 목표를 내건 '해보자 やるぞ계획'이 실행되고 있었다. 정町도 위기감을 갖고 있지 않은 것은 아니지만 이러한 일시적인 시책이 사장의 눈에는 "흐리멍텅하게 비치고 있었던 것"이라고 야마우치씨는 속마음을 털어놨다.

그러나 "내가 당선될 가능성은 매우 희박해, 이기는 승부를 기대하기는 어려운 상황"이었다. 지연·혈연관계가 강한 지방에서는 수장이나 의원 선거가 지연·혈연으로 결정되는 경향이 강하고 친척의 수가 많은 쪽이 유리하다. '절반은 외지인'인 야마우치씨는 거의 친척이 없고, 게다가 당선자가 여러 명인 정의회라면 그래도 괜찮을지 모르지만 당선자가 한사람인 정장선거에 있어서 친척이 적은 것은 거의 치명적이라고 생각되는 것이 자연스러웠다. 제3섹터 시절 의회와 함께 일했던 적도 있었지만, 정의회의 한사람을 뺀 전원이 대립후보인 전 부정장(副町長)의 지원으로 돌아섰다. 그렇지만 선거결과는 대립 후보에게 449표의 차이로 야마우치씨가 당선된 것이다. 인구 2,500명의 정에서 449표차는 커다란 차이라고 말할 수 있다. 이 결과를 야마우치씨는 이렇게 회고하고 있다. "정민은 알고 있었던 것입니다. 이제 지연이나 혈연으로 정장을 뽑는 시대는 아니라는 사실입니다. 지금까지의 방식을 고수한다면 섬이 사라져 버릴지도 모르기 때문에 이제 정의 정책흐름을 바꾸지 않으면 안된다고 생각했던 것입니다." 성공사례가 되는 아마정에서 "야마우치 정장이 훌륭했기 때문"이라는 요인분석을 귀엣말로 듣는 것은 어렵지 않다. 확실히 그것은 잘못된 분석은 아니지만 필자는 반드시 "그래도 그 정장을 뽑은 것은 정민"이라는 것을 덧붙여두고자 한다.

아마정의 지역재생프로세스를 기술한 다음 사건을 연대별로 4개의 시기로 나누어서 정리하고자 한다. 인구감소와 동반한 지역과제가 현실화되고 다양한 노력을 모색하는 1기, 관계인구인 이와모토씨가 이주해서 고교매력화 프로젝트를 추진하는 2기, 이와모토씨와 지역주민이 프로젝트의 핵심인 '오키도젠고등학교매력화구상'을 책정하는 3기, 구상이 실행으로 옮겨져 학생수가 회복되는 4기이다〈표 8〉. 지금부터는 각 시기를 순서대로 기술해 가고자 한다.

〈표 8〉 아마정 지역재생의 주요 사건(필자 작성)

구분	주요 사건
I 기	1998년 상품개발연수생제도 시작
	2000년 '사자에카레' 발매
	2002년 야마우치 미치오씨 정장에 당선
	2003년 단독 정정(정의 정책)의 선택
	2004년 '아마정 자립촉진플랜' 책정
	2006년 요시모토 미사오씨가 도젠고등학교 존속문제의 담당으로 임지에 도착
II기	2006년 요시모토 하루카씨가 이임
	2008년 교교매력화프로젝트 시작
III기	2008년 하마이타 겐이치씨가 도젠고등학교 임지에 도착 '오키도젠고등학교매력화구상' 책정
	2009년 제1회 관광 고지엔甲子園에서 '사람과 사람의 연결ヒトツナギ' 그랑프리 수상
IV기	2010년 오키쿠니학습센터 개소
	2011년 시마유학 수용 시작 오노 노조미씨, 아오야마 다쓰야씨 입학
	2014년 전 학년의 2개 학급화
	2015년 이와모토씨가 아마정을 떠나고 시마네현청으로 이적
	2018년 오노씨가 U턴
	2019년 아오야마씨 U턴, 제 0회 '불의 모임火のつどい'이 시행됨

3. 이대로라면 무인도가 된다

"섬의 보물을 조사해보지 않겠습니까?"

아마정에서는 1998년경부터 지역자원을 살린 상품개발에 착수했다(아마정, 2014). 그래서 생겨난 것이 지역자원의 상품화를 목적으로 매월 15만엔의 급여를 지급해서 외부로부터 인재를 유치하는 상품개발 연수생제도다.[113] 앞에서 서술한 야마우치씨에 따르면 인터넷 취업사이트에 단지 정보를 올리는 것이었지만 이를 재미있다고 느낀 젊은이들이 응모해 왔다. 채용을 결정하는 단계에서 "당신은 이 섬에서 무엇을 하고 싶은가"를 묻고, "이 섬에서 보물조사를 해 주세요"라고만 요청하며 자유롭게 활동해주기를 당부했다. 이 제도의 특징은 지역으로의 정주보다 특산품이 적은 지역에서 특산품을 개발한다고 하는 지역의 과제해결을 목적으로 하고 있는 점이다. 외지인의 시각과 역량을 발휘해주는 것에 역점을 둔 것이었다. 야마우치씨는 이 점을 명확히 의식하고 있었다.

> 야마우치: 연수생이 주민을 방문해 식사를 대접받고 맛있게 먹습니다. 그리고 이 식재료는 무엇인지, 이 요리는 어떻게 만들었는지, 언제 먹는 것인지 질문을 합니다. 주민에게는 당연한 것이지만, '오히려 이런 것에 흥미를 갖게 되는 것이고, 이런 것의 어떤 점이 재미있다'고 생각하게 되지요. 그러한 시각이 실은 가장 중요한 것이 아닐까 저는 생각합니다. 외지인의 눈에 의해서 지금까지 당연하다고 생각해 온 것이 당연한 게 아니게 되기 때문이지요. 주민 한 사람 한 사람이 섬의 매력에 대해서 다시 한 번 생각할 수 있게 되는 것입니다. 이러한 의식의 변화 자체가 섬의 재산이 되는 것이라고 봅니다.[114]

연수생 제1호로서 이주해 살고 있는 것이 오이타현 출신인 고토 다카시後藤隆志씨였다.[115] "재미있는 마을을 조사하는 중이었는데 인터넷의 전직(轉職)사이트에 '섬의 보물찾기를 해보지 않겠습니까? 상품개발 연수생모집!!!'이라는 것이 눈에 띄었고, 궁금해서 견딜 수가 없었습니다"라며 회고했다. 현지에 도착한 고토씨는 지역주민이 자생하는 녹나무과 관목을 '복나무'라고 부르고, 가늘게 자른 가지를 다려서 차로 마시는 문화에 주목하고 '복나무차'를 상품화했다.

그 후 고토씨는 오이타현으로 돌아갔지만 마을의 장애인 작업시설을 인수해서 생산을 계속하고 있다. 매상고는 판매개시 시기인 2006년 30만엔 정도로 시작해 2008년에는 220만엔으로 늘었다(노무라, 2012). 그 후에도 상품개발연수생제도는 계속되어 2012년도 말 시점에서는 25명이 채용되었다(아마정, 2015).

〈그림 22〉 아마정의 복나무차(아마정사무소 제공)

제II부. 관계인구의 다양한 모습

섬에서는 상식 '소라카레'

지역자원을 살려 개발한 상품으로서 유명한 것이 '소라카레'다.[116]

아마정에서는 낙도라고 하는 지리적 조건으로 인해 이전에는 소고기를 좀처럼 구하기 어려웠다. 따라서 각 가정에서는 카레를 만들 때는 지역에서는 풍부하게 잡아서 국물을 내는 원료로 사용하는 소라를 넣는 풍습이 있었다. 그 때문에 아마정에서 카레라고 말하면 '소라카레'를 당연시하고 지역주민은 특별히 귀하다고도 생각하지도 않았다고 한다.

그것을 관광객이 신기하게 여기며 먹고 있는 것을 보고서 아마정상공회청년부가 새로운 특산품으로 만들 수 없을까를 착안하게 됐다. 정에서는 과거 20년간 새로운 특산품을 만든 적이 없었다. 시마네현의 보조금을 받아 당시 리쿠르트의 지역활성프로젝트팀으로 있었던 다마오키 히토미玉沖仁美씨가 담당이 되어서 1996년 본격적으로 상품개발을 시작했다. 다마오키씨는 도쿄에서 오가면서 시마네현의 요망사항인 레시피를 만들어 제조 과정을 확립하고 패키지를 디자인해서 판로를 확보 하는 일련의 작업을 위해 노력했다. 그러나 최초의 시식회가 실패로 끝난 뒤 정의회에서도 심한 비판을 받은 바 있다. 그 후에도 시행착오를 거치면서 신뢰를 좀처럼 회복할 수 없을 것처럼 느꼈다. 성과를 거두는 것이 불가능한 채 예산의 재검토로 일단 프로젝트로부터 떠나게 됐다. 다마오키씨는 "앞으로 사업이 재개되더라도 리쿠르트에는 두 번 다시는 알리지 않을 것이다. 나는 오키에는 사실상 출입금지된 것"이라고 느꼈다고 한다.

그렇지만 1년의 공백을 두고서 재개하게 됐다. 그 후 공장장을 비롯한 지역주민의 협력과 다마오키씨의 끈질긴 노력덕분에 2000년에 드디어 레토르트팩이 공장에서 생산되기 시작하자 발매직후부터 한 번에 매진이 시작됐다. 첫 해에 4만2,000식(食)의 판매를 전망했는데 실제로는 5만식이나 판매됐다. 대히트를 치면서 다마오키씨는 지역전체에서 명성을 얻을 수 있게 됐지만, 프로젝트가 3년째로 접어들기까지는 일부의 사람에게 "다마오키에 속아서는 안된다"는 말을 들어야 했을 정도다. 인사를 해도 받아주지 않는 경우가 많았고, 함께 아마정에 갔던 같은 회사의 선배로부터는 "이런 분위기에서 너는 절대로 견딜 수 없을 것이다"는 말을 듣기도 했다고 다마오키씨는 회고했다.

〈그림 23〉 아마정의 소라카레(아마정사무소 제공)

전 학년이 1개 학급으로

2003년, 단독으로 정정(町政)을 선택한 것을 받아들여 정장인 야마우치씨는 생존을 위해 '아마정자립촉진플랜'의 수립을 명했다. 다음해 완성된 플랜에는 현립이기 때문에 정(町)의 관할 밖이지만 도젠고교의 존속문제를 위해 노력하는 것의 중요성이 담겨 있었다. "고등학교를 잃는 것은 문화적·경제적으로 계산해도 측량할 수 없을 만큼 큰 손실로, 신속하게 대응하지 않으면 안되었다". 도젠고등학교는 1955년 창설 이후 도젠지역의 학생을 수용해 온 지역 유일의 고등학교이다. 100명 이상이 입학하던 시절도 있었지만 서서히 감소해 전 학생이 한 개 학급, 전교생이 100명을 밑돌 것으로 전망됐다. "이제 끝나는 것이 아닐까"라며 통폐합될 것이라는 소문이 수군거리며 돌기 시작해 지역주민들로부터는 고등학교가 없어지면 지역을 떠날 것이라고 하는 목소리도 들려오기 시작했다. 어떤 I턴한 사람은 "고등학교가 있다고 해서 I턴해 왔는데 아이들이 고등학생이 될 무렵에 고등학교가 없어질지도 모른다니 사기아닙니까"라며 말하고, 또 어떤 주민은 "도젠고등학교가 없어진다면 가족모두 마쓰에로 나가서 그쪽에서 일자리를 찾고, 아이들을 집에서 고등학교로 통학시킬 것이다"고 말했다.

아이들은 고교진학을 위해 중학교 졸업과 동시에 외지로 나가게 되는 것이다. 지역에서 15~18세가 사라진다. 더욱이 아이를 걱정하기도 하고 3년간 400만엔에 달하는 학비와 생활비 보조가 큰 부담이 되다보니 부모도 정을 떠나는 것을 고려할 수밖에 없었다. 아마정은 앞에서 서술한 특산품 개발뿐만 아니라 산업진흥이나 양육지원에도 힘쓰기 시작했지만 도젠고등학교의 존폐는 지역의 미래와 직결되는 결정적인 문제였다. 야마우치씨는 속마음을 이렇게 또박또박 적고 있다.

> 야마우치 : 우리들이 꾸준히 계속해온 인구대책이 오키도젠고등학교의 통폐합이라는 단하나의 조치로 날려버릴지도 모릅니다. 무슨 수를 써서라도 오키도젠고등학교는 반드시 지켜내지 않으면 안됩니다.[117]

이러한 가운데 도젠고등학교는 학생수의 감소와 더불어 법률에 기초한 배치교원의 수가 줄면서 선생님은 전공이 아닌 과목을 담당하기도 한다. 물리과목 선생님은 아예 없다보니 대학진학에도 불리하다고 하는 이미지가 정착됐다. 동아리 활동은 고작 3개이고, 3년 동안 학급교체도 없는 가운데 인간관계가 고착화 될 뿐 아니라 경쟁이나 자극도 생기기 어렵게 된다. 도젠지역의 중학생이 진학할 곳을 선택할 무렵 본토에 진학할 학교나 동아리 활동의 선택지가 많은 고등학교를 선택한다고 하는 악순환이 공고해졌다.

〈그림 24〉 시마네현립 오키도젠고등학교의 교정(도젠고등학교 제공)

제Ⅱ부. 관계인구의 다양한 모습

지구도 살리는 새로운 교육

'아마정자립촉진플랜'의 정책을 담당했던 정의 재정과장인 요시모토 미사오吉元操씨는 약간 높은 언덕위에 자리잡은 도젠고등학교의 흰 건물을 올려다보고서는 가슴을 막 쥐어뜯는 것 같은 안타까움과 위기감에 짓눌려 있었다. "이대로라면 섬이 무인도로 되어버릴지도 모른다". 그러나 관할이 다른 현립고교와의 접점은 거의 없고 지름길도 보이지 않았다. 요시모토씨도 도젠고등학교 졸업생으로 도보 10분 거리에 살고 있었지만 졸업 후에는 한 번도 교내에 발을 들여놓았던 적은 없었다. 시정촌 측이 현립고교의 존속에 위기감을 갖고 있었어도 관할이 다른 조직에 영향을 미치는 것은 어려웠다. 원래 정사무소에 현립고등학교 담당은 없다. 요시모토씨는 "아무도 할 사람이 없다면 자신이 할 수 밖에 없다"며 최악의 사태를 각오하고 결심하고 있었다.

그렇지만 어디에서부터 손을 대야 좋을지도 모르는 가운데 우선은 교류사업으로 인연이 이었던 히토츠바시대학(도쿄)의 대학원생인 오노 히로아키尾野寛明씨에게 아이디아가 없는지 자문을 구했다. 그랬더니 오노씨는 2006년 도쿄의 사회창업가들이 대형 왜건으로 약 800㎞를 이동해서 섬에서 현장학습을 하는 'AMA 왜건'을 주재했다.[118] 자신은 정책제언이 불가능하더라도 그것이 가능한 사람을 데리고 오면 좋겠다고 생각했다. 여기에 감동받았던 것이 도쿄의 회사에서 인재육성에 관여하고 있었던 이와모토 하루카씨였다. 요시모토씨는 좀 성급했지만 도젠고등학교를 진학학교로 결정하는 것이 어떤지를 물어보자 이와모토씨로부터

의외 답변이 되돌아온 것이다.

> 이와모토: 도쿄대에 진학하기 위해 일부러 이 섬으로 오는 학생은 없을 것
> 이라고 생각하지만, 학력뿐만 아니라 지역도 살리고 인간성도 배우는 전인
> 교육을 한다면 도쿄에서도 배우러 찾아오는 사람이 있을 것이다. 이러한 사
> 람이 존재함으로써 지구가 존재하고 문화도 존재하게 된다. 역시 지역전체를
> 배우는 장으로서, 학력뿐만이 아니라 인간성을 가르치는 교육을 함으로써 매
> 력적이게 된다. 긴 안목으로 보면 단지 목전의 진학실적을 추구하기보다 지
> 역 리더를 육성하는 것이 지역을 위해서도 좋은 게 아닐까.[119]

이 대답에 감동한 요시모토씨는 "그것 참 좋네요. 하루카씨, 우리 섬에
와서 제발 그것을 해주지 않겠습니까"라며 이와모토씨에게 이주를 적극
적으로 권했다.

4. 최전선에서의 도전

아마에서 모델을 만든다

2006년 연말, 이와모토씨는 실제로 아마정으로 이주해 왔다. 받
아들일 수 있는 제도가 산초촌三町村에도 현립고교에도 없어 아마정의
상품개발연수생으로서 새 임무를 맡는 모양새를 취했다. 요약하면 이와
모토씨는 그 후에도 지역교육코디네이터, 인재육성프로듀서, 고교매력
화프로듀서 등으로 직함을 계속해서 바꾸고 소속도 인간성추진프로젝

트, 정교육원회, 정사무소 등으로 계속 변경됐다. 회사원 시절과 비교하면 수입은 절반 이하이고 계약은 3년, 그 후에는 보증이나 보상은 일절 없었다. 게다가 어떤 인연도 어떤 관계도 없는 섬으로 이주해서 학교존속 문제에 관한 것을 결정한 이유에 대해서 이 섬이 일본 지방소멸의 최전선이고, 미래의 최전선처럼도 느꼈다고 서술하고 있다.

"이 섬의 문제에 도전하고 작더라도 성공모델을 만드는 것은 이 섬뿐만이 아니라 다른 지역이나 일본, 세계와도 연결된다".

인구감소의 최전선인 현장에서 도전할 수 있다고 하는 것이 이와모토 씨를 움직여 온 힘이었다. 더욱이 그것은 자기 자신의 관심과 부합했다.

> 이와모토: 나에게는 교육을 통해서 사회를 보다 좋게 만들고 싶다고 하는 철학이 있고, 섬으로부터 들려온 이야기는 지역사회에서 교육의 핵심과제였던 것으로 주제면에서도 연결된다. 지방 학교의 존속이라고 하는 것은 앞으로 전국적으로 더욱 확산될 수 있는 문제이고 우선 아마정에서 모델을 만드는 것으로 일본 전체에도 영향을 줄 것이라는 확신이 있었고, 나 자신이 하고 싶는 일과도 중첩된다고 생각해서.[120]

전원생활이나 섬생활에 관심이 있었던 것은 아니지만, 직접 부탁을 받은 요시모토씨의 마음에 감동이 있었던 부분도 컸다.

> 이와모토: 원래 전원생활이든 섬생활이든 흥미는 없었고, 지역 활성화에 관여하고 싶다고도 생각하지 않았다. 해외로 가겠다는 생각도 있어서. 이 섬과는 어떤 인연이나 관계도 없었다. 이 학교가 모교도 아니었고. 그러나 이곳의 사람들과라면 무언가 하고 싶다고 생각한 것이다.[121]

외지인에 대한 반발

　이주 직후인 2007년 1월 1일. 야마우치 정장은 이와모토씨를 만나서 인재육성(사람만들기) 사업 추진을 정내 방송으로 선언했다. 도젠 고등학교의 존속문제에 관한 생각과 이와모토씨의 기대가 컸기 때문이었지만 사전 설명도 없이 갑자기 지나친 호언장담으로 상상 이상의 맹반발을 초래했다.

　예를 들면 "이와모토 유라니, 어떤 놈이야?" "외지의 젊은 놈이 무엇을 할 수 있겠어?" "섬을 지 멋대로 휘젓다니. 빨리 돌아가라!"고 말하는 사람도 있었다. 중대가리坊主頭로 젊게 보이는데다 복장도 어울리지 않은 이와모토씨의 풍모도 한몫 해 이러한 소문은 점점 커져갔다. 야마우치 정장에 대해서도 앞으로 "너같은 놈은 찍어주나 봐라"라고 하는 편지도 배달됐다. 이 무렵 이와모토씨도 이주 전의 두근두근하는 느낌이 진정되면서, "이건 너무 심하다"고 하는 암울한 기분이 가득했다. '외지인'이나 '바깥문' 등으로 부르고, 얼굴을 정면으로 마주보고서는 "나는 I턴한 패거리가 싫다" "너는 언제까지 섬에 있을 작정이냐" "여기에 뼈를 묻을 생각이 없다면 돌아가라" 등등의 말을 듣는 날이 계속됐다.

　도시에서 자란 이와모토씨는 당연한 섬의 문화를 모르고 익숙하지 않은 부분도 적지 않았다. 회의에 참석해서도 끝나는 시간이 정해지지 않은 채 그 회의의 목적이나 의미, 종료시간을 물어도 답이 없었다. 정해진 수순을 밟지 않고 다람쥐 쳇바퀴 돌 듯 하다가 밤이 되면 술자리모임이 시작된다. 술을 토하고 돌아서서는 "너 어디에서 왔어" "왜 이곳에 왔어"

등 똑같은 질문에 몇 번이라도 답을 할 수 밖에 없었다. 너무나 비생산적인 시간이라는 생각이 들면서 짜증이 더욱 밀려왔다.

> 이와모토: 이제 여기에서 해야 할 것은 정말로 없다고 해야 할까. 이건 당신들의 문제이고, 당신들이 당사자라고 하는 생각도 자주 들어서.[122]

더욱이 이와모토씨는 고교의 존속문제를 위해 노력하면서 신분은 정의 상품개발연수생일뿐, 고등학교에 대해서는 어떤 권한도 갖고 있지 않았다. 원래 현립 고등학교의 관할은 현으로 정의 권한 밖이다. 그 때문에 고등학교 내에 자리를 마련하는 것도 현실화되지 못했다. 교원의 입장에서 보면 왜 관계가 없는 사람이 학교에 오는가 하는 분위기에 떠나는 것 외에 어쩔 도리가 없었다.

> 이와모토: 교장이라고 하는 입장에서 했다면 전혀 다른 이야기가 됐을지도 모르지만 그런 권한이나 역할도 없었다. 톱다운(top down)은 불가능하고, 학교에 속한 사람도 아니었기 때문에 바텀업(bottom up)도 불가능하다. 그래서 이런 문제를 야기하지 않는 지점에서 뭔가를 하지 않으면 안되는 것이었다. 공통의 인식을 만들고 조직을 만들고 협의를 해서 계획을 만들고 거기에서부터 실행을 시작했다. 이것은 아주 많은 시간이 걸리는 것이라는데 생각이 미치니 떠나고 싶다. 이제 그만 떠나고 싶다고 몇 번이나 생각했다.[123]

그러나 이와모토씨는 이유를 붙여 입교의 허가를 받는 절차를 반복하면서 학교에 출입하며 관계자와 협의를 계속했다. 그리고 당시 교장의 조언을 받아 2008년 3월 도젠고등학교 후원회의 모체가 된 '오키도젠고등학교의 매력화와 영원한 발전의 모임'(이하. 매력화의 모임)의 발족을 마침내 이루게 됐다. 고교매력화프로젝트가 출발하게 된 것이다.

'공출(국가의 요청에 따라 금품을 제공함)'구조를 알게 되다

이와모토씨가 통계를 조사하면서 놀란 것은 도젠고교 졸업생이 돌아오지 않는다는 것이었다. 도젠고등학교 95% 이상의 학생은 졸업과 동시에 진학이나 취직으로 나가서 U턴의 비율은 약 30%에 불과했다. 당시의 30~40대의 잔류인구 비율은 40% 정도로 현 평균의 절반 이하였다. 시마네현을 비롯한 지방에서의 '공출'구조가 여기에도 나타나고 있었던 것이다. 이대로 방치하면 도젠고등학교는 없어지고 인구의 감소는 가속화될 것이다. 그래서 지역의 U턴 비율은 올리는 것이 지역을 지속가능하게 하기 때문에 중요 과제로 부상했다.

더욱이 지역전체가 허우적대는 '젊은이 유출 → 후계자 부족 → 산업의 쇠퇴 → 지역 활력 저하 → 젊은이 유출'이라고 하는 악순환을, '젊은이 정주 → 후계자 육성 → 산업고용 창출 → 지역 활력 향상 → 젊은이 정주'라고 하는 선순환으로 변화시켜가기 위해 지역에 있어서 교육의 역할은 지역만들기를 하는 사람을 육성해가는 것이라고 재정의한 것이다〈그림 25〉. 그렇지만 고등학교 졸업 때에도 섬에 남도록 무리하게 압력을 가하고 만류하는 것이나, 멀리 가는 것을 바라지 않고 가까운 곳으로

가도록 압력을 가하는 것은 학생들의 가능성을 짓밟는 것이 되기 때문에 반드시는 아니라고 생각하게 됐다. 해외를 포함해서 최전선으로 과감하게 내보내야 한다. 부메랑의 원리와 같아서 과감히 멀리 보낸 뒤 힘차게 원래의 장소로 돌아오는 인재를 이미지화했다.

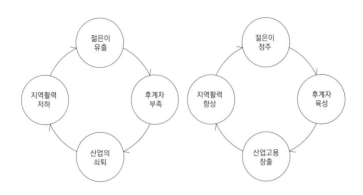

〈그림 25〉 악순환(좌)과 선순환(우)의 이미지 도식(이와모토씨의 지론을 참고해 필자 작성)

> 이와모토: 고등학교 졸업 때까지 섬에 대한 애착이나 자긍심, 감사의 마음이 배양되어 있으면 고향을 떠났더라도 먼 미래에 고향으로 돌아오지 않더라도 도젠관광대사로서 오키를 홍보(PR)할 수 있게 된다. 특히 자신의 사업장을 갖고 있고 그래서 자기고장에서 나오는 특산품을 활용하는 사업으로 성공한다면 고향납세에 참여하게 된다. 또 밖으로부터 지혜나 기술, 사람의 인맥을 제공하는 등 어디에서든 얼마든지 고향에 은혜를 갚는 것은 가능하다.[124]

U턴뿐만 아니라 당시에는 아직 존재하지 않았던 관계인구와 거의 똑

같은 모습을 묘사하고 있고, 그것을 위해서 지역에 대한 애착이나 자긍심, 감사가 중요하다고 생각했다.

'자신부터 변화시킨다'

한편, 이와모토씨를 불러들인 요시모토씨의 걱정은 끊이지 않았다. '퍼실리테이션' '리노베이션' 등 가로문자(橫文字·영어표현)를 사용하고 효율성을 중시하는 도회지 출신인 이와모토씨가 섬문화에 익숙해지는 것이 가능할지 불안하고, 이제 그만두겠다며 언제 말을 꺼낼까가 염려됐다. 그래서 가로문자(영어표현)를 사용하지 말 것과 효율성으로는 측량할 수 없는 것을 중시할 것 등에 대해 이와모토씨에게 조심스럽게 말했다. "가타가나어는 이 섬에서 통하지 않는다" "나이로는 설명이나 설득이 안 되고 상담이나 부탁하는 자세로 임하지 않으면 안된다" "나무랄 데가 없는 공허한 이야기를 하기 보다 문제나 곤란한 것을 전하고 동정이나 응원을 유발하는 쪽이 이득" "효율성이나 생산성으로는 측량할 수 없기 때문에 일견 쓸데없는 짓이라고 생각하는 것을 중시할 것".

이것은 어차피 이 지역에서 일을 진척시켜 가기 위해서 필요한 마음가짐이었다. 이러한 조언을 듣고서 어느 틈엔가 이와모토씨는 더 이상 가로문자(영어표현)를 사용하지 않게 되고 지역에서 전통예능을 배우며 연회자리에도 진득하게 출석하게 됐다. 어느 때인가 이와모토씨는 얼굴을 마주하고 있는 지역주민이 좋지 않은 점이나 개선점을 지적하지 않는 것을 알게 됐다. 속으로 생각하고 있더라도 겉으로는 직접 말하지 않게 된 것이다. 이 때문에 쓸데없이 무엇을 새롭게 개선하면 좋은지를 몰라 초조해하기도 했던 것이다. 그래서 다니고 있던 대학원에서의 숙제라고 하는 명목으로 십수명으로부터 익명으로 조언(지적)을 받고자 부탁했더니 계속해서 답변이 쏟아졌다.

> 〈쏟아진 이와모토씨에 대한 과제·개선점〉
> 개인플레이를 한다. 자신의 스타일을 굽히지 않는다. 스스로 할 수 있는 것은 다른 사람도 할 수 있는 일이라고 생각해버린다. 스스로 빨리 할 수 있더라도 다른 사람은 더욱 시간이 걸린다. 흙냄새가 나지 않는다. 술을 마시고서 술주정 하는 일도 없다. 인간미가 부족하다. 일이 많다. 지역에 가서 좀 더 많은 사람을 만나는 편이 좋다. 힌트는 지역 속으로 들어가는 거다. 글씨가 지저분하다. 사람을 손가락으로 가리키지 말라. 언제까지 섬에 있을 것인가.

이와모토씨는 가슴이 찢어질 만큼 아파하고 진지하게 수긍하기도 하면서 섬과 학교를 변화시키려고 하는 생각으로는 무리지만, '밖으로부터 변화는 것'이 아니라 '자신부터 변할' 필요가 있다는 것에 생각이 이르렀다. 받은 지적을 모두 공개하고 그것에 대한 이와모토씨의 생각뿐 아니라 자신이 변해가겠다는 결의를 가질 수 있도록 한 사람들 전원에게 답장을 하면서 말했다.

> 이와모토: 자신부터 변하겠다고 하는 것은 생각하고 있었다. 지역에서도 학교에서도, 그리고 나 자신의 주변공기가 바뀌고, 섬사람이나 교사에 대한 이해도 크게 바뀌게 됐다.[125]

또 도쿄시절에는 피운 적이 없었던 담배도 사게 됐다. 고등학교 교직원실에 이와모토씨가 들어오면 긴장감은 찌르르 전기가 흐를 만큼 팽팽하게 공기를 떠다니고 있었기 때문에 우선은 담배를 피우는 선생님과 교직원실 밖에서 관계를 만들겠다고 했던 것이었다. "아무리 의미 있는 제안을 해도 신뢰관계가 없으면 이야기를 전할 기회조차 얻는 것을 기대할 수 없다"며 신뢰관계의 중요성을 요시모토씨의 조언과 섬생활을 통해 느끼며 이해하게 됐기 때문이다. 부랴부랴 니코틴 0.1㎎의 가벼운 것을 택해 쉬는 시간에 오는 교원을 붙잡고서는 학생이나 수업에 관한 것을 물었다. 회식에도 가능한 한 참석해서 이야기에 귀를 기울였다.

이러한 노력이 겹겹이 쌓이면서 고등학교 내의 분위기도 조금씩 변화를 보이고 섬에 와서 3년째인 2009년도부터는 마침내 이와모토씨의 자리를 고등학교 내에 마련하는 것이 결정되었다.

5. '매력화'라고 하는 본질적인 비전

'프로답군'

아마정은 시마네현의 파견제도를 활용해서 지역과 학교를 연결하는 역할의 사회교육주사를 전국에서 처음으로 도젠고등학교에 배치하는 것과 더불어 고교매력화프로젝트의 멤버에 추가했다. 이 역할을 위해 선정된 것은 하마이타 겐이치씨였다.

하마이타씨는 아마정의 이웃에 있는 니시노시마정 출신으로, 당시에도 니시노시마정에서 초등학교 교사로 근무하고 있었다. 초등학교 교사의 일에 보람을 느끼고 있었음에도 불구하고 갑자기 충동적인 행동으로 인해 도젠고등학교로 근무처를 옮기고 처음에는 적응하지 못해 3일만에 그만두고 싶다고 했다. 또 같은 도젠지역이라 하더라도 니시노시마정과 아마정은 섬이 다른 것은 물론, 교류도 활발하지 않았고 게다가 라이벌 관계였다. 산초촌(村)에 모여서도 전향적인 제안이나 발언은 거의 없었고 좋은 생각을 모두가 실현시켜가자고 하는 분위기와도 거리가 멀었다. 더욱이 "그것은 잘 될 리가 없다"며 냉랭한 대화가 오가고 있는 것도 여기저기에서 들렸다. 하마이타씨가 아마정에 있는 도젠고등학교에 부임한 것에 대해서도 니시노시마정의 관계자로부터는 "당신은 아마정의 스파이지"라는 말까지 듣는 일도 있었다.

하마이타씨는 교직원실에 있으면서도 어째서 수업을 할 수 없는가 공허감이 밀려오고 고등학교 내에 자기편이라든가 마음을 붙일 만한 곳이라고는 단 한곳도 없었다. 사직할 이유를 항상 찾고 몸을 혹사시킬 만큼 술을 마시는 양이 늘어가기만 했다. 그런 하마이타씨가 변하는 계기가 된 것은 누구도 아닌 이와모토씨였다.

하마이타씨는 다른 교사와 똑같이 원래 이와모토씨에 대해서 경계심을 갖고 있었지만 교사보다도 커리큘럼에 대해서 상세하게 조사하고, 공부를 반복하며 복잡한 커리큘럼을 몇 번이나 다시 수정하면서 완벽하게 구축해가는 이와모토씨의 노력을 지긋이 바라보고 있었다. 더욱이 좋아하지 않는 술자리나 담배피우기, 잡담에도 어울리고자 하는 자세를 보면서 서서히 생각이 바뀌어갔던 것이다.

> 하마이타: 프로답군. 살을 깎더라도 목적을 위해서는 철저하게 노력한다. 나는 그렇게는 할 수 없어.[126]

하마이타씨는 이와모토씨가 고등학교에 출근하기 편리한 시간을 잡아 연락하기도 하고 이야기를 하기 편안한 환경을 만들어주기도 하면서 도젠지역전체를 연결하기도 하고 지역과 고등학교를 연결하는 역할을 척척해갈 수 있도록 도왔다. 그것은 지역주민이고 교사이며 더욱이 사회교육주사이기도 한 자신이기 때문에 할 수 있는 것이었다.

3인의 신뢰관계

고교매력화프로젝트를 추진해가는데 있어서 우선 도젠고등학교 매력화구상의 확정을 위해서 내용을 검토할 필요가 있었다. 고교매력화 프로젝트팀은 산초촌의 의회나 학생, 보호자, 지역주민, 졸업생 등의 목소리를 반복해서 청취하며 생각을 정리해 갔다.

이 원동력이 된 것이 이와모토씨, 요시모토씨, 하마이타씨 3인의 팀워크이다. 각자 일을 끝내고서 심야까지 모여서 협의하며 학교와 산초촌에서 일어난 문제를 공유하면서 '할 수 없다는 변명이 아니라 할 수 있는 방법을 찾아보자'는 생각을 암묵적인 슬로건으로 해서 토론을 계속했다.

이때 중요시한 것은 하마이타씨의 학교에 대한 관점, 요시모토씨의 지

역에 대한 관점, 이와모토씨의 섬 외부에 대한 관점을 충분히 검토한 후 세 사람 모두에게 있어서 최선인 '산포요시三方良し(파는 사람, 사는 사람, 세상 사람 모두에게 좋다는 뜻)'의 관점을 정립했다는 점이다. 대립이나 이기고 지는 구조가 아니라 적이나 패자를 만들지 않는 방식을 모색하며 막다른 길에 직면했을 때는 담배를 한 대 피우거나 잡담을 해가면서 끈기 있게 대화를 지속했다. 이렇게 대화를 거듭해가는 사이에 세 사람의 신뢰감은 더욱 깊어지고 원 팀(one team)이 될 수 있었던 것이다.

또 요시모토씨는 외국의 대학에서 공부한 이와모토씨로부터 해외의 이론을 배우고, 자기 자신의 생각을 말로 제대로 표현하는 모델이었기 때문에 잘 활용했다. 예를 들면 존 P. 코터의 '기업 변혁의 8단계', 다니엘 김의 '성공순환(成功循環)' 등에 관한 내용도 이와모토씨로부터 듣고 배웠다. 특히 원래 음복(直会なおらい)이라고 불리는 지역에서의 술자리를 중시했다. 이것은 "좋은 결과를 낳기 위해서는 효과적인 행동이 필요하고, 그것을 위해 다양하고 깊이 있는 사고가 중요하며 그 전제로 우선 팀의 관계성이나 좋은 인간관계가 필수불가결"이라고 하는 '성공순환'의 모델이 가슴에 와 닿았다. 당연히 이 이론을 여러 가지 문제의 해결책으로 적극 활용하게 됐다.

지역과 함께 걸어가는 고등학교

도젠고등학교매력화 구상은 2008년 12월, 매력화총회에서 승인되었다. '도젠지역과 더불어 함께 걸어가는 학교'를 목표로 해서 크게 9

개의 핵심 축을 세우고 지역과제 해결형 학습의 도입을 통한 지역의 미래를 담당하는 인재 배출과 전국으로부터 의욕이 강한 학생의 유치, 학력향상과 경력교육의 충실화 등을 담았다.

시정촌과 관할이 다르기 때문에 지역의 인재만들기나 지역만들기의 맹점이라고도 말할 수 있는 현립고등학교를 인재양성이나 지역만들기의 거점으로 새롭게 이해하는 발상이었다.

그중에서도 핵심 축의 하나가 전국으로부터 적극 입학생을 모집하는 섬유학제도이다. 자극과 경쟁이 적은 문제를 해결하고 고등학교의 매력 향상으로 연결하는 것이 키포인트였다.

앞에서 서술한 도젠고등학교의 악순환이 더욱 심화되는 가운데 도젠 지역에서는 학력이나 도전정신이 높은 중학생일수록 지역 밖의 본토 고등학교 진학을 희망하는 경향이 있었다. 고정화된 좁은 인간관계에 답답함을 느끼고 자극이나 다양한 가치관, 새로운 인간관계를 찾아서 밖으로 나가는 것은 많은 지방의 젊은이가 도시로 유출된 이유라는 게 공통적인 인식이었다. 게다가 중요한 것은 고등학교의 존속을 위해 '숫자만 채우는 것'은 아니라고 하는 점이다. 지역 내에서의 입학자만으로는 적정 학생수를 채우기가 어렵다고 하는 배경에서 그 부족분을 메우기 위해서는 외부에서 학생이 와 줘야 하는데, 지역이 이용하는 모양새가 되어서는 바람직한 모습이 아닌데다가 실제로 외부로부터 학생은 입학하러 오지 않을 게 뻔했다. 그래서 여기에도 '산포요시' 관점이 필요하게 된다.

섬 밖으로부터 오는 학생은 불편한 섬에서의 소수 학생을 대상으로 하는 교육을 통해서 도시에서는 불가능한 경험이나 능력을 키우는 것이 가능하고 섬 내부에서의 학생도 다른 문화의 유입에 의해 지역에는 없었던 자극이나 경쟁이 생겨나면서 서로에게 부족한 문제를 해결할 수 있도록 하는 게 우선 목표였다. 또 하나의 커다란 핵심 축이 되는 게 학력향상과 경력교육의 충실을 위한 공영기숙사(公營塾)의 설치다. 도젠지역에는 민간의 예비학교가 존재하지 않는 점에 착안해 공영기숙사인 오키쿠니학습센터(이하, 학습센터)를 설립하기로 했다. 지역 밖으로부터 불러들인 교육전문가가 학습센터에 부임해 도젠고등학교와 연계, 교과지도나 커리어교육을 하면서 학생이 목표로 하는 진로를 실현하기 용이한 환경을 갖추는 것이 목적이었다.

당초 내걸었던 것은 도젠고등학교의 존속이었지만 프로젝트나 구상으로는 존속보다 매력화라는 말이 더 어울렸다. 이것은 매력적인 존재가 되면 학생은 자연스럽게 모이고 존속은 결과로서 따라오게 된다고 하는 생각에 기초해 기획(잔재주)을 통한 고등학교의 존속이 아니라 매력있는 고등학교를 만드는 것을 우선적인 목표로 하는 본질에 충실한 용어의 선택이었다.

시각이 바뀌는 계기

고등학교 매력화프로젝트에 대해서 도젠고등학교의 교사나 현 교육위원회로부터의 반발은 매우 심했다. 특히 섬유학에 대해서는 현립고등학교이면서 다른 현의 학생을 받는다고 하는 것에 대한 의문이 쏟아졌을 뿐 아니라 실제로 누구도 실현 가능하다고 생각하지 않았다.

"토박이 출신 아이들의 절반이 외부의 고등학교로 나가고 있는 상황에서 반대로 밖으로부터 아이들을 불러들이는 것은 절대적으로 무리다" "단 10명이라도 온다면 항구에서부터 학교까지 붉은 융단을 깔고서 환영하겠다" "이런 곳이 좋아서 오는 아이는 있을 리가 없다. 외부로부터 들어오는 것은 특별한 사정이 있는 학생뿐이다" 등의 목소리가 곳곳에서 들려왔다. 이런 상황에서 교사들의 인식이 바뀌는 최초의 계기가 된 것이 2009년, 관광플랜을 경쟁하는 제1회 관광고시엔(觀光甲子園)에서 도젠고등학교가 내건 '사람과 사람의 연결(ヒトツナギ히토쓰나기. 도젠고등학교의 동아리)'이 그랑프리를 수상한 것이다. '사람과 사람의 연결'은 유명한 관광지가 아니고 지역주민과의 연결을 소개한다고 하는 관광플랜으로 이와모토씨도 함께 했다. 여기에는 지역 외부에서 입학하러 온 학생의 관점이 더해지면서 플랜은 관심을 모으기에 충분했다.[127]

학생은 만난 어른들이 열성적이고 재미있었기 때문에 이 섬의 고등학교에 들어오려고 생각했다고 말했다. 자연환경이 황폐한 도시에서는 자연체험투어가 인기를 끌고, 더욱이 자연뿐만이 아니라 사람과의 연결도 거의 없다고 하는 것을 감안, '인간체험투어'가 선호될 것이라고 예상했던 것이다. 이 소식을 접한 도젠지역출신 학생은 등·하교 때 학교 주변의 주민들과 "다녀왔습니다" "어서와"라며 당연하게 인사를 건네는 것이 도시에서는 찾아보기 어렵다며, 그래서 여기가 사람과의 연결이라고 하는 매력이 넘치는 지역이라는 것을 알게 됐던 것이다. 여자친구와 헤어져서 낙담하고 있을 때 가까운 상점의 아주머니가 "자, 인생은 여러 선택지가 있으니까"라며 빵 몇 개라도 주머니에 넣어주며 용기를 준 일도 생각났다. 그랑프리 수상이 교사들에게 준 임팩트는 컸다. 보통 콘테스트 등에서 우승하는 경우엔 학생회에 활발하게 참여하는 의욕적인 학생이나 성적이 좋은 아이들의 몫이라고 하는 게 일반적인 양상이었지만 이번에는 반드시 그렇지도 않았다. 우승기를 안고서 섬으로 돌아온 학생들은 항구로 환영 나온 어른들 앞에서 당당하게 인사하고 감사를 표했다. 학생의 변화를 목격하고 "어라"하는 놀라움이 교사들 사이에서 확산돼 갔다. "아이들이 이렇게 달라졌다니". '사람과 사람의 연결'은 그 다음해, '사람과 사람의 연결투어'로서 지역주민을 소용돌이처럼 끌어들여 고교매력화프로젝트에 대한 지역주민들의 시선도 변화시키는 계기가 됐다.

6. 뜻을 이루러 돌아오라

섬 유학과 학습센터의 실현

시마네현 밖에서의 설명회 등을 거쳐 섬 유학생의 수용은 2011년에 시작됐다. 니시노시마정에서 입학한 오노 노조미씨는 수업에 들어와서 깜짝 놀랐다. 지금까지 동급생이라고 하면 안면이 있는 사람뿐이었지만 오사카와 도쿄 등에서 태어나 자란 과정도 전혀 다른 섬유학생이 수업을 받는 학생의 3분의 1에 달하는 13명이나 됐던 것이다.

처음에는 서로 벽을 만들고 점심 시간에도 방과 후에도 섬 안의 학생과 섬 밖 학생의 경계가 별도로 생겨났다. 사건이라고 말할 수 있는 커다란 사고는 3학기에 일어났다. 졸업식의 송별회(予餞会)에서 공연작품을 결정할 때 목소리가 큰 섬유학생을 중심으로 준비가 진행되자 섬 출신 학생으로부터 "섬 밖의 학생들은 모두의 의견을 들으려고 하지 않는다"며 불만의 목소리가 터져 나왔고 학교를 휴학한 학생도 눈에 띄기 시작했던 것이다. 한편 섬 밖의 학생들도 "의논할 때는 전혀 아무말도 하지 않고 있다가 뒤에서 이러쿵저러쿵 말하는 것은 온당치 않다"는 등 섬 내 학생들의 행동에 불만을 표시했다.

그래서 담임선생님이 개별면담을 한 뒤 긴급 홈룸을 열어 부정하기 보다 상대를 이해하려고 노력할 것과 차이를 서로 인정하고 강점을 서로 살려가는 것의 중요함을 전달한 뒤 학생들끼리 토론할 기회를 만들어줬다.

그 결과 학생 각자의 개성을 최대한 살려주는 창작극이 완성되고 전교생과 선생님으로부터 평가를 받았다. 이 과정을 통해서 섬 내 학생들은 보다 자신을 표출하고, 섬 밖의 학생들은 섬 내 학생들의 목소리에 귀를 기울이는데 힘쓰며, 서로 변해가면서 학급의 일체감도 형성할 수 있게 됐다.

오노씨는 섬유학생들로부터 자극을 받아 자신이 갖고 있는 생각의 틀을 깰 수 있어 좋았다며 해방되는 느낌이었다고 했다. 실제로 섬유학생들은 자신들이 생각하지도 못했던 "야구부를 우리가 만들자"는 이야기를 듣고 매니저로서, 동호회로서 실현될 수 있도록 적극 후원했다.

> 오노: 도젠고등학교에 입학할지 말지 망설였던 적도 있다. 졸업까지의 여정은 평탄하지 않았다. 그렇더라도 이 십인십색인 학급의 모두랑 선생님, 지역으로부터 지지를 받으며 최고의 고교생활을 할 수 있었다. 그렇기 때문에 더욱 감사하고, 다음에 다시 되돌아가고 싶다.[128]

한편, 학습센터도 설립 초기에는 학교의 교원과도 거리가 있었지만 주 1회 미팅 등을 통해서 학생의 상황을 진심으로 공유하고, '학생을 위해서'라고 하는 관점으로 의사소통을 함으로써 거리를 좁혀서 신뢰관계를 구축해 갔다.

당초에는 이와모토씨나 하마이타씨 등 외부의 사람이 있는 것에 깜짝 놀라고, '현립고등학교로서는 당연하지만'이라며 위화감도 있었던 니시노시마정 출신의 어떤 교사도 하마이타씨가 열심히 땀을 흘리고, 이와모토씨가 지금까지 없었던 발상으로 노력하는 모습에 마음이 감동돼 생각이 변하게 됐다.

감사한 것은 섬 내 출신인 학생이나 섬 외부 출신인 학생이나 지역의 일을 우선 생각할 수 있게 됐다고 하는 점이었다. 자신의 생각을 말로 발표하는 힘도 뒤따라오게 됐다. 이것은 정말로 사회에 나와서 중요한 능력이라고 알게 됐던 것이다. 그리고 자기 자신에 대해서도 제대로 바라볼 수 있게 됐다. "토박이 출신으로서 좀 더 생각하지 않으면 안된다. 매력화의 노력이 뒷받침돼서 좋았다. 더욱 할 수 있는 일이 있다. 나도 더욱 열심히 해보겠다".

이 교원이 적극적으로 뒷받침했던 것도 있고, 그 후 고등학교와 학습센터가 연대해서 단절없는 학습지원체제를 정비해 고등학교의 진로검토회에 학습센터 스텝이 참가하며 양자의 협력은 더욱 깊어갔다.

학생이 늘고, 학급도 늘었다

섬유학생이나 학습센터의 개설로 대표되는 고등학교매력화프로젝트를 차근차근 진행한 결과 도젠고등학교의 입학자 수는 증가로 전환했다. 2008년 28명에 불과했던 입학자는 2012년 59명으로 회복된 것이다. 섬유학이란 섬 밖으로부터 지원자가 늘어나는 것뿐만 아니라 또다른 문제였던 도젠지역 내부로부터 입학지원율도 2013년 입시에서 처음으로 70%를 넘게 차지하는 등 섬 안팎의 변화가 나타났다.

입학하는 학생도 중학시절에 학생회장으로 지역활동에 흥미를 갖기도 하고, 농림수산업의 부흥에 관심을 갖기도 했을 뿐 아니라 두바이 등 해외에서 살았던 적이 있기도 하는 다채로운 학생들이 모여들었다. 이 학교의 교장은 "해외 연수에 적극 나서고 자신들이 태어난 지역을 위해 이벤트를 준비하는 학생도 늘게 됐다. 배움을 주체적이고 실천적으로 살려가고 있다"며 보람을 말하기도 했다.[129]

이와모토씨는 성과를 거둘 수 있었던 배경으로 시간을 투자해 지역주민이나 학교 관계자와의 사이에 신뢰관계를 구축한 것이라고 말하고 있다. 회고해 보면 이주하고 나서 5년 이상 경과한 시점이었다.

제Ⅱ부. 관계인구의 다양한 모습

> 이와모토: 한가지 핵심적인 것은 시간이지요. 시간을 투자해 인간관계와
> 신뢰관계를 형성하고 그때부터 성과가 나오기 시작한 것이 아닌가 생각합니
> 다. 시간을 들여서 땅을 일구고 씨를 뿌려서 싹이 나오는 것을 기다린다고 할
> 까요. 처음에는 가장 낮은 하늘에서 날고 있던 것이 조금씩 조금씩 올라가는
> 2차 함수 그래프와 같은 느낌입니다.[130]

시마네현교육위원회는 입학자들이 증가하면서 2012년도부터 7년만에 2학급으로 늘리기로 결정했다. 유배지와 같은 섬에 있는 고등학교의 정원이 늘고 있는 것은 이례적으로 지역신문인 산음중앙신보의 1면에서도 크게 보도됐다. 이러한 경향은 계속돼 2014년도에는 마침내 3개 학년 전부 2개반이 실현됐다.

이렇게 해서 도젠고등학교의 학생수는 2017년도에는 가장 적었던 2008년도의 2배가 됐다〈그림 26〉. 2020년 5월 시점으로 학생수는 154명, 그중 섬유학생은 80명이다.[131]

'이와모토는 이제 필요없어'

이와모토씨는 8년이 경과한 뒤 2015년 3월 아마정을 떠나 시마네현 마쓰에시로 거점을 옮겼다.[132]

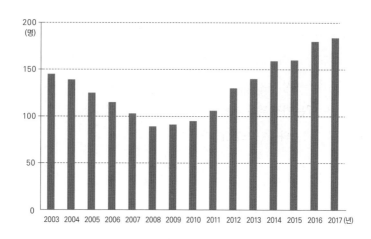

〈그림 26〉 도젠고등학교 학생수의 추이(출처 : 도젠후루사토매력화재단, 2020)

> 이와모토: 물론 할 수 없었던 것도 많이 있지만 최선을 다했다는 느낌은 있
> 으니까요. 도젠고등학교 자체의 동력이 생기고 추진해 가는 멤버나 관계자도
> 생겨나고 있어요. 이제 내가 없더라도 진행되지 않는 상황은 아니었어요. 그
> 래서 남아 있는 것이 의미가 있을까 하는 의문이 들었지요.[133]

　실제로 고교매력화프로젝트에 관한 교사나 스텝은 두텁게 증가했고,
자신감이 붙어서 이와모토씨에게 의지하지 않아도 되는 상황이었다. 심
지어 다음과 같이 말하는 교사도 나오기 시작한 것이다. "이와모토씨는
이제 필요 없어요."

　도젠고등학교에는 이와모토씨의 후임이 도착하고 학습센터도 스텝이

교체되면서 오가는 학생이 100명을 넘었다. 더욱이 산초촌에서 '도젠후루사토매력화재단'을 발족하고 도젠고등학교 뿐만 아니라 도젠지역의 교육과 지역자체의 매력화를 목적으로 노력해가고 있는 것이 확인되었다.

이와모토씨는 2015년 4월 시마네현의 촉탁직원인 교육매력화특명관에 부임했다. 목표는 시마네현 전체에서 교육매력화를 확산시키는 것이다. 문제의식을 계속 갖고 있던 '공출'구조를 바꾸기 위해서는 다음 단계로 나아가는 것은 필연이라고 할 수 있다. 아마정 관계자도 서운하지 않은 것은 아니지만 이와모토씨를 응원하기 위해 흔쾌히 보내드렸다. 도중, "떠나고 싶다"며 몇 번이나 번민했던 상황 속에서도 계속된 원동력은 무엇이었을까. 이와모토씨는 자신의 관심과 중첩돼 있던 것이 컸다고 회고하고 있다.

> 이와모토: 자신이 하고 싶은 것이나 흥미와 맞지 않으면 끈기는 생기지 않을지도 모른다. 이 프로젝트는 나 자신의 인생 테마와 중첩돼 있었기 때문에 서툴렀지만 힘든 시기가 있더라도 계속 할 수 있었던 것이 아닐까.[134]

그러나 한편으로 도젠지역을 포함한 인구감소 지역의 현실은 엄중하고, "앞으로도 승산이 있는 것은 아니다"고 절실하게 느끼고 있다. 그리고 지금까지 함께 애써왔던 사람들이 현재의 노력을 쭉 계속 이어가는 것도 아닐 것이라고 생각한다. 그렇더라도 여기에서 배운 젊은이들은 뜻을 이어가고, 그리고 도전을 계속해 주는 것이 꿈이자 부탁이라고 한다.

이러한 생각은 도젠고등학교의 역사를 배우고, 선배들의 뜻이자 소망에 감동을 받음으로써 자연스럽게 솟아나는 마음이다. 도젠고등학교는 일찍이 국가의 법률을 변경해 정시제분교에서 전일제본교로 전국 처음으로 전환한 데는 나름의 이유가 있었다. "이처럼 어렵게 해서 계속 이어온 것을 여기에서 끝내지 말고 다음으로 이어갔으면 하는 바람이다". 도젠고등학교의 성과를 보고 받고서 시마네현에서는 이미 고교매력화의 노력을 더욱 확대해가고 있다. 시마네현교육위원회는 2011년도부터 도젠지역 이외에서의 매력화 노력을 뒷받침하는 '낙도·중산간지역 고등학교매력화·활성화사업'을 출범시켰다.[135] 현재는 낙도·중산간지역뿐만 아니라 현 전체에서 고교매력화를 추진하고 있다.

더욱이 이와모토씨는 2016년도, 아마정 고교매력화프로젝트의 스텝들과 함께 교육의 매력화를 전국으로 확산시킨다고 하는 새로운 프로젝트 '학교매력화플랫폼'을 발족하고 일본재단의 소셜이노베이터지원제도에 응모했다. 여기에도 채택되어 연간 1억엔을 상한으로 3년간 지원을 받았다. 이와모토씨는 물리적으로는 아마정으로부터 떨어져 있어 거주는 하지않고 있지만 아마정을 포함해 도젠지역의 주민들과 생각과 문제를 공유하며 계속 함께 노력하고 있다.

졸업생의 U턴이 이어진다

아마정에서 진행되는 다과회에서는 마지막으로 창가 '후루사토(고향)'를 참가자 전원이 합창하는 것이 관례이다. 그러나 그대로 노래를 부르는 것은 아니다.

가사의 3번에 있는

'뜻을 이루고 어느 날엔가 돌아가리라'라고 하는 가사를
'뜻을 이루러 어느 날엔가 돌아가리라'라고 반드시 바꾸어서 부르는 것이다.

한번 지역을 떠난 젊은이들이 앞에서 서술한 부메랑인재의 이미지에 편승해 지역문제를 해결하고자 U턴해 온다는 소망을 내포하고 있다. 그리고 그것은 무의식적으로 젊은이를 도시로 내보내는 '공출'에 대한 안티테제(거부)로도 작용하고 있다. 지금까지 살펴본 바와 같이 아마정에서는 폐교 직전이었던 도젠고등학교를 존속시킨다고 하는 당초 설정한 지역과제는 해결했다고 해도 과언이 아니다.

그럼 이와모토씨가 과정 중에 문제의식을 갖게 되면서 설정한 '공출' 구조를 바꾸는, 즉 제1장에서 언급한 요시카와(2001)의 U턴형 로컬 트럭을 더욱 강화하는 과제는 과연 어떻게 가능할까.

고교매력화프로젝트가 시작된 후 "다음에는 은혜를 갚으러 돌아가고 싶다"고 말한 오노씨와 같은 학생들은 늘어났다. 실제로 졸업생이 대학생을 데리고 오는 현장수업 기획은 2012년부터 2014년에 걸쳐서 진행됐다. 이 졸업생은 제1회 'AMA 왜건'에서 이와모토씨의 수업을 받았다. 그때 도쿄 등에서 온 학생을 우연히 만난 뒤 아주 감동을 받은 것을 기억하고, 지역에 대한 은혜를 갚겠다는 생각을 하면서 현장수업을 기획했던

것이다. 더욱이 이것을 계승한 것이 오노씨와 동급생인 아오야마 다쓰야 씨다. 아오야마씨는 한번 현장수업에 참가했던 적이 있고 의미를 깨닫고서 고등학생과 대학생에게만 제한적으로 기회를 주는 것이 마음에 걸렸다. 다른 지역주민과도 좀 더 깊게 관계하는 기획은 불가능한 것인가, 그렇기 때문에 다음은 자신들이 "이제 한발 더 앞으로" 나가고 싶다고 생각하게 됐던 것이다.

아오야마씨는 졸업 후 다른 대학에 다니고 있던 동급생들에게도 이야기를 했다. 오노씨에 더해서 지부촌(知夫村) 출신자와 섬유학생, 합해서 4명. 아오야마씨는 아마정 출신으로 4명 모두 합하면 도젠지역의 산초촌과 지역 외부의 출신이 모두 한자리에 모인 것이다. 이 기획을 보고한 이와모토씨는 "괜찮지. 이거! 아주 힘들고 좌절도 맛봐야 할거야. 그래도 가슴이 두근두근 하구만"이라며 웃음이 넘치는 환한 얼굴을 보여줬다. 4명은 2014년, 'SHIMA탐구'로서 산초촌의 지역주민과 교류하는 기획을 했다. 아오야마씨는 이런 활동을 다양한 시기의 졸업생이 모교에 모여 관계를 심화하고 다음 단계로 출발하는 계기로 만들고 싶다는 생각을 갖고 있었다.

> 아오야마: 이 지역의 미래를, 그래서 이 지역부터 미래를 만들어가는 것은 우리 졸업생이기 때문이다.[136]

도젠고등학교 졸업생들이 앞으로 U턴해서 얼마나 올 것인가를 알기 위해서는 좀 더 많은 시간이 반드시 필요할 것이다. 다만, 이미 현 외의 대학으로 진학한 후 도젠지역으로 U턴해서 온 졸업생이 줄을 잇고 있다.[137] 그 의미는 U턴형 로컬트럭이 점점 강해지고 있다고 하는 표현이 가능할지도 모른다. 예를 들면 오노씨와 아오야마씨, 더욱이 'SHIMA탐구'를 함께 수행한 지부촌 출신의 동급생들도 이미 U턴하고 있다. 2019년 봄, 아마정사무소에 취직한 아오야마씨는 'SHIMA탐구' 시기부터 가진 문제의식을 행동으로 옮기기로 했다. 도젠고등학교는 고교매력화프로젝트를 시작한 2008년도 이후의 졸업생이 400명 이상이나 되었다. 그러나 아오야마씨의 귀에는 "정기적으로 돌아오고 싶은데 좀처럼 돌아올 계기가 없는데다 도젠지역과의 관계가 더욱 소원해져가고 있다고 하는 생각이 든다"는 섬 유학생들의 불만이 들렸다. 새롭게 해결해야 할 문제가 나타나고 있는 것이다. 더욱이 1955년 도젠고등학교의 개교로 거슬러 올라가면 방대한 수의 졸업생을 내보냈지만 졸업생이 돌아올 계기조차 잘 만들지 못했던 게 사실이었다.

그래서 지역에서 일하는 동세대와 실행위원회(10인)를 출범해서 2019년 8월 17일 도젠고등학교에서 제○회 도젠고등학교 졸업생 축제 '불의 모임'을 개최했다. 여기에는 집필자도 참여했다.

원래 '불의 모임'은 개교 이후 학교축제에서 마지막으로 행해지는 전통이벤트로, 공통의 체험도 있기 때문에 모두 참여하기 쉬운 소재이기도 해서 이를 재현하기로 했다. 당초에는 바닷가에서 개최를 고려했지만 도젠고등학교의 교사가 운동장과 학교건물 사용을 쾌히 승낙해 도젠고등학교에서의 개최가 가능하게 됐다.

이렇게 해서 행사가 열린 당일에는 막 졸업한 18세부터 60세까지 폭넓은 연배의 고교매력화프로젝트에 관여하는 스텝 20여명이 모두 모였다. 무엇보다 이 행사를 위해 일부러 돌아온 졸업생도 있었다.

행사장은 "다녀왔습니다" "어서와"라며 서로 건네는 인사말로 떠들썩했습니다. 하루종일 도젠고등학교 교실에서는 참가자와 도젠지역의 연결을 고민하는 워크숍이 열렸고, 저녁에는 교정으로 나가서 전원이 커다란 모닥불을 둘러앉아서 작은 횃불에 의한 불의 릴레이가 이루어졌다. 아오야마씨가 '상상하고 있었던 광경'이 바로 이러한 것이었다.

〈그림 27〉 제0회 '불의 모임'의 워크숍 광경(필자 촬영)

제5장.
셔터거리 상점가가 다시 살아났다
-시마네현 고쓰시

1. 조사대상과 방법

시마네현 고쓰시는 젊은이들의 창업이 이어지고 있는 곳이다. 창업인재를 불러들이는 고쓰시 비즈니스플랜콘테스트Go-con(이하, 콘테스트)은 총무성의 과소지역자립활성화 우수사례표창에서 2013년도 총무성 장관상을 수상했을 뿐만 아니라 콘테스트를 운영하는 NPO법인 데고넷이와미てごねっと石見(이하 데고넷이와미, tegonet이와미)는 2015년 지방지 45개 신문사와 교도통신사에 의해 제5회 지역재생 대상으로도 선정됐다.[138] 2010년도부터 모두 9차례의 콘테스트를 통해서 사업을 시작한 사람은 19명에 이르고,[139] 그 파급효과가 커서 셔터거리 상점가였던 JR고쓰역 앞에 있는 고쓰만엽의 마을상점회에는 이용 가능했지만 빈 상태였던 30개 점포가 음식점 등으로 변신해 새롭게 생겨났다.

이 과정에는 2011년에 I턴해 온 다나카 리에田中理恵씨와, 고쓰시의 이웃인 하마다시로 U턴한 미우라 다이키三浦大紀씨가 관여하고 있다.

다나카씨는 2013년 고쓰시를 떠나 '바람같은 유형'의 관계인구라고 말할 수 있다. 또 미우라씨는 하마다시에서 고쓰시로 계속 오가는 '내방형'의 관계인구라고 말할 수 있다. 그래서 관계인구가 셔터거리 상점가의 부활이라고 하는 경제 문제에 관여해 지역이 재생한 사례로서 본서에서 다루고자 한다.

필자는 아마정과 똑같이 2012년부터 고쓰시에서도 계속적으로 필드워크를 했고 두 권의 책(다나카, 2017b; 다나카·후지로藤代, 2015)과 석사논문(다나카, 2017a)을 집필했다. 본서는 이러한 일련의 필드워크를 중심으로 한 기초조사와 병행한 문헌조사 결과에 바탕을 두고 있다.

제5장의 기술은 특별히 설명이 있는 경우를 제외하고는 다나카(2017b)로부터의 인용이고, 더욱이 관계인구인 다나카씨와 미우라씨가 언급한 부분은 다나카·후지로씨(2015)로부터 인용하고 있음을 밝혀둔다. 본서에 있어서의 조사대상자는 등장순을 표로 정리하고 인용 근거가 되는 자료를 일람으로 정리한 다음 주요 인물의 상관도를 작성하기로 한다〈표 9〉, 〈그림 28〉. 다나카씨, 미우라씨뿐만 아니라 콘테스트를 기획한 고쓰시청 직원인 나카가와 가나에中川哉씨와 당시 데고넷이와미의 이사장이었던 요코타 마나부橫田学씨, 그리고 고쓰만엽의 마을상점 회원으로 데고넷이와미의 이사장이었던 후지타 다카코藤田貴子씨 등 5명이다.

<표 9> 고쓰시의 조사대상자(필자 작성)

성명	속성		인용처
나카가와 가나에씨	지역주민	고쓰시사무소 직원, 콘테스트 출범에 관여함	다나카, 2017b
요코타 마나부씨	지역주민	데고넷이와미의 전 이사장, 시마네현과 고쓰시의 산업인재육성 코디네이터	다나카, 2017b
다나카 리에씨	관계인구 (바람같은 사람형)	2011년 고쓰시로 이주해서 데고넷이와미의 스텝으로서 근무함	다나카, 2017/ 다나카·후지시로, 2015
후지타 다카코씨	지역주민	고쓰만엽의 마을상점회원. 데고넷이와미의 이사. 그리고 나서 이사장이 됨	다나카, 2017b
미우라 다이키씨	관계인구	2011년 이웃인 하마다시로 이주해 데고넷이와미의 스텝으로서 근무함	다나카, 2017b/ 다나카·후지시로, 2015

2. 도쿄에서 가장 먼 마을

'도쿄에서 가장 먼 마을'. 이것이 고쓰시의 캐치프레이즈이다. 고쓰시는 시마네현 서부인 이와미지방의 거의 한 가운데 위치하고 있다〈그림 29, 30〉. 시내의 해안에는 교토에서 시모노세키까지를 연결하는 JR산음본선이 오가고, 차창으로부터 들어오는 조망이 매우 아름답다. 시의 중심부에는 JR고쓰역이 위치하고 있지만 2018년 봄 JR고쓰역을 기점으로 히로시마현 미요시의 미요역과의 사이를 연결하고 있던 JR삼강선三江線이 폐지되어 역 구내의 매점 등도 없어지게 되면서 적막감이 흐르고 있다.

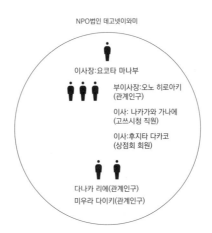

NPO법인 데고넷이와미

이사장:요코타 마나부

부이사장:오노 히로아키
(관계인구)

이사: 나카가와 가나에
(고쓰시청 직원)

이사:후지타 다카코
(상점회 회원)

다나카 리에(관계인구)
미우라 다이키(관계인구)

〈그림 28〉 등장하는 고쓰시의 주요 인물 상관도(존칭 생략, 필자 작성)

그리고 JR산음본선에는 신칸선은 다니지 않고 있다. 그리고 도쿄를 기점으로 해서 JR로 이동하는 경우 '도쿄로부터 가장 먼(이동시간이 긴) 시'로서 고등학교 교과서에 소개되었던 적이 있다. 그것이 모두의 캐치프레이즈이고 고쓰시는 오히려 그것을 적극 알리려고 하고 있다.

면적은 268.24㎢. 시의 중앙을 주고쿠中国지방에서 가장 큰 강인 에노카와江の川가 남북으로 흘러 동해(한국 기준)로 들어가고 있다.[140] 2004년에 인접한 구 사쿠라에정과 합병해서 시 구역이 넓어졌다. 만엽가인万葉歌人(일본에서 가장 오래된 시가집의 가사를 만드는 사람)인 가키노모토노 히토마로柿本人麻呂의 연고지로서 알려져 있다.

제4장에서 현 서부로부터 오키제도를 건너는 사람이 그다지 많지 않은 것을 소개했지만 이 고쓰시를 포함한 이와미지방에도, 현내의 동부나 오

키, 그리고 현 외부로부터 방문하는 사람이 그다지 많지는 않다. 현 동부에 있는 이즈모오야시로出雲大社 등과 같은 대규모 관광지가 없다고 하는 것도 영향을 미치고 있다.

고쓰시

시마네현

〈그림 29〉 시마네현 고쓰시의 위치

인구는 이와미지방 전부 합쳐 20만명으로 현정 소재지인 마쓰에시와 비슷한 규모다. 과소화가 진행돼 온 시마네현내에서도 이와미지방이 특히 심각하고, 이러한 '동서격차'를 시정한다고 하는 명목으로 이와미지방에는 시마네현립대학(하마다시)이나 하기萩·이시미공항(마스다시益田市), 해양관아쿠아스(하마다시·고쓰시) 등이 위치하고 있다.

이중 고쓰시는 양질의 점토층이 풍부해 일본 3대 기와의 하나이고 이와미지방의 특색산업인 세키슈 기와의 산지로 유명하다. 그 밖에 일찍이

에노카와의 물을 활용한 제사공장이나 펄프공장도 많고 특산인 세키슈 기와와 더불어 산음에서 몇몇 손꼽을 수 있는 공업도시라고도 불렸다.

〈그림 30〉 JR고쓰역앞에 있는 상점가·고쓰만엽의 마을상점회(필자 촬영)

바닷가에 있는 커다란 굴뚝으로부터 하얀 연기가 뿜어져 나오고 거리에도 공장에서 나오는 냄새가 뒤덮고 있다. 이것이 한번이라도 방문한 적이 있는 많은 사람들에게 있어서의 고쓰시에 대한 인상이 아닐까 생각한다. 그러나 앞으로 서술하는 바와 같이 공장의 철수와 축소가 잇달으면서 그러한 인상은 급속히 옅어지고 있다. 빈 점포가 늘어나면서 이후 이곳으로 이주한 한 남성은 처음으로 고쓰역전에 내렸을 때의 인상을 '마치 폐허같은 거리'라고 또박또박 적었다(와나나베, 2016).

시마네현 내에서도 가장 작은 고쓰시의 인구는 1947년 4만7,057명을 정점으로 해서 1955년 이후 급속히 감소해 1965년에는 전쟁 전을 밑돌아 1970년에는 3만3,479명이 되었다. 그후 1987년 이후에는 사망자수가 출생자수를 웃도는 자연감소가 시작됐고 2015년의 국세조사에서는 2만4,468명으로 감소했다. 시정촌합병전에는 고쓰시보다 인구가 많은 현 내 정이 존재하기에 이르렀다. 2010년의 조사에서는 현 내 8개시 가운데 최대의 감소율을 보이던 것이 2015년에는 개선됐다.

많은 공장이 위치해 '공업도시'라고 불린 것에는 유래가 있다.[141] 고쓰시의 중심부는 에노가와江の川의 강 항구로서 옛날부터 강과 바다 중계 상업지이고, 에도시대는 기타마에부네北前船의 정박지로서, 또 제1차 세계대전 중에도 경기가 좋아 번성했다. 그러나 1955년 구JR삼강선이 되는 삼강북선이 개통함으로써 하천중계를 하는 배를 이용한 운송이 필요 없게 되고, 200명의 실업자와 100채의 빈집이 생겨나면서 당시 시장이 '공업도시 고쓰'를 표방하고서 공장유치에 착수해 당시 번성했던 양잠을 살린 제사공장이나 제지·펄프공장 등 대형공장이 진출하게 된 배경이 됐다. 시는 바다 해안을 따라서 광범위한 용지를 제공했다고 한다.

그 밖에 고쓰시의 배후에 있는 주고쿠산지의 원목을 이용한 제재업과 술·장유·식초 등 양조업 등이 번성했다. 1965년에는 시내 162개의 공장이 들어와 종업원은 2,862명에 이르렀을 뿐 아니라 그 후에도 공장유치가 적극적으로 이루어졌다. 이러한 유치공장을 배경으로 상업도 발달했다. 1956년에는 시내에 647개의 상점이 있었고, 그중 대부분의 공장이 집중하는 중심부의 상점이 45%를 차지했다. 1966년에는 688개로 상점수가 늘어나고, 종업원은 1,690명, 판매총액은 31.4억엔으로 늘어났다. 대표적인 행태로서 ①상점가 ②백화점 ③슈퍼 ④농협 ⑤출장판매장 ⑥직장구매부 등 6가지를 들 수 있고, 상점가에 접하면 "땅 값은 전통적으로 비쌌다. 특히 대형상점의 경우 실질적인 도움이 되는 소비자들과 접촉하기가 유리했다"(야마모토, 1971: 133)며, 상점가의 존재감은 컸다는 것이 기록되어 있다.[142] 그러나 그 후 일본기와의 수요가 감소하면서 세키슈기와石州瓦의 매출은 장기간에 걸쳐서 줄어 2007년에는 세키슈기와의 대형거래처가 도산했다. 펄프공장도 대폭 축소했을 뿐 아니라 2010년에 유치한 대형전자부품공장이 철수하면서 두 곳에서는 약 400명이나 해고됐다. 이러한 해고는 상업에도 악영향을 끼쳐 고쓰시의 중심부에 위치하는 고쓰만엽의 마을상점회에는 많은 빈점포가 생겨나는 계기가 됐다.

　구체적으로 빈 점포는 46개소이고 폐점한 백화점을 포함해 노후화된 채 방치되어 있는 곳도 적지 않았다. 지금까지 고쓰역전의 재생이나 재개발이 검토되지 않았던 것은 아니지만 1980년대부터 몇 차례나 계획이 수립되었다가는 좌절됐다(와타나베, 2016). 고쓰시에 대해서도 지역재생프로세스를 기술한 다음 아마정과 똑같이 사건을 연대별로 4개의 시기로 구분해서 정리하고자 한다. 인구감소와 동반한 지역과제가 현재화되고 다양한 노력을 모색하는 Ⅰ기, 관계인구인 다나카씨가 이주해서 데고넷이와미를 설립하는 Ⅱ기, 다나카씨와 지역주민이 프로젝트를 추진해 가는 Ⅲ기, 관계인구인 미우라씨가 추가되고, 빈 점포가 채워져 가는 Ⅳ기이다〈표 10〉. 이하에서는 각 시기를 순서대로 서술해 가고자 한다.

3. 기업 유치로부터 창업가 유치로

마을을 쇠퇴시켜서는 안된다

고쓰시는 구旧사쿠라에정과 합병한 직후인 2004년부터 정주·교류촉진에 힘을 쏟을 수 있게 됐다.

지금까지 구 사쿠라에정에서 1990년대 전반부터 정주촉진 주택을 건설하고 있었을 뿐 만 아니라 구旧고쓰시에서도 1997년 제4차 종합진흥계획에 정주촉진을 기본방침으로 제시하는 등 노력이 없었던 것은 아니다. 그러나 구 시정 시기와 달랐던 것은 빈집을 자원으로서 활용하고 있다는 점이다.[143] 족보를 따져 올라가면 도시·농촌 교류의 일환으로서 전원생활 체험투어에 이르게 된다. 전원생활에 관심을 갖는 도시의 주민이 일정기간 고쓰시를 방문하고 농작업이나 이와미가쿠라石見神楽로 대표되는 지역의 전통예능 등 삶을 체험하는 투어가 주요 내용이었다.

〈표 10〉 고쓰시의 지역재생에 있어서의 주요 사건

구분	주요 사건
I 기	2004년 농촌다움 체험사업 시작하다
	2006년 빈집뱅크제도 시작하다
	2007년 제3회 전국 젊은이 모노즈쿠리 심포지엄
	2009년 나카가와 가나에씨가 고쓰시 비즈니스플랜콘테스트 착상
II 기	2010년 제1회 고쓰시 비즈니스플랜콘테스트 개최
	2011년 데고넷이와미 설립 다나카 리에씨가 이주, 데고넷이와미에서 일을 시작하다

Ⅲ기	2011년 제1회 '손에 손을 잡은 도시(手つなぎ市)'를 개최
	미우라 다이키씨가 이주, 데고넷이와미에서 근무를 시작하다
Ⅳ기	2012년 '고쓰(52)Bar' 오픈
	2013년 다나카씨가 고쓰시를 떠나다
	2014년 미우라씨가 요코타시에서 창업을 하다
	2015년 고쓰만엽마을상점회의 이용 가능한 빈점포가 모두 채워지다

당시 고쓰시에서 이 사업을 담당하고 있던 사람이 나카가와 가나에中川哉씨이다. 구 사쿠라에정 출신으로 구 사쿠라에정사무소 직원으로서 근무하고 있던 나카가와씨는 합병을 계기로 고쓰시 사쿠라에지소에서 지역진흥을 담당하고 강한 사명감에 불타있던 것을 자신의 경력란에 써넣은 2017년 기고에서 이렇게 회고하고 있었다. 구 사쿠라에정과 구 고쓰시는 구 고쓰시의 인구가 많아 편입·합병하게 됐다.

> 나카가와: 편입·합병된 마을을 쇠퇴시켜서는 안된다.[144]

그래서 나카가와씨는 구 사쿠라에정의 핵심인물(key-person)을 소집해서 관민합동으로 지역진흥에 착수하는 'NPO법인 유이마루(結まーる)플러스'를 출범해서 이사가 됐다. 그리고 이 NPO는 전원생활 체험투어 프로그램 제공이라고 하는 사업을 하게 됐다.[145]

이 사업을 계기로 나카가와씨에게는 투어 참가자들로부터 "빈집이 있으면 가서 살고 싶은데… 빈집이 있는지"라며 상담이 밀려들어오게 됐다. 확실히 그 이야기를 듣고 실제로 지역을 둘러 봤더니 아무도 살지 않는 빈집이 적잖이 존재하고 있었다.

지금까지는 부담스런의 유산으로서 인식되는 경향이 강했던 빈집은 생각하기에 따라서는 지역자원이 될 수 있다는 것을 도시주민과 교류하는 가운데 알게 된 것이다. 이러한 요구를 정책적으로 도입하고자 했던 나카가와씨는 정주촉진비전정책을 고쓰시에 제안하는 것과 동시에 시농림상공과로 이동해 정주촉진비전을 담당하게 됐다.

그리고 빈집을 활용하고자 2006년부터 빈집 전체조사를 했다. 조사가옥 수는 407채로, 전체 빈집의 비율은 19.0%였다. 빈집 가운데 11.2%는 거주가 불가능할 정도로 파손돼 있고, 13.3%는 기둥이나 지붕 등의 부분이 심하게 오염된 것이었다. 하지만 30.5%는 그러저럭 거주가 가능했고, 28.3%는 약간의 수리로 거주가 가능한 것으로 파악됐다. 즉 약 60%가 그대로 혹은 약간의 수리를 하면 거주가능하다는 것을 알게 됐다.[146]

더욱이 지방으로의 이주나 빈집이용에 관한 도시주민의 욕구도 조사한 결과 도시주민의 욕구가 적지 않다는 것을 알게 됐다. 이 조사를 통해서 빈집 실태도 확인할 수 있었던 것에서 더 나아가 고쓰시 빈집 이용 및 활용 사업을 출발시킬 수 있게 된 것이다.

지역재생의 열쇠는 인재

이 고쓰시빈집활용사업은 사무소뿐만 아니라 부동산업자, 지역커뮤니티, 유이마루플러스 등 다양한 주체가 연계해서 역할을 분담하는 구조로 만든 것이 특징이다. 행정은 사회적인 신뢰성이 높고, 지역커뮤니티나 NPO는 빈집정보를 입수하기 쉬워 소유자와 교섭도 용이하다. 부동산업자에게 있어서 거래금액이 높지 않은 지방의 빈집은 아무래도 수수료가 저렴하고 영리사업 대상이 되기는 어렵지만 협력과 역할분담으로 극복했던 것이다.

이 시스템은 결과적으로 전국 최초의 빈집뱅크제도가 됐다. 빈집정보를 등록하고 팔려는 사람과 사려는 사람을 연결하는 구조이다. 그 후 빈집뱅크제도는 확산돼서 일반화되고 이를 위해 나서는 지자체도 많아졌다.

"어떻게 계속 새로운 기획을 만드는 게 가능합니까"라는 질문을 받는 일이 자주 있었다고 하는 나카가와씨는 앞에서 서술한 기고에서 "해결을 필요로 하는 문제가 발견되면 반드시 해결할 길도 보여서 사업을 기획하는 것이 가능하다"며 문제에서 눈을 떼지 않고 집중하는 것의 중요성을 명확히 서술하고 있다.

고쓰시에서는 평균해서 연간 30~40건의 빈집매칭이 있고 2006년도부터 2015년도까지 10년간 292명이 이 제도를 활용해 이주했다. 그 가운데는 후계자 부족으로 어려움을 겪는 지역주민(地元)의 산림을 돌봐주고 또 뽕나무 잎을 이용해서 차를 특산품화하기도 한 I턴한 사람이 있었다.[147] 이주해 온 외지인이 지역의 산업을 주도할 뿐 아니라 새로운 고용을 창출하고 있다.

이런 모습을 보고서 나카가와씨는 인재의 힘은 크고 지역재생의 열쇠를 쥔 것 역시 인재라고 하는 것을 새삼스럽게 통감했다.

새로운 지역과제

당시 고쓰시는 사는 곳(빈집뱅크)과 일하는 곳(무료직업소개)을 한 번에 대응할 수 있는 상담창구를 개설하고 있었지만 2008년 리먼 쇼크 이후 경기가 계속 침체되면서 빈집을 소개할 수는 있어도 무료직업소개로 구인기업을 소개해 주는 것이 불가능해지는 새로운 문제를 안게 됐다.

그래서 나카가와씨는 다음 단계로 이런 생각을 하게 됐다.

> 나카가와: 일이 없다면 일을 만들 수 있는 인재를 유치한다.[148]

참고한 것은 I턴의 증가로 주목받고 있는 시마네현의 아마정이었다. 왜 I턴이 아마정으로 몰리는 것인가, 나카가와씨가 집중적으로 연구하는 가운데 알게 된 것은 '사람이 사람을 부르는' 선순환이 일어나고 있다고 하는 것이었다. 고쓰시에서도 똑같은 상황이 가능하지 않을까 고민하는 가운데 지역과제를 해결하는 비즈니스플랜을 가진 지역을 지향하는 인재를 직접 유치하면 좋을 것이라고 생각하기에 이르렀고 그 방법으로서 콘테스트 개최를 착안하게 된 것이다.

> 나카가와: 비즈니스플랜콘테스트를 개최하고 그 수상자가 적더라도 지역에 뿌리를 내리고서 새로운 일을 창출해 고용을 조금씩 조금씩이라도 늘려가면 좋지 않을까.[149]

당시 도시에서는 비즈니스플랜콘테스트를 개최하는 지자체가 조금씩 나타나기 시작한 상황이었지만 지방에서의 개최는 전례가 없었다.[150]

실제, 고쓰시는 이웃의 시정촌을 합쳐도 10만명 정도의 작은 시장밖에 없어 영리목적 보다도 과제를 해결하는 소셜비즈니스와의 궁합이 맞는 데다 재정악화로 행정만으로는 문제해결이 어렵다고 하는 사정도 있었다. 나카가와씨가 빈집 매칭을 통해서 일을 창출하는 것이 가능한 인재의 중요성을 알게 됐다는 것, 그리고 과거에 유치한 기업의 철수를 경험한 부분도 있어 앞으로는 양을 추구하는 기업유치가 아니라 질에 중심을 두고 창업할 수 있는 인재유치가 중요하다는 생각을 강하게 갖게 됐다. 기업 유치로부터 창업가의 유치로 분명하게 방향을 전환한 것이다.

지역과제를 무기로

이 무렵 고쓰시에는 나카가와씨 뿐만 아니라 지역의 쇠퇴에 마음 아파하고 있는 인물이 있었다. 데고넷이와미의 초대 이사장으로 근무했던 요코다 마나부씨이다.

요코다씨는 고쓰시 출신으로 시마네현 외부에 있는 대기업에서 해외근무 등을 거쳐서 조기퇴직한 후 U턴했다. 시마네현과 고쓰시의 산업인재육성코디네이터와 고쓰시정주촉진협의회 산업진흥부회장 등을 경험하면서 지역의 다양한 변화를 위해 노력해오고 있었다.

그중 하나는 요코타씨가 유치에 엄청난 공을 들여서 실현했던 것으로, 2007년 300명이 모인 고쓰시에서 개최된 '제3회 고쓰에서의 전국젊은

이모노즈쿠리심포지엄'이다.[151]

전국젊은이모노즈쿠리심포지엄은 2005년부터 전국의 모노즈쿠리(장인 정신 및 관련 활동)에 관여하는 젊은이가 개인적으로 모여서 지역에 뿌리내린 모노즈쿠리의 현실과 지역에 공헌하는 기업의 방향을 모색하는 것이다.

2006년 제2회 심포지엄은 야마가타현 나가이시에서 열렸다. 나가이시는 최대의 지역자원을 지역의 나가이공업고등학교라고 확정하고 관민이 일체가 돼 도전함으로써 전국적으로 주목받은 바 있다. 제2회 심포지엄에 참가한 요코타씨는 나가이공업고등학교를 시찰하고서 커다란 충격을 받았다. "공업고등학교를 축으로 이런 것도 가능할 수 있다니! 2007년 제3회를 반드시 고쓰에서 열고 싶다"며 유치에 명분을 더했던 것이다. 고쓰시에도 양잠강습소를 전신으로 하는 시마네현립고쓰공업고등학교가 위치하고 있다.

이렇게 해서 실현된 제3회 심포지엄에서는 나가이공업고등학교의 교원과 졸업생을 중심으로 이 학교를 지원하는 중소기업사장 등이 패널 토론으로 등단했던 것이다.

원래 정원 미달로 폐교가 되는 것은 당연하지만 지역의 지원으로 재건해서 현재 취업률이 90%를 넘는 인기학교가 됐다고 한다. 사장은 고등학생이 후생노동성의 기능검정을 취득하기 위해 특별훈련을 받는 등 지역 고등학교와 중소기업이 손을 잡고 인재육성을 하고 있다고 보고했다.

이어서 요코타씨가 "꼴등으로부터 발신(문제·과제를 무기로)"을 테마로 발표에 섰다. 저출산·고령화의 심화와 한계마을 증가, 지역 토종산업의 침체, 그리고 계속 악순환되는 지역문제였다. 한편, 저출산·고령화가 매우 심각한 가운데 빈집문제가 여전하지만, 산·강·바다 등 자연환경이 풍부한 특징을 거론하며 산업진흥이나 지역자원 활용, 그리고 인재육성이 가능하면 지역재생은 가능하다고 눈물을 흘리면서 호소했던 것이다. 고쓰공업고등학교동창회의 활용 가능성도 제시했다.

제3회 심포지엄의 기조강연을 담당하고 또 이때의 상황을 자신의 책에서 소개하고 있는 세키 미쓰히로關光博(2009)는 지금까지 일본사회에서는 최후미에 있었던 고쓰시가 계속 축소일로에서 '최첨단'이 되고, 지역문제 자체를 새로운 강점으로 만든다고 하는 역발상으로 지역을 재생시켜 새로운 시대로 나아가는 커다란 전환의 계기가 됐다고 분명하게 밝히고 있다.

4. 돌아올 수 있는 시마네를 만들자

외지인의 힘을 빌린다

한편 나카가와씨는 콘테스트 개최를 결정했지만 고쓰시에서 지금까지 똑같이 노력했던 것은 아니고 노하우도 없었다. 그래서 외지인의 힘을 빌리기로 했던 것이다.

그 한 사람이 고쓰시의 이웃에 있는 가와모토정에서 '과소와 싸우는 헌책방古本屋'이라고 내건 에코컬리지를 경영하고 있던 오노 히로아

키尾野寬明씨이다. 도쿄도출신으로 히토츠바시대학 재학 중에 창업하고 책방이 사라진 가와모토정에 2006년 본사를 이전한 경위부터 이 무렵 도쿄와 가와모토정에 머물 집을 마련해서 두 지역 거주를 하고 있었다.[152] 앞에서 서술한 세키 미쓰히로關光博씨의 세미나에 참여하는 학생으로 제4장에서 소개했던 아마정의 '아마왜건AMAワゴン'을 기획·실행하는 등 조사도 겸해서 전국을 돌아다녔다.

오노씨 자신의 창업거점이 됐던 것이 도쿄에서 이뤄진 사회기업가를 발굴하는 비즈니스플랜콘테스트에서 입상한 것이었다. 4회 개최된 그 비즈니스플랜콘테스트는 각지에서 활약하는 인재를 배출하고 있는 것으로 참고가 될 것이라고 생각했던 것이다.

오노씨는 도쿄에서가 아니라 지방 콘테스트에 가능성을 느끼고 있었다. 도쿄에서의 콘테스트에서는 상금을 받고 달아나는 것과 유사한 문제도 일어났지만 지방에서의 정주대책과 병행해서 하면 상금을 받고 달아나는 문제도 막을 수 있다고 생각했던 것이다.

더욱이 나카가와씨는 그 비즈니스플랜콘테스트를 주재하는 등 창업지원을 위해 노력하고 있는 도쿄도의 NPO법인에 불청객이 돼 찾아가서 대표이사에게 조언을 구했다. 그로부터 "창업가의 동기부여가 낮아진 것은 동료가 없다는 것. 계속하기 위해서는 뒷받침하는 조직이나 구조가 없으면 안된다"는 말을 듣고 계속적으로 지원하는 동료지원단체로서 NPO법인을 발족하기로 했던 것이다. 또 자기자신이 구 사쿠라에정 시절에 유이마루플러스를 설립한 경험도 도움이 됐다.

실제 행정이 지원한다고 해도 자주 담당자가 바뀌면 노하우가 축적되기 힘들고, 반드시 열정을 가진 사람만이 담당자가 되는 것은 아니라고 하는 맹점도 있었다.

지역주민과 외지인의 뒤섞임

NPO법인 설립을 위한 구체적인 작업이 시작됐다. 우선 스텝을 누구로 할까. 제1회 콘테스트를 다음해인 2010년에 개최하는 것과 더불어 그 콘테스트에서 대상을 수상한 두 사람을 고용하는 형태로 NPO법인을 설립하기로 하고 더불어 비즈니스플랜의 실현을 위해서 제대로 하는지를 추적해 파악하는 조직도 만들기로 했다.

그렇다고 해도 그 스텝은 콘테스트의 성격을 고려해 지역 외부로부터 오는 외지인으로 해야 한다는 것이 상정되었다. 하지만 외지인만으로 조직을 구성하는 것도 받아들여지지 않아 허용되지 않았다. 오노씨는 "편의적으로 이용해 버리자"고 하는 것에 대한 우려도 갖고 있었다.

그리고 나카가와씨, 요코타씨, 오노씨는 고쓰의 '히나비다(촌스런)이자카야'에서 술을 한잔하면서 스텝들을 지원하는 이사의 태도에 대해 생각해보기로 했다. 우선 이사장으로는 요코타씨가, 그리고 오노씨는 부이사장으로 취임했다. 오노씨는 지역주민과 외지인이 서로 뒤섞인 형태가 좋겠다고 판단하고 있었다.

그 밖에도 이사로는 나카가와씨뿐만 아니라 전 학교 교장으로 근무했던 지역주민이 이름을 올려 모두 13명에 이르면서 스텝이 너무 많을 정도 였다. 그 가운데 NPO법인이 사무소를 차린 JR고쓰역 앞의 고쓰만엽의 마을상점회원인 후지타 다카코藤田貴子씨도 참여하게 됐다.

NPO법인의 명칭은 '데고넷이와미'로 결정됐다. '데고'란 이와미지방의 방언으로 '심부름'을 의미하고 있다.

육성하는 콘테스트

계속해서 제1회 콘테스트를 구체화하는 작업도 추진되었다. 제1회 대회는 고쓰시가 주최하고 그 후, NPO법인이 출범하면 운영을 위탁할 생각이었다.

제1회에서는 상금총액 100만엔을 제공하는 신규창업·경영 각각 새로운 부문과 활동자금으로서 월정액 15만엔 정도가 1년간 지급되는 과제해결 프로듀서 2개 부문이 개설되었다. 기업가정신이나 사업모델, 공감성, 사회적임팩트, 고쓰시와 매칭 등을 기준으로 심사회에서 선정하고, 서류심사를 거쳐 공개 프레젠테이션에서 수상자를 결정하기로 했다. 조건으로는 수상 후 1년간은 고쓰시를 거점으로 활동하는 것을 포함하고 있었다.

그리고 응모에 즈음해서 테마를 '고쓰시의 과제해결'로 결정하고, 지역과제의 해결에 도움이 되는 것을 강조해 플랜의 성숙도보다도 응모자의 열정과 태도를 중시했다. 또 플랜의 실현이나 수상자의 능력향상을 위한 지원도 호소했다.

제1회의 모집요강에는 다음과 같이 적혀 있었다.

◇ **이런 사람을 구합니다** ◇

본 비즈니스플랜콘테스트의 선발은 고쓰시의 과제를 해결할 가능성을 가진 플랜을 소유한 응모자가 어느 정도 열의를 갖고 있는가를 확인하는데 방점을 둡니다. 개인 또는 단체의 응모를 기다리겠습니다.

◇ **지원 내용** ◇

수상자에게는 비즈니스플랜의 실현 및 수상자 자신의 능력향상을 위한 각종 지원이 이뤄지게 됩니다. 과제해결프로듀서 부문의 대상 수상자는 고쓰시내의 NPO법인 등에서 실제로 프로듀서로서의 능력을 배양할 특전을 받을 수 있습니다.

설령 플랜이 미숙하더라도 지역의 과제해결에 진심으로 노력하는 열의를 기본 조건으로 하는 것이다. 즉 완성된 '슈퍼스타'적인 인재를 구하고 있는 것이 아니라 어떤 의미에서는 '불완전'한 외지인을 받아들여서 육성한다고 하는 의미의 표현이라고도 이해할 수 있다. 창업인재의 발굴이고, 육성을 포함한 콘테스트이기도 했다. 이것을 뒷받침하고자 제2회 이후는 데고넷이와미, 시청뿐만 아니라 고쓰상공회의소, 사쿠라에정상공회, 일본해신용금고 등 지역의 행정·경제계의 5개 단체가 네트워크를 만들어서 콘테스트의 운영부터 수상자 지원까지 지역을 전체적으로 후원하는 체제를 만들었다.

예를 들면 플랜의 상담은 5개 단체가 맡고, 수지계획이나 자금계획의 상담에는 상공회의소와 상공회, 신용금고가 담당했다. 시가 신용보증금과 이자 보조, 점포개선비, 창업자금 보조를 맡고, 실제로는 신용금고가 융자를 제공하는 등 협력체제를 취하고 있다. 5개 단체의 네트워크를 통한 지원에 더해 응모 시점부터 최종 심사회에서 대상을 결정하기까지 반년 간을 기준으로 그 전후에도 지원하는 것이 콘테스트의 특징 중 하나이다.

이러한 시스템을 구축하면서 수용하는 측과 응모자 쌍방이 갖는 장점은 몇 가지를 들 수 있다(와타나베, 2016; 요네야마, 2018). 응모요강에 있는 것처럼 지역과제 해결로 연결하는 것을 고려하지 않으면 안되기 때문에 단지 시골생활을 하고 싶다고 하는 자신만의 이익을 초월한 플랜이 나올 수 있게 된 것이다. 그리고 심사도 콘테스트의 운영에 관여하는 지역주민들이 했기 때문에 자신들이 뽑고 책임지고 지원해가는 시스템으로 인해 남다른 각오도 생겨나게 되는 것이다.

한편 응모자들은 사전에 지역 주민들에게 자신들을 알릴 수 있기 때문에 활동을 하는데 부담이 적어지게 된다. 인사를 하러 가면 "콘테스트 출신이군" 하며 미리 알고 있는 경우도 많아 활동의 장벽이 낮아지게 되는 것이다. 콘테스트에 출전하는 것만으로 지역과의 관계를 구축하기가 한층 용이해지게 된다.

저변에 깔린 반항심

2010년 열린 제1회 콘테스트에서 과제해결 프로듀서 부문에 응모한 사람이 바로 다나카 리에씨이다. 시마네현의 동부에 있는 야스기시 安来市 출신으로 도쿠시마대학을 졸업한 후 리쿠르트 오카야마지사 등을 거쳐서 야스기시로 왔다. 다나카씨의 문제의식의 근저에는 자살한 오빠의 존재가 있다.[153] 오빠와 자신이 시마네에 돌아오는 것에 대해 도시에서의 취직과 비교하며 "시시한 것"처럼 주위로부터 받아들여지고 있는 것에 계속된 반항심을 갖고 있었다.

> 다나카: 친구들로부터 이야기를 들었습니다. "시마네에 돌아와서 뭔가를 한다고? 소용 없어". 선생님으로부터도 들었습니다. "시마네에 돌아와서 뭐 별거가 있었어?"라며. 부모님도 돌아오는 것에 대해서 이렇게 말했습니다. "아무것도 없지만 돌아오라"라며. 참으로 화나는 말이지요. 아무것도 없다고 들었을 정도니.[154]

소셜미디어인 트위터에서 우연히 콘테스트를 알게 된 다나카씨는 같은 시마네 현내인 고쓰시에는 간적도 없었지만 "무언가 재미있을 것 같구만"하는 생각이 들어서 응모를 결심했다. 그리고 응모에 즈음해 생각한 캐치프레이즈가 "돌아올 수 있는 시마네를 만들자"였다.

> 다나카: "돌아올 수 있는 시마네를 만들자"라는 카피를 만들어서 여기저기에 이야기했습니다. 시마네에서 한번 해보자는 각오를 했을 때 나 자신이 하지 않으면 안됐던 것은 좀 더 설레는 마음으로 돌아오는 사람을 반드시 늘려야 겠다는 것이었습니다. "시마네에서 이걸 하겠다"며 돌아오는 사람을 늘리지 않으면 오빠도 보람이 없을거라고.[155]

제Ⅱ부. 관계인구의 다양한 모습

콘테스트에서는 대학생 인턴십 사업을 실시함으로써 지역의 목소리를 전달하는 힘을 강화하는 한편, 지역에서 도전하는 젊은이를 지원하는 플랜을 제안했다. 그래서 대상을 수상하게 된 것이다.

5. 토박이인 우리도 뭔가를 하고 싶다

모두 함께 만드는 설레임

다나카씨는 콘테스트의 응모요강에 있는 'NPO법인 등에서 수용되어 실제로 프로듀서로서의 능력을 배우게 됩니다'라는 내용에서 NPO법인의 경험을 쌓는다고 하는 생각이었지만 2011년 4월 고쓰시로 이주해서 보니 있을 것이라고 생각했던 사무소도 물건이 압류되어서 전화선을 끌고 오는 일부터 시작해야 했다.

대상을 수상했다고는 말하지만 그 지역에 이제 막 온 외지인에게 NPO법인 설립을 맡기는 것이 가능하겠는가 생각했지만 놀랍게도 나카가와씨로부터 다음과 같은 메일을 받고 더욱 분발하게 됐다.

> 나카가와: 시마네현은 지금이 중요한 고비라고 생각합니다. 현 서부는 현 동부와 비교해 과소·고령화가 10년 일찍 진행되고 있습니다. 즉 전국 최고라고 해도 무방할 정도로 힘든 상황입니다. 여기에서 '성공할 수 있는 것'이라면 전국적인 모델이 될 수 있습니다. 꼭 최선을 다해 주세요.[156]

이런 용기를 주는 말을 하는 행정직원을 만난 것은 처음이었고 행운이었다. 다나카씨는 실정을 모르는 지역으로 이주해서 NPO의 법인을 설립하고 모두 함께 지금부터 무언가를 이뤄내겠다고 하는 설레임이 앞서고, 두려움은 없었다고 회고하고 있다.

더욱이 나카가와씨에게 "당신 색깔로 NPO를 만들어 주세요"라는 이야기를 들었을 뿐 아니라 콘테스트에서 제기한 대학생인턴십 사업은 계획대로 진행해도 좋다는 격려를 받을 수 있는데다 주변 사람의 전폭적인 이해와 응원을 받을 수 있는 시스템이 있다는 것에 감사할 따름이었다고 한다.

> 다나카: 무언가 설렘이 있었습니다. 모두 함께 힘을 합해 앞으로 만들어가자며 파도에 올라타고자 모였던 것입니다.[157]

데고넷이와미이사장인 요코타씨로부터도 전화로 다음과 같이 격려를 받았다. 신뢰하고 그리고 신뢰받는 사람이 지역에 있다는 것의 의미는 컸다.

> 요코타: 기다리고 있었어요. 이렇게 설레는 봄은 오랜만입니다.[158]

'많이 실패했더라도 좋다'

다나카씨는 '돌아올 수 있는 시마네'의 실현을 위해 대학생의 지역실천형 인턴십 등을 기획했을 뿐 아니라 '시마네의 도전하는 젊은이 네트워크 U-29'를 만들어 시마네로 돌아올까를 망설이는 동시대에 시마네의 매력을 전달하기도 하고, 생각을 말하기도 하는 장(場)을 만들었다. 동시에 현 밖에 있었을 때에는 전혀 몰랐던 시마네 사람의 능력에 감동을 받아 시마네의 매력은 정말로 '사람'이라고 하는 확신을 더욱 굳게 했다.

첫해는 지역주민에게 이해를 받기 힘든 면도 있었지만 대학생을 지역으로 불러들이는 것으로 고쓰에 젊은이를 불러들이는 사람, 젊은이의 생각을 전달해주는 사람이라는 등의 평가를 받을 수 있게 됐다. 이듬해에는 사회인을 위한 인턴십을 개최하는 등 콘테스트는 더욱 확대됐다.

그 밖에 신문에 '리에理惠의 고쓰 소식'을 연재하기도 하고, 중·고등학교에서 직업교육 강의를 하기도 했다. 나카가와씨는 다나카씨의 뛰어난 정보발신력과 최근 발족한 데고넷이와미에 대해서도 아주 만족해했다고 말했다.[159]

이런 다나카씨에 대해서 요코타씨는 계속 옆에 붙어서 친절하게 지도하는 것은 아니었다. 곤란한 일이 발생했을 때나 상담을 요청받았을 때 조금씩 충고를 하는 정도였다. 이것은 전국젊은이특산품만들기 심포지엄 등을 통해서 인재육성의 중요성을 느꼈던 것이 배경에 있다.

이러한 경험을 통해 젊은이는 '많은 실패를 해도 좋다'고 하는 자세를 갖게 되고, 지역주민(토박이)이 외지인을 지켜주며 양성한다고 하는 생각이 있었기에 가능했다.

> 요코타: 젊은이는 순발력이 좋으니까 하고자 하는 일에 대해서 장황하게 말하지 않겠다고 결심하고 있었다. 계속 곁에 있으면 "그것은 안된다"고 부정적으로 말하기 쉽다. 그렇게 하면 점점 일반적인 모습으로 굳어 버리고, 창의적인 힘이 생기지 않는다. 창의적인 힘을 발휘할 수 있도록 하는 게 최선이다. 주변의 불평은 내 수준에서 차단시킨다. 실패도 성공도 모두 경험이고, 이런 경험을 바탕으로 해서 모든 창의력은 분출되는 것이다. [160]

예를 들면 다나카씨로부터 추진하고 싶은 사업에 대해서 학교의 이해를 얻을 수 없을 것 같다고 상담을 받은 적이 있었다. 이런 상담을 받을 때는 학교의 누구에게 어떤 말을 했는지 등 상황을 묻고 상담교사뿐만 아니라 교감선생님에게도 말씀드린 뒤 조언을 받는 게 좋겠다고 했다.

지역에서는 일을 추진하는데 있어서 이야기를 통해야 할 사람의 순서가 있고 돌파구가 되는 인물이 있다. 하지만 지역에 온지 얼마 안 된 외지인들은 아무리해도 이런 것을 파악하기 어렵다. 그래서 이런 것을 미리 파악하고 일의 순서를 밟아가는 게 좋다고 말해주는 식이었다.

결사적인 태도에 마음이 흔들린다

다나카씨가 '고쓰를 위해'라며 열심히 일하는 모습을 보고서 데고넷이와미의 이사였던 후지타씨의 마음이 흔들렸다.

> 후지타: 토박이인 우리들도 뭔가 하고 싶다. [161]

후지타씨는 고쓰역전에서 이자카야 '에스포아다비라ェスポアたびら'를 아버지와 함께 경영하며 44개 점포가 가입한 고쓰만엽의 마을상점회 회원이기도 했다. 고쓰만엽의 마을상점회는 JR고쓰역과 일본제지공장을 연결하는 여명거리에 위치하고 있는데 예전에는 아주 번성했었지만 인구감소와 자동화의 진전 등과 동반해서 공동화가 가속화되고 1998년에는 핵심 점포 중에 하나였던 대형소매점 '모어'가 폐점하는 등 빈 점포가 증가하는 실정이었다.

실제로는 고쓰만엽의 마을상점회 상황을 "낮에는 걸어다니는 사람의 숫자보다 고양이가 많다"(무라카미, 2016: 145)고까지 생각하고 있었던 후지타씨는 마침 이 무렵 전국상점가지원센터의 현지 매니저육성사업 모집이 있었던 것을 보고서 마음을 정한 뒤 사업에 뛰어들었다.

그리고 우선 빈 점포 조사에 착수했다. 빈 점포가 있다고 말하면서도 어디가 어떻게 비어있는지를 몰랐기 때문이다. 시 상공회와 함께 한채 한채 방문해 주인의 의견을 청취했다. 각각의 건물은 낡았지만 나름대로 풍취가 있고 복고풍의 매력도 느낄 수 있었지만 사용하지 않은 기간이 긴 만큼 오염된 것이 눈에 띄기도 하고 먼지로 뒤덮여있기도 해서 여기에서 장사를 하고 싶다는 생각이 들 정도는 아니었다.

어떻게 하면 사람이 사용하고 싶고, 사용하고 싶지 않다고 하는 분위기가 생겨나는 것일까, 고민 끝에 생각한 것이 관람회를 겸한 이벤트의 개최였다. 이벤트를 개최한다는 명목으로 어쨌든 폐쇄하고 있던 셔터를 열고 함께 상점 안을 청소하고 창문도 닦았다. 이렇게 하니까 대대적으로 리모델링을 하진 않았더라도 상당히 깨끗해진 것을 느낄 수 있었다.

저녁에도 견학을 받고 준비를 계속할 수 있도록 하고자 상점회에서 월 200엔 정도의 전기료를 부담했다. 다나카씨를 비롯한 외부인도 함께 참여한 실행위원회를 설립하고 신문 등에 끼워 넣는 전단지 등을 활용해 전혀 모르는 사람을 대상으로 한 모객방법을 바꿔 지인이나 친구에게 정중하게 다가가 이야기를 하는 식으로 의사를 전달했다.

2011년 10월 열린 제1회 '손에 손을 잡은 도시'는 시 안팎으로부터 600명이라고 하는 예상을 웃도는 인파로 북적였다. 게다가 지금까지 거의 볼 수 없었던 젊은이와 외지인의 방문이 많았다. 치밀한 기획을 하면 고쓰에도 사람을 찾아오게 하는 것이 가능하다는 생각을 공유하게 된 것은 지역에 커다란 힘이 됐다.

'없다면 만들면 된다'

제1회 행사에 즈음해서는 시가 운영한 콘테스트는 2011년의 2회째부터 데고넷이와미가 운영을 수락하면서 다나카씨가 업무를 도맡게 됐다. 제2회의 과제해결 프로듀서 부문에 응모하러 온 것이 이웃인 하마다시출신인 미우라 다이키씨다. 전 수상인 고 하시모토 류타로씨의 비서뿐 아니라 국제 NGO스텝 등 다채로운 경험을 소유하고 당시는 도쿄 주재였다.

해외에서의 감염병과 빈곤문제에 관심이 있었던 미우라씨는 다음으로 자신의 고향에 눈을 돌리게 되면서 13년 만에 U턴을 결심했다. 다만 시마네현에서 살기에는 일을 찾지 않으면 안되었다. 시마네의 기업을 찾아

봤지만 결국 적당한 곳을 찾아내지 못했다. 요코하마에서 창업가 육성 비즈니스스쿨에 다니면서 시마네에서 무슨 일을 할 것인지, 시마네를 잘 아는 사람에게 조언을 구하는 과정에서 데고넷이와미의 존재를 알게 됐다.

예고 없이 전화를 해서 데고넷이와미에서 5일간 인턴을 경험했다. 다나카씨 등과 현장을 둘러보면서 직업관에 대해 커다란 변화가 있었다.

> 미우라: 아…. 이런 것이 일이 될 수 있다니. 이 지역에서 무언가 어려움을 겪고 있는 사람이 있으면 도와주는 시스템을 만들자는 것이었다.[162]

곤란을 겪고 있는 일이나 도와주기 위한 조직으로는 무엇이 있는가. 고향에 눈을 돌리게 되고서 느낀 문제의식은 지역을 프로모션하는 사람이 없다고 하는 것이었다. 좋은 것이 없는 게 아니라 오히려 너무 많이 있는데 알지 못하고 전해지지 않고 있다고 하는 것이 문제이고, 실제로 이 문제를 해결하기 위해 노력하고 있는 것으로 보이는 시마네의 기업도 찾아내는 것이 불가능했다. 확실히 광고대리점으로 대표되는 기획이나 어떤 물건에 부가가치를 붙이는 것과 같은 일이 지방에는 거의 없는 것으로 간주됐다.

미우라씨는 지금까지 프로모션이나 기획과 같은 일에는 관여한 적이 없었지만 "없으면 만들면 된다"고 생각했다. 그리고 다나카씨로부터 권유받은 적도 있고, 제2회 콘테스트에 시마네를 프로모션한다고 하는 구상을 갖고 응모하게 됐다.

실제 콘테스트에서 미우라씨의 인상은 매우 존재감이 없었다고 심사위원을 맡았던 오노씨는 회상했다. 그렇지만 데고넷이와미를 운영하면서 고쓰시와 요코타시를 넘나들면서 이와미지방에서 활약할 수 있는 인재가 될 것이라는 기대를 주기에는 충분했고 오노씨가 강력하게 추천한 부분도 작용해 미우라씨는 과제해결 프로듀서부문에서 대상을 수상했다. 그리고 2011년 가을 요코타시로 U턴해서 다나카씨와 함께 데고넷이와미의 스텝으로서 일을 시작하게 됐다.

6. '사람이 사람을 부르는' 선순환

지역의 동료를 늘린다

2012년, 현지 매니저로 무사히 취임한 후지타씨는 커다란 지역과제였던 역전상점가의 재생을 위해 본격적인 활동을 시작했다. 그래서 우선 데고넷이와미의 스텝인 미우라씨에게 상의를 했더니 함께 활동하는 동료는 없느냐는 것이었다.

생각해 봤더니 동료가 없었던 것이었다. 그래서 미우라씨와 함께 동료를 만드는 일부터 시작하기로 했다. 고쓰만엽마을상점회의 젊은 회원들에게 이야기를 해서 청년부를 만든 뒤 시범적으로 상점가 내부의 커뮤니티 멤버를 오픈하기로 했다. 점포는 미우라씨가 발견한 분위기 좋은 순수한 찻집(純喫茶)을 활용하기로 했다. 20년간 사용하지 않은 빈 점포였지만 청년부 회원들이 합심해서 리모델링을 하고 시의 명칭과 발음이 같은 점에 착안, '52(고쓰)Bar'라고 명칭을 붙였다. 지역커뮤니케이션에도 도움이 된다면 좋겠다는 의도를 담았다.

이런 목적을 위해 바텐더에도 청년부의 회원이 교대로 근무했다. 특징적이었던 것은 영업시간을 오후 6시부터 9시까지 한정한 것이다. 미우라씨에 따르면 지역에 있는 스낵 등 다른 상점과 공존하기 위해, 그리고 지속적으로 운영해가기 위한 전략이었던 것이다.

〈그림 31〉 52(고쓰)Bar(데고넷이와미 제공)

미우라: 먼저 1, 2잔만 마시고 나서 "안녕, 다음 가게로 가라고"하는 의미와 하루 종일 일하면 체력적으로도 힘들테니까. 누군가 한사람에게 너무 부담을 지우면 반드시 무너지니까. 자신만 좋으면 된다고 생각하면 지역에서는 생존할 수가 없어. [163]

'52(고쓰)Bar'가 인기를 끌자 굳이 '52(고쓰)Bar'로 가기 위해 현 동부로부터 고쓰로 찾아오는 젊은이도 생겨날 정도였다. 무엇보다 이해하기 쉬운 성공사례로 알려지게 되면서 "자신도 가게를 내고 싶다", "빈 점포는 없는가" 등 상담이 늘어나 빈 점포의 배치나 분위기를 숙지하고 있는 후지타씨가 상담자의 취향을 물으면서 물건을 소개해 주는 흐름이 생겨났다.[164]

'52(고쓰)Bar'의 디자인을 직접 담당한 것은 후지타씨의 동생이었다. 미국 뉴욕에서 가구와 공간디자인 분야에서 일하고 있었지만 후지타씨가 집요할 정도로 설득하며 U턴을 권유했다.

> 후지타: 고쓰가 변하려고 하고 있으니까 빨리 돌아 오라고.[165]

U턴 후 데고넷이와미와 똑같은 건물의 오피스에 거주하면서 창업준비를 진행해 마침내 '디자인오피스 스키모노'를 설립했다. 그리고 2012년 제3회 콘테스트에서 빈집을 리모델링해 활용하는 계획을 제안, 대상을 수상했다. 후지타씨의 동생이 손을 대면서 너덜너덜하고 완전히 썩은 상태였던 역 앞의 빈점포가 어부에 의한 술집·바 등 멋진 공간으로 점차 다시 태어나며 이 마을에서 점포를 내고 싶도록 하는 분위기를 가속화시켰다. 동생 자신도 "태어나서 자라 애착이 있는 지역의 역사에 손을 대기 시작해 다음 세대에게 남기는 것은 보람있는 일이었다. 억척같이 일하는 것도 익숙하다. 고쓰는 아무것도 없다고 한다. 그렇지만 없다면 자신들

이 직접 만들면 된다"고 말하곤 했다. 마침내 이 지역에는 "없다면 만들면 된다"고 하는 문화가 확산되고 있었던 것이다.

고쓰에 살지 않게 되더라도

다나카씨는 2013년 데고넷이와미를 졸업했다. 그 이유를 다음과 같이 말하고 있다.

> 다나카: 고쓰 사람들은 오는 사람 막지 않고 가는 사람 붙잡지 않는다. 여기에서 제대로 경험한 뒤 날아오르고 싶다고 하는 욕심이 생겨서, 그렇기 때문에 나도 단기간 집중해서 최선을 다하겠다고 하는 식이다. 일반적으로 U턴지원이라고 하면 "정주해주세요"라며 엄청난 압력이 있다. 고쓰에 계속 살 수 있을까를 생각하면 당연히 망설임이 있게 마련이다…[166]

다음 무대로 선택한 것은 시마네현 오쿠이즈모정奥出雲町의 현립고등학교였다. 제4장에서도 소개한 교육매력화의 코디네이터로 전직한 것이다. 경력교육프로그램 검토를 마친 뒤 수업을 받은 학생은 지역의 문제를 해결할 수 있는 방법을 좀 더 생각하고 싶다고 이야기를 했다. 고등학교 시절부터 자신의 손으로 직접 지역을 재생시키는 것이 배우는 목적이었다.

미우라씨도 수상계획을 더욱 발전시켜서 2014년 기획회사 '시마네프로모션'을 하마다시에 설립했다. 건축한지 80년 된 저택을 리모델링해서 사무소로 쓰고, 사업으로는 지역문화에 뿌리내린 공예품과 식품을 패키지화한 선물세트 'YUTTE'가 좋은 반응을 얻고 있다. [167]

다나카씨, 미우라씨는 스텝로서는 아니지만 데고넷이와미의 이사로 취임해 현재도 계속 관여하고 있다. 후임으로는 새로운 스텝이 부임했다. 요코타씨는 그래도 좋다고 한다.

> 요코타: (이주자에 대해서) 정주하라고 말하지 않는다. 여기는 공부하는 무대다. 무기고용이 아니라 유기고용이라고 말한다. 무기고용으로 매년 임금받는 방법을 고민하지 않으면 안되는 곳에서는 생각이 굳어져 버린다.[168]

이렇게 교체되는 지역 외 출신 스텝에게는 고쓰에서 가능한한 성장하기를 바라는 생각과 자신의 출신지로 돌아오기를 바라는 생각과의 사이에서 갈등은 있을 수밖에 없다.[169]

> 요코타: 스텝 중에는 현 외 출신자도 있다. 취직한 당시는 오른쪽인지 왼쪽인지도 제대로 분간하지 못했지만 지금은 시찰(視察)코디네이터를 맡을 만큼 성장했다. 조직에서 성장하고 고쓰에서 계속 꿈을 펼칠 수 있기를 바라지만 경험을 살려서 자신의 고향에서도 공헌하고 싶은 게 인지상정이다.[170]

나카가와씨도 당초에는 쭉 고쓰에 있어주었다면 좋겠다고 생각했지만 이제는 '시스템만 남겨주면 된다'고 생각하게 됐다. 두 사람은 계속 서로 연락하면서 지내고 있다. 연결되어 있는 것이다.

나카가와: 고쓰에 살고 있지 않아도 살고 있는 사람 이상으로 최선을 다해 주신다면 감사하겠다. 그들은 네트워크를 갖고 있고, 트렌드나 고쓰시에 필요한 것을 가르쳐주고 자신도 가치관이 바뀌게 된다.[171]

빈점포가 채워졌다

콘테스트는 그 후에도 계속 이어져서 데고넷이와미가 매년 개최하고 있다. 2014년 제4회 콘테스트에는 제2회 콘테스트의 수상자를 도와줬던 사람이 응모해 대상을 수상했다. 이 때 다나카씨는 보람을 느꼈다고 한다.

다나카: 뭔가 하고 싶다고 하는 것은 이런 것인가 하고 생각했다. 누군가 자신의 생각을 당당하게 말하고, 그것을 보고서 "아! 나도 한번 해봐야겠다"고 말하는 사람이 많이 나온다면 지역은 한층 재미있을 것이라고 생각했던 것이다.[172]

그리고 지역의 변화를 자신의 일처럼 즐거워한다. 찾아오는 사람이 없는 고쓰지역에 사람이 찾아오게 된 것이다.

다나카: 단지 5년 전만해도 "고쓰에 가면 뭐가 있겠어?"라는 말을 듣곤 했는데, 지금은 "그 고쓰군요" "그 사람을 만나러 갔었어?" 등 말을 듣게 됐습니다. 고쓰에 일부러 가는 사람이 늘고 있던 것입니다. 견학을 포함해서 고쓰에 한잔하러 가기도 하고, 사람을 만나러 가기도 하고… 드디어 해 냈습니다! 내가 생각했던 대로.[173]

다나카씨가 목표로 했던 '사람이 사람을 부른다'는 선순환이 구축된 것이다. 더욱이 고쓰역 앞에서 태어나 자란, 친정이 도시락가게를 운영했던 주민이 마음을 굳게 먹고 창업해 음식점을 시작하고 특산품을 파는 상점도 문을 열었다. 계속 적막감이 깊어지는 마을에 마음이 아파 활기를 되찾게 하고 싶다는 생각에서 가게 문을 열었다고 한다. 이와 더불어 미니영화관과 야시장, 새벽시장, 사진전 등 지역에서의 이벤트도 늘기 시작했다.

이러한 파급효과에다 지역을 떠나가는 전출과 동반해 바로 전입 등도 있어, 사용 가능한 점포 30개가 모두 채워져 셔터거리 상점가는 소생했다.

나카가와씨는 앞에서 서술한 기고에서 "중심 시가지의 빈 점포를 활용해서 개업하는 젊은이가 나타나기 시작했습니다. NPO법인의 스텝이나 비즈니스플랜콘테스트에서 U·I턴 한 젊은이들에게 감동받아 일시적입니다만 시내의 젊은이들이 나도 나도 창업을 하겠다고 하는 현상이 나타났다"고 또박또박 적고 있다.

그리고 당시 고쓰시장이 "이와 같은 빈 점포의 재생 움직임이 있는 지금이 소생의 마지막 기회"라며 활동을 이어갔다. 그 결과 1980년대부터 몇 번이나 좌절됐던 고쓰역 앞의 재개발사업은 30년 만에 승인을 얻어 복합시설과 민간 비즈니스호텔 등을 포함해 근사하게 완성될 수 있었다(와타나베, 2016).

이러한 지역의 변화 앞서 요코타씨는 지역재생의 주체인 주민의 변화를 강조한다. 관계인구라고 하는 외지인이 찾아오는 것이야 말로 주민이 바뀌고 그리고 마을이 변하는 계기였다고 한다.

> 요코타: (점포를) 빌려줄 수 없었던 곳을 빌려줄 수 있게 됐다. 지역주민이
> 변했기 때문이다. 외지인이 지역이라고 하는 저수지에 돌을 던지고 변화의
> 계기를 만들면 그 변화가 커다란 움직임으로서 연결되어 가게 된다. 이러한
> 연결은 지역 주민을 움직이게 하는 것이다. 지역주민이 움직이지 않는 한 지
> 속적인 발전은 없다.[174]

앞에서 서술한 '52(고쓰)Bar'를 오픈한 초기에는 불만을 호소하는 일
도 많이 있었지만 본격적인 영업이 시작되면서 협력하는 분위기가 확산
되고 마침내 '52(고쓰)Bar'의 점포도 양도받게 됐다. '52(고쓰)Bar'는 빈
점포가 채워졌다고 하는 목적을 달성한 후 잠시 영업을 중단하고 있다.
새로운 후계자가 사용할 수 있도록 리뉴얼 공사에 착수한 것이다.

자신들이 변했다

리뉴얼 '52(고쓰)Bar'의 자리에 2017년 커피스탠드 'K Stand
Talking'을 오픈한 주인공은 고쓰시 출신인 도쿠다 게이코德田惠子씨와
사사키 가오리佐々香織씨이다. 두 사람은 제7회 콘테스트에 "한잔의 커
피로 연결하는 '마을'과 '사람' ~돌아오고 싶은 지역, 고쓰"라고 하는 플
랜으로 참여했다〈그림 32〉. 2016년 12월에 열린 발표회에는 필자도 참
석했다. 언젠가 고쓰에서 카페를 열고 싶다고 하는 꿈에 대해 이야기를
주고받고 있던 두 사람은 고쓰고등학교 졸업 후 커피체인 등에서 일하고

있었는데 '손에 손을 잡은 도시'라고 하는 이벤트의 개최와 역전의 빈점 포가 채워지는 변화를 실감하고서 자신들도 함께 참여해서 번성하게 하고 싶다며 2016년 U턴해 왔다.

U턴한 후 고쓰 시내의 카페에서 운영방법 등을 배우고 있으면, '열심히'라고 하는 격려의 말과 함께 분점을 내보지 않겠는가 하는 요청도 많아, "역시 이런 곳이라면 할 수 있다"고 하는 확신으로 가득 차게 됐다.

콘테스트에서는 "계기를 만들어 돌아온 우리는 앞으로 젊은이들과 고쓰의 사람들을 연결해 가고 싶다"고 발표했다. 심사위원 자리에 앉아 있던 후지타씨의 눈에는 눈물이 가득 했다.

후지타씨는 다나카씨, 미우라씨 등 관계인구와 관계하는 가운데 지역재생의 주체는 자신들 지역주민이라고 하는 것을 알게 됐다. 그런 주체가 콘테스트를 통해서 늘고 있다고 하는 것이 무엇보다도 가슴 벅찼던 것이다.

> 후지타: 영웅이 살던 시절도 있고, 불꽃놀이도 중요하다. 그렇지만 영웅은 계속 살 수 있는 것도 아니기 때문에 자신들이 하지 않으면 안된다. 다만 영웅 덕분에 자신들이 변했다. 해보면 가능하다는 것을 알게 된다.[175]

요코타씨의 뒤를 이어서 데고넷이와미 이사장에 취임한 후지타씨의 이런 생각은 지금도 변함이 없다.[176] 2019년 11월, 교토시에서 열린 지역재생대상 10주년 기념심포지엄에 초대받은 후지타씨는 "서비스를 받는 측이 아니고, 스스로 기획하고 주체적으로 담당하는 사람을 육성하는 것이 중요하다"며 지역주민의 주체성을 강조했다.

〈그림 32〉 제7회 고쓰시 비즈니스플랜콘테스트의 모습(필자 촬영)

그리고 데고넷이와미가 힘을 기울이는 "인재"육성의 일환으로 2018
년도부터 진행되는 것이 지역주민이 강사가 되어서 서로 배우는 '고쓰쿠
루GOつくる대학'이다. 개강 후 1년이 지나 수강자는 1,000명을 넘어섰
다.[177]

변함없이 계속되어 온 콘테스트도 2019년 10회째가 되었다. 대상을
수상한 사람은 물론, 설령 기회를 놓쳤더라도 콘테스트를 통해서 지역에
서 인정받고 창업하는 사례가 늘어나는 등 새로운 주체를 계속 발굴, 육
성해 가고 있다.[178]

〈표 11〉 고쓰시 비즈니스플랜콘테스트의 수상자와 내용(콘테스트 웹사이트를 참고로 필자 작성)

연도	수상자와 내용
2010	다나카 리에(시마네현 야스기시 출신, 야스기시 주재), 지역실천형 인턴십
	시무라 류카이(미야기현 출신, 도쿄도 주재), 폐자재인 대나무를 사용한 양계업
	마쓰자키 미유키(시마네현 오쿠이즈모정 출신, 도쿄도 주재), 뽕나무 열매를 활용한 상품개발
	후루세 유키히로(나라현 출신,도쿄도 주재), 사토야마브랜드화
2011	미우라 다이키(시마네현 하마다시 출신, 도쿄도 주재), 시마네프로모션
	타다 도우마(시마네현 고쓰시 출신, 고쓰시 주재), 빈집 카페
2012	히라시타 시게치카(시마네현 고쓰시 출신, 고쓰시 주재), 빈집 리노베이션
2013	와다 사토시(효고현 출신, 하마다시 주재), 고모사와공원활성화계획
2014	야마구치 아즈사(가나가와현 출신, 하마다시 주재), 지역맥주 제조
2015	에가미 나오(아이치현 출신, 도쿄도 주재), 고민가에서의 게스트하우스
2016	하라다 마사노부(가나가와현출신, 고쓰시 주재), 고수의 특산품화
2017	이시이 유우스케(오카야마현 출신, 시마네현 가와모토정 출신), 양목장 개업
2018	모리하루나(나라현 출신, 고쓰시 주재), 산후 케어의 충실
2019	미시마 아쓰히로(하마다시 주재)·아다치 유타카(고쓰시 주재), 체험형 관광농원 개교

제Ⅱ부. 관계인구의 다양한 모습

제6장.
소멸하는 마을에서 안심하며 산다
-가가와현 만노정

1. 조사대상과 방법

제6장의 무대는 가가와현 만노정, 그중에서도 가장 오지에 위치한 구 고토나미정의 가와오쿠지구다. 제4장과 제5장의 시마네현 아마정과 고쓰시와 더불어 지역재생 사례로서 유명한 곳이라고는 말할 필요도 없다. 가와오쿠지구에서는 인구감소와 고령화로 인해 고령자 홀로 사는 세대가 지속적으로 증가하고 있다. 그러나 전출해서 가와오쿠지구를 떠나 살고 있는 자식들이 빈번하게 오가면서 고령자의 생활을 지탱해오고 있다. 더구나 전출자 네트워크를 통해서 재해 시의 안부확인시스템이 작동하면서 안심하며 계속 살 수 있는 환경이 정비되고 있다.

이것을 뒷받침했던 것이 도쿠시마대학종합과학부 지역계획학연구실의 다구치 다로田口太郎씨이다. 다구치씨는 만노정의 고토나미지소로부터 부탁을 받아 주민참가형 고토나미미래회의의 좌장역을 맡고 있다. 2016년 가와오쿠지구에서 전체 조사와 전출자에 대한 앙케이트 조사를 한 뒤 전출자의 네트워크화를 위해서 전출자간담회를 거의 매월 개최하며 가와오쿠지구에 사는 고령자의 생활지원 가능성이나 대책을 검토해오고 있다. 인접한 도쿠시마현에서 만노정을 오가는 다구치씨는 내방형의 관계인구이라고 말할 수 있다. 그래서 관계인구가 과소지역의 관계자 생활지원이라고 하는 복지에 관여함으로써 지역이 재생한 사례로서 본서에서 다루기로 한다.

제6장은 2019년 8월 8~9일, 9월 20일, 11월 7~8일 모두 3회의 필드워크와 관계자 인터뷰에 기초하고 있다. 그 밖에 조사한 문헌이나 자료 가운데에서도 동 연구실에 의한 『구旧 고토나미정 가와오쿠, 니시타니지구 마을조사보고서』(2017년), 『전출자에 의한 네트워크형 주민자치의 검토』(2019년) 등 두 연구를 집중적으로 참고했다. 본서의 조사대상자를 등장 순서에 따라 표로 정리하고 인용 근거가 되는 인터뷰를 일람으로 정리한 뒤 주요 인물의 상관도를 작성했다〈표 12〉, 〈그림 33〉. 주요 인물은 다구치씨 뿐만 아니라 다구치씨를 초청한 당시의 만노정사무소 고토나미 지소장인 아마기리 히로시雨霧弘씨와 전출자인 요코이 히데오橫井英生씨, 다카오 히로키高尾洋規씨, 그리고 요코이씨의 모친으로 가와오쿠지구에서 현재도 생활하고 있는 요코이 히사코橫井ヒサ子씨 등 5명이다.

〈표 12〉 만노정의 조사대상자(필자 작성)

성명	속성	인용처
요코이 히사코씨	지역주민	가와오쿠지구로 시집온 이후 60년, 이 지역에서 살고 있다. 요코이 히데오씨의 어머니	2019년 8월 9일 인터뷰

요코이 히데오씨	지역주민 (전출자)	가와오쿠지구에서 태어나 자랐고, 현재는 초나이町內에서 오가며 모친을 부양하고 있다.	2019년 8월 8일 인터뷰, 같은 해 11월 7일 필드워크
아마기리 히로시씨	지역주민	만노정사무소의 전 직원. 고토나미미래회의를 구상한다	2019년 9월 20일 인터뷰
다구치 다로씨	관계인구 (내방형)	도쿠시마대학 교수. 고토나미미래회의 좌장역을 맡고 있다	2019년 11월 8일 인터뷰
다카오 히로키씨	지역주민 (전출자)	가와오쿠지구에서 태어나 자랐고 현재는 초나이町內에서 오가며 부친을 부양하고 있다	2019년 8월 8일 인터뷰

전출자는 현시점에서 외지인인가 지역주민인가, 어떻게 위치지울까에 관해서는 다양한 의견이 있지만,[179] 친자식은 관계인구의 정의에 비추어서 외지인이라고 간주하기는 어려울 뿐만 아니라 이번에 조사대상인 두 사람의 전출자는 더불어 본가와 똑같이 만노정 내에 주거를 구비한 점도 참작해서 지역주민으로 간주하기로 했다.

2. 싸움에 패한 무사들이 숨어 살고 있다는 전설

가가와현 만노정의 명칭은 일본 제일의 관개용 저수지인 만노저수지가 위치한 것에서 유래하고 있다. 만노저수지는 헤이안 초기의 승려 구카이空海(774~835년)가 개보수한 것으로 유명하고, 둘레는 약 20㎞, 저수량은 1,540만t이다. 그 밖에 약 900곳의 저수지가 산재하고 있다.

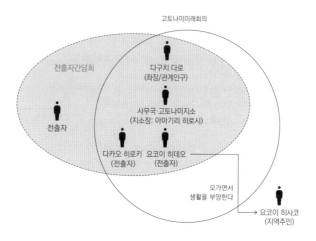

고토나미미래회의

전출자간담회

다구치 다로
(좌장/관계인구)

사무국·고토나미지소
(지소장: 아마기리 히로시)

전출자

다카오 히로키   요코이 히데오
(전출자)   (전출자)

오가면서
생활을 부양한다

요코이 히사코
(지역주민)

〈그림 33〉 등장하는 만노정의 주요인물 상관도(경칭 생략, 필자 작성)

2006년 나카타도군仲多度郡의 구 만노정, 구 고토나미정, 구 추난정
仲南町이 합병해서 탄생했다.[180] 가가와현 남서부에 위치하고 면적은
194.45㎢. 시정촌합병이 이뤄지고 가가와현 내의 많은 시정이 세토나이
카이를 마주하고 있지만 만노정은 몇 안 되는 바다 없는 지자체이다.

이중 구 만노정은 사누키평야讚岐平野의 끝자락에 위치하고 있다. 인
접한 젠추지시善通寺市나 마루가메시丸亀市에서 차로 운전해 가면 평야
의 논풍경이 펼쳐지고, 대부분 시정의 경계를 의식하기도 어렵다. 현청
소재지인 다카마쓰시를 포함한 사누키평야 전체가 거의 경계를 알 수 없
는 것처럼 연결돼 있어, 전체로 묶어서 '오오카가와시大香川市'라고 부르
는 경우도 있다는 것을 주민들로부터 들었다. 이러한 환경으로부터 이웃

제Ⅱ부. 관계인구의 다양한 모습

의 시정으로 통근·통학으로 오가는 것에는 어려움이 없다고 한다.

한편 구 고토나미정은 사누키평야로부터 오지로 들어가, 가가와·도쿠시마의 현 경계를 이루는 아산산맥阿讚山脈의 깊은 오지, 산간부에 있는 지역이다. 산림이 86%를 점하고 경지면적은 7%로 적다. 인구는 1956년 7,007명에서 점차 감소해 인구유출이 심각하고 합병전인 2005년에는 3,145명에 불과했다. 더욱이 합병 후인 2014년에는 2,218명으로 줄어 1985년과 비교에서 만노정 전체는 20% 감소한 것에 비해 구 고토나미정은 45%감소했고 합병전의 구(旧) 3개의 정 가운데서도 가장 많이 감소하고 있다.

더욱이 이 중에서도 본서의 조사대상인 가와오쿠지구는 구 고토나미정의 가장 안쪽에 위치하고 도쿠시마현 경계와 접하고 있다. 미카도三角·가와오쿠나카川奥中·가와오쿠카미川奥上·가부키리株切·나카노仲野·요코하타横畑 등 6개 마을을 총칭하고 지형상으로도 자연적으로 한 지역을 형성하고 있다. 모두 중심부로부터 멀리 떨어져 있지만, 옛날부터 열려 있고 생활권이나 경제권으로서도 인접한 도쿠시마현과의 연결이 강했다〈그림 34, 35〉.

그중에서도 예를 들면 요코하타마을은 지형상 외부로부터 침입에 대비해서 수비하기 쉽고 망보기도 쉬운 지형이다보니 겐페이전쟁源平合戰에서 야시마屋島의 싸움에 패한 헤이케이치몬平家一門중의 일부가 개척한, 즉 아카하타赤旗를 가로로 했다는 표현에서 요코하타横旗→요코하타横畑라는 지명의 기원이 된 것으로 알려지고 있다.

지형상 지붕屋根 역할을 하는 사무가제(찬바람)고개寒風峠에는 망루가 있고, 감시역이 머물렀던 자리에는 지금도 십 수기의 묘가 현존하고 있다. 묘비중 하나에는 다리이노 스미모리平寿盛의 손자라고 새겨져 있는 것에서 스미모리寿盛의 일족이 남겼다고 전해지고 있다.

이러한 전설의 진위를 확인하는 방법은 남아있지 않지만 그만큼 가파르고 험준하며 산이 깊어 사람이 살기에는 최적이라고는 말하기 어려운 땅이라고 하는 이야기가 전해지는 것이 아닐까.

비교적 완만한 산지에 익숙해 있던 필자에게 있어서 가와오쿠지구는 충격적이고 솔직히 경이롭다는 생각마저 들었다. 가느다란 외길을 빠져나온 끝자락에 위치한 마을은 집들이 가로가 아니라 세로로 나열해서 가파른 언덕에 찰싹 달라붙어 있는 모양새였다. 그리고 산쪽에 위치한 주택의 지붕이 지나치게 산 정상에 가깝다는 사실도 알게 되었다.

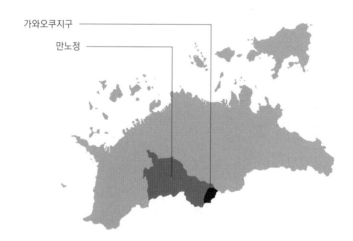

〈그림 34〉 가가와현 만노정 가와오쿠지구의 위치

산업 특색은 밭작물 중심의 농업경영이 많다는 점이다. 표고 400~700m 산중턱의 비교적 평탄하고 확 트인 곳에 마을이 형성돼 있다. 하지만 물을 이용하기 어려워 논은 극히 적었다. 옛날에는 보리와 조, 수수 등 잡곡이 재배되고 담배가 주작물이 된 메이지시대부터는 농업과 함께 숯 굽는 일도 행해졌다.

그 후 목탄이 사양화된 1955년경부터는 담배도 채산성이 떨어지면서 겸업농가가 늘어나 밭의 주작물은 채산성이 높은 고랭지배추로 전환되어 가와오쿠지구 전체가 양배추 주산지가 됐다.

만노정도 아마정, 고쓰시와 똑같이 지역재생 프로세스를 명확히 한 다음 사건을 시대별로 4개의 시기로 구분해 정리하고자 한다.

〈그림 35〉 만노정 가와오쿠지구의 마을 전경(필자 촬영)

인구감소와 동반하여 지역문제가 본격화되는 Ⅰ기, 관계인구인 다구치씨가 관여하기 시작해 전출자간담회를 출범하는 II기, 전출자간담회가 12회에 걸쳐서 열리고 전출자가 네트워크화되어 가는 III기, 재해시의 지킴이 시스템이 가능해지는 IV기이다〈표 13〉. 이하 각 시기를 순서대로 기술해 가고자 한다.

〈표 13〉 만노 가와오쿠지구의 지역재생에 있어서의 주요 사건

구분	주요 사건
I 기	2013년 요코이 히데오 선생이 매주 다녀가기 시작
	2014년 아마기리 히로시씨가 고토나미미래회의에 대한 생각을 갖게 됨
II기	2015년 고토나미미래회의 설치 　　　다구치 타지로씨가 좌장역에 취임
	2016년 동 연구실이 가와오쿠지구 전수조사 　　　동 연구실이 가와오쿠지구의 전출자 앙케이트 조사 실시 　　　동 연구실이 조사보고회와 주민 워크숍 개최
	2017년 제1회 가와오쿠지구 전출자간담회가 열리다
III기	2017년 제3회 가와오쿠지구 전출자간담회에 요코이씨 최초로 참가 　　　제4회 가와오쿠지구 전출자간담회에 다카오 히로키씨 최초로 참가
IV기	2018년 마을 가르테(진료기록카드) 작성 　　　최종회가 되는 제12회 전출자간담회가 열리다

3. 행정은 아무리해도 안된다

계속 심화되어가는 과소화

앞에서 서술한 바와 같이 구 고토나미정은 합병전의 구(旧) 3개의

정 가운데에서도 인구감소와 고령화가 가장 심각해 고령화율은 40%에 이르러 전체 60개 마을 중 21개 마을이 한계마을이다.[181]

구 고토나미정 가운데서도 특히 이번 조사대상인 가와오쿠지구의 인구감소는 눈에 띈다. 1985년부터 2019년까지 34년간 인구가 구 고토나미정 전체적으로 49%가 줄어든 것에 반해 가와오쿠지구와 이웃한 가치가와지구를 합한 가와오쿠·가치가와지구에서는 62%나 감소했다.

이것은 지역의 산업이 농업중심이었던 것에 더해 자가용으로 통근하기에는 도로가 정비되지 않아 지역 외부로 통근이 어렵고 도시에서 일자리를 얻기에는 전출밖에 선택지가 없는 배경이 됐다.

특히 가와오쿠지구로 통하는 현도는 강을 따라서 만들어진 험악한 도로여서 해마다 몇 번씩 전복사고가 일어날 정도였다. 전후 조금씩 개량과 포장이 이뤄져 1982년 국도 43호로 승격됐다. 도로개량과 동반하여 가와오쿠 지구의 과소화 특징은 가족 전체가 이촌하는, 주고쿠산지에서 나타나는 것과 같은 거가이촌(擧家離村)은 적고, 고령자가 집에 남아있고 젊은이만 전출하는 형태가 됐다.

이것은 가와오쿠지구에서 살고 있는 요코이 히사코씨의 증언으로도 뒷받침된다.

히사코씨는 1937년생으로 산 넘어 반대편에 위치한 구 미노三野정(현 도쿠시마현 미요시시三好市)에서 출생했다. 친척의 소개로, 가와오쿠지구의 가와오쿠나카마을에 집을 갖고 있던 4세 연상의 남편 요코이 겐이치(고인)와 22세에 혼담이 성사됐다. 국도 438호에서 비좁은 정도(町道)를 1㎞

남짓 더 가면 끝자락에 있는 외딴집이다.

> 요코이 히사코: 여기는 진짜로 산속이나 다름없다. (자신의 본가도) 산속이
> 지만 그래도 차는 지나다닐 수 있는데 여기는 자동차도 들어올 수 없을 정도
> 라 이 아래 도로에서부터 걸어서 여기까지 올라와야 한다.

자녀는 2남 2녀 등 4명. 모두 중학교까지는 자택에서 통학했지만 근처
에 있는 고등학교에 진학과 동시에 하숙생활을 하게 돼 집을 나갔다.

> 요코이 히사코: 중학교까지는 여기 집에 있을 수 있었다. 이제 하숙을 하지
> 않으면 안됐다. 통학을 하려면 버스밖에 없는데, 겨울에는 눈이 갑자기 내리
> 면 오갈 수 없다. 지금은 눈이 많이 내리지 않지만 옛날에는 뭐 한번 오면 진
> 짜 1척씩 내렸다.

그러다가 히사코씨가 자식들을 통학시킨 초·중학교가 잇달아 사라졌
다. 가와오쿠지구에서는 1907년에 가와오쿠 진조우초등학교尋常小学教
가 개교한 뒤 1941년 가와오쿠초등학교를 거쳐서 전후에 가오와쿠초등
학교와 미아이중학교美合中学教 가와오쿠분교가 설치되었다. 특히 교육
열이 강해서 유치원과 초등학교, 중학교를 다니게 할 만큼 교육을 중시
하고, 교사를 영입하기 위해 교사기숙사도 설치하는 등 전 주민이 회원
이 된 가와오쿠학원 학부모·교사 모임(PTA)를 결성해서 유지하고 있었

다. 그러나 아동·학생수가 감소하면서 1971년에 초등학교가 폐지되고, 1973년에는 유치원을 계승한 보육소도 폐지되었던 것이다.[182]

여기에서 계속 살고 싶다

히사코씨는 농사를 지으면서 마루가메시丸亀市의 조선소에도 일하러 다녔다. 회사의 통근차량이나 남편이 태워다 줘서 자동차면허도 따지 않았다. 은퇴 후에는 시어머니를 모시고 남편 겐이치씨와 생활했다. 시어머니에 이어서 겐이치씨의 몸 상태가 완전히 무너져서 집에서 생활할 수 없게 되고, 만노정에 있는 돌봄시설과 병원을 전전하다가 6년전 65세로 사망했다.

혼자 생활하게 됐던 무렵부터 만노정에서 따로 살림을 차려 살고 있는 3명의 자녀가 오가게 되었다. 4명의 자식 중 장남, 장녀, 차녀 3명이 만노정에서 살고 차남은 나라현에 살고 있다.

특히 히사코씨의 심장이 좋지 않게 된 2년 정도 전(2019년)부터는 세 사람은 거의 매주 다녀가고 있다. 식사 등 신변 주위의 일은 자신이 할 수 있지만, 자택 주변에 있는 밭의 잡초 제거나 화단 손질, 장보기 등 혼자서는 어려운 일을 대신 담당해 주고 있는 것이다.

히사코씨 자신은 주 1회 데이케어서비스에 가고 그 밖에 주 1회 정도 전동차로 이웃인 미쓰카도마을三角集落에 있는 친구를 방문한다. 주 2회는 재활치료 담당자가 방문하고, 세 명의 자식이 교대로 다녀가는 것으로 아무도 만나지 않는 날은 거의 없다. 손자가 주어온 길고양이를 맡겨

남편의 이름을 따서 '겐'이라 이름을 붙여 귀여워 해주고 있다.

앞으로도 몸을 움직일 수 있는 한 가와오쿠지구에서 계속 살고 싶다고 말한다. 사는데 익숙한 지역이고 자택인 것은 물론, 이웃 사람과의 인연도 많다고 한다. 매월 한차례 열리는 반상회가 즐거움이다 보니 히사코씨도 출석하고 있기 때문에 자식들이 반상회에 참석하는 일은 없다.

> 요코이 히사코: 역시 그럭저럭 움직일 수 있는 동안에는 여기서 있고 싶다. 자식한테 간다하더라도 자식이 일하러 가면 또 혼자가 되어 그야말로 자기를 졸라매는 격이지. 이곳엔 그래도 근처에 알고 지내는 사람도 있다. 매월 1차례는 반상회라고 해서 집을 돌아가면서. 거기에는 갈 수 있으면 반드시 갈려고 (하고 있어). 뭔가 용무가 없어도 모두 얼굴을 보기도 하고 이야기를 하기도 하고.

일전에는 반상회 날을 착각해서 참석하지 못했다. 그랬더니 이웃 주민이 마음을 쓰며 전화를 해서 웃으며 이야기를 했다.

> 요코이 히사코: 반상회 날짜를 깜빡 착각해서 이 전에도 못갔다. "할머니 건강하셔요"라며 "반상회에 올 수 없는 거야"라고. "내일이 반상회 아니여"라고 했더니 "오늘이 반상회잖아"라고 말해서(웃었지).

내 집을 돌보는 것은 당연

히사코씨의 생활을 부양하고 있는 한 사람이 장남 요코이 히데오 씨이다. 중학교 시절은 연식테니스부에서, 고등학교는 인접한 젠쓰지시 善通寺市의 체육코스가 있던 사립고등학교에 진학했지만 다니는 버스가 없어 기숙사에 들어갔다. 고등학교 졸업 후 일단 본가에 돌아와서 직장에는 버스로 통근한 후 26세에 결혼을 계기로 본가를 떠났다. 아파트 생활을 거쳐서 구 고토나미정의 분양주택을 구입했다. 원래 구 고토나미정을 떠난 다는 것은 생각지도 않았다고 한다.

> 요코이 히데오: 원래부터 가와오쿠에서 집을 개축할까도 생각했었지만. 그때 이미 부모님은 "자식이 사랑스러우니까"라며 "아래쪽에 집을 지어서"라는 식이 돼서. 처음에는 내가 여기에서 통근한다면 (괜찮지 않을까) 별다르게 생각하지 않고 그냥 뭐 그렇겠지 하고 생각했지. 고토나미로부터 그다지 나가고 싶은 생각도 없었으니까.

본가에 돌아오는 것은 추석과 설 연 2회 정도였지만 히사코씨가 연세가 들다 보니 6년 전부터 매주말 와서는 본가의 수리와 주변의 잡초를 뽑는 일을 하게 됐다. 현재 살고 있는 분양주택으로 모시고 올 생각은 없었다고 한다.

> 요코이 히데오: 옛날에는 아버지도 어머니도 그렇게까지 약하지는 않았다. 그렇게 돌보아주거나 우리가 손을 대지 않으면 안될 일은 없었다. (부모님이) 이쪽으로 오더라도 알고 지낼 만한 사람도 없다. 가와오쿠에 계시면 전동차로 잘 아는 친구한테 가기도 하고 맘대로도 할 수 있다. 불편하지도 않고 여기에서 잡초를 뽑기도 하고 물구경을 하러 가기도 하고. 시장보기는 누이가 해주는 등 생활하는 부분에서도 그렇게 불편하지 않을 것으로 생각했으니까.

현재 살고 있는 자택에서부터는 자동차로 20분 거리. 자택도 가와오쿠 지구에 있는 본가도 모두 요코이 가문의 소유라는 인식으로 부담감은 특별히 없다고 한다.

> 요코이 히데오: 예를 들면 나는 요코이지만 똑같이 요코이 가문의 가족, 가와오쿠도 시모도 가족이라고 느끼는 것이지. 가와오쿠의 집을 돌보는 것은 당연하다고 한다.

가와오쿠지구의 소방단(8명)에도 가입하고 있다. 인구감소와 동반해 소방단원이 되고자 하는 사람도 줄고 있어서다. 이런 가운데 마을 사람으로부터 연락이 왔을 때 어머니가 살고 있는 것도 고려해서 승낙했다. 주요 활동은 월 1회 기자재 점검, 태풍 등 재해가 발생하려고 하면 가와오쿠지구에 대기하면서 순회, 그리고 연말 방화활동을 하는 것이다.

또 한 가지 중요한 지역 활동이 축제개최다. 본가가 있는 가와오쿠나카와 가와오쿠가미, 나카노 등 3개의 마을에서 매년 11월 사자무(獅子

舞)를 펼쳐보인다. 이날 만은 지역주민은 물론, 멀리 사는 전출자도 많이 돌아와서 총출동해 축제 준비와 정리를 한다. 어린 시절부터 축제를 통해서 지역주민과 전출자들과의 연대가 형성되어 왔던 것이다.

> 요코이 히데오: 예를 들면 우리들이 20세 정도 때는 결혼도 하지 않는 시기 였기 때문에 사자무 연습 등으로 이곳에 와서 끝나면 또 다카마쓰까지 놀러 가기도 했지요. 옛날부터 알고 있던 사람들이 축제 때 모이는 자체가 재미이지요. 관계가 돈독한 이웃의 자녀는 지금도 다녀가니까, 그렇기 때문에 이 주변 전부 나이 차가 많이 나더라도 자식들을 알게 되지요.

주민주체의 회의로

구 고토나미정 출신으로 2011년에 고토나미지소장이 된 아마기리 히로시씨는 인구감소와 동반하는 지역과제가 산적한 가운데, 지소 직원이 감소할 것이라고 하는 사태를 앞두고 위기감을 크게 느끼고 있었다.

구 정(町)시절 45명 정도였던 직원은 합병 직후에 14명이 된 후에도 계속적으로 줄어 8명 밖에 안됐다. 그러나 관할지역의 시설 유지관리, 복지관계업무, 지역진흥 기획조정, 이벤트 기획운영 뿐아니라 신고, 등록, 증명, 수납업무 등 창구업무를 계속 담당해야 했다.

이러한 가운데 고토나미중학교의 폐교와 더불어 발생하는 부지문제나 이용률이 낮아지고 있는 시설을 어떻게 활용할 것인가 등 지역 현안을 검토하지 않으면 안되었다. 그럼에도 불구하고 지역주민들 사이에는 관공서에 모든 일을 맡기는 분위기여서 마음에 부담이 됐던 것은 사실이다.

아마기리: 이제 지금까지는 거의 행정주도였기 때문이지. 행정이 이렇게 하겠습니다 하고 말하면 주민이 그것에 편승하는 식이다. 무언가 행정이 시작해서 잘 안되면 행정이 잘못한 거지. 행정이 하니까, 너희들이 이렇게 일을 하니까. 당연히 잘되지 않았던거라고.

구 고토나미정 중에서도 특히 걱정이 됐던 곳이 인구감소가 점점 더 심각하게 진행되는 가와오쿠지구였다. 6곳의 마을 가운데 5곳의 마을에서 65세 이상 인구가 50% 이상이었다.

아마기리 : 해 볼 수 밖에 없다. 해서 안되면 끝낼 수 밖에. 어쨌든 먼저 해서 안된다면 극단적이지만 고토나미의 산간부는 끝날 수 밖에 없을 것이라고 생각하게 됐던 것이다.

아마기리씨는 다른 지역의 선진사례를 보더라도 지역주민이 주체적으로 행동하는 것이 중요하다고 느끼고 있었고, 지역주민들이 지역의 방향성을 결정하는 계기를 만들 필요가 있다고 생각하게 됐다. 그래서 계획단계부터 주민참가형이 되는 고토나미미래회의를 착상했다.

미래회의라고 하는 명칭에는 미래의 일은 주민이 스스로 생각하기 바란다고 하는 희망이 담겨 있다.

> 아마기리: 실정을 알기 바랍니다. 지금까지와 마찬가지로 '관공서, 관공서'라고 말하는 것으로는 도저히 안돼요. 스스로 생각해 주세요. 목표는 이제 전혀 없습니다. 그렇게 결정했다면 또 행정주도가 됩니다. 목표가 정해졌다고 하는 것은 행정주도.

이 구상을 본청에 제안해서 승인을 받았다. 최대의 목표인 관공서주도에서 주민주도로 전환하기 위해, 종종 있는 지역 내의 단체장 이름을 죽 늘어놓는 것이 아니라 폭넓은 일반주민이 참가하는 것, 더욱이 그것을 관공소가 정리하는 것이 아니고 제3자인 퍼실리테이터를 두고서 정리해 가는 형식으로 하기로 하고 2015년 4월 고토나미미래회의가 설치되었다. 설치에 있어서는 아마기리씨가 구 고토나미정 내에 8개 있는 연합자치회를 하나씩 하나씩 돌아다니며 설명하고 찬성을 얻어냈다. 왜 이렇게까지 했던 것인지를 물었더니 주민의 한사람으로서 위기감이 있었다고 했다.

> 아마기리: 그것은 위기감, 한 주민으로서. 행정의 직원이면서도 이 지역의 한 주민으로서.

퍼실리테이터를 찾는 중 아마기리씨의 부하로 고토나미지소의 담당직원이 만난 사람이 도쿠시마대학 종합과학부 지역계획학연구실의 다구치씨였다. 담당직원이 다카마쓰시에서 개최된 다구치씨의 강연회를 듣고 마을만들기의 전문가이기도 하고 적임자라고 느꼈던 것이다. 아마기리씨도 생각이 비슷한 것으로 당시 느꼈다고 한다. 같은 해 6월 아마기리씨와 담당직원이 도쿠시마대학에 가서 고토나미미래회의의 좌장역에 취임을 의뢰했다.

4. "우리는 쓰러져 죽을 뿐이다"

'보통' 지역에서의 마을만들기

다구치씨는 "과소화가 심각하니 조언을 해주기 바란다"고 하는 두 사람의 부탁을 그 자리에서 받아들였다. 지금까지 실은 만노정과 구 고토나미정이라고 하는 지역의 존재에 대해서 인식조차 못했음에도 불구하고 받아들인 것은 여러 가지 배경이 서로 얽혀 있기 때문이다.

기본적으로는 대학의 할당직이 아니라 직접의뢰 받는 조건에는 가능한 한 (취지에) 부응하고 싶다고 하는 것에 더해 도쿠시마대학에 부임해서 2년째이고 현장에 가서 필드워크를 제대로 하고 싶다고 생각하던 있던 때였다고 하는 것도 영향을 줬다. 도쿠시마대학과 구 고토나미정은 현(県)은 다르지만 현 경계의 도로정비가 진척되면서 자동차를 이용하면 약 1시간에 불과해 '아무것도 아닌 거리'라고 생각하게 됐다고 한다.

원래 와세다대학의 건축학과에서 마을만들기를 배웠던 다구치씨는 학창시절 지역에 사는 훌륭한 어르신에게 감동을 받아 이 세계에 발을 들여 놓았다. 다른 연구자들과 서로 접촉하는 가운데 지역에 대해서 자신의 이론이나 방법을 강요하는 연구자가 많은 것에 위화감을 느끼고 있다가, 현지로 가서 지역주민과 무릎을 맞대고 토론하는 것을 중시하게 됐다. 의뢰받은 시점에서 구체적인 플랜이나 해결책을 갖고 있는 것은 아니었지만 지역주민과의 무릎을 맞댄 토론으로부터 뭔가를 찾아낼 수 있다면 좋겠다고 생각하고 그것이 가능할 것이라고 확신했던 것이다.

무엇보다 소위 '보통'의 지역에서 마을만들기나 지역재생에 관심이 있었다. 그것은 자기 자신이 지가사키시茅ヶ崎市라고 하는 정말로 '보통'의 지역에서 태어나 자란 것이 밑바탕에 있고 더욱이 전국 각지의 사례를 보고 검토하는 가운데 느꼈던 것이 있었다.

> 다구치: 희망이 사라진 것 같은 지역이 재생하면 세상 전체가 변할 것이라고 생각했는지도 모릅니다. 아주 옛날부터 아무 쓸모도 없는 밭에서 어떻게 할 것이냐며 걱정하는 것은 내가 태어난 본바탕이 그러한 지역이기 때문입니다. 지금까지의 지역만들기란 '슈퍼스타'에 의존한 마을만들기라고 해야 할 것입니다. 저는 역시 '슈퍼스타'에 의존한 마을만들기는 안된다고 생각했습니다. 생기가 없는 맥빠진 마을만들기를 어떻게 할 수 있을까요? 보통의 마을이라고 하는 것에 대한 문제의식이 아주 강합니다.

그러한 의미에서 구 고토나미정은 정말로 '보통'의 지역이었다. 이러한 다구치씨를 좌장역으로, 고토나미미래회의는 출발하게 됐다.

전출자가 지탱하는 생활

고토나미미래회의의 테마는 ①3개로 나뉜 지구 전체의 생활대책 검토 ②폐교 후 고토나미중학교의 생활을 포함한 시설의 정비계획이었다.

①에 관해서 아마기리씨를 포함한 고토나미지소와 야마구치씨가 상담해서 2016년 처음으로 시행했던 것이 지역주민 생활실태 조사였다. 우선 현상을 파악하는 것이 중요하고 그때 3지구 가운데서도 가장 인구감소가 심각한 가와오쿠지구부터 조사를 시작했다. 그래서 도쿠시마대학의 학생으로부터 협력도 얻어서 가와오쿠지구 6개 마을 전 세대를 조사하기로 한 것이다.

조사는 학생이 했지만 자동차가 없으면 가와오쿠지구에 접근하는 것이 불가능했기 때문에 고토나미지소 직원의 도움이 필요했다. 그래서 아마기리씨는 직원을 모아서 협력을 의뢰하고 가와오쿠지구의 자치회장에게도 전화통화를 한 뒤 학생과 직원을 3개반으로 나누고 직원이 운전해 안내하면서 학생이 한집 한집 걸어서 방문하는 형태로 해 전체 39세대 중 30세대를 조사했다.[183]

그 결과 장보기나 통원 등 일상생활과 밀착한 과제를 안고 있는 상황이 명확해졌다. 예를 들면 일상의 장보기는 48%, 통원에서는 42%의 세대가 각자의 자식에게 도움을 받고 있었다. 가게 점포와 같은 생활지원 기능이 축소하고 있는 것, 원래 면허를 따지 않은 지역주민이 많은 것도 배경이었다.

덧붙여 가와오쿠지구에는 대부분의 마을에 상수도가 없어 거의 모든 세대는 직접 물을 조달하는 자주수원自主水源(당사자가 직접 관정해서 식음료를 조달하는 것)으로 대응하고 있었다. 물 공급이 중단됐을 때 등은 물이 나오는 발원지나 물이 끊어진 지점까지 상황을 살펴보러 갈 필요가 있었던 것이다. 거리가 먼데다 도로가 제대로 정비되지 않아 산길을 걸어가지 않으면 안되는 경우도 있었다. 관련 답변을 열거해 봤다.

- 수원(水源)이 집으로부터 2㎞나 된다
- 1~2㎞나 떨어져 있는데다 오가는데 2시간 정도 걸린다
- 길이 나빠 미끄러져서 부상을 당했다
- 멧돼지가 나오기 때문에 위험하다

수원관리가 중노동이고 위험을 동반한 것, 그리고 본인 이외에 이웃사람이나 전출자가 수원관리를 담당하고 있는 것도 알았다. 한편 정주의향에 대해서는 79%가 계속 살고 싶다고 답했다.

생각했던 것 이상의 어려운 상황에 더해 전출자가 문제를 해결하며 근근이 버티고 있는 실태를 파악하고서 다구치씨는 이와 더불어 전출자를 대상으로 한 앙케이트 조사를 실시하기로 했다.[184]

그 결과 전출자는 대다수가 가가와현 내에 거주하고 있었다. 고향을 찾는 주요 목적은 상황을 점검하는 것과 문제가 생기면 일을 해결하거나 도와주기 위함이라는 것도 알게 됐다. 빈도는 월 1회가 가장 많았고, 주 1회, 연 1회 순이었다. 오가는 수단은 자동차가 중심이고, 편도 1시간정도 걸리는 사람이 가장 많았다. 1시간 이상 소요되는 경우는 없었다. 고령의 부모가 홀로 사는 것이 다녀가는 이유였다. 마을활동에 대해서는 '어렸을 때부터 참가하고 있다' '부모가 참가하고 있기 때문에 자신도 참

가한다' '장남으로서 참가한다' 등의 의견이 눈에 띄었다.

2가지의 조사를 통해서 우선 전출자의 부양에 의해서 고령자의 지역에서 생활이 지속되는 실상이 명확하게 밝혀지게 되었다.

단념하는 분위기의 확산

다구치씨는 이러한 2가지의 조사결과 보고회를 개최하기로 했다. 고토나미미래회의에 주어진 테마인 앞으로 가와오쿠지구의 방향성을 지역주민과 함께 생각한다는 의미도 담아 워크숍도 동시에 기획했다. 가와오쿠지구에서는 2016년 12월 6일, 요코하타橫畑, 나카노中野, 가부키리株切, 오키노沖野 등 4개 마을과 가와오쿠나카와 가와오쿠카미 등 2개 마을로 나누어 2차례 했다. 그러나 결과는 매우 좋지 않았다. 다구치의 회고가 실상을 말해주고 있다.

> 다구치: 뭐... 워크숍이라는 형태로 시작했지만 워크숍은 제대로 되지 않은 것이 사실입니다. 아주 엉망이었지요. 나도 지금까지 워크숍은 아주 많이 다녀봤지만 그중 최악의 5개안에 들어갈 정도였습니다.

관공서에 대한 불만과 비판이 분출하고, 전향적인 의견은 나오지 않았다. 더욱이 '쓰러져 죽겠다'고 하는 충격적인 말도 쏟아져 나왔다고 한다.

제Ⅱ부. 관계인구의 다양한 모습

> 다구치: 지금도 뭘 한다고 하는 말은 많지만, 20년전이었다면 하는 의미가 있지만, 이제 와서 뭘 하더라도 어쩔 수 없다고 합니다. '이제 우리들은 쓰러져 죽겠다'고 말을 합니다. 그 말도 나름은 아주 충격적이었습니다. 아무튼 누군가로부터도 전향적인 발언이 나오지 않을 것이라고 감지했습니다. 워크숍이 끝난 후의 느낌은 이제 더이상 안된다고 생각한 것이 사실이었습니다. 희망적인 아무런 단서도 찾아내지 못했다는 느낌이었습니다.

목표로 하고 있던 관주도에서 주민주도로의 전환은 간단하지 않았다. 다구치씨는 심한 충격으로 의욕을 잃고서 보고서에는 고령화와 인구감소에 기인하는 체념감이 확산되면서 주민 스스로 지역의 지속화를 위한 새로운 검토를 개시할 의욕은 거의 없었다는 것을 포함했다. 즉 현 상황에서 주민 자신에 의한 지속화 노력은 어려운 상황이라고 정리할 수밖에 없었다. 그리고 2017년 3월 만노정에 대한 보고서를 제출했다.

구 고토나미정에 남아있는 다른 지구에 대해서는 앞으로 조사를 시작하기로 했지만 가와오쿠지구에 대해서는 고토나미지소로부터 의뢰받은 임무로서는 보고서로 일단락 짓고 보통이라면 이것으로 마무리하는 게 수순이었다.

전출자간담회의 출범
보고서 제출 후 고토나미지소의 담당자로부터 다구치씨에게 연락이 왔다. '앞으로 어떻게 할 겁니까'하는 것이었다.

보고서 제출로 끝났다고 생각한 다구치씨는 깜짝 놀라며 "참으로 한심한 일이군"이라고까지 느꼈다고 한다. 그리고 반농담조로 전출자간담회 개최를 제안했다. 이때는 가능할 것이라고는 생각조차 않고 단순히 문득 생각한 것을 이야기 한 것이었다.

다구치: 의아한 생각이 들어. 뭐라고? 이런 상황에선 우선 전향적인 것 같구만. 전혀 가능하다고 생각하지 않아서, 가와오쿠에서 전출자간담회를 해 본다면 어떻겠습니까? 라니. 모일 수만 있다면 모여서 만나보는 정도, 나도 잠깐 그 정도의 자세였다고 생각합니다. 할 수 있다면, 전출자가 최선을 다한다면 재미있지 않을까라며 그다지 네트워크 같은 것은 생각하지 않고서 그렇게 단념한 사람들, 그럼 지지하고 있는 사람들은 어떤 심정일까.

마침 담당자도 새롭게 막 교체된 참이었다. 그 담당자가 가와오쿠지구에 살고 있는 젊은 세대를 대상으로 호소해 2017년 4월 22일 제1회 전출자간담회가 열리게 됐다. 참가한 전출자는 5명, 그 밖에 다구치씨, 아마기리씨, 담당자 등 모여야 할 사람은 모두 모였다.

가와오쿠지구에 있는 커뮤니티센터의 다다미방에서 참가자 전원이 빙둘러 앉았다. 다구치씨는 어디에서부터 어느 정도의 빈도로 돌아올 것인가 전출자끼리 어떤 연결이 가능할까 등 실태를 물었다. 의외였던 것은 이미 자신의 본가는 없고 모두 전출했지만 옛날 신세를 졌던 것이 계기가 되어 오가는 전출자가 있다는 것이었다.

다구치: 그 무렵부터 이것은 아무래도 무언가 있을 것이라는 확신이 있었습니다. 그럼 매월 전출자간담회에서 이런 일을 하는 지역 따윈 세상 어디에도 없기 때문에 가설도 없고, 우선 여러 사람들과 말을 나누다보면 무언가 힌트가 있을지도 모른다 하는 정도였지요. 나도 아무 카드도 없이 속마음을 전부 털어놨습니다. 현장은 단념하고 있기 때문에 무언가 하지 않으면 안된다며 대화는 제법 했지만 그 지역의 사람도 그때는 반신반의하면서도 확실히 그런 것도 있기 때문에 한번 해볼까 하는 정도의 느낌이었습니다.

참가한 전출자들에게 본심도 털어놓는데 이것이 한차례로 끝나는 것이 아니고 매월 1회 기준으로 전출자간담회를 이어가기로 한 것이다.

한편 아마기리씨도 생각이 있었다. 가와오쿠지구부터 조사를 시작한 것도 단순히 가장 많이 인구가 감소해서 곤란하기 때문이라고 하는 것뿐 만아니라 가능성도 느끼고 있었기 때문이다.

아마기리: 가와오쿠지구, 젊은이는 거의 없지만 축제 때가 되면 왕창 늘어납니다. 게다가 관공서가 부탁하러 가면 "관공서의 부탁이라면 어쩔 수밖에 없을 것"이라고 생각했습니다. "협력한다"고 하는 느낌으로. 옛날에는 집집마다 자동차가 들어갈 수 있는 길이 있는 것이 아니어서. 하지만 길을 내는데 있어서 "어디라도 마음대로 길을 내도 좋지"라며. "우리는 무상으로 제공한다"고 생각하고 있었습니다. 자치회도. 가와오쿠지구는 '옛날의 고토나미'라고 하는 느낌이었지요. 옛날부터 고토나미의 느낌은. 사람이, 인간성이 먼저였지요.

다구치씨도 "가와오쿠는 변할 가능성이 있다"며 아마기리씨 등이 기세 좋게 말하던 것을 기억하고 있었다. 다구치씨는 당초 조건이 아주 힘들지는 않고 "곧 반응을 보이는 곳에서 할 수 있게 되면 다른 지역에도 파급효과가 클 것"이라고도 말했다. 그래서 선택받은 곳이 가와오쿠지구였다. 가와오쿠지구에서 성공시켜 그 모델을 다른 지구에도 파급시켜간다고 하는 것을 생각하고 있었던 것이다. 가와오쿠지구의 문제이지만 가와오쿠만의 문제는 아니었다.

5. 진화하는 전출자간담회

네트워크형 자치

이 무렵 다구치씨는 네트워크형 자치를 제창하게 됐다. 가와오쿠지구에서 정착되어 온 성과를 바탕으로 지역주민뿐만 아니라 주변과 멀리 사는 관계자도 포함한 지역 안팎의 다양한 사람이 참여하는 지역자치의 개념으로서, 네트워크형 자치라고 명명했던 것이다. 그 가능성이나 구체적인 방법에 대해서 실천적인 연구를 추진한다는 내용으로 과학연구비조성사업에 응모, 2016년도부터 3년간의 지원을 받았다.

실은 2006년 와세다대학에 제출한 다구치씨의 박사논문 『시민을 중심으로 한 마을만들기 체제의 자율화 프로세스에 관한 연구』는 앞에서 서술한 '교류피로' 현상을 검토하고 지역을 주체로 해서 어떻게 안팎으로 연계를 만들어 갈 것인가가 핵심적인 내용이었다.

이 박사논문으로부터 자신의 관심이 가와오쿠지구, 그리고 네트워크형 지자체로 연결되어 있는 것을 명확히 인식하게 된 것은 큰 의미가 있었다. 그리고 새로운 담당자도 계속 의욕적으로 가와오쿠지구에서 적극 노력하기로 굳게 마음을 먹게 됐던 것이다.

그러나 한편 제2회 전출자간담회(2017년 6월 24일)의 참가자는 2명으로 줄었다. 평일 밤 근무가 끝나고서 모이는 것이 어렵다고 하는 면도 있었지만 초기의 전출자간담회를 계속 이어가는 것이 가능할까 자체적으로 불안하게 됐다고 아마기리씨는 회고하고 있다.

아마기리: 처음에는 "관공서에 이것을 해줘, 저것을 해줘"라고 (참가자가) 말했습니다. 물 문제도 "관공서가 어떻게 해주지 않으면 안돼"라든가 "도로도 어떻게든 해주지 않으면 안된다"는 식이었습니다. 한 사람 줄고 두 사람 줄고 해서, 최악으로 소멸되는 것은 아닐까, 도중에도 종종 생각했습니다. 다구치 선생에게 좀 실례합니다만 그 중에는 비판적인 사람도 있으니까요. 이제 작금의 현상은 어떻게 해도 안될 것이라고 하는 사람도 있었어요. "선생님, 그런 겉만 번지르르한 말을 한들 전혀 가능하지는 않을 것"이라는 반응이지요.

단 한사람의 참가자

전술한 요코이 히데오씨는 제3회 전출자간담회(2017년 7월 21일)에 처음으로 참가했다. 선배로부터 부름을 받고, 아무 생각없이 참가하기로 했던 것이다.

다구치씨는 알고 지내는 전출자가 없었기 때문에 이와 같이 전출자끼리 서로 연락하며 네트워크 속에서 새로운 참가자를 늘려가는 형식이 될 수 밖에 없었다. 제3회는 6명, 제4회(동년 8월 24일)는 4명이 참가하고 축제 준비를 겸한 제5회(동년 9월 23일)에는 사상최대인 13명이나 되는 전출자가 모였다.

특히 제5회는 성황이어서 아이디어도 제법 나왔다. 그러나 다음 제6회(동년 10월 26일)은 5명으로 줄고, 게다가 열기도 식었다. 다구치씨는 기세는 좋지만 입만 살아있는 유형과 진심으로 한번 해보겠다고 하는 유형의 두종류로 전출자를 나는 것이 가능하다고 생각했다.

이렇게 회를 거듭해 나가면서도 한 방향으로 구체적인 이야기는 좁혀지지 않았다. 그 가운데 참가자가 실증을 내고 있는 분위기를 다구치씨도 느꼈던 것이다.

다구치: 몇 차례인가 해 봤지만 결국 나도 이야기거리가 없어져 토박이들도 좀 싫증이 난 상태이고, 마침 지역주민들도 이제는 지쳐있다고 말할 수 있었지요. 이렇게 모여서도 어떤 해결책도 없지 않는가 하는 것을 지역주민들도 이야기를 해서, 아, 역시라고 생각하기 시작했던 것입니다. 그래. 역시나. 나로서도 전혀 아이디어도 없고 어쨌든 무릎을 맞대고서 뭔가 말해주면 무엇인가 있지 않을까 생각했던 것입니다만.

실제로 후쿠이씨로부터도 이 회의에 대한 의문이 제기됐다는 이야기가 있었다고 한다.

다구치: "결국 우리들이 아무리 해도 무언가 그다지 진척되지 않으니까 점점 회의에 대한 의문이 생기게 됐다"며, 그렇기 때문에 아마 요코이씨가 말해주었다고 생각합니다. 그래도 별것 아니지만 나는 즐거웠습니다.

그래서 마침내 제7회(동년 11월 30일)는 참가자가 단 1명이 됐다. 고토 나미지소의 담당자로부터 "한번 리셋하는 편이 좋겠다"고 하는 제언도 있고, 다음 차례는 다음 달이 아니라 시간을 좀 두고서 다시 정하기로 했다.

이때 급히 달려왔던 한 사람이 요코이씨였다. 처음 인상은 그다지 남아있지 않다고 다구치씨는 회고한다. 하지만 가능한한 간담회에 참가해주는 진면목과, 다른 사람이 걱정이 돼서 말하기 힘든 것도 올곧게 말해주는 요코이씨에 대한 신뢰는 누구보다 깊었다.

재해 시 대응에 대한 주목

왜 구체적인 대책이 좁혀지지 않았던가. 다구치씨는 네트워크화에 의한 대응을 호소하고 참가하는 전출자들도 "이유는 알고 있다"며 어느 정도 이해는 표시했다. 그러나 상세하게 들어 보면 같은 마을에서도 골짜기가 다르면 이웃으로 간주하지 않고 전출자들도 자신의 바쁜 일상 가운데 짬을 내서 간담회에 겨우 참석하는 등 실정이 명확해졌던 것이다. 요코이씨도 다음과 같이 설명한다.

요코이 히데오: 안부확인이 가능할지 어떨지 하는 것도 있지만 역시 거리가 너무 떨어져 있지 않습니까. 그렇지만 그것은 힘든 것입니다.

다구치씨는 전출자에 의한 장보기 지원이나 통원, 일상적인 생활지원까지 포함한 폭넓은 자치도 포함하는 것을 검토했지만 그 생각은 바꿨다. 회의 운영에 대해서도 다구치씨 측으로부터 구체적인 대책을 제안하고 가능할지 가능하지 않을지를 검토한 뒤 완전히 매듭지어가는 방법으로 바꾸기로 했다.

이렇게 해서 7회 모임 후 5개월 가깝게 간격을 둔 2018년 3월 30일 다구치씨가 구체적인 제안을 하는 가운데 가능성이 보이기 시작했던 것이 재해시의 대응이었다. 일상의 안부확인까지는 어렵지만 재해 시에 있어서의 지원 필요성을 공유할 수 있었던 것이다.

그래서 다구치씨는 전출자에 의한 지원내용을 유사시를 중심으로 한 안심·안전의 확보로 다시 설정하고 각 세대의 상황을 파악·공유하는 마을의 소위 가르테カルテ(진료기록카드)를 만드는 것을 생각하게 됐다. 전출자들부터는 전향적인 반응만 있는 것은 아니었지만 요코이씨로부터 소방단활동의 소방점검을 구실로 해서 각 세대를 돌아다니며 파악하려고 하는 제안이 있었다. 그러나 이 시점에서 다구치씨는 실현할 수 있다고 하는 확신까지는 갖고 있지 않았다.

'스스로 뭔가 하지 않으면 안된다'

요코이씨가 오가면서 모친의 생활은 확실하게 부양할 수 있었지만, 가와오쿠지구의 과제에 대해서는 그다지 의식하고 있었던 것은 아니었다. 그러나 회를 거듭하는 사이에 의식의 변화가 나타나기 시작했다.

원래 전출자가 힘을 모아야 할 필요성은 이해하고 있을 뿐 만아니라 다구치씨는 "기본적으로 행정 따위에는 의존할 수도 없고 합병해서도 지소를 보면 사람이 없지요"라며 반복하고 있는 것에서 관공서가 아니라 자신들이 하지 않으면 안된다고 새삼스럽게 자각했던 것이다.

다구치씨가 이렇게 반복하는 배경에는 '행정에 휘둘리지 않는 지역만들기'라고 하는 지론이 있다. 학창시절부터 다양한 지역에 관여해 온 경험으로부터 행정이 아니고 지역주민의 능력을 어떻게 양성해 갈까가 중요하다고 생각해 왔던 것이다. 그래서 지역주민에 대해서는 행정에 의존하지 말 것을 강조하고, 행정에 대해서는 '행정밖에 없기 때문'이라고 하는 이야기를 하며 이원외교적인 대응을 하는 것이 기본적인 자세였다.

다구치: 매일 말하는 것처럼 해서, 관공서 따위에만 의존해서는 아무것도 안되지요. 나의 원래의 문제의식이 행정에 휘둘려지지 않는 지역만들기를 하고 싶다고 하는 지론이(있어서). 결국 행정 따위는 타인의 일이기 때문에 자치력이라고 할까 자신들이 지역을 경영하는 것과 같은 능력을 어떻게 지역에 더해갈 것인가에 대해서는 계속 생각하고 있습니다.

그것은 행정이 말하기 힘든 것이 있고, 행정과 주민이라고 하는 대립구조를 피하기 위해서도 제3극의 존재로서 의식적으로 갖고 있는 태도

이기도 했다. 전출자간담회에 매번 동석하고 있던 아마기리씨도 요코이 씨의 변화를 느끼고 있었다. 존재는 이전부터 알고 있었지만 실은 적극적인 인상은 받지 못했다고 한다.

> 아마기리: 뭐 실제로 그 사람(요코이 히데오씨)이 그렇게 적극적으로 해줄까 하는 생각이 있었습니다. 그런데 이런 생각은 완전히 틀렸습니다.

"틀렸습니다"라고 아마기리씨가 말한 것처럼 특히 후반은 요코이씨의 존재감이 높아지고 모임을 리드하며 "아니 그렇게 말해도 적극적이지 않아요"등 동조하며, 소극적으로 관공서에 맡기는 경향이 강했던 전출자로부터도 조금씩 전향적인 발언이 들려오게 됐다. 아마기리씨는 역시 다구치씨의 반복적인 발언이 효과가 있었다고 생각하고 있다.

> 아마기리: 대개 (다구치)선생이 이야기를 듣습니다. "이제 관공서는 해주지 않으니까 모두가 할 수 있는 것을 하고 아무리해도 어쩔 수 없는 경우는 마지막으로 부탁해서, 그것은 더 이상 타협할 수 없다고 선을 그어야 한다"라고 해야합니다. 완전히 다릅니다. 행정이 말하는 것과 대학교 선생이 말하는 것은.

6. 마을의 존엄성을 지킨다

원점은 가와오쿠지구

요코이씨가 부탁을 해서 전출자간담회에 참여하게 됐던 인물이

어릴 적부터 친했던 다카오 히로키高尾洋規씨이다. 두 사람은 유치원과 초등학교, 중학교를 같은 학교에 다녔던 동급생으로 현재도 같은 주택단지에서 살고 있다.

다카오씨도 고등학교 때부터 가와오쿠지구를 잠시 떠났다가 취직 후에는 본가에서 출퇴근했지만 결혼을 계기로 이주해 구 고토나미정내의 분양주택단지에 집을 지었다. 양친을 떠나서 집을 짓는 것이 당연한 것처럼 이야기되는 데다가 정내는 살기에 편하고 자동차로 20분 정도면 가와오쿠지구에 돌아오는데 불편함도 없었다고 하는 점에서 결심했다.

5년 전부터는 매주 가와오쿠지구로 돌아오게 됐다. 모친이 사망하고 부친이 혼자 생활하게 됐던 것이 계기이다. 부친은 통원할 때는 스스로 차를 운전하고 집도 전체적으로 직접 정리정돈 하고 있어 특별히 도와주는 것은 없지만 안부확인을 겸해 다녀가고 있다. 그뿐 아니라 밭에서 양배추도 재배하고 있다고 한다. 가와오쿠지구의 소방단에 소속되어 축제도 열심히 참가하는 점도 요코이씨와 같다.

> 다카오: 뭐 그저 좋은 것이지요. 좋으니까 다가가게 되는 겁니다. 소방단도 축제도. 여기 사람들을 생각하면서 축제에 참가하게 되지요. 이 축제에 참가하지 않으면 가와오쿠라고 하는 것은 (의미가 없습니다), 역시 우리의 근본은 가와오쿠이지요.

다카오씨는 요코이씨로부터 권유를 받고서 제4회 전출자간담회에 처음 출석한 뒤 그 후에도 4차례나 출석했다. 그리고 똑같이 전출자간담회에 참여하는 것으로부터 변화가 나타났다.

> 다카오: 역시 할 수 있는 것은 해야 한다고 생각하게 되었습니다.

다구치씨도 다카오씨가 요코이씨와 더불어 전향적으로 토론을 진척시키며 스스로 도움을 얻게 됐다고 생각한다.

> 다구치: 다카오씨는 아주 적극적입니다. 전부 해버리자는 식으로 생각하니.

'마을 가르테(진료기록카드)'가 생겨났다

요코이씨부터 소방단활동의 소방점검을 구실로 해서 각 세대를 차례로 돌아가며 파악하자는 제안이 제기됐을 때 다구치씨는 앞에서 서술한 것처럼 정말로 실현할 수 있다고는 생각하지 않았다.

그것이 2018년 여름, 실제로 소방점검 때 세대와 수원지를 둘러보고서 구체적인 정보를 청취했다. 요코이씨가 다카오씨와 다른 소방단원과 협력해서 실현시켰던 것이다. 그래서 이러한 정보를 '마을 가르테'라고 정리하기로 했다.

지금까지는 같은 가와오쿠지구라도 마을이 떨어져있으면 각 세대의 상세한 사항까지는 몰랐다. 이 가르테를 이용함으로써 어느 세대에 어떠한 상황의 거주자가 있는지를 관계자로서 공유할 수 있고, 재해 시에도 우선순위를 가려 중요하거나 긴급한 것부터 지원을 하는 것이 가능하게 됐다. 똑같이 각 가정의 수원지 정보도 "마을 가르테'에 포함해 공유했다.

요코이씨에 따르면 태풍 때는 원래 소방단원으로서 전 지역(구)을 약 2시간에 걸쳐서 돌아보고 상황을 파악하고 있지만 각 세대의 상황과 상수원의 정보도 공유할 수 있게 됨으로써 산사태 등이 일어났을 때 등에도 어떻게 대응할지 판단을 하기 쉽게 됐다고 한다.

> 요코이 히데오: 예를 들면 가와오쿠 전 지역에서 물이 나오게 됐는가를 살펴보고자 했을 때 보러 오는 사람도 있지만 단지 외지사람(타관사람)이 수원지까지 다녀갈지 어떨지 하는 것은 전혀 모르지요. 그렇지만 그 수원지는 그 지역에서 이제 스스로 담당하지 않으면 안되는 것입니다.

이렇게 해서 재해 시의 안부확인에 사용하는 '마을 가르테'가 완성되고 전출자의 네트워크화가 가능했던 것으로부터 전출자간담회는 제12회(2018년 9월 13일)의 개최를 마지막으로 일단락 짓게 됐다. 다구치씨는 이 무렵 주 2회의 간격으로 만노정을 오가고 있었다.

결국 전출자간담회는 2017년 4월부터 1년반에 걸쳐서 일시 중단한 시기를 빼고 거의 매월 개최됐던 것이다. 요코이씨는 이중 8회나 참가해 톱클라스의 참가회수를 기록하고 있다. 참가하기 시작하고부터 2차례만 빠졌다. 앞으로는 '마을 가르테'의 실효성 등을 검증하고 정기적으로 정보를 갱신하면서 필요에 따라 간담회 개최하는 것을 고려하고 있다.

다구치씨는 '마을 가르테'가 기능할지 미지수라고 본다. 하지만 빨대

효과로 부정되어온 도로정비로 도시와 농촌이 가까워지고, 정주이외에
도 지역과 함께 교류하는 방식이 구체화된 것 등 전출자간담회의 의의는
크다고 생각하고 있다.

> 다구치: 실제 어떻게 기능할까, 아직 미지수인 점이 있습니다만, 나는(전출
> 자간담회는) 이제 너무 크고, 엉망진창으로 커졌다고 생각합니다. 공무원들
> 은 계속 정주만 너무 중요한 기준으로 하는 부분도 있어서, 어쩐지 기분이 나
> 쁘다고 하는 점과, 문득 나 자신도 여러 지역과 뭐, 관계인구라고 하는 것일
> 지도 모르지만 앞으로도 계속적으로 교류를 하고 있는 곳은 몇개 지구인가
> 있어서, 그러한 교류방식도 좋지 않을까 생각해서.

다구치씨 자신도 몇 번이나 마음의 좌절되었음에도 끈기 있게 계속
할 수 있었던 이유로서 앞에서 서술한 "희망이 없는 듯한 지역이 재생하
면 온 세상이 변한다"고 하는 신념을 갖게 되면서 고토나미지소의 직원
과 잦은 만남이 지속된 것이라고 회고한다. 예를 들면 보고서를 정리하
는 것만으로도 끝나지 않는다는 것, 전출자간담회에서도 분위기를 보고
서 일단 시간을 두는 등 현장감을 갖고서 직언해 준 것이 큰 도움이 되었
다고 한다.

소멸이라고 하는 가능성

구 고토나미정에서는 전출자간담회이외에도 고토나미미래회의
를 통해서 폐교직전인 고노나미중학교의 이용과 활용이 진척되어 새롭

게 메밀을 재배하는 움직임도 나타났다. 아마기리씨는 지역의 변화를 기쁘게 생각하고 있다. 문득 앞으로 10~20년 동안 가와오쿠지구는 걱정이 없다고 말하는 지소직원도 있다.

> 아마기리: 단념한 듯한 느낌이 있는 것은 확실합니다. 그렇지만 여러 부분에서 중학교의 적지 이용이든가 전출자든가 메밀재배사업이든가 적극적으로 해주고 있어요. 무언가 조금씩 그러한 것이 가능하게 되는 것만으로도 좋겠다고 생각하기도 합니다. 자신들 스스로가 하겠다고 하니까. 계기를 만들어서 그것이 궤도에 오르면 우리들은 나중에는 조금이라도 도움이 되는 정도이고. 현재는 그렇게 해서 끌어당겨주는 사람이 있으니까.

지역주민인 요코이 히사코씨도 요코이 히데오씨를 비롯한 자녀들이 부양하는 면도 있고, 특히 곤란한 것은 없다고 말하고 있다.

> 요코이 히사코: 지금은 뭐 자식들이 부양해 주고 있으니까 특별히 곤란한 것도 없어요.

한편으로 가와오쿠지구의 소멸가능성에 대해서는 아주 부정하고 있는 것은 아니다. 앞에서 서술한 『전출자에 의한 네트워크형 주민자치의 검토』(2019년)에서도 앞으로의 논점에 관해서 가와오쿠지구의 주민이 마지막 한사람이 되는 최종단계에서는 전출자가 거주자의 안부를 확인하고 이상이 있을 것 같으면 상태를 확인하고 연락을 하는 것으로 정리됐다.

다구치씨도 목표를 지역의 존속에는 두지 않고 있다고 설명한다. 인구 감소 사회를 요약하면 전국 각지에 있는 많은 마을이 사라지게 되고 소멸이라고 하는 가능성은 언제나 존재하는 것이다. 단 그것은 지역 밖의 사람이 절대 말해서는 안 되고 지역 내부로부터 제안이 있는 경우 수용한다고 하는 것이 기본적인 스탠스다.

> 다구치: 역시 폐촌이라고 하는 말은 좋지 않다고 생각해서. '마을의 존엄'을 지켜가면서 어떻게 잘 정리해 갈까.

'마을의 존엄'이라고 하는 말은 선배연구자가 사용하고 있는 표현이다. 사람의 존엄사라고 하는 말이 있는 것처럼 지역에도 존엄이 중요하다고 다구치씨는 생각하고 있었던 것이다. 그러나 주위를 둘러보면 마을은 당연히 존속되어야 한다 또는 철거돼야 한다고 하는 양극단의 의견이 있다. 다구치씨 자신은 현실과의 괴리감이 있긴 하지만 아직 (마을의 존엄사를 지지하는) 소수파라고 한다.

가와오쿠지구에 대해서는 지역주민이나 전출자와 논의를 거듭하는 가운데 미래에는 소멸의 가능성이 있다고 하는 합의가 형성되어 있었다. 다구치씨는 처음에는 어쩔 수 없이 "거친 말이 나옵니다"라며 습관적인 수식어를 붙여가면서 구 고토나미정에서도 미래 전체 지역이 생존할 것이라고는 생각하지 않는다는 말을 했더니 전출자간담회의 참가자가 "모두 알고 있는 이야기이기 때문에"라며 수식어는 이제 그만두고 오히려 소멸을 전제로 이야기하는 편이 좋겠다는 말이 나왔던 것이라고 한다.

> 다구치: 가와오쿠의 사람들이 말했던 것은 최후의 할머니가, 최후의 주민이 사망했을 때 방치되지 않도록 하기 위해서라고 한다. 그것은 결국 모두에게 아주 공통되는 것이다. 가와오쿠도 정리하겠지만, 과연 깔끔하게 정리할 수 있을지 모른다는 가능성은 지금 저도 조금은 생각하고 있습니다.

다구치씨가 이렇게 생각하는 데에는 이유가 있다. 실은 최근, 소멸한 것으로 간주되는 마을의 존재를 알고, 최후의 주민에게 인터뷰를 부탁했지만 거절당한 경험이 있다. 거기에는 최후의 주민이 되는 것에 대한 뭔가 떳떳하지 못하다고 하는 양심의 가책이 영향을 주고 있기 때문은 아닐까 하고 생각하고 있는 것이다.

> 다구치: 계속 부탁하고 있지만 본인이 그것을 희망하지 않기 때문에 어쩔 수 없습니다. 그렇지만 역시 최후의 1인이 어떠한 마음으로 기분좋게 떠날 수 있을까 하는 것은 아주 중요하다고 생각해요. 자신이 최후의 1인으로서 인도했다는 사실은 아마 상당히 오랫동안 남게 될 테니까요. 그 때 어떠한 방식으로 하면 기분 좋게 떠날 수 있을까 하는 겁니다.

"아직 할 수 있는 것이 있다"

앞으로 가와오쿠지구에서의 전출자 지역지원에 관해서는 수원(

水源)의 공유화도 검토과제로서 제기되고 있다. 그러나 다구치씨, 요코이씨 모두 현재의 상황에서는 곧바로 뛰어드는 것은 어렵다는 인식이다. 전출자 자신이 일을 떠안으면서 오가고 있는 것, 그리고 지역주민의 합의형성에도 아직 시간이 걸릴 것으로 생각되기 때문이다.

한편, 다구치씨는 가와오쿠지구에서 느낀 보람을 원래의 문제의식인 '보통'마을의 마을만들기로 살려가고 싶다고 하는 생각을 하고 있다.

> 다구치: 만노정과 계속 교류하는 것도 좋습니다. 그렇지만 어느 쪽이냐 하면 나는 역시 축소균형이라고 할까 어떻게 하지도 못하는 어떤 변화도 없는 지역에 어떻게 변화를 가져올 수 있을까, 나 나름의 성공체험이 만노정, 고토나미에서 만들어 온 것으로. 그것을 기초로 확대해 갈까 하는 (생각이지요). 아주 마음에 드는 것이니까요.

구 고토나미정, 그중에서도 가와오쿠지구의 노력 포인트로 지역의 축제나 교육열을 들고 있는데, 그 배경에는 사회관계자본의 존재를 지적하고 있다.

> 다구치: 소셜캐피털(social capital 社会関係資本)이라고 하면 제법 근사하지만, 사람과의 관계를 끊어지지 않게 묶어두는 접착제로서 축제같은 것은 있다고 하지만, 또 한가지는 그 주변에 신세졌던 분들에게 20~30년 후 은혜를 보답하는 것으로 연결시킬 수도 있다고 봅니다. 역시 그러한 것은 지역의 교육열과도 관계가 높은 것이라고 생각합니다.

지역으로 확대하는 포석의 하나가 2019년 11월 7일, 만노정에서 열린 제13회 전국수원(水源)마을심포지엄이었다〈그림 36〉.

심포지엄의 테마는 '지역의 자랑과 역사가 개척하는 미래-「관계인구」는 지역에 무엇을 가져올 것인가'. 300명 규모의 전국에서 모인 심포지엄으로, 패널토론의 코디네이터를 맡은 다구치씨는 가와오쿠지구 전출자간담회의 노력을 폭넓게 알릴 수 있는 기회라고 생각하고 패널리스트의 한사람으로 요코이씨를 지명했다.

지금까지 많은 사람들 앞에서 발표할 기회는 없었다고 하는 요코이씨가 받아들일까 하는 불안감도 있었지만 타진해봤더니 주저함없이 시원스럽게 수용해 정식 행사에서는 전출자간담회에 관한 자신의 경험을 발표했다. 이 심포지엄에는 필자도 패널리스트의 한사람으로서 참여했다.

요코이씨는 패널토론에서 전출자간담회에 참여와 다구치씨와 만남을 통해서 지역에 대한 폭넓은 인식을 갖게 되었다고 회고했다.

> 요코이 히데오: (다구치) 선생이 와서 여러 가지로 도전하는 방법을 가르쳐 주기 전까지는 그러한 의식이 전혀 없었습니다. 모두 그렇지만 일단 태어났다면 태어난 곳으로 돌아가서 일한다고 하는 것은 당연하다고 하는 생각으로 일을 하고, 그것이 자신의 집이나 근처에 제한되어서. 지역에 대해서 어쩌구저쩌고 하는 것까지는 생각이 미치지 못했습니다. 그것을 지역에서 생각했을 때 어떻게 될까 하는 것을 이번에 배웠습니다.

그리고 미래에 대해서 아직 자신들이 할 수 있는 것이 있다고 말했다.

요코이 히데오: 활동이라고 하는 형태를 통해서 봤을 때에는 아직 스스로 앞으로도 할 수 있는 것이 있지 않을까 생각합니다. 지금은 (직장에서) 근무하고 있지만 (정년이 돼) 근무할 수 없게 돼 자유롭게 움직일 수 있다면 이제 조금 다른 형태의 노력이, 즉 모두가 협력해서 할 수 있는 것이 아닐까요.

〈그림 36〉 제13회 전국수원마을심포지엄(제13회 전국수원마을심포지엄 실행위원회 제공)

제Ⅲ부. 관계인구와 지역재생

제7장.
지역재생 주체의 형성

1. 주체형성의 3단계

제4~6장에서는 관계인구가 지역문제의 해결에 관여해 지역이 재생한 시마네현 아마정, 같은 현의 고쓰시, 가가와현 만노정 3개 지역의 사례를 살펴봤다.

그렇다고 해도 관계인구는 제2장에서 정의한 것과 같이 '특정 지역에 계속적으로 관심을 갖고 관여하는 외지인'이고, 그 자체로 지역재생의 주체와 동의어는 아니다. 그 때문에 본서에서는 관계인구가 어떻게 지역재생에 관여하게 되는 것인가, 즉 관계인구가 지역재생의 주체로서 어떻게 형성되어 갈 것인가를 질문의 하나로 제기했다. 그리고 제7장에서는 제3장에서 제시한 틀에 기초해서 3개 지역의 사례를 분석하면서 관계인구와, 그리고 지역주민이 어떻게 지역재생의 주체로서 형성되어 있었는가를 사회관계자본론으로부터 파악해 가고자 한다. 먼저, 3개 지역의 사례에 공통적인 지역재생 주체의 형성과정을 확인해 보고자 한다.

등장인물이 많기 때문에 다시 한 번 이 장에서 주로 분석대상으로서 제기하는 관계인구와 지역주민을 지역별로 정리한다〈표 14〉.

〈표 14〉 제7장에서 분석대상이 되는 3개 지역의 관계인구와 지역주민

	관계인구	지역주민
아마정	이와모토 유씨	요시모토 미사오씨(아마정사무소직원) 하마이타 겐이치씨(교원·사회교육주사)
고쓰시	다나카 리에씨 미우라 다이키씨	나카가와 가나에씨(고쓰시청 직원) 요코타 마나부씨(데고넷이와미 이사장) 후지타 다카코씨(고쓰만엽의 마을상점회 회원)
만노정	다구치 다로씨	아마기리 히로시씨(만노정사무소 전 직원) 요코이 히데오씨(전출자간담회 회원) 다카오 히로키씨(전출자간담회 회원)

지역재생 주체의 형성과정은 공통적으로 크게 다음 세 단계로 나눌 수 있다.

① 관계인구가 지역과제의 해결을 위해 움직이기 시작한다

어느 경우에나 시작은 관계인구가 각각의 지역문제 해결을 위해 주체적으로 움직이기 시작하는 것이었다. 아마정에서는 이와모토씨, 고쓰시에서는 다나카씨, 만노정에서는 다구치씨가 처음으로 나선 관계인구에 해당한다.

이와모토씨는 원래 도쿄의 기업에서 인재육성을 위한 일에 종사했고, '교육을 통해서 사회를 보다 살기 좋게 만들어 가고 싶다'고 하는 생각이 있었다. 아마정사무소에서 도젠고등학교의 존속 문제를 담당해 온 요시모토씨와 교류사업을 통해서 서로 알게 됨으로써 폐교 직전의 이 학교를

어떻게 해서든 존속시킨다면 좋겠다는 상담을 받고, 이주해서 함께 노력해주길 바란다며 열성적인 권유도 받았다.

고교존속 문제를 '지역사회의 교육문제 해결'로 이해한 이와모토씨는 자신이 하고 싶은 것을 중시했다고 분명히 밝히고 있다. 덧붙여서 "이 사람들과 함께 하는 것이라면 무언가 함께 하고 싶다고 생각했다"는 것도 중요하게 작용해 I턴해서 관여하기로 결심했다.

또, 다나카씨는 오빠와 자기 자신이 취직해 시마네로 돌아오는 것에 대해서 도시에서의 취직과 비교해서 '별 볼일 없는 것'으로 주변에서 받아들이는 것에 반항심을 갖고 '돌아 올 수 있는 시마네를 만들자'고 하는 생각을 굳게 갖게 됐다. 고쓰시에는 단 한차례 방문한 적도 없지만, 콘테스트에 재미를 느끼고 응모해 '돌아올 수 있는 시마네'의 실현을 위해 대학생 인턴십 사업 등을 통해서 도전하는 젊은이를 돕겠다고 하는 계획을 갖고 있었던 것이다. 그리고 대상을 수상하고 이 시로 I턴해서 활동을 시작했다.

다나카씨는 응모 전에 고쓰시에 친구나 지인이 있었던 것도 아니었다. 그러나 콘테스트에 응모와 수상의 과정을 거치면서 기획·운영에 관여한 지역주민인 나카가와씨, 요코타씨와의 관계도 계기가 됐다. 다나카씨는 새로운 임무를 맡기 전부터 나카가와씨로부터는 "반드시 힘을 빌려 주십시오"라는 이메일이 받았고, 요코타씨에게서는 전화로 "기다리고 있어요. 이렇게 셀레는 봄은 오랜만이다"라는 말을 듣고 기대감을 갖게 했다.

한편, 만노정의 다구치씨는 고토나미지소의 아마기리씨로부터 고토나미미래회의의 좌장역에 취임을 의뢰받은 것이 계기가 됐다. 원래 직접 의뢰받은 조건에는 가능한 한 응하길 바란다고 생각하고 있던 것에 덧붙여 소위 '보통'의 지역 재생에 관심이 있었다. 아마기리씨 등으로부터의 의뢰는 그 조건에 딱 들어맞는다는 판단으로부터 책임을 맡게 되고 정기적으로 소통하기 시작했다.

3명의 관계인구는 각각 자신의 관심과 문제의식이 근저에 있고 그것에 더해 지역문제 해결을 위해서 활동하기 시작했던 것이다. 관계인구 스스로 주체성을 갖고 있다고 하는 것은 중요한 출발점이다. 그리고 거기에는 지역주민과의 관계도 중요하다.

② 관계인구와 지역주민 사이에 신뢰관계가 생겨난다

관계인구가 지역문제 해결을 위해 나서기 시작한 다음 단계는 최초에 관계가 있는 지역주민과 다른 지역주민과의 사이에 신뢰관계가 생기면 그 지역주민이 주체성을 획득해 가는 단계이다.

아마정에서는 이와모토씨를 불러들인 요시모토씨는 정직원이라고 하는 입장에서 현립고교의 존속문제를 담당해오고 있고, 실제 현립고교에 대해서는 정과 현이라고 하는 행정의 벽도 있어서 권한을 행사하는 것이 어려웠다. 그 때문에 이와모토씨는 고교의 존속문제를 위해 씨름하면서 자리를 고교의 내부에 두는 것도 실현시키지 못했다. 더욱이 교원이 아닌 이와모토씨가 직원실에 들어가면 긴장감이 흐르고 예민해진 공기가 떠다닐 정도로 교원들로부터 경계를 받았다.

이와모토씨는 '아무리 의미 있는 제안을 해도 신뢰관계가 없으면 들은 척도 하지 않는다'는 사실을 간파하고 도쿄시절에는 전혀 안피웠던 담배를 사서 학교의 흡연실을 드나들면서 쉬는 시간에 오는 교원을 붙잡고서는 학생이나 수업에 관한 것을 물어봤다. 술 마시는 자리에도 가능한 한 참석해서 이야기에 귀를 기울였다. 또 교원보다도 커리큘럼에 대해서 상세하게 공부하는 등 노력을 거듭했다.

이러한 결과 섬에 온지 3년째가 되어서 마침내 교내에 자리를 배치받게 되고 이와모토씨를 경계하고 있었던 교원으로 사회교육주사인 하마이타씨도 이와모토씨의 노력이나 술자리, 흡연, 잡담에도 함께하는 모습을 지켜보면서 "정말 전문가답군. 몸을 갈아서 목표를 위해서는 철저하게 노력한다는 자세. 나로서는 불가능하다"며 신뢰를 보내게 된 것이다. 그리고 이와모토씨가 고등학교에 오기 편한 타이밍에 연락해서 이야기를 진행하기 쉽도록 분위기를 조성하는 등 주체적으로 고교매력화 프로젝트의 일원으로서 활동하게 됐던 것이다.

이와모토씨는 지역주민과의 신뢰관계를 쌓기 위해 상당한 시간과 노력을 들였다고 말할 수 있다.

한편 다나카씨는 스텝으로서 소속된 데고넷이와미에, 앞에서 서술한 지역주민인 나카가와씨는 이사로서, 요코다씨는 이사장으로서 함께 깊숙이 관여하고 있었기 때문에 부임 후에도 신뢰관계를 유지하는 것에서 더 나아가 더욱 심화시켜 갈 수 있었다.

비즈니스플랜콘테스트에서 내걸었던 '돌아오는 시마네'와 대학생의 인턴사업을 데고넷이와미에서 그대로 지속하기 바란다고 들은 것을 회고하며, "주변 사람에게도 이해라고 할까 응원받을 수 있는 시스템이 가능했기에 두려움은 없었다"고 서술하고 있다.

이렇게 해서 다나카씨가 데고넷이와미의 스텝으로서 근무하는 중에 데고넷이와미의 이사이고 고쓰만엽마을상점회 회원인 후지타씨와도 관계가 가능하게 됐다. 후지타씨는 '고쓰를 위해'라며 최선을 다해 활동하는 다나카씨를 만나서 "고향에 사는 우리들도 무언가 하고 싶다"며 마음이 흔들려 때마침 전국상점가지원센터의 현지 매니저 육성사업의 모집이 있던 차에 과감히 결심하고 손을 들 수 있었던 것이다.

후지타씨는 다나카씨 등의 사례를 영웅으로 비유하고 "영웅은 계속 살아 있으면 안되기 때문에 자신들이 하지 않으면 안되는 것이다. 다만 영웅 덕분에 자신들이 변했다. 해 보면서 가능하다는 것을 알게 됐다"고 말하고 있다. 영웅이라고 하는 관계인구가 아니라 자신들, 즉 지역주민이야말로 지역과제를 해결하는 것이라고 하는 주체성을 갖게 되고 빈 점포 활용을 위해서 제1회 '손과 손을 잡은 도시'를 다나카씨와 힘을 합해서 개최했다.

또 만노정에서 다구치씨는 구고토나미정 내에서도 가장 심각하게 인구감소가 진행되고 있는 가와오쿠지구를 조사하고 보고서를 정리하는 가운데 전출자가 고령자의 생활을 부양하고 있는 것을 알게 됐다. 그리고 전출자가 모이는 전출자간담회를 거의 매월 개최하고 그 과정에서 전출자중 한사람인 요코이씨가 최선을 다해 참가해 주기도 하고 다른 사람이 조심스러워 말하기 힘든 것도 솔직히 말해주는 모습을 보고서 신뢰를 돈독하게 하며 인간관계를 만들어 갔다.

그리고 원래 지역과제를 그다지 의식하지 않았던 요코이씨는 다구치씨에게 되풀이해서 행정의 한계를 설명하는 가운데 "곤란한 일은 자신들이든 누구든 하지 않으면 안된다"며 생각을 바꾸었다.

지역주민과 신뢰관계 구축에 시간이 걸렸던 이와모토씨와 이주 전부터 신뢰관계가 구축되어 있던 다나카씨의 경우는 특히 대조적이다. 이것은 이와모토씨와 다나카씨 사이에 자질이나 자세의 차이가 있기 때문이라고 하기 보다는 지역에 있어서 외지인에게 신뢰성을 부여하는 분위기가 준비되어 있는가 어떤가의 차이일 것이다. 이 점은 중요하기 때문에 뒤에서 다시 서술하겠다.

③ 지역주민이 지역과제 해결을 위해 활동하기 시작한다

마지막으로 주체성을 획득한 지역주민이 지역과제를 해결하기 위해 활동하기 시작하는 단계이다.

아마정에서는 고교매력화프로젝트에 소극적이었던 하마이타씨가 지역주민이고 교원이며 더구나 사회교육주사이기도 했기 때문에 바로 활동할 수 있었다. 도젠지역 전체를 연결하기도 하고 지역과 고교를 연결하기도 하는 역할을 능숙하게 해낼 수 있었던 것이다.

하마이타씨와 요시모토씨, 이와모토씨 세 사람은 일을 끝내고서 심야에 모여서는 논의를 거듭했다. '할 수 없다고 변명하는 것이 아니라 할

수 있는 방법을 생각해 보자'고 암구호(약속한 말)를 하면서 세 사람 각각에게 있어서도 모두 좋은 '산포요시三方よし(판매자에게 좋고 구매자에게 좋고 세상 사람에게도 좋은 방안)'을 중요시 하며, 일이 잘 안 풀려 막다른 길에 도달했을 때는 담배를 한 대 피우거나 잡담도 해가면서 끈기 있게 이야기를 나눴다. 이러한 과정을 거쳐 형성된 세 사람의 신뢰관계는 점점 깊어지고 하나의 팀으로서 고교매력화프로젝트를 구상, 실행해 가는 원동력이 됐다.

덧붙여 하마이타씨 이외의 토박이출신 교원도 하마이타씨가 열심히 땀을 흘리고 이와모토씨가 지금까지는 없었던 발상으로 노력하는 자세에 감동되어 그때까지는 그다지 의식하지 않았던 지역의 일을 "본고장 출신으로서 보다 열심히 고민하지 않으면 안된다"고 하는 것을 절실하게 느끼게 됐다. 게다가 "더더욱 잘 할 수 있는 일이 있다. 나도 최선을 다해 하고 싶다"며 완전히 태도를 바꿔서 실제로 고교와 학습센터의 연계를 추진하게 된 것은 인상적이다.

또 고쓰시에서도 다나카씨에게 자극받은 후지타씨가 제2회 콘테스트에서 대상을 수상함에 따라 관여하게 된 관계인구인 미우라씨와 협력해 고쓰만엽이라는 마을상점회의 젊은 회원과 청년부를 기획하며 커뮤니티를 운영했다. 이 커뮤니티 바가 명성을 얻게 되면서 성공사례를 직접 보고 알게 됨으로써 "자신도 상점을 내고 싶다" "빈 점포는 있는가" 문의하며 상담이 증가했다. 그리고 빈 점포의 배치와 분위기를 숙지한 후지타씨가 물건을 소개해 가는 흐름도 생겨나게 됐다.

데고넷이와미 이사장인 요코타씨도 "외지인이 지역이라고 하는 물웅덩이에 돌을 던져서 변화의 계기가 되고 그 변화가 작동해서 결과를 만들어내게 된다. 지역 사람이 하지 않는 한 지속하거나 성장은 없다"며, 관계인구인 다나카씨와 미우라씨가 계기가 되어서 지역주민이 주체성을 갖도록 변화를 가져오고 그것이 성과로 이어지는 것을 증언하고 있다.

한편 만노정에서도 전출자인 요코이씨가 어렸을 때부터 친하게 지낸 것과 같이 전출자 가운데 한사람인 다카오씨 등에게 이야기를 전하고 그 밖의 가와오쿠지구 소방단 회원도 관여하면서 재해가 발생했을 경우 안부확인에 활용하는 '마을 가르테カルテ'를 완성했다.

이상의 세 단계를 요약 정리한다.

제1단계는 관계인구가 지역과제의 해결을 위해 움직이기 시작하는 것이다. 관계인구는 각각의 관심이나 문제의식이 근저에 있고 그것과 겹치는 지역문제의 해결에 주체적으로 나서는 것이다. 그리고 거기에는 지역주민과의 관계가 존재하고 있다.

계속해서 관계인구와 새로운 지역주민과의 사이에 신뢰관계가 가능한 제2단계다. 지역주민은 그 영향을 받아서 자신들이야 말로 지역과제를 해결하는 당사자라고 하는 것을 인식하고서 주체성을 획득해 가는 것이다. 이것은 상대와의 사이에 신뢰관계가 구축되었기 때문에 가능한 상호작용이고, 신뢰관계가 없는 상대로부터는 영향을 받기 어렵게 될 것이다.

다음은 주체성을 획득한 지역주민이 지역과제의 해결에 본격적으로 나서는 단계이다. 지역주민이 지금까지 신뢰관계를 쌓은 관계인구 뿐 만 아니라 새로운 지역주민이나 새로운 관계인구와 신뢰관계를 확대하고 지역문제를 해결하게 된다는 것이다. 이것이 제3단계이다.

이상 세 단계를 지역재생 주체의 형성과정으로서 다시 이해하면 지역 과제에 관심 있는 관계인구가 지역주민과의 사이에 다층적으로 신뢰관계를 구축함으로써 지역재생 주체로서 형성되고, 더욱이 그 영향을 받아서 지역주민이 지역과제 해결에 주체적으로 움직이면 지역주민도 새롭게 지역재생 주체로서 형성되는 것으로 이해할 수 있다.

공통적인 세 단계는 지역재생 주체의 형성과정으로 〈그림 37〉과 같다.

2. '연대형' 사회관계자본

사회관계자본의 요소

계속해서 앞 절에서 보여준 세 단계 지역재생 주체의 형성과정을 제3장에서 보여준 틀에 기초해 사회관계자본론으로부터 이해해 보고자 한다.

제3장에서는 사회관계자본의 요소로서 네트워크, 호혜성, 신뢰성 3가지를 규정하고 네트워크는 수평적이라는 것, 호혜성과 신뢰성에는 특정 개인을 초월한 타자에 대한 것이라고 하는 사실을 중시하는 것을 서술했다. 또 관계의 형상은 '가교형'과 '결속형' 두 가지 종류가 있고 개인적인 재산이면서도 공공재이기도 한 것에서 더 나아가 사회관계자본과 모빌리티와의 관계에도 유의할 필요가 있다.

이상을 전제로 해서 분석을 진행해 가기로 한다.

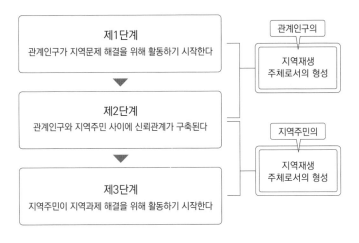

〈그림 37〉 지역재생 주체의 형성 3단계(필자 작성)

① 관계인구가 지역주민과의 사이에 사회관계자본을 구축한다

제1단계는 관계인구가 지역과제의 해결에 나서는 단계다. 관계인구는 각각 자신의 관심이나 문제의식이 근저에 있고 그것에 중첩되는 지역과제의 해결을 위해서 움직이기 시작하는 것이다. 그리고 거기에는 지역주민과의 관계가 존재하고 있는 것이다.

이 단계에서 관계인구인 이와모토씨는 아마정사무소의 요시모토씨와 관계인구인 다나카씨는 데고넷이와미의 요코타씨, 나카가와씨와 관계인구인 다구치씨는 만노정사무소 고토나미지소의 아마기리씨와 각각 개인 간의 네트워크가 있는 상태이다〈그림 38〉.

아마정에서는 이와모토씨가 당초 요시모토씨와의 네트워크로 이주하고 고교의 존속이라고 하는 교육분야의 지역과제 해결에 관여하게 된 것이다. 요시모토씨는 "지역도 살리고 인간성도 배양하는 새로운 교육을 전개하면 고교존속으로 연결된다"고 하는 이와모토씨의 생각에 대해서 "그것은 맞아요. 하루카씨, 우리 섬에 와서 꼭 그것을 해 주시지요"라며 이주를 본격 권유하게 된 것이다.

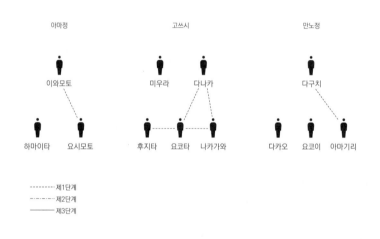

〈그림 38〉 제1단계 네트워크도(경칭 생략, 필자 작성)

시골 생활이나 섬 생활에는 흥미가 없고 도젠지역이나 도젠고등학교와의 인연이나 연고도 없었다고 설명하고 있는 이와모토씨이지만 그래도 이주까지 하며 관계하기로 한 이유를 "나에게는 교육을 통해서 사회를 보다 좋게 만들고 싶다고 하는 간절함이 있고, 섬으로부터의 이야기는 지역사회에 있어서 교육의 과제해결이었던 것으로 테마적으로는 연결된다", "나 자신이 하고 싶은 것과 중첩된다고 생각해서", "이런 사람들과 함께라면 무언가 하고 싶다고 생각했지요"라고 설명하고 있다.

고쓰시의 다나카씨는 콘테스트 응모 시에는 네트워크가 없었지만 콘테스트를 통해서 나카가와씨, 요코타씨와 연결됐다. 고쓰시로 날아 온 이유에 대해서는 "무언가 설레임이 있었던 거지요. 모두 함께 앞으로 만들어 가는 것으로, 파도에 올라탄 겁니다"라고 말했다. 더욱이 나카가와씨, 요코타씨로부터 "반드시 힘을 보태 주시지요", "기다리고 있겠습니다. 이렇게 설레는 봄은 오랜만입니다" 등의 메일이나 전화로 신뢰를 받고 있다고 하는 느낌, 두 사람 이외의 지역주민에게도 '돌아오는 시마네'라고 하는 자신이 내건 콘셉트나 계획이 이해되고 실현할 수 있을 듯했다고 하는 점도 내세우고 있다. 만노정의 다구치씨는 아마기리씨의 부탁을 받고 이러한 미래회의에 관여하게 됐다. 배경에는 직접 의뢰받은 안건에는 가능한한 답하고 싶다고 생각하고 있던 것에 더해 소위 '보통' 지역재생에 관심이 있었던 것이었다.

이상을 근거로 해서 네트워크의 성질이나 호혜성·신뢰성에 대해서도 살펴보기로 한다.

네트워크의 성질에 대해서는 요시모토씨의 "그것은 맞아요. 하루카씨, 우리 섬에 와서 꼭 그것을 해볼 수 없는가요"라고 하는 코멘트는 이와모토씨의 생각에 대한 공감에 기초한 제안이고, 또 나카가와씨로부터의 메일이나 요코타씨의 전화도 수직적인 관계성의 가운데에서 젊은이를 지도한다고 하는 것이 아니다. 아마기리씨도 다구치씨도 생각이 비슷했던 것이라고 서술하고 있다. 모두 대등한 입장에서 함께 노력한다고 하는 것을 이해할 수 있다. 이것을 수평적인 네트워크라고 생각할 수 있다.

더욱이 관계인구인 세 사람이 지역문제에 관여하는 이유로서 제시한 "교육을 통해서 사회를 보다 좋게 변화시켜 가고 싶다" "돌아오는 시마네를 만들자"고 하는 문제의식이나 '보통' 지역의 재생에 관심을 갖고 있다고 하는 것으로부터 얼핏 떠오르는 것은 퍼트남이 말하는 "보상의 기대 없이 타인을 돕는다"(퍼트남, 2000[2006] : 554)고 하는 태도로, 이것은 일반적 호혜성이라고 이해할 수 있다.

덧붙여서 예를 들면 다나카씨는 모두 함께 만드는 설렘뿐만 아니라 자신의 개념이 지역주민에게 이해되고 실현될 수 있을 것 같다고 하는 확신이 들면서 네트워크로서 연결된 특정의 개인에게 대해서만이 아니고 익명의 타자를 포함한 지역에 대해서도 신뢰감을 갖게 된 것이다.

한편 이와모토씨와 다구치씨는 지역에 대한 신뢰를 구체적으로는 말하지 않지만 다나카씨를 포함한 세 사람의 관계인구가 공통으로 취한 "지금까지 어떤 인연이나 관계도 없었던 지역으로 날아왔다"고 하는 행동자체, 무의식적이고 지역을 신뢰하지 않으면 실현이 어려운, 즉 지역에 대한 신뢰의 이반(裏返し : 앞뒤가 바뀜)이라고도 말할 수 있다. 특정 개인에 대한 신뢰를 초월한 넓지만 담백한 신뢰에 해당한다고 생각하는 것이 있어야 가능하다는 사실이다.

② 사회관계자본이 다른 지역주민에게로 옮겨 간다

　　제2의 단계는 새로운 네트워크가 확산돼 관계인구와 다른 지역주민과의 사이에도 신뢰관계가 가능하고, 그 지역주민에게 주체성이 생겨나는 단계이다. 이와모토씨는 하마이타씨와, 다나카씨는 후지타씨와, 다구치씨는 요코이씨와 각각 새로운 네트워크를 형성하고 있었다고 보는 것이 가능하다〈그림 39〉.

　　아마정에서는 이와모토씨와 하마이타씨 사이에 새로운 신뢰관계가 생겨나고 있었다. 이와모토씨에게 경계심이 있고 고교매력화프로젝트에도 소극적이었던 하마이타씨는 이와모토씨의 노력이나, 좋아하지는 않지만 술자리나 담배, 잡담에도 어울리는 자세를 보는 사이에 신뢰할 수 있게 되고 더욱이 자신의 고교매력화프로젝트에 대한 자세도 주체적이 됐다. 학교에 오기 편한 타이밍을 연락하기도 하고 이야기를 진척시키기 쉽게 하는 환경을 조성하는 등 적극적으로 지원해가게 됐던 것이다.

　　고쓰시에서는 다나카씨가 소속하고 있던 '데고넷이와미'의 이사였던 후지타씨와의 사이에 네트워크가 형성되었다. 후지타씨는 '고쓰를 위해' 움직이는 다나카씨에게 자극을 받아서 "고향에 사는 우리들도 무언가 하고 싶다"고 생각하게 되고, 전국상점가지원센터의 현지 매니저에게 도움을 요청했다. "자신들이 하지 않으면 안된다. 영웅 덕분에 자신들이 변했다. 도전한다면 가능하다는 것을 알게 됐다"고 하는 이야기는 상징적이다.

　　그래서 다나카씨와 더불어 제1회 '손에 손을 잡은 도시'를 개최했다.

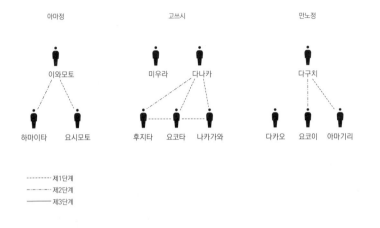

아마정   고쓰시   만노정

이와모토   미우라   다나카   다구치

하마이타   요시모토   후지타   요코타   나카가와   다카오   요코이   아마기리

------- 제1단계
-·-·-·- 제2단계
——— 제3단계

〈그림 39〉 제2단계의 네트워크도(경칭 생략, 필자 작성)

만노정의 다구치씨와 요코이씨는 거의 매월 개최되는 전출자간담회에서 만나고, 다구치씨의 영향으로 요코이씨는 행정에 맡기는 것이 아니라 '자신들이 무언가 하지 않으면 안된다'고 스스로 깨닫게 된 것이다. 요코이씨는 전출자간담회의 멤버 중에서도 12차례 중 8차례나 출석하는 등 톱클라스의 출석률로 간담회에서도 소방단활동의 소방점검을 활용해서 각 세대를 돌보고 상황을 파악하겠다고 하는 제안하게 됐다.

이상을 근거로 해서 네트워크의 성질이나 호혜성과 신뢰성에 대해서도 검토해 간다면 이와모토씨와 하마이타씨의 네트워크, 그리고 다나카씨와 후지타씨의 네트워크는 모두 어느 쪽이 우위에 서는 것이 아니고 모두 과제 해결을 위해 대등하게 만나고 역시 수평적이라고 말할 수 있을 것이다. 또 다구치씨는 대학 교수라고 하는 권위가 있고, 일반적으로는 지역주민과는 수직적인 관계성이 되는 경향이 있지만 원래 수평적인 입장에서 직접 담판을 하는 토론을 중요시하고 실제로 전출자간담회에서도 매회 둘러 앉아 토론에 참여해 왔다. 이것은 수평적인 관계방식을 의식하고 있는 것을 보여주는 것이다.

그래서 이러한 네트워크 가운데 이와모토씨, 다나카씨의 일반적인 호혜성과 담백한 신뢰가 전이되고 있다고도 보는 것이 가능하다. 특히 후지타씨는 '고쓰를 위해'라고 하는 다나카씨를 보고서 "고향에 사는 우리들도 무언가 하고 싶다"고 생각하며 셔터를 내린 상점가였던 고향 상점가의 부활을 위해 무언가를 시작하고 싶다고 하는 상징적인 사례도 있다. 그리고 요코이씨의 '자신들' '모두'라고 하는 이야기도 1인칭이 아니라 복수형이고 자기자신 한사람에게 머물지 않고 지역에 있는 타자의 존재도 염두에 두고 있다고 하는 것이 아닐까.

제1단계에 이어서 이와모토씨, 다나카씨, 다구치씨 등 관계인구가 다른 지역주민과도 사회관계자본을 구축한, 바꿔 말하면 사회관계자본이 다른 지역주민에게 전이되어 갔다는 것이다.

한편 이와모토씨는 "받아들여 계승돼 온 것을 여기에서 끝내지 않고 다음으로 연결시켜가고 싶다고 하는 생각이 자연스럽게 용솟음쳤다"와 '은혜에 대한 보답'이라는 감정이 생겨났다는 것, 또 다나카씨는 여기에서 제대로 경험한 뒤 하늘을 날기 바란다고 응원을 보내는 '고쓰사람들'에 대해서 그렇기 때문에 단기간 집중해서 최선을 다해 돌려주고 싶다는 생각을 갖게 됐다고 말하며, 관계인구의 호혜성이 강화되어 가고 있다고 하는 양상도 보인다.

③ 지역주민이 다른 지역주민이나 관계인구와의 사이에서 사회관계자본을 구축한다

다음으로 제3단계는 주체성을 획득한 지역주민이 과제해결을 위해 움직이는 단계이다. 사회관계자본이 전이된 지역주민이 더욱 스스로 새로운 네트워크를 넓히고 사회관계자본을 구축하고 있다고 보는 것이 가능하다.

아마정에서는 이와모토씨, 요시모토씨, 하마이타씨 등 세 사람이 서로 끈기 있게 이야기를 나누면서 신뢰감을 깊게 하고 하나의 팀으로서 고교매력화프로젝트의 구상을 집중해서 실행으로 옮긴 것이다. 주목해야 하는 것은 실은 그때까지 요시모토씨와 하마이타씨 사이에는 신뢰관계라고 말할 수 있을 정도의 관계는 없었다고 하는 것이다. 요시모토씨는 아마정, 하마이타씨는 니시노시마정 출신으로, 섬이 다른 것부터 교류나 관계도 활발했다고는 말할 수 없었다. 오히려 하마이타씨는 아마정에 있는 도젠고등학교에 부임한 것으로 니시노시마정의 관계자로부터 "아마정의 스파이인가"라는 말을 들은 적도 있었다.

그것이 하마이타씨가 스스로 니시노시마정의 출신으로 존재하는 자신이기 때문에 가능하고 도젠지역 전체를 연결하는 역할을 잘 해가게 된 것도 이와모토씨를 포함해 세 사람이 하나의 팀이 될 수 있었기 때문이다. 마찬가지로 도젠지역이면서 섬이 다르기 때문에 지금까지 네트워크화되지 않은 두 사람의 네트워크가 형성되고 고교매력화프로젝트를 통해서 도젠지역 전체로 더욱 확산됐다.

또 고쓰시에서도 관계인구인 다나카씨, 미우라씨와 지역주민인 나카가와씨, 요코타씨, 후지타씨가 데고넷이와미를 통해서 하나의 팀이 되어서 움직이고 있었지만 특별히 주목해야 하는 것은 후지다씨의 움직임이다. 제1회의 '손에 손을 잡은 도시'를 다나카씨와 함께 개최했던 것에 이어서 새로운 관계인구인 미우라씨와 협력해서 고쓰만엽이라는 마을상점회의 젊은 회원에게 호소해서 청년부를 발족하고, 그 구성원과 더불어 커뮤니티바를 운영했다. 더욱이 뉴욕에서 가구와 공간디자인을 직접 담당했던 동생에게 '고쓰가 변하려고 하고 있으니까 빨리 돌아오라'며 끈덕지게 설득해 U턴을 촉구하고 그 동생의 디자인에 의해서 빈 점포가 멋진 공간으로 차츰차츰 변함으로써 이 거리에서 상점을 내고 싶다고 하는 분위기를 가속화시켰다. 후지타씨 자신이 신뢰할 수 있는 동료네트워크를 지역에서 서서히 늘려갔던 것이다.

만노정에서는 요코이씨가 다카오씨를 전출자간담회로 권유하고 다구치씨도 포함한 새로운 네트워크를 만들면서 가와오쿠지구의 주민과 힘을 합해 소방단활동을 활용해서 '마을 가르테(진료기록카드)'를 작성했다. [185]

아마정의 세 명과 고쓰시의 데고넷이와미를 통한 팀, 그리고 만노정의 가와오쿠마을 전출자나 소방단의 관계방식은 지금까지와 똑같이 누군가가 위에 서는 것이 아니라 함께 노력한다고 하는 모든 수평적인 네트워크라고 말할 수 있다. 그리고 하마이타씨, 후지타씨, 요코타씨의 일반적 호혜성과 담백한 신뢰가 다른 지역주민들에게도 전이되어 갔던 것이다.

이것들은 제2단계에서 관계인구로부터 받게 된 사회관계자본을 하마이타씨, 후지타씨, 요코이씨라고 하는 지역주민이 더욱이 스스로 구축할 수 있게 된 것으로 이해할 수가 있다.

이 단계에서의 네트워크는 〈그림 40〉과 같이 나타낼 수 있다.

지역의 공공재

지금까지의 단계에서 지역재생 주체의 형성과정을 사회관계자본의 요소로 주목해서 분석했다. 남아있는 관계의 형상과 축적의 장에 대해서 검토를 추가로 해 보고자 한다. 세 지역의 사례에서는 모두 강고한 신뢰관계가 확인되고 내향적이고 동질적인 집단을 강화해 가는 '결속형'의 사회관계자본이 구축되었다고 보는 것도 가능하다.

한편 이와모토씨가 아마정을 떠난 후에도 아마정의 고교매력화프로젝트 스텝들과 함께 교육매력화를 전국적으로 확산하는 프로젝트를 만들어낸 것이나, 다나카씨가 계속 데고넷이와미의 이사로서 관여하고 있는 것으로 보이는 것처럼 관계인구가 그 지역을 떠났더라도 관계가 계속되고 이러한 것은 '가교형'의 사회관계자본이 구축되었다고도 이해할 수가 있다.

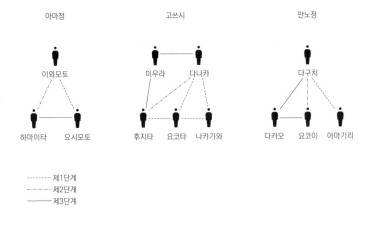

아마정   고쓰시   만노정

이와모토   미우라   다나카   다구치

하마이타   요시모토   후지타   요코타   나카가와   다카오   요코이   아마기리

········· 제1단계
·–·–· 제2단계
──── 제3단계

〈그림 40〉 제3단계에서의 네트워크도(경칭 생략, 필자 작성)

더욱이 관계인구로부터 사회관계자본이 전이된 지역주민도 존재하고 있는 것으로부터 개인이 지리적으로 떠나더라도 사회관계자본은 개인과 지역에 축적되어 지역의 공공재 역할을 계속한다고 하는, 앞에서 서술한 히다·히다(2018)의 지적에서도 확인되고 있다.

이것은 이와모토씨의 "도젠고등학교 자체의 흐름이 생겨나서 추진해 가는 구성원이나 관계자도 할 수 있는 것이다. 지금은 내가 없으면 진척되지 않는 상황은 아니다. 그러한 차원에서 의미는 있다"고 말하는 것이나 고쓰시의 나카가와씨처럼 "고쓰에는 살지 않더라도 살고 있는 이상으로 힘을 빌려줄 수 있어서 감사할 따름이다. 그들은 네트워크를 갖고 있고, 트렌드나 고쓰시에 필요한 것을 가르쳐 주며 자신도 가치관이 변화되기 시작한다"는 말로부터도 확인된다.

사회관계자본과 모빌리티

마지막으로 어리(2007[2015])의 비판에 기초한 모빌리티와의 관계를 검토하고자 한다.

퍼트남은 이동성을 부정적으로 이해했기 때문에 사회관계자본이 작은 공동체 이외에도 생겨나는 가능성에 부정적이었다. 그러나 이와모토씨와 다나카씨는 지역을 떠난 후에도 사회관계자본을 구축하고 있고, 또 다구치씨도 거주하지 않는 지역의 주민과 사회관계자본을 구축하고 있다. 이 점을 어떻게 생각하는 게 좋을까. 퍼트남이 생각하고 있는 것은 미시적인 개인과 개인, 또는 집단과 집단의 관계 형상이었다. 이것에 반해, 이와모토씨나 다나카씨, 다구치씨의 사례는 거시적인 관점에 기반한 개인과 집단이라고 하는 관계의 형상이라고도 말할 수 있는 것이 아닐까.

이것은 세계은행에 의한 『세계개발보고 2000·2001-빈곤과의 싸움』(2001[2002])에서 보여준 '연결적(linking)' 사회관계자본에 가까운 이해방식이라고도 생각할 수 있다. 세계은행은 빈곤극복을 위해 필요한 사회관계자본에 대해서 퍼트남이 시사한 두 가지로 '연결적'을 덧붙인 세 가지 유형을 시사했다.[186] '연결적'이란 빈곤자와 공적제도(은행, 농업지도기관, 경찰 등)에서 영향력을 갖고 있는 지위에 있는 사람들 사이의 수직적인 연결을 의미하고, 실제로 '연결형'은 개인과 조직의 연결관계로서 이해하는 연구도 존재하고 있다.[187]

제2장에서 서술한 것처럼 모빌리티가 심화되는 현대사회에 있어서 관계방식에 커다란 동학이 생겨나고 이동이나 커뮤니케이션의 다원적인

교차가 일어나고 있는 가운데 작은 공동체에 정주하지 않더라도 개인과 집단 간에 사회관계자본을 구축하는 것은 가능하다고 생각해 볼 수 있다. 이 개인과 지역이라고 하는 집단과의 관계양상을 '연대형(uniting)'이라고 명명하고자 한다. 더욱이 결속형은 인연絆을, 가교형은 가교라고 하는 메타포로 말할 수 있는 것을 기초로, 연대형에는 문(사립문·扉)이라고 하는 메타포를 적용할 수 있다〈그림 41〉.

문이라고 하는 메타포는 짐멜(1905[1999])의 에세이 '다리와 문'에서 힌트를 얻은 것이다. 여기에서 짐멜은 문을 내부와 외부의 단절이 아니라 열려질 수 있는 것이라고 의미부여하고 있다. 모빌리티의 향상에 더해서 개인화가 진척되는 현대사회에서 개인을 집단과 연결하는 문이 되는 것이 관계인구라고 하는 존재방식은 아닐까.

3. 지역재생 주체로서의 관계인구

인구소멸에도 지역재생 주체는 증가한다

지금까지 관계인구와 지역주민이 어떻게 지역재생의 주체로서 형성되어 왔는가, 공통 단계를 확인한 후 사회관계자본론의 관점에서 분석했다. 이러한 것을 기초로 현대사회에서 지역재생 주체를 형성하는 것의 의의와 이를 위한 조건을 고찰해 가고자 한다.

전제로서 우선 지역재생의 주체란 어떠한 사람을 가리키고 있는 것일까. 지금까지 등장해 온 관계인구와 지역주민에 공통적인 것은 주체성을 갖고서 지역과제를 해결하는 것이다. 관계인구인 이와모토씨, 다나카씨, 다구치씨는 근저에 있는 자신의 관심이나 문제의식과 중첩되는 지역과제의 해결을 위해 활동하고 있고, 주체성이 출발점이 되었다는 것은 이미 서술했다. 지역주민에 대해서도 관계인구의 최초 접점이 된 아마정의 요시모토씨는 정(町)사무소의 재정과라고 하는 고등학교의 존속문제와는 직접적인 관계가 없는 부서였음에도 불구하고 "사람이 없다면 나 자신이 할 수 밖에 없다"며 고교의 존속문제를 담당하게 됐다. 고쓰시의 나카가와씨도 구 고쓰시와 합병한 구 사쿠라에정桜江町의 직원이었던 경험으로부터 "편입·합병된 정을 쇠퇴시켜서는 안된다"며 사명감에 불타게 됐고, 만노정 고토나미지소琴南支所의 아마기리씨도 한 주민으로서의 위기감이 배경에 있었다고 말할 수 있다. 즉 공통적으로 주체성이 이들에게 잠재돼 있었음을 보여준다.

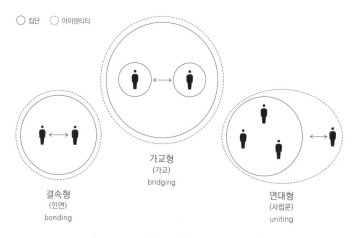

〈그림 41〉 사회관계자본의 관계형상의 도식화(필자 작성)

또 관계인구와 관련해 주체성을 획득한 지역주민으로는 니시노시마정 출신인 교원이 "토박이로서 현실의 문제를 보다 깊이 있게 생각하지 않으면 안된다", 후지타씨도 "자신들이 하지 않으면 안된다", 요코이씨가 "스스로 뭔가 하지 않으면 안된다"고 각각 말하고 있다.

이러한 인물들에서 공통적으로 나타나는 것처럼 주체성이란 제3장에서 언급한 '자신의 사명으로의 치환'(우에무라上村, 2017:5)이 작동(on)된 상태이고, 주체의식을 갖고 있는 상태라고도 말할 수 있다. 이상을 요약하면 지역재생 주체란 '주체적으로 지역과제를 해결하는 사람'이다.

이것을 관계인구라는 '특정지역에 계속적으로 관심을 갖고 관여하는 외지인'이라고 하는 정의에 비춰보면 관심을 갖는 내용이 지역과제이고 그 지역과제를 해결하는데 있어 관계방식을 활용하는 외지인이 지역재생의 주체로서 관계인구라고도 말할 수 있다.

현대사회는 반복해서 말했던 것처럼 인구가 줄어든다고 하는 것이 기본 기조다. 지역재생의 관점에서 본다면 지금까지 지역재생의 주체로서 이해되어 온 지역주민의 수가 감소해 간다고 하는 의미이기도 하다. 게다가 양적인 감소뿐만 아니라 질적으로도 지역주민의 주체성 결여가 보고되고 있고, 양적·질적으로 모두 곤란한 상황에 처하는 것은 반복적으로 서술해 왔다. 지역재생 주체의 부족이나 '부재'에 직면한 게 일반적인 경향이라고 하는 것이 현대사회라고도 말할 수 있다.

그렇기 때문에 지역재생의 주체가 아닌, 즉 지역재생에 당사자 의식을 갖지 않았던 사람이 주체성을 획득해서 지역재생 주체로서 형성되는 것에 의의가 있는 것이다.

이 지역재생의 주체형성을 아마정, 고쓰시, 만노정에서 조사대상자의 위치부여에 더해서 도식화하면 다음과 같다〈그림 42〉. 원래 지역재생의 주체로서 존재하고 있는 인물은 지역주민인 아마정의 요시모토씨, 고쓰시의 나카가와씨와 요코타씨, 만노정의 아마기리씨 4명뿐이었다.

이 4명에다 지역외의 주체이며 관계인구인 이와모토씨, 다나카씨, 미우라씨, 다구치씨가 각각 연결됨으로써 새로운 지역재생의 주체로서 형성되기 시작해 더욱이 그 관계인구의 영향을 받아 지역주민인 하마이타씨, 후지타씨, 요코이씨, 다카오씨가 또 새롭게 지역재생 주체로서 이동했다고 하는 것이 일련의 흐름이다.

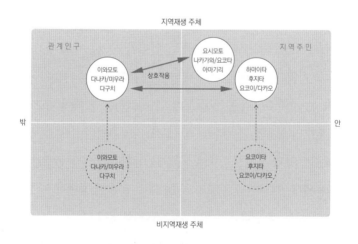

〈그림 42〉 지역재생 주체의 형성 개념도(경칭 생략, 필자 작성)

〈그림 42〉를 사용해서 설명하면 아래의 비지역재생 주체측에 위치해 있던 이와모토씨, 다나카씨, 미우라씨, 다구치씨와 하마이타씨, 후지타씨, 요코이씨, 다카오씨가 모두 위의 지역재생 주체로 이동했다고 하는 것이 된다. 4~6장의 개황에서 설명했던 것처럼 아마정도, 고쓰시도, 만노정도 정주인구가 늘고 있는 것은 아니다. 그러나 지역재생의 주체는 증가하는 것이다. 이것은 제2장에서 소개한 지역사회에 적극적으로 관여하는 사람의 증가에 의미를 찾는 '희망활동인구' '활동인구' '떠들썩한 과소'라는 일련의 논의로 연결되는 것이다.

지역주민이라고 하는 지역재생의 주체가 양적으로 늘어나지 않는 현대의 인구감소 사회에 있어서 어떻게든 지역재생의 주체를 증가시켜가기 위해서는 지역주민의 질적인 변화를 촉진시켜가는 것이 중요하다. 그것을 촉진시키는 것이 관계인구이고, 그렇기 때문에 관계인구는 현대사회에 있어서의 지역재생 주체형성을 고려하는데 있어서 열쇠가 되는 존재인 셈이다.

주체형성의 조건

전항까지 지역주민의 지역재생 주체로서의 형성을 촉진시키는 데는 똑같이 지역재생 주체로서 관계인구의 존재가 중요하다는 것을 고찰해 왔다. 관계인구는 제2장에서 정의한 것처럼 '특정 지역에 계속적으로 관심을 갖고 관여하는 외지인'이고, 그 자체로 지역재생의 주체와 동의어는 아니다. 계속 반복하는 것이 되지만 관계인구라고 해서 전원이 그

자체로 지역재생의 주체가 되는 것은 아니다. 그래서 지금까지 확인해 온 지역재생의 주체형성 과정도 근거로 하면서 관계인구가 지역재생의 주체로서 형성되기 위한 조건을 검토해 보고자 한다.

크게 3가지 조건을 생각할 수 있다.

① 관심의 대상이 지역과제(문제)이다
② 그 해결을 위해 노력하는 것으로 지역에 관여한다
③ 지역주민과 신뢰관계를 구축한다

조건의 한 가지가 관계인구의 관심대상이 지역과제(문제)라고 하는 것이다. 이와모토씨는 교육을 통한 보다 좋은 사회만들기, 다나카씨는 '돌아올 수 있는 시마네', 다구치씨는 소위 '보통의 지역재생'이라고 하는 지역과제에 각각 관심이 있었다.

둘째로는 그 위에 관심이 있는 지역과제의 해결을 위해 노력하는 형태로 지역에 관여한다고 하는 것이다. 예를 들면 이와모토씨는 몇 번이나 그만두고 싶다고 생각했고, 다구치씨도 워크숍 후 이제 안된다고 느끼는 등 힘든 시간도 경험했지만 그렇더라도 내팽개치지 않았던 이유는 두 사람 모두 자신의 관심과 중첩돼 있던 것이 계속 이어진 원동력이라고 회고한다. 덧붙여서 동시에 필요한 것은 지역주민과 신뢰관계를 구축한다고 하는 점이다.

우선 이와모토씨는 요시모토씨, 다나카씨는 나카가와씨와 요코타씨, 다구치씨는 아마기리씨와 처음으로 연결되고 각각 관계를 만들면서 지역과제(문제)의 해결을 위해 움직이기 시작했다.[188] 이 모두의 사례도 관계인구를 발견해 낸 것은 지역주민이었다. 지역사회측이 관계인구라고 하는 외지인을 믿고서 지역을 개방한 것이다. 그 후에도 관계인구는 지역주민과 다층적으로 신뢰관계를 구축했다. 여기에서 유의하지 않으면 안되는 것은 신뢰관계를 구축하기 위해서 보다 중요한 것이 관계인구 자신의 자세나 자질이 아니라고 하는 점이다. 관계인구 자신은 어디까지나 한 개인으로 기반이 약하기 때문에 지역사회의 환경을 갖추는 것이 보다 중요하다는 사실이다.

예를 들면 이와모토씨는 지금까지 서술해 온 바와 같이 신뢰관계를 구축하기까지는 상당한 어려움이 있었고 시간도 적잖이 소요됐다. 이 요인은 두 가지 사항을 생각할 수 있다.

한 가지 사항은 정장에 의해 이와모토씨를 맞이하면서 시작한 인재양성의 선언이 정내 방송에서 돌연 행해져 맹반발을 초래하게 됐는데, 이는 인재양성과 고교존속이라고 하는 지역과제(문제)의 중요성이 지역에 공유되지 않았던 것이다. 또 한가지 사항은 고교존속 문제를 위해 노력하는 시스템이 없는데다 직접 관계없는 입장에서 새로운 임무를 맡지 않을 수 없는 것으로부터 고교존속 문제에 있어서 이와모토씨의 역할이나 권한, 지위가 명확화되지 않았던 것이다. 그 때문에 이와모토씨가 "교장이라고 하는 입장에서 했다면 완전히 다른 이야기일지도 모르지만, 말하자면 그럴 권한도 역할도 없는" "톱다운(하향식)으로는 불가능하고, 학교 내부의 사람도 아니었기 때문에 바텀업(상향식)도 불가능했다. 무언가 불분명하지만 엎친데 덮친 격으로 하지 않으면 안된다"고 말하고 있는 것처럼 신뢰를 얻는 게 힘든 환경이라고 하는 것에 덧붙여, '엎친데 덮친 격으로'라고 하는 엉거주춤한 지위에서 출발할 수밖에 없었다.

이와 반대로 고쓰시에서는 원래 지역문제를 해결하는 가능성을 가진 계획(프로젝트)을 모집한다고 하는 취지이고, 주최하는 고쓰시청, 운영하는 데고넷이와미뿐만 아니라 지역의 행정, 경제계 5개 단체가 팀을 결성하고 지역을 통털어 지원체제를 만들었다. 그 때문에 응모자가 콘테스트라고 하는 공개의 장소에서 프레젠테이션을 하는 것으로, 응모자가 생각하고 있는 지역문제와 해결방법을 지역과 공유한다고 하는 시스템이 만들어졌다. 응모자에게 있어서도 콘테스트에 참석하는 것으로 지역과의 관계가 구축되기 쉬운 점, 인사를 하러 가더라도 "콘테스트에 출전했던 사람이군"하며 이미 알고 있다고 말하는 경우도 많아 지역에서의 활동장벽이 낮은 것은 지금까지의 지적했던 그대로이다.[189]

이러한 시스템이 갖춰짐으로써, 상을 받은 것보다도 지역이 승인했다고 하는 의미부여가 가능해져 신뢰성으로 이어져 가는 것이다. 그리고 과제를 해결한다고 하는 역할도 명확화하는 것이 가능했다. 이 덕분에 다나카씨는 현직에 부임하기 전부터 기대를 모았고, 뒤를 이은 미우라씨도 이미 지역주민인 후지타씨와 청년부의 결성이나 커뮤니티바의 운영에 관여를 하고 있다. 또 만노정에서는 고토나미미래회의라고 하는 지역과제 해결을 목표로 하는 조직이 있었던 것에 덧붙여 다구치씨는 대학교수라고 하는 권위가 있어 지역주민의 신뢰를 얻기 쉬웠다고 아마기리씨는 지적하고 있다. 게다가 둥그렇게 둘러 앉아서 무릎을 맞대고서 논의

제Ⅱ부. 관계인구와 지역재생

를 거듭했던 것도 신뢰관계의 구축에 기여했다고 생각된다.

이와모토씨와 다나카씨, 미우라씨, 다구치씨의 사이에 자질이나 자세의 차이가 있었다고 하기 보다는 지역에 있어서 과제가 공유되고 그것을 해결하는 당사자로 인정받는다고 하는 신뢰관계를 구축하기 쉬운 시스템이 갖춰졌는지 아닌지의 차이일 것이다. 지방은 외지인에 대한 폐쇄성이 뿌리 깊은 것으로 지적돼 왔지만 외지인과 신뢰관계를 구축하기 쉬운 시스템을 어떻게 준비할 것인가는 지역재생 주체의 형성을 생각하는데 있어서도 중요한 요소가 된다.

4. 관계인구의 가능성

관계인구는 떠나도 좋다

관계인구와 지역주민이 지역재생의 주체로서 형성되는 과정과 조건을 검토해 왔다. 이 장의 마지막으로 지역재생의 주체로서 관계인구의 가능성을 고찰하고자 한다. 가능성은 크게 두 가지로 나뉜다. 한 가지는 지역재생의 주체로서의 가능성이고, 다른 한 가지는 형성의 가능성에 관한 것이다. 첫 번째는 지역재생 주체로서의 가능성은 끝까지 파고들면 그 지역에 정주하지 않아도 되고, 관계하는 지역으로부터 떠나도 좋다고 하는 점이다.

예를 들면 관계인구 가운데서도 바람같은 사람형인 이와모토씨와 다나카씨는 지역을 떠난 후에도 관계를 계속하고 있다. 더욱이 사회관계자본은 개인과 지역에 축적되어있는 공공재로, 계속 존재하는 것이라고 이미 서술했다. 정주하지 않는다고 해서 아무것도 남아있지 않는 것이 아니고 사회관계자본은 구축되어 그대로 지속된다는 것이다. 무엇보다 사회관계자본을 스스로 구축할 수 있는 지역주민이라고 하는 새로운 지역재생의 주체를 형성했다는 사실이 중요하다. 관계인구는 지역을 떠나가더라도 지역주민은 또 다른 관계인구나 지역주민과 사회관계자본을 구축해 가는 것이 가능하다.

아마정에서 "이와모토는 이제 필요없다"고 말하는 교원이 등장하고 있는 것, 또 고쓰시의 후지타씨가 다나카씨에 이어서 미우라라고 하는 새로운 관계인구와, 고쓰만엽마을상점회의 청년회 멤버와 과제해결에 적임자인 동생도 뉴욕으로부터 불러들인 것, 만노정에서도 요코이씨가 전출자간담회와 가와오쿠지구의 주민과 힘을 합해서 '마을 가르테'를 작성하고, 더욱이 "아직도 자신들이 할 수 있는 일이 있다"고 발언한 것으로 상징된다. 더욱이 아마정에서는 고교매력화프로젝트가 시작될 무렵 도젠고등학교에 입학한 오노씨와 아오야마씨가 졸업 후 'SHIMA탐구'로서 산초촌三町村의 주민과 교류하는 기획을 하고 있다. 과거에는 섬이 다르면 문화도 다르다고 하는 토양에서 아마정의 요시모토씨와 니시노시마정의 요코이타씨 사이에 관계라고 말할 수 있을 정도의 관계는 없었지만 니시노시마정의 오노씨와 아마정의 아오야마씨는 관계를 갖고 더욱이 산초촌 주민과의 교류도 실현하고 있다. 지역을 초월해서 관계를 만들어가는 것이 가능한, 지역재생의 후속 주체가 육성되고 있는 셈이다. 또, 고쓰시

제Ⅱ부. 관계인구와 지역재생

에서도 창업하는 주민이 나오기 시작한 것이나 콘테스트를 지속적으로 개최하는 가운데 "우리들이 이번에는 젊은이와 고쓰의 사람을 연결해 가고 싶다"며 커피스탠드를 개업한 도쿠타씨와 사사키씨로 대표되는 것처럼 새로운 지역재생의 주체가 계속 생겨나고 있다.

관계인구가 지역에서 떠나는 것을 두려워할 필요가 없다. 오히려 관계인구가 다른 지역으로 이동해서 관계인구가 관여하는 지역이 늘어나는 것으로 보다 많은 지역재생 주체의 형성으로 연결되어 일본사회 전체가 밑바닥부터 변화되는 것이라고도 생각할 수 있는 것이다.

'제로섬 문제'의 발생이 우려되는 정주인구에 반해 관계인구는 어느 지역에서도 늘리는 것이 가능하고, 지역이 한 사람의 관계인구를 쟁탈하는 것이 아니고 오히려 공유하는 사고방식이라고 하는 것은 이미 서술했다. 그것은 실제로 아마정과 고쓰시 두 지역 모두 관여한 관계인구인 오노씨의 활동으로부터도 그 예를 찾아볼 수 있다. 오노씨는 아마정에서 'AMA왜건'을 기획, 주재하고 고쓰시에서는 비즈니스플랜콘테스트에 대해서도 조언하고 있다.

물론 관계인구도 과도한 쟁탈에 빠지지 않도록 유의하지 않으면 안되지만, 그렇더라도 복수의 지역과 관계하는 것이 가능하기 때문에 정주인구보다도 그 위험성은 낮다. 인구감소 사회에 보다 적합하다고 말할 수 있는 것이다. 관계인구가 떠나는 것을 두려워할 필요가 없다. 오히려 과감하게 떠나는 편이 좋다고까지 표현해도 좋을지 모른다. 다만 이때 아마정의 주민이 이와모토씨를 응원하면서도 쓸쓸하지 않았던 것은 아니라는 점, 그리고 고쓰시의 요코타씨도 갈등이 있으면 모두 털어놓는 것처럼 지역주민 측에게 간단하게 딱 잘라 관계를 정리할 수 없는 감정도 있다고 하는 것은 잊어서는 안된다는 관점이다.

사회관계자본의 수요와 공급

또 하나의 가능성은, 지역재생 주체로서 형성의 가능성이다. 실은 관계인구는 지역재생의 주체로서 형성되기 쉬운 조건을 갖추고 있다고 하는 견해도 가능하다.

미국사회에서 사회관계자본이 쇠퇴하고 있다고 하는 것을 한탄한 퍼트남(2000[2006])은 "사회관계자본을 창출하는(혹은 재생시키는) 것은 쉬운 일이 아니다"(퍼트남, 2000[2006] : 497)며 비관적인 견해를 밝힌 뒤 사회관계자본의 축적을 다시 채우는 것이 어떻게 하면 가능할까하는 문제를 제기하고 있다.

퍼트남 자신도 다양하고 구체적인 대책을 제시하고 있지만,[190] 그 가운데에서 어렴풋한 힌트로서 "편의적으로 시장의 메타포를 사용하면 시민참가라는 기회 공급(supply)과 그러한 기회를 활용하기 위한 수요(demand) 모두 쌍방을 위해 노력할 필요가 있다고 하는 것"(퍼트남, 2000[2006] : 498)에 대해 거론하고 있는 점에 주목해 보고자 한다. 이것을 오늘날 일본사회에 적용하면 이제 비로소 사회관계자본의 축적을 위해 필요한 공급(supply)과 수요(demand) 쌍방이 갖춰져 있다고 보는 것도 가능하기 때문이다.

공급(supply)이란 지역소멸의 '위기'이다. 제1장에서 확인한 것처럼 지금까지 폐쇄성이 지적되어 관계인구로 대표되는 지역 외 주체를 받아들이는데 그다지 적극적이지 않았던 지역사회는 인구감소가 진전되면서 결과적으로 지역 외 주체를 받아들이고, 적극적으로 요구하기도 하는 개방성을 갖기에 이르렀다. 이것은 지역사회와 지역외 주체와의 사이에 사회관계자본을 구축하는 기회가 제공된 것이라고 생각할 수 있다.

일방적인 수요(demand)는 '고향난민'이라고 하는 말로 대표되는 도시의 젊은 세대의 관계나 연결에 대한 희구이다. 개인의 아이덴티티가 흔들린다고 하는 오늘날의 문제에 대한 해결방법의 하나로서 아이덴티티의 확립으로 연결시켜가는 타자와의 관계와 연결이 요구되고 사회관계자본에 대한 희구로 연결되어 가는 것은 제2장에서 서술했다. 사회관계자본에 가치를 느끼고 요구하는 사람들이 생겨나고 있다고 하는 것이다.

이러한 사회관계자본에 있어서 공급(supply)과 수요(demand)라는 쌍방이 만족하는 상황이 발생했다는 것은 어떤 의미에서 기적이라고도 말할 수 있다. 지역 측은 인구감소에 대한 대응, 관계인구는 스스로 아이덴티티의 흔들림으로부터 오는 관계나 연결에 대한 희구라고 하는 상황이나 생각은 다르다. 하지만 결과적으로 그 양자가 연결되는 것으로 사회관계자본이 축적되고 지역재생 주체가 형성될 가능성이 생겨난다고 하는 구축주의적 관점과도 유사하다고 이해하는 것이 가능할 것이다.

사회관계자본과 지역사회를 연구한 종교학자인 사쿠라이 요시히데桜井義秀(2014)는 '포스트 복지국가'를 염두에 두고 누가 어떠한 실천에 의해서 사회관계자본을 유지·양성할 것인가가 현대사회 이론에서는 의문시되고 있다고 했다. 관계인구라고 하는 본질이 사회관계자본의 유지·양성을 위한 구체적이고 실증적인 처방전이 될 가능성이 있다고 말하는 것도 가능한 것은 아닐까.

제7장 요약

제7장에서는 제4~6장의 사례를 근거로 해 지역재생 주체의 형성과정을 ①관계인구가 지역과제의 해결을 위해 움직이기 시작한다 → ②관계인구와 지역주민과의 사이에 신뢰관계가 구축된다 → ③지역주민이 지역과제의 해결을 위해 나선다고 하는 3단계로 분류했다.

그래서 이 형성과정을 사회관계자본론으로부터 분석하고 관계인구는 지역주민과의 사이에 사회관계자본을 구축하는 과정에서 지역재생의 주체로서 형성되어 가는 것, 이어서 관계인구가 구축한 사회관계자본이 다른 지역주민에게 전이하는 것으로 새로운 지역재생의 주체가 형성되어 가는 것, 더욱이 그 지역주민이 스스로 사회관계자본을 구축하는 힘을 갖게 되면서 지역 내의 새로운 지역재생의 주체가 형성되고, 지역재생 주체가 지역에서 다층적으로 증가해 간다고 하는 흐름을 명확히 했다.

게다가 지역재생의 주체가 형성되지 않은 지역주민을 지역재생의 주체로서 형성해 가는 것에 현대적인 의미가 있다는 것도 확인했다. 지역주민이 양적으로 늘어나지 않는 오늘날 인구감소 사회에서 지역재생의 주체를 늘려가기 위해서는 지역주민의 질적인 변화를 촉진시켜 가는 것은 빼놓을 수 없다. 이것을 기능하게 한 것이 관계인구이고, 그렇기 때문에 관계인구는 현대사회에서 지역재생 주체의 형성을 고려하는데 있어서 열쇠가 되는 존재이다.

그러나 관계인구는 그 자체로 지역재생 주체와 동의어는 아니기 때문에 지금까지 확인한 형성과정도 살펴보면서 관계인구가 지역재생 주체로서 형성되기 위한 조건을 검토하고, ①관심의 대상이 지역문제이다 ②그 문제의 해결을 위해 노력하는 것으로 지역에 관여한다 ③지역주민과 신뢰관계를 구축한다고 하는 3가지 조건을 도출했다.

사회관계자본이 구축되고 더 나아가서는 스스로 사회관계자본을 구축할 수 있는 지역주민이라고 하는 지역재생 주체도 형성된 것을 근거로 관계인구가 떠나가는 것을 두려워할 필요가 없다. 오히려 관계인구가 이동해 관계하는 지역이 증가하는 것으로 보다 많은 지역재생의 주체형성으로 이어져 사회전체가 근본부터 변화될 가능성도 언급했다.

지역은 인구감소에 대한 대응, 관계인구는 스스로 아이덴티티의 흔들림으로부터 오는 연결에 대한 희구라고 하는 각각의 사정이나 생각은 다르지만 결과적으로 그 양자가 연결되는 것으로 사회관계자본이 축적되고 지역재생 주체의 형성으로도 연결되어 가는 가능성이 생겨나게 되는 것이다.

제8장.
관계인구의 역할

1. 지역재생 사이클

외지인 효과를 넘어서

제8장에서는 관계인구가 지역재생에 어떠한 역할을 맡게 될 것인 지를 고찰하고자 한다. 우선 제3장에서 제시한 틀에 기초해서 시마네현 아마정과 같은 현 고쓰시, 가가와현 만노정 3개 지역의 사례에서 어떠한 관계인구가 어떠한 외지인 효과를 발현했는가를 분석하고 그 효과가 발 현하기 위한 상호작용 형식을 검토하고자 한다.

5가지의 외지인 효과를 보여준 시키다(2009)는 지역재생 현장에서는 효과가 복합적이고 동시에 일어나고 있어 분석해서 논의하는 것은 그다 지 의미가 없다고 했다. 그것을 검토한 다음 남은 과제의 하나는 이러한 효과가 어떻게 발현되어서 지역재생으로 연결되어갈 것인가 하는 과정 은 명확하지 않고 외지인이 지역재생에서 맡게 될 역할도 논의되지 않고 있는 점이다.

그래서 본서에서는 5가지의 외지인 효과를 포함한 효과분석은 하지만 그 개별 분석 결과의 상세한 의미를 파악하기보다 지역재생 프로세스에서 관계인구의 위치부여를 통해서 지역재생에 있어서 관계인구의 역할을 검토해 가는 것에 중점을 두고자 한다. 그리고 이러한 작업을 통해서 인구감소가 전제로 되는 현대사회에서 지역재생이란 무엇을 목표로 해야 하는가도 재정의하고자 한다.

공통적인 지역재생 프로세스

우선 3개 지역의 사례조사 결과로부터 공통적으로 나타난 지역재생 프로세스를 정리하고자 한다.

3개 지역 사례의 지역재생 프로세스는 크게 Ⅰ~Ⅳ의 4가지 단계로 생각해 볼 수 있다.

Ⅰ기는 지역에서 해결해야 할 과제가 현재화하는 단계이다.

아마정은 특산품개발에 더해서 산업진흥이나 자녀 양육지원 등 지역재생 정책을 통해 계속 성과를 거두고 있다. 그러나 '아마정자립촉진플랜' 책정작업의 과정에서 학생수의 감소에 직면한 도젠고등학교가 폐교 직전의 상황이 되고, 실제로 폐교되면 자녀들이나 그 가족의 유출이 한꺼번에 진행돼버릴 염려가 있다는 게 분명해지게 됐다. 당시 야마우치정장은 "꾸준히 계속되어 온 인구대책이 오키도젠고교의 통폐합으로 한방에 날아가버릴지도 모른다"는 위기감을 갖고 정町의 관할구역 이외인 현립고교의 존속에 정 전체가 노력해가기로 결정했다.

한편, 빈집은행을 통해서 이주자를 불러들인 고쓰시에서는 경기침체와 동반하여 빈집은 소개할 수 있어도 구인기업을 소개할 수는 없는 문제가 발생했다. 그래서 고쓰시청의 나카가와씨가 "일이 없다면 일을 새로 만드는 것이 가능한 사람을 유치한다"는 쪽으로 방향을 바꾸고, 지역과제를 해결하는 비즈니스플랜을 가진 인재를 직접 유치하는 방안으로서 비즈니스플랜콘테스트의 개최를 결정했다.

만노정에서는 인구감소가 심각해지는 가운데 앞으로 지역운영을 어떻게 할 것인가, 시정촌 합병으로 인원이나 권한이 축소된 공공기관의 지소에 맡기는 게 아니라 지역주민들이 자발적으로 대책을 세워야 한다는 필요성을 고토나미지소의 아마기리씨가 통감하고 주민주도형인 고토나미미래회의의 설치에 착수하기 시작했다.

이렇게 해서 지역과제가 현재화되면 Ⅱ기가 된다.

Ⅱ기에서는 현재화된 지역과제와 자신의 관심이 일치하는 지역 외의 주체, 즉, 관계인구가 그 과제해결에 관여하게 되는 것이다. 제7장에서 서술한 바와 같이 관계인구는 당초 지역에서는 외지인이지만 지역주민과 사회관계자본을 구축하는 과정에서 지역재생의 당사자가 되고 지역재생의 주체로서 형성되는 것이다.

아마정에서는 도쿄의 기업에서 인재육성에 관여하고 있던 이와모토씨가 정의 요시모토씨 등으로부터 상담을 받은 도젠고등학교의 존속이라고 하는 과제를 해결하기 위해 이주했다. 처음에는 외지인이다 보니 강한 반발을 샀고 존속문제를 위해 노력하면서도 고교 내에 자리도 두지 못했다. 그래서 자신의 결점을 지역주민들로부터 듣고 고쳐가는 자세를 보이는 등 '자신이 먼저 변하는' 노력을 반복했을 뿐 아니라 고교내의 흡연실이나 교원들의 술자리 모임에도 참석해 상대의 이야기에 귀를 기울이면서 고교에도 자리를 얻게 되고 지역주민이나 교사들로부터도 신뢰를 얻게 됐다.

고쓰시에서는 제1회와 제2회 콘테스트의 지역프로듀서부문에서 대상을 수상한 다나카씨가 데고넷이와미에서 스텝으로서 일하게 됐다. 콘테스트 자체가 지역을 통틀어 운영체제를 갖추고 있고, 공개장소에서 프리젠테이션을 한 뒤에 지역주민 중심의 구성원에 의한 심사에서 수상자가 선발되기 때문에 수상이 곧 지역의 보증을 얻는 모양새가 됐다. 그 때문에 커다란 반발없이 지역주민에게 받아들여지고 콘테스트에서 내건 대학생 인턴사업이라는 활동을 지역주민과 더불어 할 수 있게 됐다.

또 만노정에서도 도쿠시마대학의 다구치씨가 고토나미지소로부터 부탁을 받고 고토나미미래회의 좌장역에 취임했다. 마을의 실태조사 등을 하는 가운데 가와오쿠지구로부터 전출한 자식들을 네트워크화 하는 '전출자간담회'를 설립하고, 월1회 기준으로 약 1년 반, 매번 빙 둘러 앉아서 차분하게 토의를 했다. 회의의 진행도 간담회 멤버로부터 의견도 받아들면서 개선을 거듭했다.

이어서 3기는 2기에서 등장한 관계인구의 영향을 받아 지역주민이 새롭게 지역재생 주체로서 형성되어 가는 단계이다.

아마정에서는 도젠고등학교의 존속문제로부터 생겨난 고교매력화프로젝트에 반발했던 하마이타씨가 교원보다도 커리큘럼에 대해서 상세하게 조사해 공부를 계속하는 이와모토씨의 자세에 감동을 받아 프로젝트에 주체적으로 관여하게 되고 고교매력화프로젝트의 구상을 이와모토씨와 함께 잘 마무리지었다. 그 밖에 니시노시마정 출신의 교원도, 더욱이 자신들이 지역의 현안에 대해 고민할 필요가 있다는 것에 생각이 미치게 됐다.

고쓰시에서는 지역을 위해 최선을 다해 활동하는 다나카씨에게 감동받은 후지타씨가 다나카씨와 더불어 '손에 손을 잡은 도시'를 주최하기도 하고 전국 상점가지원센터의 현지매니저 자격을 취득하기도 하는 등 '자신들이 하지 않으면 안된다'고 하는 주체성을 갖게 되었던 것이다. 만노정에서는 다구치씨로부터 반복해서 정사무소의 한계에 대해 설명을 들은 요코이씨가 "미안하지만 자신들이 어차피 하지 않으면 안된다"고 하는 자각을 갖게 되고, 특히 재해 시의 지원체제에 주목해서 각 세대를 돌면서 상황을 파악하겠다고 하는 제안을 하기에 이르렀다.

최종 4기는 현재화된 지역과제를 창발적으로 해결하는 단계이다.

아마정에서는 고교매력화프로젝트가 구체적으로 작동하기 시작하고 지역 외부로부터 학생을 모집하는 섬유학이나 공공 운영 숙소인 학습센터가 개소됨으로써 낙도의 고등학교에서 이례적으로 학생수와 학급수가 증가하고 폐교하는 일도 없이 존속했다.

고쓰시에서는 콘테스트의 운영이 궤도에 오르고, '사람이 사람을 부르는' 선순환이 나타났다. 콘테스트의 수상자가 빈 점포를 활용해서 개업하고 촉발된 지역주민에게도 그런 움직임이 확산되는 등 파급효과로 이용가능한 빈점포가 채워지고 셔터거리의 상점가도 소생했다.

만노정에서는 '전출자간담회'가 차수를 거듭하면서 전출자 네트워크가 형성되고, 가와오쿠지구의 소방단멤버도 함께 가와오쿠지구의 각 세대 상황이나 상수원 정보를 공유하는 '마을 가르테'를 작성, 재해시의 지원체제를 정비했다.

'지역쇠퇴의 사이클로부터의 반전'

3지역의 사례에 공통적인 지역재생의 프로세스를 지역재생 사이클이라고 명명한다.

현재화된 지역과제에 대해서 관계인구가 지역재생 주체로 형성되어서 해결을 위해 나서기 시작하고, 이어서 지역주민도 지역재생 주체로서 형성되며 활동하기 시작하게 된다. 그리고 그 양자에 의해서 창발적으로 문제가 해결되는 사이클이다〈그림 43〉. 사이클이라고 표현했지만 실제로는 나선모양으로 변화해 가는 이미지에 보다 가깝다고 생각된다.

최초의 지역과제가 해결되면 다른 지역과제가 현재화되고 다음으로 지역재생 주체의 형성과 문제의 해결이라고 하는 새로운 사이클이 돌게 된다. 또 하나의 현재화된 지역과제의 해결을 위해 열심히 노력하는 가운데 또 다른 지역과제가 나타나고, 다른 지역의 문제해결을 위한 움직임이 동시다발로 일어나는 것도 상정할 수 있다.

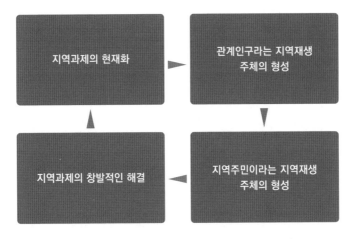

〈그림 43〉 지역재생 사이클(가미무라, 2018: 176를 참고로 필자 작성)

예를 들면 아마정에서는 고교의 존속이라고 하는 지역주민인 요시모 토씨가 처음으로 설정한 지역문제가 현재화되고 이와모토씨, 하마이타 씨 등이 협력해서 고교매력화프로젝트에 의해서 문제해결을 위해 노력 하는 가운데 이와모토씨가 U턴형의 로컬트럭을 강화한다고 하는 다음 의 과제를 설정했다고 볼 수도 있다. 그리고 고교매력화프로젝트에 의해 서 생겨난 섬유학생이라고 하는 다른 관계인구와 관계함으로써 다음 세 대인 오노씨, 아오야마씨가 성장해서 U턴하고 졸업생의 관계도 만들어 간다고 하는 새로운 지역과제가 설정되었다. 고쓰시의 경우는 지역주민 인 나카가와씨가 설정한 창업인재의 유치라고 하는 지역과제 해결을 위 해 노력하는 가운데 지역재생 주체로 형성된 지역주민인 후지타씨가 셔 터거리 상점가의 부활이라고 하는 새로운 과제를 설정하고 이 2가지가 동시병행으로 진행됨으로써 상승효과가 일어나서 두 가지 과제를 동시에 해결했던 것으로 볼 수 있다. 그리고 만노정에서는 고토나미지소의 아마기리씨가 설정한 최초의 과제가 우선 해결되었다고 하는 단계이다. 지역의 과제가 없어진 것은 아니다. 그 과제를 부단히 정면돌파하는 주체가 형성되고 지역문제를 계속 해결하는 과정의 연속이야말로 지역재생이라고도 말할 수 있다. 그리고 이것은 제1장에서 지적한 '지역쇠퇴 사이클'이 주체형성에 의해서 전환된 것이라고 이해할 수 있다.

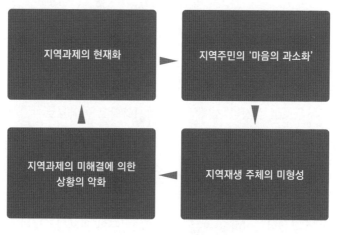

〈그림 44〉 '지역쇠퇴 사이클'(다시 게재)

2. 지역재생 사이클의 의미 부여

지역재생 주체의 형성 효과

이어서 이 절에서는 3개 지역의 사례에서 어떠한 관계인구가 어떠한 효과를 가져왔는가를 분석하면서 지역재생의 프로세스가 작동하는 가운데 의미를 찾아보고자 한다. 앞에서 서술한 것처럼 시키다(2009)는 지역에 있어서의 외지인 효과로서 ①지역의 재발견 효과 ②자긍심 함양 효과 ③지식이전 효과 ④지역의 변화촉진 효과 ⑤객관적인 입장에서의 문제해결 등 5가지를 들고 있다(시키다, 2008: 86-89).

이러한 효과를 폭넓게 분석하고자 본서에서 조사를 실시한 관계인구인 이와모토씨, 다나카씨, 미우라씨, 다구치씨 이외에도 문헌을 참조하면서 제3~5장에서 언급한 관계인구도 새롭게 대상으로 추가해서 분석을 하기로 한다.

새롭게 추가하는 것은 아마정의 상점개발연수생인 고토後藤씨, 주식회사 리쿠르트 사원으로 '소라카레' 특산품 개발에 관여한 다마오키玉沖씨, 지역 외부로부터 도젠고등학교로 입학한 섬유학생, 그리고 아마정에서 'AMA 왜건'을 기획·운영하고, 고쓰시에서도 콘테스트에 대해 조언한 오노씨尾野씨다. 그 유형과 상세에 대해서는 차례로 설명하고, 나중에 일람표로도 정리하고자 한다.

세 지역 가운데 우선 아마정부터 순서대로 보자.

상품개발연수생이었던 고토씨는 잠시 아마정에 산 후 떠난 바람같은 사람형의 관계인구이다. 지역주민이 자생하는 생강나무를 '복나무'라고 부르고, 차로도 마시는 문화에 주목하고 '복나무차'로 상품화했다. 지역주민에게는 당연했던 생강나무가 지역의 문화이고 자원이라는 것을 재발견하는 계기를 만들었다고 볼 수 있다. 이것이 바로 ①지역의 재발견 효과다.

아마정의 특산품 개발 담당이 된 다마오키씨는 이주하지 않고 정기적으로 왕래하는 내방형의 관계인구였다. 지금까지 실력을 배양해 온 컨설턴트로서의 지식을 활용해 '소라카레'의 특산품화를 적극 도왔다. ③지식이전 효과라고 생각할 수 있다.

또 아마정사무소의 요시모토씨에게 고교존속 문제의 상담을 받은 오노씨는 도쿄의 사회창업가들이 대형왜건으로 이동해 섬에서 출장수업(현장수업)을 하는 'AMA왜건'을 기획했다. 그것이 결과적으로 이와모토씨의 이주로 연결됐다. 'AMA왜건'은 요시모토씨로서는 생각지도 못했던 대책으로 내방형 관계인구에 의한 ⑤객관적인 입장에서의 문제해결로 이해할 수 있다.

이와모토씨는 바람같은 사람형의 관계인구이다. 지역을 살린 새로운 교육을 구상하고 섬 외부로부터 불러들이는 섬유학을 포함한 고교매력화 프로젝트를 주민과 함께 실행함으로써 고교의 존속을 실현시켰다. 이것도 인구 유출밖에 경험한 것이 없는 주민만으로는 어려웠을 것으로 생각되고, 마찬가지로 ⑤객관적인 입장에서의 문제해결 사례라고 볼 수 있다. 그 밖에 지금까지의 과정에서도 이와모토씨가 전한 해외의 지식을 요시모토씨가 도입하는 등 ③지식이전 효과와 더불어, 지지하며 참여하고 있는 '사람과 사람의 연결'이라는 동호회를 통해서 ④지역의 변화를 촉진하는 복합적 효과를 발현한다고도 말할 수 있다.

섬 유학생은 고교시절 3년간 한정으로 섬 지역에 살고, 졸업 후에는 기본적으로 다른 지역의 고등교육기관으로 진학하거나 취직으로 인해 지역을 떠나는 바람같은 사람형의 관계인구이다. 제1회 관광고시엔에서 그랑프리를 수상한 지역의 사람을 소개하는 관광플랜 '사람과 사람의 연결'을 출범할 때, 지역외부로부터 입학생의 관점에서 지역출신 학생도 여기가 지역주민과의 연대를 통해 매력 넘치는 지역이라는 사실을 처음으로 인식했다.[191] ②자긍심의 함양효과라고도 말할 수 있을 것이다. 더욱이 지역출신 학생인 오노씨는 생각도 해보지 못했던 야구부의 창설을 섬 유학생이 처음으로 말을 꺼내고 동호회라는 형태로 함께 실현시킨 것은 ③지식이전과 ④지역 변화의 촉진이라고 하는 두 가지의 효과가 발현한 것이라고 볼 수 있다.

이어서 고쓰시를 살펴 보자. 우선 아마정에서 'AMA왜건'을 기획·운영하던 오노씨는 고쓰시의 이웃인 가와모토정과 도쿄에서 2지역 거주를 해 오며, 고쓰시의 입장에서 볼 때는 두 지역 거주형의 관계인구다.

또, 바람같은 유형의 관계인구인 다나카씨는 지역주민인 후지타씨와 함께 제1회의 '손에 손을 잡은 도시'를 개최함으로써 빈점포라고 하는 자원을 지역주민이 알게 되고 활성화해가는 계기를 만들었고, 이는 ④지역의 변화를 촉진시키는 효과를 발현한 사례라고 생각할 수 있다.

한편 내방형의 관계인구인 미우라씨는 20년간 사용되지 않고 있던 다방을 커뮤니티바로서 다시 빛을 보게 하는 아이디어를 제안했다. 그리고 후지타씨를 비롯한 지역주민과 더불어 '52(고쓰)Bar'로 리노베이션한 뒤 실제로 오픈했다. 이렇게 유명한 성공사례를 실제 관찰함으로써 빈점포가 채워지는데도 속도가 붙게 됐다. 이것은 ①지역의 재발견과 ④지역의 변화를 촉진하는 효과라고도 말할 수 있다.

만노정에서는 내방형의 관계인구인 다구치씨가 전출자간담회 개최를 제안하고 정례화하면서 전출자의 네트워크화를 촉진시켰다. 원래 다구치씨에게 외뢰한 고토나미지소는 전출자간담회나 네트워크화를 전혀 생각하지 않았던 것을 고려하면 ⑤객관적인 입장에서의 문제해결이라는 효과라고도 이해할 수 있다.

이러한 조사를 분석한 결과, 시키다(2009)가 지적한 ①지역의 재발견 효과 ②자긍심 함양 효과 ③지식이전 효과 ④지역의 변화 촉진 ⑤객관적인 입장으로부터의 문제해결이라고 하는 5가지 효과는 확실히 발현하고 있었던 것을 알 수 있다. 게다가 앞 절에서 확인한 지역재생 사이클에 있어서의 위치를 고려해 보면 5가지 중의 어떤 효과에도 해당되지 않는 또 다른 효과가 발현되고 있는 것은 아닐까 하는 생각이 든다.

그것은 관계인구의 영향을 받아 지역주민이 주체성을 획득한 것이다.

예를 들면 아마정에서는 이와모토씨로부터 영향을 받은 하마이타씨와 교사가, 고쓰시에서는 다나카씨에게 영향을 받은 후지타씨가, 만노정에서는 다구치씨에게 영향을 받은 요코이씨가, 각각 당사자로서 주체적으로 지역문제에 관여하도록 변화됐다. 그것인 제7장에서 확인한 지역재생주체의 형성과 같고, 지역주민들로 하여금 지역재생 주체로서의 형성을 촉진했다고 하는 지금까지 기술한 5가지의 효과와는 또 다른 효과라고도 말할 수 있는 것은 아닐까.

제1장에서 서술한 것처럼 지역재생의 주체로서 이해되어 온 지역주민에 대해서는 '마음의 과소화'나 주체성의 결여가 계속 보고되고 있는 것을 근거로 하면 이것은 커다란 변화이고 동시에 중요하다고 생각한다. 그리고 이것은 여섯 번째로 지역재생 주체형성 효과라고 말할 수 있다. 이상을 일람표로 요약해서 정리하면 다음 〈표 15~17〉과 같다.

협동이라고 하는 상호작용형식

이어서 이러한 효과를 발현시키기 위한 상호작용의 형식에 대해서 분석하고자 한다. 앞에서 서술한 시키다(2009)는 지역과 외지인 상호작용의 실상에 대해 주목하고 3가지 형식이 있다고 정리했다. 그것은 ①자립, ②의존, ③활용이라는 3가지 형식이다.

3지역의 사례에서 주목하고자 하는 것은 관계인구와 대등한 관계성을 구축하고 더불어 지역문제를 해결하고 있는 지역주민의 자세이다.

아마정에서는 이와모토씨를 초대한 요시모토씨가, 지역주민에게는 통용되지 않는 가로쓰기(영어식 표현)를 사용하지 말도록 한 것이나, 효율성으로는 측정되지 않는 것을 중요시 할 것 등 이와모토씨를 타이르면서, 이 지역에서 여러가지 일을 추진하기 위해 필요한 마음가짐을 차분하게 알려줬다.

또 가르치는 것뿐만 아니라 다니엘김의 '성공순환' 등 이와모토씨로부터 배운 외국의 이론을 사용해서 설명하기도 했다. 어느 쪽인가가 일방적으로 위에 서는 것이 아니라 대등한 입장에서 프로젝트를 추진했던 것이다. 그리고 팀을 조직한 지역주민인 하마이타씨도 지지하고 지지를 받으면서 신뢰관계를 더욱 깊게 해 갔다.

고쓰시에서도 데고넷이와미 이사장인 요코타씨는 많은 실패를 해도 괜찮다며 스텝으로서 받아들인 다나카씨를 쭉 곁에서 도와주며 자상하게 지도했다. 어려움에 처해 있을 때나 상담을 받았을 때에도 약간의 충고를 하면서, 함께 데고넷이와미의 운영에 임했다. 고쓰만엽마을상점회의 후지타씨도, 다나카씨와 힘을 합쳐서 제1회의 '손에 손을 잡은 도시'를 개최했을 뿐 아니라 미우라씨나 젊은 멤버에게 호소하고 상점회의 청년부를 조직해서 커뮤니티바 '52(고쓰)Bar'를 개설하기도 했다.

〈표 15〉 아마정에 있어서의 외지인 효과 정리(필자 작성)

관계인구	유형	사건	효과
고토 다카시씨	바람같은 사람형	복나무차의 상품화	① 지역의 재발견
다마오키 히토미씨	내방형	소라카레의 특산품화	③ 지식이전
오노 히로아키씨	내방형	'AMA 왜건'의 개최	⑤ 문제 해결
이와모토 하루카씨	바람같은 사람형	고교매력화를 구상하고 실천	⑤ 문제 해결
		하마이타씨가 주체적으로 변화	⑥ 지역재생 주체의 형성
섬 유학생	바람같은 사람형	사람과 사람의 연결 플랜 작성	② 자긍심 함양
		야구부의 창설	③ 지식이전
			④ 지역의 변화 촉진

〈표 16〉 고쓰시에 있어서의 외지인 효과 정리(필자 작성)

관계인구	유형	사건	효과
오노 히로아키씨	두 지역 거주형	콘테스트에 대한 조언	③ 지식이전
다나카 리에씨	바람같은 사람형	'손에 손을 잡은 도시'의 개최	④ 지역의 변화 촉진
		후지타씨가 주체적으로 변화	⑥ 지역재생 주체의 형성
미우라 다이키씨	내방형	52(고쓰)Bar의 개설	① 지역의 재발견
			④ 지역의 변화촉진

〈표 17〉 만노정에 있어서의 외지인 효과 정리(필자 작성)

관계인구	유형	사건	효과
다구치 다로씨	내방형	전출자녀 간담회를 구상하고, 실천	⑤ 문제 해결
		요코이씨가 주체적으로 변화	⑥ 지역재생 주체의 형성

　나카가와씨도 "고쓰시에 살지 않더라도 살고 있는 사람 이상으로 힘을 빌려 주셔서 감사하다. 그들(외지인들)은 네트워크를 갖고 있고, 트렌드나 고쓰시에 필요한 것을 알려줘, 나 자신도 가치관이 바뀌게 된다"며, 외지인으로부터 배우는 자세도 보여주고 있다.

　또, 만노정에서는 지역주민인 아마기리씨가 다구치씨를 고토나미미래회의의 좌장으로서 초빙한 후에도 지소장으로 있는 동안은 매회 전출자 간담회에 출석해 다구치씨, 전출자 등과 함께 빙그렇게 둘러앉아서 음으로 양으로 지원했다. 공통된 것은 관계인구에 의존해서 주체성을 잃는 것이 아니고 그렇다고 관계인구를 객체화해서 그 주체성을 빼앗는 것도 아니라 함께 대등한 지역재생의 당사자로서 서로 마주보는 자세이다.

이것을 시키다(2009)가 열거한 ①자립 ②의존 ③활용 등 3가지 핵심 상호작용형식 가운데 어디에 해당하는지를 분석하면 활용이라고 하는 형식으로는 불충분하다고 생각된다.

활용형식에서는 지역측에 주체성은 있으면서도 적절한 외지인을 발견해 내는 것에 무게를 두고, 잘 활용한다고 하는 편의주의(都合主義)적인 발상이 숨겨져 있다고 하는 지적이 있다. 그리고 외지인측이 객체화되어 버리는 경향이 있다고 하는 것은 이미 제3장에서 서술한 그대로이다.

그리고 활용이 아니라 외지인과 대등한 입장에서 협력하며 함께 일하는 협동이라고 하는 상호작용 형식이라고 말하고 싶다.[193] 이러한 지역주민의 태도는 전술한 퍼트남의 '함께 한다'(퍼트남, 2000[2006] : 134)고 하는 것이 중요하다고 하는 주장과도 통한다.

이상을 요약하면 관계인구는 제6장에서 다구치씨가 언급하고 있는 것과 같이 완성된 '슈퍼스타'일 필요는 없다고 하는 점이다.

아마정의 이와모토씨는 요시모토씨 등의 충고에 귀를 기울여, 가로쓰기(영어식 표현)를 사용하지 않게 되고 지역에서 전통예능을 배우기도 하고 술자리에도 꼬박꼬박 출석하게 됐다.

고쓰시의 다나카씨와 미우라씨도, NPO법인의 설립이나 콘테스트의 운영, 그리고 지역프로모션에 관해서 높은 수준의 능력이나 경험을 갖고 있는 것은 아니다. 오히려 미우라씨에 대해서는 콘테스트에서의 인상이 거의 없을 만큼 존재감이 없었다고 오노씨는 회고하고 있다.

그러나 고쓰시가 제1회 콘테스트에서 "설령 플랜이 미숙하더라도 지역의 과제해결을 위해 진정으로 노력하는 열정을 갖고 있는 개인 또는 단체의 응모를 기다리고 있습니다"라고 해서 스킬업에 대한 지원도 명기했던 것처럼 지역측이 소위 '불완전'한 외지인을 받아들여서 양육한다고 하는 뜻을 분명히 하고 있었던 것이다.

만노정의 다구치씨도 처음부터 명확한 답을 갖고 지도하고 있던 것은 아니다. 지역주민이나 전출자들과 무릎을 맞대고 토론을 거듭하며, '마을 가르테'의 실현을 뒤에서 도왔다.

그리고 관계인구와 똑같이 지역주민도 '슈퍼스타'같은 인재는 아니다. 지역과제에 직면해서 고심에 고심을 거듭하는 가운데 관계인구를 만나 여러 가지를 깨닫게 됐다는 것은 이미 서술한대로다. 여기서 중요한 것은 지역주민과 관계인구가 대등한 입장에서 함께 변화됐다고 하는 것이다. 제3장에서 설명한 것과 같이 과거의 지역재생 정책을 회고해 보면 의존성이 강한 외래형 개발이나 도시·농촌의 교류·관광은 모두 지역주민과 지역외 주체 양자가 주체가 되는 형식은 아니었다. 이것에 반해 관계인구와의 협동은 함께 대등한 주체로서 서로 마주보는 방식이라고 말할 수 있고, 지금까지와는 다른 형식이라고도 말할 수 있다〈표 18〉.

〈표 18〉 상호작용 형식과 지역재생 주체, 지역재생 정책의 재정리(필자 작성)

형식	특징	지역재생 주체	지역재생 정책
자립	지역에서 해결하고, 외지인의 개입은 불필요	지역만이 주체	

의존	지역의 주체성이 없는 상태에서 외지인에게 의존	외지인이 주체, 지역은 객체	외래형 개발 도시·농촌의 교류·관광
활용	지역이 주체성에 기초해 적절한 외지인을 활용	지역이 주체, 외지인은 객체	
협동	지역이 주체성에 기초해 외지인과 협동	지역도 외지인도 주체	관계인구

관계인구의 두 가지 역할

새롭게 제시한 6가지의 외지인 효과와 협동이라고 하는 상호작용 형식을 지역재생 프로세스의 가운데 놓고 관계인구가 지역재생에 어떠한 역할을 하는지 고찰해보고자 한다.

지역과제가 현재화되는 Ⅰ기는 관계인구와의 관계가 생겨나기 전이고, 특히 효과는 발현하지 않는다. Ⅱ기는 우선 관계인구가 지역재생 주체로서 형성된다고 하는 효과의 발현이 전제가 되는 시기이고, 그것을 받아들여 다음 Ⅲ기로 지역재생 주체의 형성이라고 하는 외지인 효과가 발현된다. 이렇게 해서 지역재생 주체가 다층적으로 형성되는 것에 의해 이어서 Ⅳ기에서 남은 5가지의 외지인 효과가 나타나고 창발적으로 지역과제를 해결해간다고 하는 것이 기본적인 흐름이다〈그림 45〉. 다만, 반드시 지역재생 주체의 형성이 절대조건은 아니고, Ⅳ기에 이르기 전 단계에서도 이 5가지의 효과 전체가 발현하는 경우도 상정될 수 있음은 유의해야 한다.

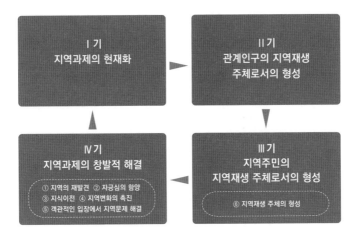

〈그림 45〉 지역재생 사이클과 발현한 외지인 효과(필자 작성)

또 모두 창발적인 과제해결이었다고 말하는 것이 가능하다.

아마정에서 고교존속 문제를 담당하고 있던 요시모토씨는 실제로 어떻게 하면 좋은지 지름길이 보이지 않았다고 한다. 한편 이와모토씨도 학력이 아니라 인간성이 중요하다고 하는 커다란 방향성은 제시하고 있지만 구체적으로는 반영시키지 못했다. 그것이 하마이타씨를 포함한 지역주민들과 의논하는 가운데 존속이 아니라 매력화라고 하는 본질을 이해한 후 비전이 생겨나고 고교매력화프로젝트를 전개하는 가운데 섬유학이나 학습센터 등 구체적인 대책이 실현되어 갔다. 그 결과 학생수와 학급수가 증가하고 고등학교는 존속할 수 있게 되었다.

덧붙여서 이와모토씨가 설정한 U턴형의 로컬트럭을 강화한다고 하는 다음의 지역과제도 이와모토씨의 현장수업을 받은 졸업생이나 그 후배인 아오야마씨 등에게 인계되어 뜻하지 않게 문제해결의 싹을 틔울 수 있었던 것이다. 고쓰시에서 최초로 콘테스트를 기획한 나카가와씨의 목적은 창업인재의 유치였다. 콘테스트에서의 수상을 계기로 다나카씨나 미우라씨가 관여하게 되고, 후지타씨를 비롯한 지역주민이 주체성을 회복하며 셔터거리 상점가의 부활을 위해 나서게 된 것이다.

그리고 콘테스트의 운영이 본궤도에 오르고 창업인재가 차츰차츰 이주해 옴으로써 빈점포를 활용한 창업도 증가하고 촉발된 지역주민에게도 그 움직임이 확산돼 간다고 하는 파급효과가 생겨났다. 그 결과로서 이용가능한 빈점포가 채워지고 셔터거리의 상점가는 다시 소생한 것이다. 나카가와씨도 콘테스트의 부수효과라고 서술하고 있다.

만노정에서도 고토나미지소장인 아마기리씨가 고토나미미래회의를 설치할 때 "목표는 이제 일체 없습니다"라며 확실하게 말했고, 다구치씨도 의뢰받은 시점에서 구체적인 계획이나 해결책을 갖고 있던 것은 아니었다. 더욱이 거의 가능할 것이라고도 생각하지 않고 제안한 전출자간담회가 의외로 현실화되고 정례화돼서 횟수를 거듭해가는 가운데 예기치 않는 '마을 가르테'라고 하는 성과가 생겨났다.

이상을 요약해서 지역재생에 있어서의 관계인구의 역할은 다음 두가지라고 생각된다.

① 지역재생의 주체를 형성한다

② 창발적으로 문제해결을 촉진한다

그리고 이 역할을 위한 조건이 되는 지역주민과의 상호작용 형식이 협동이다. 이 두 가지 역할은 제2장에서 소개한 주민의 주체적 의식을 배양하는 덧셈과 주체성이 생겨난 후 비전만들기와 실천이라고 하는 곱셈의 2단계 지지가 필요하다고 하는 이나가키 후미히코稲垣文彦(2014)의 사고와도 일치한다고 생각된다. 주체성을 가진 지역재생 주체가 형성되는 것이야 말로 그 다음의 문제해결을 위한 노력으로 연결되어간다고 말하는 것이 가능하다.[194]

3. 현대사회에 있어서의 지역재생

재생이라고 하는 의미

지금까지 살펴봐 온 것처럼 아마정에서는 폐교 직전이었던 고등학교가 존속하고, 고쓰시에서는 셔터거리의 상점가가 소생하며, 만노정에서는 재해시의 지원체계 구축 등 지역주민이 안심하고 삶을 영위할 수 있는 환경이 지속적으로 정비되고 있다.

그러면 어떻게 이렇게 된 걸까, 다시 말하면 지역재생이 가능했던 것은 무엇 때문일까. 아마정의 도젠고등학교에서는 대규모의 투자나 시설이 새롭게 지원된 것이 아니다. 고쓰시의 고쓰만엽마을상점회나 만노정의 가와오쿠지구도 똑같다. 공통적으로 '물질적인 것'의 재생이 있었던 것은 아니었다는 사실을 알 수 있다.

오히려 지역재생이 가능했던 것은 지역주민이라고 하는 주체의 의식이었다. 아마정의 하마이타씨와 교원, 고쓰시의 후지타씨, 만노정의 요코이씨는 관계인구와 관계하는 가운데 자신이야말로 당사자라는 것을 알게 되어 지역재생의 주체로서 나서게 되고, 그리고 관계인구와 더불어 지역문제를 해결해갔다.

더욱이 지역재생 주체의 형성은 사회관계자본론의 관점에서 보면 지역주민이 스스로 사회관계자본을 구축할 수 있게 됐다고 하는 의미이기도 하다는 것은 제7장에서 서술했다. 가령 최초의 관계인구가 떠났다고 하더라도 지역주민은 또 다른 관계인구나 지역주민과 사회관계자본을 구축하고 지역재생 주체를 형성해 가는 것이 가능하다. 고쓰시의 요코타씨가 말한 것처럼 "지역의 토박이가 하지 않는 한 계속적인 성장은 없다"는 것이다. 그것은 지금까지 지역주민이 지역재생 주체로서 이해되면서도 '단념'으로 대표되는 주체성의 결여와 '마음의 과소화'가 반복적으로 보고되어 온 것을 감안하면 크고 중요한 변화일 것이다.

이 장에서 제시한 것처럼 이렇게 해서 지역주민이 주체성을 획득하고, 지역재생 주체가 형성됨으로써 지역재생 사이클이 돌고, 그 결과로서 지역과제는 해결을 향하게 된다. 지역에서 문제가 없는 상황을 기대하는 것은 불가능하다. 그래서 빼 놓을 수 없는 것이 지역재생 주체의 형성이고, 앞에서 서술한 바와 같이 주체의 형성과 지역 과제의 해결이라고 하는 과정의 연속이야말로 지역재생이라고 생각할 수 있는 것이다.

이것은 이와모토씨가 솔직히 인구감소 지역의 현실은 매우 어렵고 승산이 있는 것은 아니라는 점, 그래서 자신들이 계속해서 노력하고 있는 것은 아니지만 뜻을 이어받은 젊은이가 계속 도전해주기를 바라고 부탁한다고 서술하는 것에서도 잘 나타나 있다. 지금까지 설명을 통해 뒷받침을 해온 것처럼 도젠고등학교는 스스로를 성공사례가 아니라 도전사례의 하나라고 표현하고 있다.[195]

그리고 각각의 지역에서 해결을 목표로 하고 있는 문제는 다양했다. 예를 들면 아마정에서는 고교의 존속을 통한 섬 공동체의 존속, 고쓰시에서는 창업인재의 유치와 셔터거리 상점가의 부활, 만노정에서는 지역주민이 안심하고 삶을 이어갈 수 있는 환경만들기 등이었다. 이것이 의미하고 있는 것은 지역의 존속만이 유일하고 절대적인 지역재생의 모습은 아니라고 하는 것이고, 재생이라고 하는 의미도 다양하다는 점이다.

새삼스럽지만 유의해야 할 것은 3지역 모두 인구감소가 변함없이 계속되고 있다는 사실이다. 특히 아마정 이외 두 곳의 시·정(市·町) 사례는 지역의 존속과 반드시 직결되어 있다고 말할 수 있는 것도 아니다. 오히려 만노정에서는 미래의 지역소멸도 검토해야 할 상황이라고 말할 수 있다.

물론 지역의 존속을 목표로 하는 것을 부정하고 있는 것은 아니고, 그렇게 되길 바라고 노력하는 자체의 의의는 크다. 그러나 더욱 빨라지는 인구감소 사회를 맞이하고 있는 가운데 유감스럽지만 모든 지역이 존속하는 것은 어렵다고 하는 전제는 서장에서도 서술했다.[196] 그럼 존속이 어려운 지역은 어떻게 하면 좋은 것일까.

한 가지는 제6장의 다구치씨가 목표를 지역의 존속에는 두지 않고 있다고 명확히 말하고, 전출자들의 힘도 빌려서 '마을의 존엄'을 지키면서

'깨끗하게 정리하는' 것을 생각하고 있다고 하는 사실은 참고가 될 것이다. 다구치씨는 주위의 연구자를 둘러보더라도 찬성하는 사람은 거의 없다고 말하지만 이렇게 생각하고 있는 것은 실은 다구치씨뿐만 아니다. 예를 들면 사쿠노(2006)가 제창하는 '마을의 종언'(사쿠노, 2006: 46)이란 마을의 운명을 지켜보는 것을 의미하고 지역재생 정책보다도 주민의 존엄을 최후까지 보장한다고 하는 사상에 기초한 것이다.

더욱이 지역주민이 따뜻하게 마을의 마지막을 맞이할 수 있도록 돕기 위해 활동하고 있는 '마을과 마을의 연결이라고'라고 하는 단체가 있다.[197]

대표인 다나카 유스케田中佑典씨는 인구 300명의 나라현 남부에 있는 구 오토손大塔村(현 고조시五条市)에서 태어나 자랐다. 구 오토손에는 이미 소멸된 마을이 존재하고, 그러한 광경을 어린 시절부터 보아왔던 일도 있어서 '지역활성화'나 '지방창생'이라고 하는 말은 귀에 거슬리는, 좋은 말은 아니었다. 오히려 어딘가 먼 세계의 일처럼 느껴진다. '활성화할 수 있는 곳은 한다면 좋겠지만, 하지만 활성화가 불가능한 곳은 어떻게 할 것인가'에 대한 분노와 쓸쓸함, 말로 표현할 수없는 복합적인 감정이 밑바탕에 있었다 한다.

다나카 유스케씨는 '마을과 마을의 연결'이라는 활동은 '마을 주민의 쓸쓸함에 바싹 다가간다'는 것이 모토이고, 지역주민의 의식에 초점을 맞추는 것의 중요함을 또박또박 기록하고 있다.

저에게 있어서 지방이라고 하는 관점이 이렇게까지 중요하게 된 계기중의 하나는 제가 중학생 시절 돌아가신 조부의 존재였습니다. 병으로 앓아누운 뒤 죽음이 시시각각으로 다가오는 가운데 촌회의 의장을 맡고 있던 조부는 잠꼬대처럼 '마을이…' '마을이 …'라며 중얼거리고 있었습니다. 마을에서 살아 온 분들에게 있어서 마을의 종언은 곧 '세계의 종말'이기도 했습니다. 마을의 종언은 지금까지는 일종의 금기로 인식되어 왔지만 그러한 현실이 많은 사람들의 눈앞에 다가오고 있는 것입니다. 그렇기 때문에 계승되어 온 문화와 역사, 거기에 사는 모든 분들에게 최대한의 경의와 감사의 의미를 담아서 누군가가 고향에 대한 애착과 자긍심을 가질 수 있도록 이런 활동을 계속해가는 의미가 크다고 생각하고 있습니다.

서장에서도 서술한 바와 같이 지역의 존속이 절대적인 평가기준인 것처럼 지금까지 지역재생의 정의에 기초하면 만노정 가와오쿠마을과 같은 사례는 실패라고 위치지울 수 있을지도 모른다. 그래도 괜찮을까.

아니, 결코 그렇지는 않다. 지역의 존폐와 관계없이 문제는 항상 존재하고 있다. 앞에서 서술해 온 바와 같이 문제를 해결하는 주체가 다층적으로 형성되어 안심하며 계속 생활할 수 있는 것을 불가능하게 하는 문제를 계속 해결해가는, 그런 것이야 말로 지역재생이라고 말할 수 있다. 결과적으로 지역주민이나 그런 삶에 질적인 변화가 생겨나고 있다고 하는 측면에 주목하는 것은 중요하다.

신뢰성과 이질성이라는 양면적(ambivalent) 가치

제7장과 제8장을 통해 관계인구가 지역재생에서 맡게 되는 역할은 지역재생 주체를 형성하고 창발적으로 과제해결을 촉진하는 두 가지 있다는 것을 명확히 했다.

그럼 이러한 역할을 맡기에 유리한 관계인구의 유형이 존재하는가 하는 문제를 생각해 보고자 한다.

관계인구가 발생시킨 효과와 유형에 대해서는 한번 정리했지만 더욱이 어떠한 유형의 관계인구가 어떠한 효과를 발현하고 있는가 하는 관점에 기초해 재정리를 하고자 한다〈표 19〉.

〈표 19〉 사례에 대한 관계인구의 유형과 효과의 재정리(필자 작성)

관계인구의 유형과 등장인물	지역재생 정책
내방형(4명)	①지역의 재발견 ③지식이전 ④지역의 변화 촉진 ⑤해결책의 제시(※2명에서 발현됨) ⑥지역재생 주체의 형성
바람같은 사람형(4명)	①지역의 재발견 ②자긍심의 함양 ③지식이전 ④지역의 변화 촉진 ⑤해결책의 제시(※2명에서 발현됨) ⑥지역재생 주체의 형성(※2명에서 발현됨)
두지역 거주형(1명)	③지식이전

〈표 19〉에 따르면 내방형이 4명, 바람같은 사람 유형이 4명, 두 지역 거주형이 한사람이고, 두 지역 거주형의 예는 적기 때문에 내방형과 바람같은 사람 유형에 초점을 맞춰 분석하고자 한다.

바람같은 사람 유형은 6가지의 효과 전부를 발현하고, 내방형도 ②자긍심 함양효과 이외의 5가지 효과를 발현하고 있다. 이것을 보면 두 가지 유형의 결정적인 차이는 없는 것처럼 보인다. 제2장에서 확인한 것처럼 관계인구란 관계개념이라고 하는 전제 때문일 것이다. 유형이라고 하기 보다는 얼마만큼의 시간이나 관여의 정도가 있느냐에 따라서 효과의 발생도 변하게 된다고 말할 수 있을 것이다.

게다가 지금까지 지역재생에 있어서의 2가지 역할을 다하기 위해서는 지역재생 주체의 형성에는 사회관계자본의 구축이, 창발적인 과제해결을 촉진하기 위해서는 외지인효과가 각각 유효하다는 것도 확인해 왔다. 그러나 사회관계자본의 구축과 외지인 효과의 발생이라고 하는 두가지를 한 사람의 관계인구가 겸비할 수 있는 것은 실은 어려운 조건처럼 상상할 수 없는 것은 아니다. 이것은 제3장에서 언급한 도쿠다(2007b)에 의한 외지인의 특성 '가까움과 멂의 동학'과도 일맥상통한 것이다.

도쿠다에 의하면 외지인과 지역 사이에는 거리의 이중성이 있는 것이 특징으로 실제의 사례에서는 외지인이 갖고 있는 '가까움'과 '멂'이 각각 어느 정도의 것인가가 의문시되고 있다고 했다. 본서의 문맥으로 치환하면 '가까움'이란 사회관계자본의 구축이고, '멂'이란 외지인 효과의 발현일 것이다.

본서에서 지역재생 주체를 형성하고 창발적으로 문제해결을 촉진하는 외지인 효과를 동시에 가져오는 관계인구는 이와모토씨, 다나카씨, 다구치씨다. 이 가운데 이와모토씨와 다나카씨는 바람과 같은 사람 유형이다. 바람과 같은 사람 유형이란 제2장에서 '다른 집단으로부터 방문한 뒤 일시적으로 거주하고 또다른 집단으로 이동하는 것'이라고 정의했다. 여기에서 '거주한다=산다'와, '다른 타집단으로 이동한다=떠나간다'가 중요한 요소라고 생각한다.

우선 산다고 하는 행위는 비교적 지역주민의 신뢰를 얻기 쉽고, 사회 관계자본을 구축하기 쉽다고 말할 수 있다. 그 지역에 사는 바람같은 사람 유형과 비교하면 살지 않고 계속적으로 방문하는 내방형은 아무래도 신뢰를 얻기 어렵게 된다. 예를 들면 아마정의 '소라카레'의 사례에서 다마오키씨의 어려움에서도 나타나 있다. 다마오키씨는 여러차례 오가며 끈덕지게 관계를 계속한 결과 특산품 개발을 하기에 이르렀다.

하지만 내방형의 관계인구도 사회자본의 구축이 불가능한 것은 아니다. 실제로 만노정에서 다구치씨라고 하는 내방형의 관계인구가 지역재생 주체의 형성과 창발적인 과제해결을 촉진하는 외지인 효과를 가져온 바 있다. 그러나 이것은 아미기리씨의 증언에서도 있었던 것처럼 신뢰를 얻기 쉬운 호조건이 갖추어졌기 때문이라고도 설명할 수 있다.

확실히 '산다'고 하는 행위는 신뢰로 연결되기 쉽지만 한편으로 시간이 경과 함에 따라서 동화라고 하는 벡터로 나아가기 쉽다고도 말할 수 있다. 한 주민으로서 일상 속에 매몰되어 버리면 외지인 효과를 발현할 수 없는 상황이 될지도 모른다. 그래서 동화하기 전에 떠나는 것이 중요해진다. 뒤집어 말하면 떠나는 것이야말로 동화하지 않아도 좋고, 거리낌이 없는 입장에서 문제해결이라는 외지인 효과를 발현시키기 쉽다고도 말할 수 있다.

말하자면 신뢰성과 이질성이라고 하는 상반된 요소를 양립시키는 양면성(ambivalence)이 '가까움과 멂의 동학'이고, 이 두 가지를 겸비함으로써 지역재생 주체로서 최대한의 효과를 발현하는 가능성이 생겨나게 되는 것이다.

관계인구는 적어도 좋다

그렇다고 해서 지역사회가 이러한 두가지를 원래 겸비하고 있는, 소위 '슈퍼스타'적인 관계인구만을 선택해서 불러들이려고 생각한다면 그런 태도는 잘못된 것이라고 지적하지 않을 수 없다. 그것은 과거의 역사가 가르쳐 주고 있다. '슈퍼스타'적인 관계인구를 요구하는 태도는 제3장에서도 정리한 것처럼 지역의 주체성이 없는 상태에서 외지인에게 의존하는 의존형식이나, 지역의 주체성은 있지만 기회주의에 매몰되기 쉬운 활용형식이 되어 버리는 위험성과 맞닿아 있는 것이다.

의존이나 활용이 아니라, 아마정에서는 요시모토씨가 이와모토씨에게 가로문자(영어식 표현)를 쓰지 말 것과 효율성이나 생산성으로는 측량할 수 없는 것을 중요하게 여길 것 등 필요한 마음가짐을 정중하게 전했다.

고쓰시에서도 요코타씨는 다나카씨를 신뢰하므로, 상세하게 지도하는 것이 아니라 상담을 받았을 때 일을 진척시키기 쉽도록 충고를 하는 정도였다. 원래 고쓰시의 콘테스트 모집요강에 "설령 계획이 미숙하더라도 지역의 과제해결을 위해 진심으로 노력하는 열정을 갖고 있는 개인 또는 단체의 응모를 기다리고 있습니다" "비즈니스플랜의 실현 또는 수상자 자신의 실력향상을 위한 각종 지원을 하고 있습니다"라고 표기해 둔 것처럼 관계인구와 신뢰관계를 구축하면서 육성해 간 것이다.

만노정에서도 다구치씨와 고토나미지소 직원, 지역주민과의 신뢰관계는 고토나미미래회의, 전출자간담회를 통해서 시간을 들여 구축되고 있었다. 이러한 지역주민의 태도는 협동이라고 하는 상호작용 형식이라는 것을 반복해서 강조해두고 싶다.

'슈퍼스타' 대망론과 필적하는 또 하나의 주의할 점은 단순히 관계인구만 오면 지역문제가 해결된다고 한다면 지역사회가 관계인구를 소위 '만병통치약' '특효약'처럼 생각하고, 어쨌든 많은 수의 관계인구를 불러들이려고 생각하게 된다는 것이다.

여기에서도 과거의 사례가 참고가 될 수 있다. 전술한 것처럼 교류인구가 지역주민과 대등한 관계를 맺고, 지역재생의 주체가 되는 것이 기대되었던 도시·농촌 교류는 지역이 소비되는 일과성의 관계가 되어버리는 가운데, (외지인도) 관광객에 가까운 개념으로 왜소화되어 버렸다. 서장에서 인구라고 하는 양의 '주술'로부터 해방되어야 한다고 하는 소가 曾我(2019)의 주장을 소개한 바와 같이 인구감소 사회에서는 양(量)이 아니고 질(質)로 눈을 돌리는 것이 요구된다고 하는 점이다.

이상을 요약하면 외지인인 관계인구는, 관계가 창출하는 어려운 개념이라고도 말할 수 있다. 인구감소 사회의 한 가운데에서 과도하다고도 말할 수 있는 역할을 기대할 수도 있지만 관계인구가 모든 지역과제를 해결할 수 있는 것은 아니고, 오히려 관계인구의 수는 적어도 좋다고 말할 수 있다. 많아지면 많아질수록 관계의 질을 담보하는 것은 어렵게 될 것이다. 동시에 도시·농촌 교류에서 일어난 '교류피로' 현상이 아닌 '관계피로'현상을 발생시키게 될지도 모른다.

4. 지역과제라고 하는 '관계여백'

이 장의 마지막으로 지역재생에 있어서 지역주민이 담당해야 할 역할을 고찰하고자 한다. 관계인구의 역할에 대응해서 크게 다음 두 가지로 나눠 생각할 수 있다.

① '관계여백'을 설정한다
② 관계인구와 협동한다

지역재생 사이클의 시작은 지역과제의 현재화다. 이것을 지역주민의 역할로서 분해하면 지역과제를 설정하고 지역 외부 주체의 힘이라도 빌리고자 지역을 개방하는 것이다.

예를 들면 아마정에서는 당시의 야마우치 정장이 '아마정 자립촉진플랜'의 책정을 통해서 도젠고등학교의 존속문제를 위해 노력할 필요성을 명확히 하고, 정(町)재정과장이었단 요시모토씨가 담당을 받아들였다. 그리고 도쿄의 대학원생인 오노씨에게 상담을 제의함으로써 이와모토씨와 만나, 이주하는 것과 더불어 문제해결에 힘써주었으면 좋겠다고 설득한 것이다.

고쓰시에서도 고쓰시사무소의 나카가와씨가 빈집은 소개할 수 있어도 구인기업을 소개하는 것은 어렵다고 하는 문제를 앞에 두고 기업유치로 부터 창업인재의 유치로 방향을 전환하며 비즈니스플랜콘테스트의 개최를 결단했다. 그 때 오노씨나 도쿄도 NPO법인의 대표이사 등에게 적극적으로 조언을 구했을 뿐 만 아니라 콘테스트를 운영하는 NPO의 설립도 외지인에게 맡겼다.

만노정에서도 고토나미지소의 아마기리씨가 지소에 맡겨두는 것이 아니라 지역주민이 문제에 대해 스스로 생각할 필요성을 통감하고 이웃현인 도쿠시마대학의 다구치씨에게 주민주도형인 고토나미미래회의의 좌장역을 의뢰했다. 지역주민이 설정하고 지역 외부의 주체에게 공개한 지역문제는 관계인구의 관점에서 보면 자기자신이 관여하는 테마로서 투영된다. 이것을 관계인구의 제창자중 한사람인 사시데指出(2016)는 '관계여백'이라고 부르고 있다.

사시데에 따르면 '관계여백'이란 '그 지역에 자신이 관여하는 여백'(사시데, 2016: 33)이다. 관광명소 등 지역 홍보를 통해 성과를 내면 낼수록 자신과의 직접적인 관계가 느껴지는 것이 아니라 남의 일로서 간주돼 흥미를 잃어버리는 경향이 있다고 해서 중요한 것은 자신의 일로 참여하는 것과 한 사람의 인간으로서 필요한 것으로 간주될 수 있는가라고 지적하고 있다. 그 배경에는 제2장에서 지적한, 관계나 아이덴티티에 대한 희구가 있기 때문일 것이다.

그렇기 때문에 지역주민이 적극적으로는 보여주고 싶지 않은 지역문제나 자신감이 없어 하는 것이야 말로 '관계여백'이 되고, 관계인구가 관여하는 계기가 되는 것이라고 서술하고 있다.

이것은 전혀 새로운 논의가 아니다. 지금까지도 네트워크론으로 유명한 가네코 이쿠요金子郁容(1992)나 앞에서 서술한 가와이河井(2009)가 제시해 온 '벌너러빌리티vulnerability'(취약성, 상처받기 쉬움)라고 하는 사고와 연결되는 것이라고 생각된다.

가네코는 벌너러블(취약한)하다고 하는 것은 약함과 더불어 '상대로부터 힘을 받기 위한 '창'을 열기 위한 비밀의 열쇠(가네코, 1992: 125)이고, '약함의 강함'(가네코, 1992: 125)이라고도 한다. 가와이도 벌너러빌리티가 '가시화'(가와이, 2009: 27)로 연결되고, 다른 일이 일어나게 하는 유발력(誘発力)을 가져오는 원천이라고 지적하고 있다.

이렇게 해서 '가시화'된 '관계여백'에 관계인구가 반응을 하고 관여를 시작함으로써 지역주민이 주체성을 얻게 된다. 아울러 지역재생의 주체가 형성되고 창발적인 문제해결로 연결된다고 하는 지역재생 사이클이 돌게 된다고 말할 수 있다.

이렇게 '관계여백'을 설정하고 관계인구와 만날 수 있다고 해서 끝나는 게 아니다. 또 하나의 조건이 되는 것이 신뢰관계를 어떻게 구축하고 협동하는가이다. 그 점은 제7장과 제8장을 통해서 상세하게 설명해 온 그대로이다.

이상을 정리하면 지역주민의 역할은 ①'관계여백'을 설정하고 ②관계인구와 협동하는 2가지가 필수적으로 요구된다. 관계인구는 확실히 간단한 개념이 아니다. 하지만 지역주민이 양적·질적으로 모두 곤란한 상황에 직면하는 가운데 지역 외 주체의 중요성은 높아지고 있다. 현대에 있어서의 지역재생은 '관계여백'이라고 하는 지역사회의 소위 '약점'을 보여주는 것으로부터 시작되는 것이다.

제8장 요약

제8장에서는 제4~6장의 3개 지역 사례를 요약하고, 지역재생에 이르는 프로세스로서 지역과제의 현재화 → 관계인구의 지역재생 주체로서의 형성 → 지역주민의 지역재생 주체로서의 형성 → 창발적인 과제해결이라고 하는 지역재생 사이클의 존재를 지적했다.

게다가 이 프로세스에 있어서 관계인구는 ①지역의 재발견 효과 ②자긍심의 함양 효과 ③지식이전 효과 ④지역의 변화 촉진 ⑤지역과 얽매이지 않는 객관적인 입장으로부터 문제해결이라고 하는 선행과제에서 지적된 5가지의 외지인 효과에 더해 새롭게 ⑥지역재생 주체의 형성이라고 하는 효과를 발현하고 있다는 것, 그리고 그러한 효과를 발현한 것은 기존의 ①자립 ②외지인 의존 ③외지인 활용이 아닌 협동이라고 하는 지역주민과 관계인구 간의 상호작용 형식이었다는 것도 분석했다.

이것을 요약하면 지역재생에 있어서 관계인구의 역할은 ①지역재생 주체를 형성하고 ②창발적인 과제해결을 촉진한다고 하는 두 가지라는 것을 명확히 했다. 지역주민이 주체성을 획득하고 지역재생 주체가 형성되는 것으로 지역재생 사이클이 돌고 결과적으로 지역문제는 해결로 향하게 된다. 지역에 있어서 문제가 없어지는 일은 결코 없다. 문제를 부단히 직시하는 주체를 형성하고 지역문제가 계속 해결되도록 하는 과정의 연속이야말로 지역재생이라고 말할 수 있는 것이다. 그래서 그것에 의해서 지역주민이나 그 삶에 질적인 변화가 생겨난다고 하는 부분에 주목하는 것이 중요하다.

바꾸어 말하면 그것을 가능하게 한 것이 관계인구이고 그렇기 때문에 관계인구는 지역재생의 열쇠가 되는 존재로서 위치지워지게 되는 것이다.

그러나 외지인인 관계인구는 관계가 창출하는 곤혹스러운 개념이라고도 말할 수 있다. 지역사회가 소위 '슈퍼스타'적인 인간관계만을 선택해서 불러들이고 단순히 관계인구만 지역에 오면 문제가 해결된다고 생각하는 것은 오해이다.

인구감소 사회의 한 가운데에서 과도하다고 말할 수 있는 역할이 기대되는 경우도 있다. 하지만 관계인구가 지역과제의 모든 것을 해결할 수 있는 것은 아니다. 오히려 관계인구의 수는 적어도 좋다. 많으면 많을수록 관계의 질을 담보하는 것이 어렵고 동시에 도시·농촌 교류에서 일어난 '교류피로'현상이 아닌 '관계피로'현상을 낳게 될지도 모르기 때문이다.

또한 이 장의 마지막으로 지역재생에 있어서의 지역주민의 역할도 고찰했다. 그것은 ①관계인구가 관여하는 계기가 되는 '관계여백'을 설정하고 ②관계인구와 협동한다고 하는 두 가지였다. 관계인구는 확실히 간단한 개념은 아니지만 지역주민이 양적, 질적 모두 곤란한 상황에 직면

하는 가운데 관계인구로 대표되는 지역외 주체의 힘을 빌리고자 지역을 개방하는 것은 제1장에서 지적한 '지역쇠퇴 사이클'을 지역의 재생으로 전환시키는 제1보가 될 수 있는 것이다.

종장.
목표로 해야 할 것은 무엇인가

양으로부터 질로의 전환

본서에서는 관계인구와 더불어 지역을 재생시킨 시마네현 아마정과 고쓰시, 가가와현 만노정의 사례를 기초로 관계인구가 어떻게 지역재생주체로서 형성되고, 지역재생에 어떠한 역할을 하고 있는가를 고찰했다. 그리고 이러한 작업을 통해 인구감소가 전제되는 현대 일본사회에서 지역재생이란 무엇을 목표로 해야 할 것인가를 재정의했다.

3지역의 사례는 '슈퍼스타'적인 관계인구가 혼자서 지역을 재생한 것이 아니고 지역주민이 그러한 관계인구만을 선택해서 불러들이고, 그 능력을 잘 활용했기 때문에 지역이 재생한 것도 아니다.

오히려, '불완전'한 관계인구가 지역주민과 사회관계자본을 구축하는 과정에서 지역재생의 주체로서 형성되고, 그 관계인구와 사회관계자본을 구축하는 과정에서 새로운 지역주민이 주체성을 획득했던 것이다.

이렇게 해서 지역재생의 주체로서 형성된 지역주민과 관계인구가 협력함으로써 관계인구의 외지인 효과가 발현되고, 창발적인 과제해결이 가능하게 됐다. 그 결과 폐교 직전이었던 고교가 존속하게 되고, 셔터거리 상점가가 소생하며, 지역에서 안심하고 살 수 있는 환경이 계속 정비되어가는 것이다. 이러한 선순환은 아마정과 고쓰시, 만노정 이외의 지역에서도 재현 가능하다고 생각된다.

아마정 이외의 2곳의 시정(市町) 사례에 대해서는 지역의 존속과 반드시 직결되어있다고 하는 것은 아니다. 오히려 만노정에서는 가와오쿠지구의 향후 소멸도 이미 가시권 안에 들어와 있다. 그렇더라도 주민이 안심하고 생활한다고 하는 지역과제를 위해 정면돌파하는 주체가 형성되어 그 과제의 해결을 위해 나아가고 있다는 것이다. 그것도 하나의 지역재생 방식이라고 말할 수 있다.

본서를 통해 더욱 분명해진 것은 다음 3가지 사항이다.

① 관계인구는 지역주민과 사회관계자본을 구축하는 과정에서 지역재생주체로서 형성된다.

② 그 관계인구와 사회관계자본을 구축하는 과정에서 새로운 지역주민이 지역재생 주체로서 형성되어 양자의 협력이라고 하는 상호작용에 의해서 창발적인 지역과제의 해결이 가능하게 된다. 관계인구가 지역재생을 위해 맡은 역할은 지역재생 주체의 형성과 창발적인지역문제의 해결 2가지이다.

③ 지역재생 주체가 다층적으로 형성되어 지역과제가 계속 해결된다고 하는 연속적 과정이 지역재생이고, 현대사회의 지역재생을 위해 목표로 해야 하는 본질이다.

지역재생의 주역은 역시 그 지역에 사는 주민이다. 인구감소가 전제로 되는 현대사회의 지역재생에 있어서는 '마음의 과소화'에 기인하는 주체성의 결여가 계속 보고되어 온 지역주민이 주체성을 획득하고 지역재생의 주체로서 형성되는 것을 빼놓을 수 없다. 그리고 지금까지 서술해 온 바와 같이 그 형성을 촉진하는 열쇠가 되는 존재가 관계인구이다.

지역에서 문제가 사라지는 일은 결코 없다. 다만 지역주민이 주체성을 갖추고 있으면 설령 처음에 관여한 관계인구가 떠나더라도 새로운 관계인구나 다른 지역주민과의 관계를 맺고 문제를 해결하는 것은 지속적으로 가능하게 된다. 그 때, 지금까지와 같이 지역의 존속을 유일하고 절대적인 평가기준으로 내세우는 것이 아니라 문제가 계속 해결되고 주민이나 그 삶에 질적인 변화가 생겨난다고 하는 측면에 주목하는 것이 중요하다. 문제는 지역에 따라서 다양하고 그렇기 때문에 재생이라고 하는 의미도 다양하다.

단, 주의하지 않으면 안되는 것은 관계인구의 수를 늘려야 한다는 양적인 논의로 수렴되는 것이다. 반복적으로 서술한 바와 같이 인구감소 사회를 배경으로 관계인구는 과도하다고도 말할 정도로 그 역할에 대해 기대를 받고 있지만 관계인구가 지역문제 전부를 해결하는 것은 아니다. 오히려 관계인구의 수는 적어도 좋다. 양이 아니고 지역주민과의 사이에 관계의 질이 더욱 중요하다. 인구증가를 기조로 해 온 일본사회가 인구감소라고 하는 국면을 맞아 질에 대해 주목하고 평가하는 관점의 근본적인 전환이 요구된다고 말할 수 있다.

격차확대의 우려

마지막으로 본서의 한계와 앞으로의 과제를 밝혀두고자 한다.

우선 주체형성 과정에 있어서 개인의 의식변화에 초점을 맞추고 관계인구로 직접 관여한 소수의 관계자에 대해 기술하게 되면서 지역구조나 주민의 구조적인 지위의 분석에는 충분한 주의를 기울이는 것이 어려웠다는 점을 들 수 있다. 현실적으로는 지역의 구조적 조건으로 계속 규정되면서 주체화할 수 없는 인간의 존재도 상정할 수 있다. 이러한 점에 대한 검토가 없으면 설령 재생하지 못했거나, 또는 재생할 수 없었던 경우 지역주민의 주체성 결여에서 원인을 찾게 되고, 결과적으로 정신적인 문제로 연결될지 모를 우려도 있다. 또 관계인구의 효과가 발현하기 쉬운 지역과 그렇지 않은 지역의 차이나 조건을 고찰해 가는 것도 필요할 것이다. (이 점은) 향후 주요 과제로 남겨두고 싶다.

두 번째는 지역재생 주체의 형성과정의 다양성에 대한 것이다. 관계인구가 지역재생 주체로서 형성되는 과정은 본서에서 보여준 패턴이외에도 다양하게 존재할 것으로 생각된다. 본서에서는 관계인구의 관심대상이 지역문제라는 것을 조건의 하나로서 고찰했다. 예를 들면 처음에는 지역과제에 관심이 없더라도 지역주민과 관계하는 과정에서 관심이 생겨나게 된다고 하는 가능성도 충분히 상정할 수 있다. 다양한 패턴을 검토할 필요가 있을 것이다.

이 점과 관련해서 본서는 관계인구와 관계의 기점이 된 지역주민이 어떻게 지역재생의 주체로서 형성된 것인가에 대한 분석에는 착수하지 않앗다. 새로운 개념인 관계인구에 주목하고 관계인구 자신과 그 관계인구와 관련한 지역주민이 지역재생 주체로서 형성되는 과정을 주제화했기 때문에 기점이 된 지역주민의 주체성은 주어진 것이라고 하는 전제에서 토론을 진척하는 형태가 됐다. 다만 원래 지역주민이 어떻게 주체성을 획득해서 지역문제를 설정하는데 이르렀는가를 고찰하는 것으로 관계인구 이외의 접근에 의한 지역재생 주체의 형성 가능성도 살펴볼 수가 있을 것이라고 생각한다.

세 번째는 본서의 분석대상은 관계인구의 유형으로서 보여준 4가지 가운데에서도 바람같은 사람 유형과 내방형을 중심으로 하고 여기에 2지역 거주형도 포함한 3가지 유형이다. 따라서 남게 된 버추얼한 이동형에 대해서는 검토를 할 수 없었다는 것도 들 수 있다. 버추얼한 이동형은 모빌리티의 향상과 더 나아가서는 보론에서도 서술하는 바와 같이 신형코로나바이러스의 감염확대 영향을 배경으로 향후 존재감은 더욱 확대될 것으로 예상된다. 실제로 고향납세를 관계인구의 증가와 연결짓고자 하는 기대감도 높아지고 있다(사업구상연구소, 2018). 그러나 신체적인 이동을 동반하지 않는다고 하는 점에서 다른 3가지 유형과 비교해도 커다란 차이점이 있다. 본서의 분석을 적용할 수 없는 것을 반드시 의미하는 것은 아니지만, 그것을 명확히 하기 위해서는 추가적인 검증과 분석이 요구되는 것은 사실이다.

네 번째는 현대 일본사회에서도 일본인만을 대상으로 한 점이다. 2018년 외국인노동자 수용 확대를 위한 법개정이 이뤄지고, 이민사회로 전환하는 일본이 본격적인 모습을 드러내고 있다(다카타니, 2019). 한편으로 '얼굴을 볼 수 없는 정주화'(단노丹野, 2016)라는 상황도 생겨나고 있다. 외지인론을 통해 살펴볼 수 있는 범위가 더욱 확대되고 있어 이러한 이민의 존재도 충분히 이해하면서 지역사회에 있어서의 외지인에 대해 신중한 검토를 진행해 갈 필요도 있다고 본다. 제2기의 '지방창생' 방침을 정하고, 마을·사람·일자리 창생본부에 의한 '마을·사람·일자리 창생기본방침 2019'에서는 관계인구의 창출·확대가 처음으로 포함됐다. 그러나 향후 이주로도 연결된다고 하는 문맥이 보다 강하게 기대되고, 본서에서 반복적으로 서술해 온 관계의 질의 중요성은 영향력이 계속 약화되고 있다. 정책으로서의 관계인구는 현재진행형이고 앞으로도 그 향방에 대해 관심을 갖고 주의깊게 살펴보지 않으면 안된다.

그 때 격차확대에 대해서 주의를 기울이지 않으면 안된다고 하는 점이다. 축소사회로의 전환을 논한 사회학자인 마치무라 다카시町村敬志(2018)는 전후 제한된 국토를 전제로 남아있는 국토의 철저한 개발이 목표로 된 것처럼 앞으로는 한정된 인구를 전제로 남아있는 사람들의 가능성 개발이 목표가 된다고 지적한 후, "국토개발이 결과적으로 커다란 격차를 국토에 초래한 것처럼, 새로운 '개발'도 또 사람들의 사이에 다양한 잠재성에 기초한 커다란 격차를 초래할 가능성이 크다"(마치무라, 2018: 36-37)고 지적한 바 있다.

제1장에서 언급했던 것처럼 '지방창생'에 있어서 자원이라고 하는 말이 다양하게 사용되고 있는 것을 근거로 하면 '유용한' 관계인구와 '유용

하지 않은' 관계인구라고 하는 '외지인자원론'으로도 연결되는 상황이 발생할 염려는 충분히 있다. 지역사회가 관계인구를 자원으로서 객체화하는 것이 아니고 대등한 주체로서 협력해가는 가운데 서로 지역재생 주체로서 형성되는 것이라고 하는 사실은 몇 번 강조해도 지나치지 않다.

한편 본서의 분석개념으로서 사용한 사회관계자본론과 관련한 논의에서도 학력(学力)을 결정짓는 '관계격차'(시미즈 외, 2010: 368)가 보고되고 있다. 앞에서 서술한 마치무라의 지적에도 포함된 개인간의 격차에 머물지 않고, 관계인구를 불러들이는 것과 같은 무언가 특별한 것을 '가진' 지역과 '갖지 못한' 지역이라고 하는, 지역 간의 격차가 생겨날 가능성도 지적되고 있는 것에 유의할 필요가 있다(다나카, 2019b).

한편, 관계인구를 둘러싼 혼란의 한 가지는 '인구'라고 하는 사람들의 총수이면서 관계인구의 함의로서는 수보다도 관계의 질을 가리키는 모순에서 유래하고 있다. 본서에서는 이 점에 대한 검토를 추가하는 것은 불가능했다. 그러나 본서는 관계인구라고 하는 용어의 타당성에 초점을 맞추고 있는 것이 아니고 지역외부의 주체를 지역재생에 중요한 역할을 맡는 존재로서 위치지운 다음 그 역할의 일단을 명확히 하고, 앞으로 지역재생의 방향성을 보여준 것에 본질적인 의의가 있다고 생각하고 있다.

지역주민의 수가 줄고 그리고 질적으로도 '마음의 과소화'가 보고되는 가운데 지역외부 주체의 힘을 적극적으로 빌려서 협력해 가는 것이 인구감소 사회에 있어서 지역재생의 한 방향성일 것이다. 게다가 그것은 지역사회의 일방적인 '짝사랑'이 아니라 연결이나 사회관계자본을 희구하는 도시주민에게도 니즈가 있고, 대등하고 호혜적인 관계를 맺을 가능성도 있다는 것이다. 이 점은 명확히 과거와는 다른 시대적 배경이 있다.

그러나 이것들을 근거로 했더라도 관계인구란 관계가 발생하는 곤혹스러운 개념이고, 과거의 교류인구와 똑같이 소비되기도 하고 새롭게 '관계피로'가 일어나기도 하는 우려에 대해서도 이미 서술한 대로이다. 앞으로 긴 안목으로 본다면 관계인구를 대신해 지역재생에 관한 새로운 지역외부 주체에 대한 용어나 개념도 생겨나올지 모른다.

보론(補論).
신형코로나바이러스와 관계인구

　　2020년에 발생한 신형코로나바이러스의 감염확대는 지역에도 커다란 영향을 미치고 있다. 그중에서도 관계인구를 비롯한 지역의 외부자, 즉 외지인을 받아들이는 것은 일단 답보상태가 되고, 어떻게 대해야 좋을지 몰라 당혹스러워하는 목소리도 들린다. 신형코로나바이러스의 감염확대와 동반한 지역의 변화를 근거로 해서 앞으로 관계인구의 바람직한 상태와 과제를 검토하고자 한다.

급격한 변동을 막기 위해 활발해지는 움직임

　　2020년 1월 국내 최초로 신형코로나바이러스 양성환자가 발생한 이후 감염확대의 영향으로 전국적으로 이벤트를 자제하는 자숙의 분위기가 이어졌다. 더욱이 같은 해 4월에는 정부가 긴급사태선언을 발령하고 도도부현의 경계를 넘어서는 이동도 제한하기 시작했다. "지금은 오지 말아주세요"라며 현을 찾아오는 것을 자제해 달라고 호소하는 경우도 적지 않았다. 심지어 현경(현의 경계)에서 현을 찾아오는 방문객의 체온을 검사하기도 하고, 현 외부로부터 온 인구수를 체크하는 경우도 있었다. 이것은 지역 외부와의 왕래나 외부자와의 접촉 그 자체를 주의해야 할 것, 가능한한 피해야 할 것이라고 하는 메시지로 전해졌다.

지자체가 관계인구 관련사업이나 이벤트를 중지·연기하기도 하는 움직임이 확대되고, 제2장에서 소개한 총무성의 관계인구 창출·확대사업에서도 사업의 실시를 예측할 수 없다고 해서 응모 후 포기하는 지자체도 나왔다. 관계인구에 대해서 뿐만이 아니라 지금까지 지자체가 추진해온 이주·정주, 그리고 교류·관광의 분야도 똑같고, 비슷한 사업이나 이벤트는 중지되거나 연기됐다.

긴급사태 선언은 같은 해 5월 하순에 일단 해제되었지만 그 후에도 감염상황은 지역에 따라서 크게 달랐다. 특히 감염자가 많이 보고되는 수도권이나 오사카, 나고야 등 도시지역과의 불요불급한 왕래는 자숙을 요구하는 움직임이 지방에서 강했다. 2021년 1월에는 다시 11개의 도부현에서 긴급사태 선언이 발령되었다.

그것도 무리는 아니다. 지자체의 관계자로부터 들어보면 관계인구나 이주자를 받아들이는 지역주민 측으로부터 감염리스크에 대한 불안이나 "지금은 외부로부터 오는 것을 바라지 않는다"고 하는 솔직한 목소리가 들린다고 하는 것이다. 결코 비판하고 싶은 것은 아니다. 받아들이는 현장이 환영하는 분위기가 되지 않는 가운데 외부자를 무리하게 불러들인다고 하더라도 서로에게 불행할 뿐이다. 적어도 지금은 외부자를 불러들이는 대책을 적극적으로 추진해 갈 타이밍은 아니다. 이것이 현장의 공통인식은 아닐까.

이러한 전제위에 조금 더 자세하게 관계인구를 둘러싼 움직임의 변화에 대해서 이해해 보고자 한다.

주목하고자 하는 것은 응원하고 싶은 생산자나 음식점의 물건을 사주는 '응원소비'와 같은 움직임이 각지에서 활발하게 나타나는 것이다. 멀리 떨어진 수도권에 있는 사람들이 적극적으로 지방의 특산품을 구입하고 "지금이야 말로 관계인구의 차례다"고 말하는 사람들도 있다.

예를 들면 관계인구의 제창자이기도 한 다카하시씨가 '도호쿠먹거리통신'에 이어서 만든 산지직송 인터넷 통신판매 '포켓마르쉐'에서는 식자재가 남거나 대량으로 재고를 끌어 안고 있거나 하는 등 도움을 요청하는 지방의 음식점이나 생산자의 현황을 파악하고서 '신형코로나로 어렵습니다'라고 하는 코너를 만들어서 알렸다. 외출자숙 요청의 영향도 있어서 5월의 주문수는 2월에 비해서 20배나 늘었고, 등록 유저도 3배 이상인 18만명에 달했다고 한다.

필자도 참가한 총무성의 관계인구 창출·확대사업 성과검정연구회에서도 지자체가 지금까지 연결하고 있던 관계인구로부터 고향납세나 지역특산품의 구입이라는 지원을 받았다고 하는 보고가 있었다.

지역에 실제로 방문하는 것은 커다란 제약을 받지만 (물건을) 사는 행위는 (제약이 없어) 쉽게 활발해지고 새로운 트렌드가 생겨나고 있다고 말할 수도 있을 것이다.

이것은 제2장의 〈그림 11〉에서 설명한 관계인구의 4가지 유형 ①버추얼한(가상적인) 이동형 ②내방형 ③바람같은 사람형 ④두 지역 거주형으로 나눠 적용해보면 ②③④의 경우는 답보상태인 반면, ①이 크게 각광을 받는 상황이 됐다고 볼 수도 있다.

추가로 이해할 수 있는 3가지의 관점

지역과 관계인구를 생각하는데 있어서 신형코로나바이러스의 영향은 마이너스 효과뿐 만은 아니라는 것을 알 수 있다. 그 이유는 크게 3가지가 있다.

첫 번째는 가까운 관계인구에 대한 주목이 증가하는 것이다. 지금까지 관계인구의 창출·확대를 생각할 때 지자체는 도쿄를 중심으로 한 수도권에 눈을 돌리는 경향이 많았다. 원래 인구의 양이 많은 것에 더해 관계인구 배경의 하나인 '고향난민'도 역시 수도권에 많은 것이 배경에 있다. 그러나 멀리 수도권으로 눈을 돌리지 않더라도 같은 도도부현 내부에서, 좀 더 구체적으로 말하면 합병으로 광역화한 곳도 있어서 같은 시정촌 내부의 가까운 곳에서도 관계인구나 그 예비군은 존재하고 있다. 가까운 곳에 위치한 관계인구라면 함께 활동할 경우 실질적인 대면도 이뤄지기 쉽다.

두 번째는 관계인구의 4가지 유형 가운데서도 ①버추얼한 이동형의 가시화가 진행됐다고 하는 것이다. ②내방형 ③바람같은 사람형 ④2지역 거주형으로 대표되는, 실제로 방문하기도 하고 빈번하게 다녀가기도 하는 관계방식은 눈에 띄어 알기 쉽고 인간관계를 구축하기 용이한 측면이 있다. 다만 관계인구의 관계방식은 다양하고 이것만이 전부는 아님에도 불구하고 현장에서는 발길을 옮기고 오가는 것이 절대시되는 경향은 여전히 계속 생겨나고 있다. 실제로 "왕래할 수 없어서 면목이 없다", "자주 갈 수 없기 때문에 관계가 단절돼 버린다"며 눈물을 흘리는 관계인구를 만난 적도 있다.

거슬러 올라가보면, 관계인구라고 하는 개념이 생겨난 의의의 하나는 '뼈를 묻을 각오'가 요구되는 것으로 대표되는 지역에서의 정주만을 중시하는 종래의 가치관, 알기 쉽게 말하면 '거주하고 있다'는 '주술'로부터의 해방이었다. 그런데 관계인구가 확산되는 가운데, 여기에 더해 '어떻게든 왕래하는 것'을 중시하는 '주술'이 계속 생겨나는 것이다.

그러나, 신형코로나바이러스의 감염확대와 동반해 물리적으로 지역을 방문하기가 어렵게 됨으로써 '지역을 왕래하는 것'이 성립조차 어렵게 됐다. 실제로 방문하거나 빈번하게 오가는 것 이외의 ①가상적인 이동이라고 하는 관계방식이 가능해지는 사회가 진척되고 그 존재감이 높아졌다는 점이다. 그 의미는 결코 작지 않다.

세 번째는 결과적으로 '붐'이 일단 차분히 가라앉게 됐다는 것이다.

제2기 '마을·사람·일자리 창생종합전략'으로, 처음 관계인구의 창출·확대를 내걸은 점도 있지만 과도하다고도 말할 수 있는 기대가 관계인구에 밀어닥치고 있다고 하는 것은 제2장에서도 소개했다.

그러한 가운데 본래라면 당연히 빼놓을 수 없는 당면 지역문제를 정리하고, 왜 관계인구가 필요한가를 생각하는 것은 제쳐두고 관계인구 확대 사업에만 열심히 노력하는 경우도 유감스럽게 여기저기 조금씩 보였다. 이러한 사례들은 '우선 제쳐두고 관계인구'라고 하는 입장으로, 엄격하게 표현하면 일종의 '사고정지'에 빠져 있다고도 말할 수 있다. 그것은 신형코로나바이러스의 감염확대와 이로 인한 사업추진이 어렵게 된 때문에 다시 한 번 원점으로 돌아갈 시간이 됐다고 말하는 지자체의 담당자도 있다.

앞으로 지향해야 할 관점

앞으로 지역과 관계인구를 생각하면, 언제까지나 답보상태가 이어지고, 외부와의 관계를 단절한 상태가 계속 이어져도 좋다고 하는 것은 결코 아니다. 신형코로나바이러스의 감염확대를 계기로 지방에 대한 관심이 더욱 높아지고 있다고 하는 통계도 있다. 예를 들면, 내각부가 2020년 5월부터 6월에 걸쳐서 시행한 '신형코로나바이러스 감염병의 영향 하에 있어서의 생활의식·행동의 변화에 관한 조사'에서는 전체적으로 15.0%의 사람이 지방이주에 대한 관심이 높아지게 됐다고 답했고, 그중에서도 도쿄 23개 구에 사는 20대에서는 그 비율이 35.4%로 더욱 높았다. 그럼 어떠한 것을 중시하는 것이 좋을까.

한 가지는 ②내방형 ③바람같은 사람 유형 ④두 지역 거주형이라고 하는 형식으로 대표되는, 실제로 방문하고 빈번하게 왕래하는 관계방식에 지나치게 얽매일 필요가 없다고 하는 것이다. 장기전이 될 수 있다고도 이야기 되는 가운데 여기에 지나치게 얽매이면 관계인구와의 관계자체가 중단돼 버리는 결과로 이어질 수 있다.

지금까지 서술해 온 것처럼 ①버추얼한 이동형이라고 하는 관계방식도 존재하고 있다. 2020년 총무성의 관계인구 창출·확대사업에서도 온라인을 활용해서 새로운 관계방식의 도전을 시작한 지자체도 있다. '온라인 관계인구'라고 하는 말도 생겨났다.

관계방식의 변화가 증가하는 것은 지역이나 관계인구에게도 바람직한 것이다. 오히려 관계방식의 변화를 늘리는 기회로 이해하고 다양한 연구와 모색을 해갈 필요가 있는 것은 아닐까. 또 앞에서 서술한 바와 같이 가까이에 있는 관계인구를 중시하고 관계방식을 새롭게 고안해서 실험해 보는 선택지도 있다.

게다가 새삼스럽게 당면 지역문제를 다시 검토하고 그 중에서도 관계인구의 힘을 빌려서 함께 해결해 갈 수 있는 과제는 어떤 것이 있을까를 지자체나 지역에서 논의할 필요가 있다. 본서에서 주장해 온 바와 같이 지역재생의 관점에서 생각하면 관계인구가 '몇 명 늘었다'고 하는 양을 목표로 하는 것이 아니라, '어떠한 사람과 어떠한 관계성을 맺음으로써 어떠한 지역의 문제를 해결할 것인가' 하는 지역의 질적인 변화에 역점을 둬야 하는 것이기 때문이다.

논의 결과 관계인구의 힘을 빌리지 않고 스스로 해결할 수 있는 과제라고 알게 되는 것도 있을지 모른다. 무턱대고 관계인구를 '늘리자' '늘리면 좋다'고 하는 생각에 빠지지 않도록 주의가 필요하다. 지역재생을 목표로 하는데 있어서 관계인구의 창출·확대는 '수단'이지 결코 '목적'이 아니다.

각주

서장

1. 시노(千野. 2012) 참조. 이 가운데 일본의 인구는 2005년에 전후 처음으로 감소된 후 다시 증가해 2007~2010년 사이에는 횡보하다가 2011년부터 감소가 이어져 2011년은 인구가 계속해서 감소하기 시작한 해로, 즉 인구감소 사회의 '원년'이라고 한다.

2. 한편, 경제학자인 기도우 히로시(鬼頭宏, 2000)에 의하면 일본 인구는 4가지의 순환을 중첩하면서 증가했고 인구감소의 국면은 과거에도 경험했다.

3. 지방이란 중앙에 대조되는 개념이지만(나카자와 中澤, 2012), 본서에서의 지방이란 도쿄, 주쿄(中京: 아이치현 나고야시), 게이한신(京阪神: 교토 오사카 고베) 등 3대 도시권 이외의 지역을 기본적으로 염두에 두고 있다. 과소지역, 농촌, 농산촌, 산촌, 어촌 등 어떤 형태로든 조건불리성을 갖고 인구감소가 진행되고 있는 지역을 표현하는 총칭이다. 이에 반해 지역이란 일정한 지리적 범위와 그곳에 모여사는 주민이나 그 관계성을 나타내고, 도시에도 지방에도 존재하는 것으로 이해할 수 있다. 원칙적으로 일상생활권의 범위에 가까운 구역을 상정하지만 지역은 다양성을 갖고 있고 상황에 따라서 확대·축소한다고 하는 주장(모리오카森岡, 2008; 시키다 敷田, 2009)에 의해 엄밀하게 범위를 특정하지는 않는 형태로 사용된다.

4. 지역을 둘러싸고서 이야기되어 온 용어는 개발, 활성화, 재생 또는 지역만들기, 마을일으키기, 부흥 등 다양하지만, 지역을 보다 좋게 한다고 하는 본질은 공통적이다. 본서에서 특별히 의미를 부여하는 경우 이외에는 재생으로 통일한다. 지금까지보다 더 곤란한 국면으로부터 싹 달라진다고 하는 함의가 있다(오다키리小田切, 2014)는 것이나 지역사회학(2009)의 『축소사회에 있어서의 지역재생』에서 볼 수 있는 것처럼 이 학회에서도 사용되고 있는 것이 이유다.

5. 이주·교류추진기구의 웹사이트에서도 '이주해서 좋은 것이 있어야 한다! 모르면 손해보는 전국 자치체지원제도 2020년도판'이 공개되며 이주자에 대한 지원책이나 우대책(優遇策)을 만드는 자치단체도 많고, "득을 봤다는 기분"이 매력포인트가 될 수 있다.

6. 예를 들면 지역의 인구분석을 직접 해서 '전원회귀 1% 전략'을 제창하는 후지야마 고(藤山浩)나 농업경제학자인 오다키리 도쿠미(2014), 행정학자인 시마다 아키후미(嶋田曉文 2016a)분 아니라 지방이 소멸하지 않는 것

을 강조하는 것으로는 사회학자인 야마시타 고스케(山下祐介2014)도 있다.

7. '지역재생에 가장 필요한 것은 무엇인가. 그것은 사람이다'(우메하라梅原, 2013: 51; 구로다黑田, 2005; 요시노吉野, 2006; 쓰지 요시다케·데구치辻吉武·出口, 2010).

8. 사회관계자본이란 'social capital'을 번역한 것임. 본서에서는 사회관계자본으로 통일해 사용한다. 사회학 분야에서 사회관계자본을 연구한 미스미 가즈오三隅一人 (2013)가 "인적자본이나 문화적자본과 병행해서 말하면 '사회자본'"이라고 말해도 좋지만 이미 공적 편익을 생산하는 자본stock을 가리키는 용어로서 정착되어 있다. 본 개념은 적어도 사회학의 초점이 관계론적 사회학이론이고, 또 사회관계가 짜여지는 사회구조이기 때문에 그 점을 즉각적으로 판단하는데 적절한 번역을 수용하고 있다(미스미三隅, 2013: x)는 점을 참고하기 바란다.

9. 예를 들면, 이나바稻葉(2004), 야마우치(2005), 아카자와赤澤, 이나바稻葉·세키關(2009) 등을 참조할 것.

10. 총무성 통계국의 국세조사 참조. 국세조사가 시작된 다이쇼시대인 1920년, 일본 전체 인구는 5,596만3,053명, 시마네현는 71만4,712명이었지만 2015년 국세조사에서는 전체가 1억2,709만4,745명으로 배 이상 늘어난 것에 반해 시마네현은 69만4,352명에 불과했다.

11. 다만 과소라고 하는 말을 누가 언제 어떻게 사용하기 시작했는가는 여러 가지 설이 있다. 시마네현을 취재하기 위해 방문한 교토통신의 기자라고 하는 설과 (시마네현 미노군 히키미정)오타니 다케요시大谷武嘉정장이라고 하는 설도 있다.

12. 2019년 4월 4일 J타운넷 '후생성, 시마네·돗토리를 헷갈려서 사죄하다…현 광고 「익숙합니다」 「자주있는 일」' 2021년 2월 12일 취재. j-town.net/tokyo/news/localnews/278000.html

13. 시마네현을 포함하는 주고쿠中國산지에서 왜 과소가 생겨났는가는 '모두가 만드는 주고쿠산지 2019' (2019년 주고쿠산지편집사編集舍)에 자세히 나와 있다.

14. 시마즈島津(2012) 참조.

15. 시마네현 히키미정에서 과소가 진행된 직접적인 계기는 1개월 이상에 걸쳐서 고립된 1963(쇼화38)년의 '38(산바치)호설'이 있고, 그 후 한집이 모두 마을을 떠나는 '거가이촌'이 이어졌다.

16. 돗토리현과의 현 경계나 야마구치현과의 현 경계 등 일부 가능한 지역도 있다.

관계인구의 사회학

17. 인구밀도에서 보면 100.46명/㎢으로 홋카이도, 이와 테현, 아키타현, 고치현에 이어서 전국 5위이다.

제1장

18. 예를 들면, 오리타(1989), 야마시타(2010), 사쿠노 (2014) 등.

19. 이것들은 특정 시점 연(年)으로 명확히 구분되는 것이 아니라, 각 경계는 전후 시대 양쪽의 성격을 갖는 것은 유의가 필요하다.

20. 숫자는 사회학자인 아라라기 유키코(1994) 참조. 그 밖에 1960년대 중반부터 경제학적 필요에 쫓겨서 어쩔 수 없이 단신으로 일하러 떠나는 임노동형 타관벌 이가 급증해 1972년을 정점으로 감소하고 있다(키타 가와北川, 2016).

21. 가세 가즈도시加瀨和俊(1997)는 농촌에서의 과잉인구 의 축적, 그 중에서도 가업을 잇는 장남에 반해서 데릴 사위나 분가 기회의 혜택을 받지 못한 차남이나 삼남이 머무르는 이삼남 문제가 심각했다고 한다. 이에 대해서 요시카와 도루吉川徹는 그 후의 연구에서 일본 농촌에 서는 남녀노소 구분없이 도시유출이 이어지고 있다고 하는 것이 명확해졌다는 것을 소개하고 있다.

22. 이마이今(1968: 8-9).

23. 주고쿠신문사(1968: 343).

24. 주고쿠신문사(1968: 364).

25. 안도安達(1973: 119).

26. 이마이今(1968: 81).

27. 주로 요시카와 미치히로吉川光洋(2010) 참조.

28. 과소대책에 대해서는 총무성(2019a) 참조.

29. 핫토리服部(2009: 66).

30. 후생노동성(2015) 참조. 자연감소의 배경에는 일본 사회 전체에서 공통적으로 출생력의 저하가 있다. 여 성이 생애에 낳는 자녀의 수를 나타내는 합계특수출 생률은 1947년에는 4.54에서 1950년대에 들어가면 급격히 감소해 1956년에는 2.22명이 되었고 당시의 인구 치환수준(2.24)을 처음으로 밑돌았다. 1989년에 는 1.57이라고 하는 사상 최저의 수치를 기록하고서 '1.57 쇼크'라고 불렸다. 지방의 합계특수출생률은 전 국적으로 대도시와 비교하면 높은 수준이었지만 제1 차 과소화의 과정에서 아이들을 낳는 젊은 세대가 과 도하게 유출돼 절대수가 적어진 것도 영향을 줬다. 여 기에 더해서 고령화가 진전되고 사망자의 절대수가 증가했던 것도 컸다.

31. 젊은층의 지역이동을 둘러싸고서는 시대에 따라서 다

소의 변화가 있지만 노동조건이나 취업기회가 불리 한 지방으로부터 유리한 도시라고 하는 것이 기본적 인 패턴이다. 전쟁 이전에도 일부의 유복한 젊은이는 도시의 교육기관으로 진학해 높은 사회적 지위를 얻 는 입신출세가 관찰됐다(도카와와十川, 2008; 가타야마 片山, 2017). 그것이 앞에서 서술한 것처럼 고도경제 성장을 거쳐서 더욱 양상이 바뀌고 보다 확대·고착화 된 것을 볼 수가 있다.

32. 예를 들면, 이시구로 외(2012), 미카미三上(2016), 니 시무라西村·미나미南(2016), 엔도遠藤·오키沖(2017) 등. 이 배경에 히다樋田·히다樋田(2018)는 자녀가 많 았던 시대는 누군가가 가업을 이었기 때문에 잇지 않 는 학생을 도시로 유출시키는 진학지도에 에너지를 쏟는 것은 이치에 맞았다. 교육사회학에서도 일반 인 문계 고교연구에서는 유명대학진학률로 평가하는 경 향이 있었던 점과 학력(學力)이 높은 기업전사를 육 성해서 일본산업화에 공헌하는 것이 바람직하고, 학 생의 행복을 실현시킬 수 있다고 하는 사고가 있었던 것 등을 설명한다. 또 앞에서 서술한 요시카와(2001) 도 대학진학자의 동향이 교원의 실적으로서 유형·무 형평가의 대상이 되었던 점이나 보호자도 입신출세의 학력관에 따라서 가계를 초긴축하더라도 도시의 대학 으로 진학이 많다는 점을 서술하고 있다.

33. 오다키리 도쿠미(2014)는 지역활성화, 지역만들기, 지역재생이라는 용어를 제목으로 하는 도서의 발행수 추이를 집계하고 어떠한 시대적 문맥에서 사용되고 있는가를 조사했다. 이러한 용어를 제목으로 하는 책 은 1970년대에는 거의 없었지만 지역활성화는 1986 년 이후 1993년까지 그래프의 오른쪽 끝이 올라가는 식으로 급증하고 있다(오다키리, 2014: 48). 또 교류 라고 하는 용어는 1987년 제4차 전국종(총)합개발계 회(4전총)에서 처음으로 언급되고 있다.

34. 모리토 데쓰森戸哲(2001) 참조. 모리토도 시대의 추이 와 더불어 많은 성쇠가 나타난다고 지적하고 있는 것 처럼 열거된 12개의 사례 가운데에는 실시되지 못하 기도 하고, 기운이 꺾이기도 한 것도 포함되어 있다.

35. 그러나 결국은 거세게 불어댔던 농촌리조트개발 가운 데 매몰돼 고객유치시설을 만들기 위한 명목이 되어 버렸다고 오가와는 한탄하고 있다.

36. 오다키리(2018), 사쿠노(2018) 등이 지적하고 있다.

37. 예를 들면, 야베(2006), 혼마(2007) 등.

38. 앞에서 서술한 이외에도 상점가의 쇠퇴를 지적하고, 재생의 방책을 검토하기도 하는 학술연구는 존재하지

만(아라타新, 2012; 요시미炒見, 2015), 그 주민이 어떠한 의미인가를 묘사한 것은 거의 눈에 띄지 않기 때문에 실제로 주민을 취재해서 말을 끄집어 낸 스카이 미치오(2012)를 인용했다.

39. 스카이(2012: 192).

40. 스카이(2012, 197-198).

41. 고치현의 산촌을 걸은 적이 있던 사회학자 오노 아키라가 1991년에 제창한 것이 시작이다.

42. 예를 들면, 이시자카(2002), 나카조(2003), 곤노今野(2015), 다구치(2017a) 등. 2000년 시행된 공적개호보험제도에서는 개인을 단위로서 가족복지가 아니라 사회에서 고령자를 지원하는 것을 목표로 한 점이 획기적이었다(니헤이, 2012). 그러나 일본에서는 기본적으로 가족이나 지역, 직장에서 떠난 개인을 개체로서 지원하는 사회복지는 상정되지 않는 이상 재정적으로도 무리가 있다는 것이 배경에 있다(사쿠라이, 2011). 필요한 것은 생활자의 현재 생활을 쾌적하게 유지하기 위해 보완을 하는 지역복지이고, 지역재생보다 지역복지를 충실하게 하는 자세를 분명히 해야 한다고 하는 이론도 등장했다(다모토, 2010; 사토, 2011).

43. 개호상황에 대해서는 최신인 2016년판 통계를 참조하고 있다.

44. 이에 대해서 이 전후부터 마을의 임종을 의미하는 '무라오사메'(사쿠노, 2006: 46)와 '철수하는 농촌계획'(하야시 사이토, 2010) 등 지역 소멸을 정면으로 다루는 이론도 나오기 시작했다. '무라오사메むらおさめ'란 재생책이기보다도 지역 주민의 존엄된 삶을 최후까지 보장하는 철학이고, '철수하는 농촌계획'은 현재의 고령자와 100년 전의 농촌을 직시하면서 적극적이고 전략적인 재편을 촉구하는 내용이지만, 전체적으로 주류는 못되는 상황이라고 말할 수 있다.

45. '지방창생'의 또 하나 특징은 주49에서 후술하는 지역의 자립노선 연장선상에 있다고 하는 것이다. 전총시대에 기치로 내건 '지역간의 균형있는 발전'이라고 하는 명분은 사라지고 지방은 각각의 개성을 발휘하는 것을 요구받게 되었다(이토, 2003; 다나카, 2019b).

46. 시마네현 마스다시의 '인구확대과', 나가노시의 '인구증진추진과' 등 인구증가를 내건 부서를 설치한 지자체도 있다.

47. 예를 들면, 마쓰시타(2016), 히다·히다(2018). 이 삼자(三者)란, 행동력이 있는 젊은이, 규범적 상식에 얽매이지 않는 바보, 지역외의 네트워크를 갖는 외지인을

의미한다고 하는 설명도 있다(이가라시, 2011).

48. 하야시는 지역재생을 고려하는데 있어서도 사람손이 부족하고(인구가 감소한다), 돈이 부족하다(재정은 여유가 없고)는 두가지를 의식하지 않을 수 없게 됐다고 지적하고 있다.

49. 다마노 가즈시(2006)는 이 배경으로서 요구되는 것은 합병에 의한 행정의 슬림화와 보조금 또는 교부금의 삭감에 불과하다고 비판하고 있다. 이 무렵부터 지방을 설명하는 키워드로서 자립이 부상하고, 2000년에는 과소대책 법률도 '과소지역자립촉진특별조치법'이라고 바뀌어서 현재까지 계속되고 있다.

50. 지역사회학회는 2008년, 「'축소사회'에 있어서의 지역재생 향방」이라는 제목을 붙인 심포지엄을 개최하고 있다(지역사회학회, 2009).

51. 숫자는 총무성(2019c) 참조. 또 사람을 받아들인 지방자치단체에 국가로부터 특별교부세가 지급된다고 하는 구조는 당시 지자체에 당혹스럽게 받아들여졌다(시이카와 외, 2015). 보조금을 통한 현물이나 현금의 지원보다도 '보조인'에 의한 지원이 지금은 필요하다고 하는 주장이 있다고 해서 평가하고 있다(오다키리, 2014).

52. 예를 들면, 장래의 취농을 목적으로 해서 지역부흥협력대가 되었지만 부임후 '모든 것을 해 주는 젊은이'라고 하는 인식이 자리잡아 매일 제초와 택배를 보내고 받는 것에 지쳐 몇 개월 만에 사임하고서 지역을 떠난다(산음중앙신보, 2013).

53. 도다이지(2014: 29-32).

54. 오카다 스기만(1997: 17)

55. 또 오카다 노리오·가와하라 도시카즈(1997)는 구마모토현 오쿠니정의 사례를 토대로 지역재생을 위한 최대의 저해요인으로서 '지역의 폐쇄성'(오카다·가와하라, 1997: 248)을 들고 있다.

56. 또 스카이는 대형점포 진출이나 도로확장 공사로 장인의 가게가 파괴되는 등 지역이 개성을 잃게 되는 것도 요인으로 들고 있다.

제2장

57. 다카하시(2016: 107).

58. 예를 들면, 가네코(2016), 기도(2016), 다나카(2017c) 등.

59. 겐다 유지(2015)는 정주인구가 아니라 '희망활동인구'(겐다, 2015: 9)가 중요하다고 제언했다. '희망활동인구'란 지역의 장래에 희망이 있다고 판단하고 그 실현을 위해 활동하고 있는 사람들이라는 의미다. 주민

관계인구의 사회학

이 1만명에서 5,000명으로 반으로 줄어든 지역에서도 '희망활동인구'가 100명에서 1,000명으로 증가하는 지역이라면, 쉽게 사라지는 일은 없다며 "실제 여러 지역을 방문해 보면 활기차고 유쾌한 희망활동인구에 해당하는 사람들은 확실히 계속 증가한다고 하는 것을 실감하고 있다"(겐다, 2015: 9)고 강조한다. 또 야마자키 료山崎亮(2016)도 총인구보다도 일자리나 돈벌이와는 다른 가치관을 기준으로 어떤 형태로든 지역사회에 관여하고 있는 '활동인구'(야마자키, 2016: 20)가 중요하다고 밝히며, 야마자키도 인구가 감소하는 과정에서도 '활동인구'를 늘리는 것은 가능하다고 강조하고 있다.

60. 똑같이 가와이(2016)도 '지방창생'에서는 사람을, 지역을 소멸시키지 않기 위해 정주인구로만 이해할 수 없는 부분이 있다며, 정주인구가 있으면 지역은 성립되는 것인가라며 질문을 던진다. 게다가 지역에 진지한 당사자를 늘리는 구조로서 '시티프로모션(city promotion)'(가와이, 2016: 3)을 제창하고 있다. 게다가 IT벤처 이전의 잇따르는 도쿠시마 가미야마정의 오미나미 신야大南信也가 만든 용어인 '창조적 과소'(시노하라篠原, 2014), '창조적 지역사회'(마쓰나가, 2012), '창조농촌'(사사키가와이시노하라) 등 일련의 조어도 똑같은 계보로 이어지는 논의로 생각된다.

61. '관계인구' 포털사이트 '관계인구란?' 참조(총무성, 2019d).

62. 국토교통성(2020) 참조. 이 중에서 관계인구의 '정의와 개념 등을 대체로 알고 있다'고 회답한 사람은 불과 2.8%에 머물고 있고, 관계인구가 '붐'이 되고 있는 것은 지자체의 관계자 덕분이라고 해도 좋다.

63. 히사시게久繁(2018), 다무라(2018) 등.

64. 관계인구가 증가하면 결과적으로 이주·정주하는 사람도 증가할 수 있다고 말하는 것이 가능하다. 반복적이지만 관계인구의 관점에서 본 정주인구는 '목적'이 아니라 '결과'다. 그것은 이 장 후반의 사례에서 소개하는 관계인구를 창시한 '시마코토아카데미'에서도, 그 후 시마네로 이주해 활동하고 있는 사람이 전체의 25.5%에 이르고 있다고 하는 것으로부터도 엿볼 수 있다.

65. 2016년 4월 20일 '현대비즈니스', 사다카네 히데유키 "SNS의 화려함'에서 관광객도 늘어난 지방이 활성화되지 않는 것은 왜인가?" 2021년 2월 12일 취재. https://gendai.ismedia.jp/articles/-/55109

66. 이주자의 수에 대해서 전수조사를 하고 있는 것은 시마네·돗토리 2개 현으로, 정부와 총무성도 모두 모아

서 집계를 내지는 않고 있다.

67. 2010년과 2013년의 주민기본대장을 분석한 결과 전입자수가 증가하고 있는 시정촌은 도시권이 아니라 오히려 지방권에서 확산되고 있다고 하는 시각도 존재한다(쓰쓰이筒井·사쿠마·가사嵩, 2015).

68. U턴이라는 영어를 최초 사용한 것은 1986년 12월 16일 아사히신문으로, 학술연구에서는 구로다 도시오가 1970년 일본사회학회지역부회에서 '인구 U턴'이라고 하는 개념을 발표한 것이 최초다(요시카와 미쓰히로, 2010). 한편 아이(I)-턴은 나가노현이 1989년에 표방한 것이 시작이다(스도, 2012).

69. 즈시図司(2018: 40).

70. 마쓰나가(2016: 20).

71. 이러한 차이(ズレ)와 관련해 인구라고 표현되지만 반드시 수량적인 개념이 아니라 개개인을 대상으로 하는 것이고 관계성을 보다 의식하고 있는 것이 강조되고 있다는 것은 전술한 대로이다(사시데, 2016: 오다키리, 2018).

72. 외지인의 정의는 제3장에서 상세하게 서술했지만, 여기에서는 관계자가 아닌 이질적인 존재로서 해둔다.

73. '고향납세'는 도시의 사람들이 세금을 통해서 지방에 기여하는 것을 목표로 총무성이 2008년도에 도입해, 2018년도에는 총액 3,481억엔으로 향상됐다. 그러나 자치단체 측이 기부처로서 선택을 받게 되면 상품권이나 가전제품 등 그 지역에 뿌리내리지 않은 답례품이나 고가의 답례품을 기부자에게 제공하고자 준비하는 '답례품 경쟁'이 심화돼 제도의 취지와 반하는 상황이 생겨나면서 총무성은 세 차례에 걸쳐 답례품을 규제하는 통지를 보냈다(다나카, 2019b).

74. 예를 들면, 도벤(2016), 이시카와(2016) 등.

75. 버추얼한 이동형에는 어리(Urry)가 열거한 다섯 가지 중 신체의 이동 이외의 것, 상상 상의, 통신의 이동이 포함된다. 또, 원래 두지역 거주는 두지역에 거점을 갖고 도시와 농촌을 오고가는 존재로서 2005년 국토교통성의 연구회가 제창한 것이다(후지이 외 藤井 ほか, 2009).

76. 2018년 1월 17일 NHK 시사공론 '한신·아와지대지진 23년~자원봉사자는 지금' 2021년 2월 12일 취재. http://www.nhk.or.jp/kaisetsu-blog/100/288597.html

제3장

77. 똑같은 취지로 '외발적 발전모델'(쓰마가리津曲·야마

베山部, 2008: 53)로 불리는 것도 있다.

78. 일본에 있어서의 내발적 발전론은 창시자인 사회학자 쓰루미 가즈코와 쓰루미로부터 영향을 계속 받고 있으면서도 일정정도 비판적인 입장을 취하는 앞에서 서술한 미야모토 겐이치라고 하는 2가지의 이론적 계보로 나뉘어지고 각각 이론적 심화를 보였다(마쓰모토, 2017). 그 후 '내부만' '지역주민만'이라고 하는 좁은 의미에서의 내발적 발전론이 아니라 내외의 힘을 도입하는 '(내외의)공발적발전'(오다키리·쓰쓰이筒井, 2016: 220)도 제시되었다. 똑같은 논의는 영국의 농촌발전전략에서도 존재하는데 '네오 내발적발전 neo-endogenous rural development'(Neil Ward 외, 2011: 192)이 생겨나고 있다.

79. 미야모토는 내발적 발전의 정의를 '지역의 기업조합 등의 단체나 개인이 자발적인 학습에 의해 계획을 세우고, 자주적인 기술개발을 기초로 해서 지역의 환경을 계속 보존하고 자원을 합리적으로 이용해 지역경제순환을 중시하고 그 지역의 문화교육에 뿌리내린 경제발전을 하면서 지방자치체와 주민조직의 파트너십으로 주민복지를 향상시키는 지역발전'(미야모토, 2000: 201)이라고 밝히고 있다.

80. 한편으로 일본사회는 유럽 여러나라와 같은 의미로 복지국가가 성립된 것이 아니고 기업이나 가족 등 중간집단에 사회보장기능을 대체시켜 온 '일본형생활보장시스템'(니헤이仁平, 2012:221), '일본형복지사회론'(아라타新, 2012:149)이었다고 하는 이론도 있다.

81. 예를 들면, 야베矢部·도베渡戶·니시야마西山(2019) 등.

82. 재정의 축소 및 행정의 합리화와의 관련을 주민의 자원봉사에 떠맡기고자 하는 것으로, 행정의 책임방기라고 하는 비판도 있다(다마노, 2006).

83. 일본사회에 있어서 초기의 자원봉사는 자선형·봉사형으로 지역의 명사들이 담당했다(다나카 나오키田中尙輝, 1998).

84. 고조 우카이鵜飼孝造(2000)는 사회학이라고 하는 네트워크는 개인과 개인, 집단과 집단의 관계이고, 지역연구에 있어서도 고전적인 테마였지만, 1980년대 이후 글로벌화를 배경으로 공과 사라고 하는 근대사회를 구별했던 경계를 해체하고, 다양한 요소를 재결합하는 포스터모던의 조직원리로서 네트워크를 만들어 온 것으로부터 사회학에 있어서 새로운 문맥으로 논의되게 된 것으로 분석하고 있다. 또 다마무라 이외에도 주민조직이나 NPO, 기업, 행정 등 지역내의 다양한 주체가 완만한 네트워크의 힘으로 지역을 유지하고 지역문제를 해결해 가는 것이 중요하다고 해서, 네트워크거버넌스(관계협동자치)의 형성이 필요하다고 서술한 연구도 있다(사쿠노, 2019).

85. 네트워크론으로부터 지역활성화와 인재육성의 이론화를 시도한 야마시타 유스케祐介(2003)는 네트워크론이 각광을 받고 있지만 개념으로서는 매우 혼란스럽다는 것이다. 크게 보면 조직론, 운동론의 이상론적인 네트워크와 인류학·사회학을 중심으로 도시사회학에서 발달한 분석적인 네트워크가 있다고 분류했다. 게다가 후자를 분석개념으로서 이용하고 후쿠오카현 구루메슈留米시에서의 앙케이트 조사 결과를 기초로 사회적 네트워크의 양이 지역활성화로 참가의욕을 결정하고 있다는 것 등을 보여주며 편협하지만 긴밀한 지역네트워크를 토대로 각각 재편하는 형태로 새로운 층을 받아들이는 네트워크만들기가 지역활성화에 가장 유효하다고 결론지었다.

86. 예를 들면, 기다木田·고토後藤·사토佐藤(2011), 이모리飯盛(2015) 등.

87. 사회학자인 도모에다 도시오友枝敏雄(2017)는 배경으로 글로벌화와 개인화가 지금까지는 다른 네트워크를 창출하고 있다고 하는 것이고, 지역사회에 있어서의 결합이나 연대를 파악하고자 악전고투하고 있었을 때 사용하기 편리한 좋은 개념이었다고 지적하고 있다.

88. 사회관계자본을 둘러싸고서는 학제적으로 방대한 축적이 존재하고 있다. 대표적인 것으로서 사회학에서는 미스미 가즈오三隅一人(2013), 경제학에서는 이나바 아키라稻葉陽(2007), 경영학에서는 가나미즈 준金光淳(2003), 지리학에서는 데라토코 유키오寺床幸雄(2016)가 종합한 형태로 사회관계자본을 논의하고 있을 뿐만 아니라 교육학에서도 다카노 료高野良(2014)가 이론적 중심축이 되는 퍼트남, 브르디에, 콜맨 등 3인의 이론을 비교 검토한 바 있다. 그뿐만 아니라 사회자본과 사회관계자본을 비교·검토한 사토 마코토佐藤誠(2003), 지역사회와의 관계에 초점을 맞춰 온 전술한 사쿠라이 요시히데櫻井義秀(2011), 가지이 쇼코梶井祥子 편저(2016), 히다·히다(2018) 등을 들 수 있다.

89. 가나이 마사유키金井之(2008)는 지역재생을 위한 활동을 시작하기 위해서는 결속형 사회관계자본이, 계획을 완성하기 위해서는 가교형 사회관계자본이 각각 존재할 필요가 있다고 분석했다. 그밖에 야마키 외(2014), 나가오長尾·야마자키山崎·야기八木(2014) 등.

90. 원래 사회교육학에서는 지역주민의 주체형성은 중요

시되고 있지만 1980년대 이후에는 이 부분에 대해서 본격적으로 논의되지 않고 참가나 협력으로 논점이 이동되었다고 한다(오키노荻野, 2013).

91. 다만, 와카하라若原에 국한하지 않고 학습활동이나 공간으로서의 공민관이 중요시되는 것이 사회교육학의 주류라고 이야기해도 좋을 것이다(신카이新海, 2013; 마쓰모토 2016).

92. 예를 들면, 가자마風間(2002), 사토佐藤(2005), 다무라田村(2006), 가타야마片山(2009). 또 그 가운데에는 주체형성을 주체로 한 것도 있지만 주체성을 창출하는 공간에 주목한 것에 머물기도 하고, 네트워크 형성이 곧 주체형성으로 이어지는 전제가 되기도 한다는 것이다.

93. 한편, 이 밖에도 2000년 이후 지역재생이나 공공정책과 그 주체형성을 논한 것이 있지만, 공공의 축소에 직면한 가운데 주체형성을 위한 공적 지원의 실상이나 행정의 역할을 고려하는 논의가 많다(大野, 2001: 하시모토, 2007). 복지분야에서도 지역주민이 복지서비스의 객체로부터 주체로의 변화가 커다란 과제라고 한 것에 대해서도 복지문제를 주민이 자신의 문제로서 받아들이고, 지역복지 활동에 대한 이해와 참가가 중요하며 규범적인 당위론을 펴기도 한다(가미자토神里, 2004).

94. 그 외에도 형성과정에 관한 워크숍의 유효성과 지역주민 의욕계발의 중요성을 지적하는 것뿐 아니라 실천단계에 있어서 주체성의 형성에 참가 멤버의 구성, 실천 테마의 내용, 역할분담 실태 등 3가지가 영향을 미치는 것을 분석한 것 등이 있지만 모두 계획론의 틀 가운데서 논의되고 있다(구라하라倉原, 1999; 호시노星野, 2002; 요시무라 히로다吉村廣田, 2006).

95. 이것은 니가타현 쓰난정津南町에서의 '에치고제설도 장越後雪かき道場'이라고 하는 실천이 기초가 되고 있다. 과소화·고령화를 동반하는 제설이 후계자 부족을 이유로 제설 담당자 확보가 문제가 되어 설치됐다. 담당자인 자원봉사자의 활용이 해결책으로서 자원봉사자의 기술을 향상시키는 것을 겸한 도장이 2007년 기획되었다.

96. 똑같은 시점으로 지역재생에 있어서 주민행동의 변화에 외지인이라고 하는 지역외 주체가 어떠한 역할을 담당한 것인가를 분석한 우에다 히로후미上田裕文·고리야마 아야郡山彩(2016)의 연구가 있다. 이 가운데 어떠한 외부의 작용방식에 의해 효과적으로 지역주민의 행동변화를 촉진하고, 주체형성으로 이어질 것

인가에 대해서는 아직 충분히 명확하지 않다고 밝힌 뒤 주민이 활동하는 계기를 제공한다고 하는 실행으로 이행하는 단계에서 외지인의 영향이 있다고 하는 것 등이 서술되어 있다.

97. 더욱이 지역에서 형성해야 할 주체란, 자신들의 과제를 스스로 결정할 수 있는 존재라고 서술하고 있다(히라이, 2019).

98. 예를 들면, 사토(2003), 가지이梶井 편집(2016) 등.

99. 예를 들면, 미타무라三田村(2012), 시로이白井(2012) 등.

100. 지리학자인 데라도코 유키오寺床幸雄(2016)도 사회관계를 지역과제의 문제로 직결하는 형태로 평가할 수 있다고 하는 사회학적인 의의를 강조하고 있다.

101. 퍼트남, 브루디외, 콜만의 이론을 검토한 다카노 료高野良(2014)에 따르면 콜만은 사회관계자본을 경제학의 개념인 인적 자본의 연장선상에 두고 있다. 브루디외는 문화자본의 어느 한 면을 추출해서 사람들이 사회생활을 영위하고 사회적 지위상승을 도모하는 수단으로서 이해한 계급론이었다. 한편 퍼트남의 이론은 일상생활이나 지역 커뮤니티로부터 민주적인 정치과정이 비로소 시작된다고 하는 것으로, 루소의 시민사회론이나 토크빌이 19세기의 미국에서 발견한 시민사회론과도 사상적 계보를 똑같이 하는 것이다(사쿠라이, 2014). 다만 퍼트남에 대한 비판도 적지 않은데, 예를 들면 와타나베 나나渡部奈(2011)는 신뢰·규범·네트워크라고 하는, 성질이 다른 것을 하나로 묶어 정의하고 있는 것을 문제시하고, 퍼트남 등의 사회관계자본의 이론이 특정 타자에 대한 신뢰감이 불특정의 일반적인 타자에 대한 신뢰감으로 바뀌게 되는 것을 암묵적인 사이에 전제로 하고 있다고 본다(야마기시山岸, 1998: 아사오카朝岡, 2011).

102. 퍼트남은 1993년의 저서 '철학하는 민주주의'(번역은 2001년 간행)에서는, 사회관계자본을 '사람들의 협동을 활발하게 함으로써 사회의 효율성을 개선할 수 있는, 신뢰·규범·네트워크 등과 같은 사회조직의 특징'(퍼트남, 1993[2001]: 206-207)이라고 정의하고 있다. 이러한 부분이 인용되는 것도 적지 않지만 전자에 대한 비판을 받는 상황에서 집필한 2000년의 저서 '홀로 치는 볼링'(번역은 2006년 간행)에서 재정의하고 있는 것, 또, 민주주의가 주제인 전자에 반해서 '나 홀로 볼링'은 지역사회를 다루고 있는 것으로부터 이러한 정의를 사용한다.

103. 퍼트남은 사회관계자본의 외부성에 대해서 항상 플러스는 아니고 악의를 가진 반사회적인 목적으로도

향할 수 있는 것에 대해서 언급하고 있지만 전체적인 분량으로서는 적고, 긍정적인 측면을 지나치게 강조해서 부정적인 측면에 눈을 돌리지 않았다고 하는 비판을 계속 받고 있다(사토, 2003; 도베, 2011).

104. 시키다(2009: 94).

105. 이 점은 전술한 아카사카赤坂(1991)나 기토鬼頭(1998)도 일치하고 있다.

106. 시키다는 지역에 살면서 내부의 굴레(얽매임)와 상식을 초월하는 '지역내부의 외지인'은 지역외부의 외지인보다 귀중한 존재이고 동시에 젊은이는 외지인의 예비군이지만 취직이나 진학에 의해 도시에 제공해 버림으로써 결과적으로 지역의 동질화를 초래했다고 하는 지적도 있다.

107. 시키다(2009: 86-89).

108. 시키다(2009)는 지역에 대한 지식이 부족한 배경으로 이전에는 필요하지 않은 최첨단의 지식까지 필요하게 된 점과 지역에서 받아들여 계승해온 토착의 지식이 고령화 등으로 소멸했던 것도 들고 있다.

109. 예를 들면, 야나이柳井(2017) 등

제4장

110. 플래티넘구상네트워크의 웹사이트 참조.

111. 이 개황의 항은 특별히 양해를 구하는 것을 빼고는 아마정의 웹사이트 참조.

112. 야마우치 미치오씨에 대해서는 저서 '낙도에서 전하는 생존을 위한 10가지 전략'(2007)을 참조한다.

113. 당초는 외지인을 지원하는 데 이해를 얻기 어렵기 때문에 고육책으로 '섬소녀제도島っ娘制度'라고 하는 명칭으로 며느리대책을 위한 시책이라고 의미를 부여하고 출발했지만 나중에는 상품개발연수생이라고 하는 제도로 명칭을 변경했다(시마다嶋田, 2016b).

114. 야마우치(2007: 156-157).

115. 고토後藤씨와 복나무차의 에피소드는 노무라(2012) 참조.

116. 탄생에 이르는 경위에 대해서는 당시 주식회사 리쿠투트의 사원으로서 개발에 관여했던 다마오키 히토미玉沖仁美씨가 저서 『지역을 생산하는 일』(2012) 중에서 상세하게 소개하고 있고, 이하 그 기술된 내용을 인용한다.

117. 야마우치(2007: 189).

118. 오노尾野씨는 '러브왜건ラブワゴン'을 달리게 하는 TV프로가 유행하고 있었던 것에서 아마 '러브왜건'을 조합해서 '아마왜건'을 착상하고 운영하게 됐다고 서술하고 있다. 그 후에도 계속 개최하면서 아

마정을 오갔다(다나카·후지요, 2015).

119. 다나카·후지요(2015: 30-31).

120. 다나카·후지요(2015: 31).

121. 다나카·후지요(2015: 32).

122. 다나카·후지요(2015: 38).

123. 다나카·후지요(2015: 36).

124. 야마우치·이와모토·다나카(2015: 40).

125. 다나카·후지요(2015: 34).

126. 야마우치·이와모토·다나카(2015: 32).

127. 이 시기에는 아직 섬 유학생 제도는 정식 도입되지 않았다. 다만 섬 밖으로부터 입학하고 있는 학생은 소수이지만 존재하고 있었다.

128. 야마우치·이와모토·다나카(2015: 133).

129. 2016년 5월 27일부 산음중앙신보山陰中央新報의 '시마네 미래탐방(14)'(다나카 데루미) 참조.

130. 다나카·후지요(2015: 33).

131. 2017년까지 학생수는 도젠고향매력화재단의 웹사이트, 2020년 시점 학생수와 섬 유학생 수는 도젠고등학교 웹사이트를 기준으로 한다.

132. 아마정을 떠난 뒤 이후 이와모토씨의 기술은 양해가 없는 한 다나카(2017b)로 부터 인용한다.

133. 다나카·후지요(2015: 42).

134. 다나카·후지요(2015: 41).

135. 도젠고등학교도 포함할 낙도(離島: 먼 섬) 중산간지의 8개교와 8지역에 대해서 한 학교당 3년간 1,500만엔의 예산을 배분하고, 2013년도에도 3년간 지속하는 것이 결정됐다(야마우치·이와모토·다나카, 2015). 또 전국적으로 다른 현으로부터 고등학교 입학자수는 2007년도 3만8,398명, 10년 후인 2017년도 3만9,128명과 비교해 약간 증가했지만, 시마네현은 294명에서 485명으로 191명이 증가해 실질적인 현외 유학생에 관해서는 시마네현이 전국 최고로 인식되고 있다(다무라, 2018: 242).

136. 야마우치·이와모토·다나카(2015: 171).

137. 졸업생의 동향과 그 후 '불의 모임'의 기술에 관해서는 2019년 8월 17일 필드워크와 2019년 8월 30일 산음중앙신보의 '시마네미래탐방(53)'(다나카 테루미)으로부터 인용한다. 'SHIMA'탐구는 일시 중단되었다가 현재는 오노씨가 이어서 하고 있다.

제5장

138. 47NEWS의 지역재생 대상 페이지 참조. 2021년 2월 12일 취득. https://www.47news.jp/localnews/

chiikisaisei/taisho/2014/top.html

139. 콘테스트의 웹사이트에 따른다.

140. 이 개황의 항은 특별히 양해가 있는 것을 제외하고 고쓰시의 웹사이트 참조.

141. 고쓰시의 상업역사에 대해서는 야마모토(1971) 참조.

142. 그 밖에 중심부에 있었던 백화점이 상점가에 이어서 고객을 흡수하고 있는 점, 슈퍼마켓이 신장하고 있는 것이나 농협이 슈퍼에 뒤떨어지지 않는 상업지위를 점하고서 군(郡)지역과 밀착돼 있는 것 등이 기록되어 있다(야마모토, 1971).

143. 빈집 활용 사업에 대해서는 무라카미(2016) 참조.

144. 나카가와(2017: 41).

145. '유이마루(ゆいま-る, 상호협력) 플러스'는 2005년에 설립돼 2014년에 해산됐다(무라카미, 2016).

146. 앙케이트에 대해서는 요네야마米山(2012, 2018) 참조.

147. 이렇게 I턴한 사람은 뽕나무를 활용한 6차산업화를 위해 노력하는 50명의 고용을 창출했다(무라카미, 2016).

148. 나카가와(2016: 42).

149. 다나카(2017b: 27).

150. 그 후 비즈니스플랜콘테스트를 개최하는 지자체나 단체는 늘고 있다. 예를 들면, 중소기업청의 위탁을 받아서 중소기업이나 소규모사업자를 지원하는 웹사이트 '미라사포mirasapo'에 관한 비즈니스플랜콘테스트 소개 페이지에는 전국에서 90건 가까운 비즈니스플랜콘테스트의 정보가 게재되어 있다. 2021년 2월 12일 취득. https://www.mirasapo.jp/starting/information/bizcon.html

151. 제3회 전국 젊은이공예품만들기심포지엄에 관한 기술은 세키關(2009) 참조.

152. 제4장의 아마정에서도 등장한 오노尾野씨에 대해서는 "지역에서 일하는 '바람같은 사람'이라고 하는 새로운 선택'(다나카·후지요, 2015)의 '사람을 소생시켜 활용한다'(211-214)에서 상세하게 소개하고 있다.

153. 다나카씨의 오빠에 대해서는, 다나카·후지요(2015)에 상세하게 정리했다.

154. 다나카·후지요(2015: 54, 56).

155. 다나카·후지요(2015: 62).

156. 다나카·후지요(2015: 63).

157. 다나카·후지요(2015: 64).

158. 다나카·후지요(2015: 64).

159. 무라카미(2016).

160. 다나카(2017b: 39).

161. 다나카(2017b: 42).

162. 다나카·후지요(2015: 81).

163. 다나카·후지요(2015: 85).

164. 그밖에도 청년회 멤버와 더불어 2012년 3월에는 2회째 '손에 손을 잡은 도시'를, 7월에는 '손에 손을 잡은 야시장'을 개최했다. 20년 만에 부활한 야시장에는 1,500명이 방문했다(무라카미, 2016).

165. 다나카(2017b: 35).

166. 다나카·후지요(2015: 66).

167. 현재는 요코다시의회 의원이다.

168. 다나카(2017b: 41).

169. 성장해서 졸업하는 사람도 있지만 일신상의 이유로 중도에서 그만두는 모양새가 되는 스텝도 있다.

170. 고향시마네정주재단의 웹사이트 '시마네에서 최선을 다하는 사람' 참조.

171. 다나카(2017b: 44).

172. 다나카·후지요(2015: 49).

173. 다나카·후지요(2015: 66).

174. 다나카(2017b: 43-44).

175. 다나카(2017b: 45)

176. 후지다씨의 근황에 대해서는 2019년 11월 9일자 산음중앙신보山陰中央新報의 '지속하는 지역만들기, 주체적으로 담당하는 인재육성 데고넷이와미 등 보고' 참조

177. '직접 가서 만드는GO つくる대학'에 대해서는 2019년11월 6일자 산음중앙신보山陰中央新報의 기사 '함께 배우는 대학 수강자 1,000명 돌파'를 참조한다.

178. 2018년까지는 고쓰시의 비즈니스플랜콘테스트의 웹사이트를 참조한다. 2019년에 관해서는 2019년 12월 16일자 산음중앙신보山陰中央新報의 기사를 참조한다. 2020년도는 신형코로나바이러스의 영향으로 실시를 미뤘다.

제6장

179. 다구치씨는 전출자를 관계인구로서 위치지을 필요성을 주장하고 있다(다구치, 2017b).

180. 이 개황의 항에서는 특별한 양해가 있는 경우를 제외하고는 만노정사무소의 웹사이트, 구 고토나미정에 대해서는 '고토나미정사 속편', 가와오쿠지구에 대해서는 '고토나미정사'를 참조한다. 참고문헌 참조.

181. '진전되는 가와오쿠지구의 과소화'에 관해서는 요코이 히사코씨 이외의 가와오쿠지구의 개황에 대해서는 기본적으로 2019년 9월 20일 아마기리씨의 인터뷰를 참조한다.

182. 초·중학교의 상세사항은 '고토나미정사' 참조.

183. 도쿠시마대학종합과학부지역계획학연구실 '구고토나미정 가와오쿠, 니시타니지구마을조사 보고서'를 참조한다. 조사일정은 2016년 6월 11일, 7월 26일, 8월 6일, 8월 29~9월 2일. 방문해서 협력을 얻은 사람에 대해서 학생 2~3명이 15~30분 정도 가족구성, 전출가족 상황, 마을활동 실시 참가 상황, 상수원이나 택지 농지의 관리 상황, 시장보기, 통원방법 등 6개 항목을 청취 조사했다.

184. 전게서를 참조한다.

제7장

185. 요코이씨와 다카오씨는 원래 어릴 적부터 친한 사이였지만 지역과제의 해결을 위해 함께 노력한다고 하는 관계까지는 아니었다는 점으로부터 네트워크 그림에서는 이 단계에서 요코이씨가 다카오씨와의 새로운 네트워크를 형성했다고 하는 이해방식을 취하고 있다.

186. 세계은행은 동포나 동업자를 연결하는 강한 결합은 '접합적' 사회관계자본, 민족이나 직업상의 환경이 다른 약한 결합은 '가교적' 사회관계자본이라고 설명하고 있다.

187. 예를 들면, 사토(2003), 사노(2018b) 등.

188. 관계인구가 최초로 신뢰관계를 쌓은 4사람 가운데 요시모토씨, 나카가와씨, 아마기리씨 등 3인이 지자체 직원이다. 이것은 관계인구가 지역재생 주체로서 형성 되기 위한 조건이 지자체 직원과의 관계라는 것을 반드시 의미하는 것은 아니지만 지역 외 주체의 관점에서 보면 지자체 직원은 지자체라고 하는 신뢰성이 높은 직장에 근무하고 있고, 또 직원 자신도 지역에 대해서 당사자 의식을 쉽게 갖고 지역재생 주체가 되기 쉽다고 하는 의미에 있어서 지자체 직원이 그 입장이 되기 쉽다고 하는 것은 말할 수 있다.

189. 와타나베(2016), 요네야마(2018).

190. 퍼트남이 보여준 구체적인 대책에 대해서 사토 마코토(佐藤誠)(2003)는 '통근시간을 줄여서 이웃과의 관계를 강화하고, 긴밀하게 관계를 맺으며 보행자에게 친절한 지역에 살고, 친구나 이웃과도 허심탄회하게 교제하는 커뮤니티 공공 공간을 디자인하자' 'TV앞에서 보내는 수동적 태도의 시간을 줄이고 시민과의 활발한 관계의 시간을 늘리도록 하자' 등을 예로 열거하며 이는 정신주의적 슬로건에 지나지 않다고 비판하고 있다.

제8장

191. 이 당시는 정확히 말하자면 섬 유학제도가 시작되지 않고 있고 섬 밖 학생이라는 명칭으로 불렸지만 취지 면에서는 섬 유학생과 똑같았다고 하는 것으로부터 섬 유학생이라는 분류에 기초해서 분석한다.

192. 고쓰시에서는 그 밖에도 시골살이 체험사업 투어 참가자로부터 "고민가가 있으면 살고 싶은데, 고민가는 없는가"라고 하는 목소리가 지역주민인 나카가와씨에게 빈집은 자원이라고 하는 인식을 갖게 했다고 하는 경우도 있다. 단 시골살이 체험사업의 투어객은 외지인이지만 몇 번이나 방문하는 것은 아니고 한번에 한해서라고 하는 형태가 기본이었던 점으로부터 계속성을 갖는 관계인구는 아니라고 생각될 수 있기 때문에 분석대상에서 제외하고 있다.

193. 협동이란 '똑같은 목적을 위해 대등한 입장에서 협력해서 똑같이 일하는 것'을 의미하는 말이다. 쇼가쿠칸小學館디지털대사전, 2021년 2월 12일 취득. https://kotobank.jp/word/%E5%8D94%E583%8D-52916#E3.83.87.E3.82.B8.E3.82.BF.E3.83.AB.E5.A4.A7.E8.BE.9E.E6.B3.89

194. 다만 반드시 창발적인 과제해결의 단계까지 나가지 않고서는 효과가 발현되지 않는다고 하는 것은 아니고 케이스에 따라서는 그 전의 단계에서도 효과가 발현될 수 있다고 하는 것도 상정할 수 있다. 효과의 발현과 동시병행으로 지역재생 주체로서의 형성이 진행되어 가는 가능성도 있다고 하는 것은 유의해두기 바란다.

195. 도젠고교 웹사이트 참조.

196. 실제로 지역이 소멸한다고 하는 사태에 이르면 가옥이나 농지, 산림 등을 어떻게 취급할 것인가 하는 또다른 문제가 발생하는 것이 예상되고 검토해 갈 필요가 있다.

197. '마을과 마을의 연결むらつむぎ무라쓰무기'과 다나카 유스케田中佑典씨의 내력에 대해서는 니혼게이자이신문 2019년 9월 12일자 다나카씨의 기고 '마을의 종료에 대한 준비활동을 생각하자' 참조.

198. '무라쓰무기 Village' Facebook그룹에 대한 2019년 6월 10일 다나카 유스케씨의 투고 참조. 2021년 2월 12일 취재. https://www.facebook.com/groups/1307361222755550/permalink/1314312255393780/

관계인구의 사회학

참고문헌

가나마루 히로미金丸弘美, 2009,『시골의 힘-사람·꿈·돈이 모이는 5가지의 법칙』NHK출판.

가나쓰 준金光淳, 2003,『사회네트워크 분석의 기초-사회적관계자본론을 향하여』勁草書房.

———, 2017, 'Social Capital+창조계급＋외지인은 도시에 혁신을 가져오는가?'『경제사회학회 연보』(39):160-163.

가나야 노부히코金谷信子, 2012, '개호계(介護系) NPO의 지속성과 다양성-개호보험제도 외 서비스의 실태분석으로부터'『히로시마 국제연구』18: 55-70.

가나이 마사유키, 2008, '온천지 마을만들기를 지원하는 사회구조'『사회학연보』37(0):83-91.

———, 2010, '개별적 사회관계자본과 집합적 사회관계자본의 상호관계-관광마을 만들기를 사례로 해서'『이론과 방법』25(1): 49-64.

———, 2013, '다양한 주체의 교류에 의한 지역만들기의 가능성-성과의 개별성과 구조의 공통성'『센슈대학사회과학연구소 월보』601·602: 34-45.

가네코 이사무金子勇, 2016,『지방창생과 소멸'의 사회학-일본 커뮤니티의 향방』미네르바 서점.

가네코 이쿠요金子郁容, 1992,『자원봉사』이와나미서점.

———, 모리오카 기요시森岡清志, 2001,『도시화와 커뮤니티의 사회학』미네르바서점.

가네코 준金子淳, 2017,『뉴타운의 사회사』青弓社.

가도 가즈노리角一典, 2000, '주민운동의 성공·실패와 정치적 기회구조'『현대사회학연구』13:27-43.

가리야 다케히코苅谷剛彦, 1995, '대중교육사회의 향방-학력주의와 평등신화의 전후사』中央公論社.

———, 편저, 2014,『'토박이'의 문화력-지역의 미래 만들기 방법』가와데출판사.

가미무라 세이지上村靖司, '「과제해결」인가 「주체형성」인가'『소방방재의 과학』130: 4-6.

———, 2018, '과제해결과 주체형성' 가미무라 세이지上村靖司·쓰쓰이 가즈노부筒井一伸 외 편역『제설로 지역을 육성한다-방재로부터 마을만들기로』Commons:176-177.

가미자토 히로타케神里博武, 2004, '오키나와에 있어서의 소지역 복지력 형성의 과제-소지역 복지추진조직 지역자원봉사를 중심으로'『나가사키Wesleyan웨슬리언 대학 지역종합연구소 연구 정기간행물』2(1), 69-78.

가사미 가즈오嵩和雄, 2016, '농산촌으로의 이주 역사' 오다키리 도쿠미小田切徳美·쓰쓰이 가즈노부筒井一伸 편저『전원회귀의 과거·현재·미래-이주자와 만드는 새로운 농산촌』농산어촌문화협회, 86-97.

———, 2018,『시골을 만든다-설레임을 발견하는 단서』Commons.

가세 가즈토시加瀬和俊, 1997,『집단 취직의 시대-고도성장기에 부족한 일손들』青木書店.

가스가 나오키春日直樹, 2007,『'늦음'에 대한 생각-포스트모던을 산다』도쿄대학출판회.

가쓰무라 시게яお勝村茂·아키모토 리쓰오秋元律郎, 1965, '지역사회에 있어서의 권력구조 분석 방법과 과제'『사회과학 심층연구』11(1): 1-36.

가와바타 아키라川端亮·이나바 게이신稲場圭信, 2018,『아메리카 창가(創価)학회에 있어서의 이체동심-2단계의 현지화』新曜社.

가와이 다카요시河井孝仁, 2009, '구조로서의 지역-Vulnerability와 編集' 가와이 다카요시河井孝仁·유하시 히로야스遊橋裕泰『지역 미디어가 지역을 바꾼다』일본경제평론사.

———, 2016,『시티 프로모션으로 마을을 바꾼다』彩流社.

———, 2018, '지역참가 총량이 지역을 생존시킨다-관계인구를 넘어서'『거버넌스』202:27-29.

———, 2020,『'관계인구' 창출로 지역경제를 윤택하게 하는 시티프로모션 2.0-마을만들기 참가의 의욕을 높이기 위해서는』제1법규.

——— 후지시로 히로유키, 2012, '대규모 지진재해시에 있어서의 적확한 정보유통을 가능하게 하는 매스미디어·소셜미디어의 연계가능성과 과제'『미디어 전망』604:13-17.

가와이 유키오河合幸尾·미야타 가즈아키宮田和明 편, 1991,『사회복지와 주체형성-1990년대의 이론적 과제』법률문화사.

가이누마 히로시開沼博, 2011,『후쿠시마論-원자력마을은 왜 태어난 것인가』青土社.

가이료지甲斐良治, 2005, '젊은이는 왜 농산촌으로 향하는 것인가'『현대농업』84(10): 56-61.

가자마 노리오風間規男, 2002, '관계성의 공공정책학으로-거버넌스 지향과 네트워크 지향의 교착交着'『계간 행정관리 연구』100: 3-12.

가지이 쇼코梶井祥子 편저, 2016,『젊은이의 '지역' 지향과 Social Capital-도내 고교생 1,755명의 의식조사로부터』나카니시출판.

가타기리 신지片桐新自, 1982, '조직관련 시각으로부터 지역정치로의 접근방법'『사회학평론』33(3): 63-79.

가타다 도시타카片田敏孝·히로바타 야스히로廣畠康裕·아오시마 나오지로青島縮次郎, 1990, '농산촌 과소지역에 있어서의 전출·귀환행동의 모델화에 관한 기초연구'『토목학회논문집』419:105-114.

가타야마 유키片山悠樹, 2017, '지역이동과 캐리어' 이누이 아키오乾彰夫·혼다 유키本田由紀·나카무라 다카야스 편,『위기의 가운데 있는 젊은이들』도쿄대학출

판회: 197-209.

가타야마 지카코片山千賀子, 2009, '식과 농을 축으로 한 네트워크와 지역만들기' 『홋카이도대학대학원 교육연구원 정기간행물』 107:139-157.

가타오카 요시미片岡佳美, 2012, '마을의 과소·고령화와 주민의 생활의식-시마네현 중산간지역에서의 양적 조사 데이터를 근거로' 『산음연구山陰研究』 5:19-31.

───, 2017, '지방의 교육기 가족-「가족실천」의 관점으로부터 고찰' 제68회 간사이사회학회 보고 원고.

가토 준조加藤潤三·마에무라 나오카前村奈央佳, 2014, '오키나와의 현외 이주자의 적응에 있어서 Social Capital의 영향' 『인간과학』 31: 111-143.

가토 히데키加藤秀樹, 2017, '「고향주민표」의 제안' 『ECPR』2017(2): 19-22.

가토 히사아키加藤久明, 2010, '지속가능한 혁신에 관한 일 고찰-'생활기점'의 시점으로부터' 『정책과학』 17 특별호: 65-75.

간다 세이지神田誠司, 2018, 『가미야마 진화론-인구감소를 가능성으로 바꾸는 마을만들기』 학예출판사.

겐다 유지玄田有史(edit), 2006, 『희망학』 중앙공론신사.

───, 2015, '지방창생과 지역을 지원하는 인재의 육성' 『Eco-forum』30(4): 4-12.

고구레 요시타카小暮義隆, 2016, '외지인과 지역사회의 상호 변용과 관계성' 『21세기 사회디자인 연구』 14: 111-121.

고노 히로아키今野裕昭, 2015, '시정촌 합병과 지역과제의 해결력-헤이세이 대합병 아래에서의 닛코시 구리야마' 『전공 인간과학론집』 사회학편5: 35-49.

고마쓰 히데오小松秀雄, 2007, '행위자 네트워크 이론과 실천커뮤니티 이론의 재고' 『고베여자학원대학논집』 54(2): 153-164.

고모리 사토시小森聰, 2007, '신규정주자를 받아들이는 농촌의 의식과 입지조건에 관한 연구-교토부의 중 산간지역을 사례로 해서' 『농림업문제연구』 34(1): 112-117.

고무라 마나부古村学, 2015, 『낙도 Eco-Tourism의 사회학』 요시다서적.

고바야시 고이치小林甲一, 2009, '지속가능한 지역사회 만들기에 관한 일 고찰-지역·사회정책의 시각으로부터' 『나고야가쿠인대학논집 사회과학편』 45(4): 1-12.

고바야시 기요시小林潔司·다타노 히로카즈多々納裕一, 1997, '과소 커뮤니티에 있어서의 활성화 활동과 리더십' 『토목학회논문집』 562(IV-35): 37-46.

고바야시 다카유키, 1976, '주변인 이론의 검토' 『Sociology』 21(3): 65-83.

고바야시 도시아키小林敏明, 2010, '〈주체〉의 향방-일본 근대사상사에 대한 일 시각』 講談社.

고바야시 아키히로小林昭裕, 2003, '도시주민의 전원이주에 대한 의식구조에 관한 기초적 연구-홋카이도를 사례로 해서』 『농촌계획학회지』 22: 37-42.

고바야시 유호小林悠歩·쓰쓰이 가즈노부筒井一伸, 2018, '타지역 출신자와의 공동에 의한 농산촌 집락유지 활동의 실태-나가노현 이이야마시 니시오타키구를 사례로서』 『농촌계획학회지』 37(3): 320-327.

고사카 가쓰아키小阪勝昭 편저, 2002, 『낙도 '오키'의 사회변동과 문화』 오차노미즈서적.

고사카 마사히로小阪昌裕·가나이 만조金井萬造, 2008, '지역자원을 활용한 도착지형 관광사업만들기와 지역재생에 관한 사업화 고찰』 『일본관광연구학회 전국대회학술논문집』 23: 293-296.

고쓰시, 2019, '시의 프로필', 고쓰시 웹사이트(2019년 11월 12일 취득, http://www.city.gotsu.lg.jp/life /4/18/77/).

───, 2019, 고쓰시비즈니스콘테스트웹사이트(2019년 11월 12일 취득, http://go-con.info).

고쿠료 지로國領二郎 편저, 2006, 『창발하는 사회』 닛케이BP턴설팅.

고토나미정지편찬위원회, 1986, 『고토나미 역사』.

─── 고토나미정편집위원회, 2006, 『고토나미사 속편』.

고토 가즈히사後藤一寿, 2015, '플랫폼 형성에 의한 효과적인 농상공 연계의 촉진과 과제' 『농촌경제연구』 33(2): 39-46.

고토 미노루後藤実, 2012, '포섭·배제의 사회시스템 이론적 고찰' 『사회학평론』63(3): 324-340.

고토 유지後藤雄二, 2000, '지역 스케일과 지역구조도' 『히로사키대학교육학부 정기간행물』84: 19-23.

고토 히로시古藤浩, 2009, '대학 입학에 의한 인구이동 지도의 연구' 『GIS : 이론과 응용』17(1):1-11.

고향시마네정주재단, 2019, '시마네에서 최선을 다하는 사람, 고향에 공헌하는 젊은이를 육성하는 NPO법인 데고넷와와미 요코타 마나부씨', 시마네지역활동지원사이트,(2019년 11월 26일 취득, https://furefure-shimane.jp/best/107.html).

고향회귀지원센터, 2020, 『2019년도 사업보고서』.

곤도 신이치近藤信一, 2015, '연안 재해지역에 있어서 유치기업의 철수와 고용유지·창출로의 새로운 도전-EBO(종업원 매수)에 의한 기업의 사례연구로부터의 고찰' 『종합정책』17(1): 57-74.

곤도 아키코近藤明子·곤도 미쓰오近藤光男, 2005, 'Schedule Model을 활용한 지역간 인구이동 특성분석' 『토목계획학연구·논문집』 22: 222-230.

구도우 나오工藤順, 2012, '지역사회에 있어서 사회적 기업의 가능성-커뮤니티카페 Delsole의 사례로부터' 『아오모리현립보건대학잡지』 13: 23-32.

구라하라 무네타카倉原宗孝, 1999, '시민적 마을만들기 학습으로서의 주민참가 워크숍에 관한 고찰' 『일본

관계인구의 사회학

건축학회계획계계논문집』 64(520): 255-262.

구로다 도시오黒田俊夫, 1970, '인구이동의 전환 가설' 『인구문제 연구』 113: 15-30.

──, 1978, '인구이동의 새로운 전개-일본에 있어서 인구이동의 구조 변동' 『일본대학 정기간행물』 3: 97-110.

구로다 마나부黒田学·나카니시 노리코中西典子·하세가와 치하루長谷川千春·노무라 미노루野村実, 2016, '지방분권개혁과 지역재생에 관한 조사연구-교토시 북부지역에 있어서의 생활복지와 거버넌스' 『리쓰메이칸 산업사회논집』 52(3): 125-138.

구로다 요시히코黒田由彦, 2005, '분야별 연구동향(地域)-공공성과 지역사회' 『사회학평론』 56(1):232-247.

구로야나기 하루오黒柳晴夫, 1981, '지역 권력구조의 변용과 지방의원-기후시내「混住化」농촌지역의 사례(지방의회와 지역민주주의〈주집主集〉)' 『도시문제』 72(9): 38-49.

구리시마 히데아키栗島英明·사토 준조佐藤岐·구라사카 히데후미倉阪秀史·마쓰하시 게이스케松橋啓介, 2015,'Resource Generator에 의한 지역주민의 Social Capital 측정과 지역평가 관련분석' 『토목학회논문집G』 71(6): II91-II98.

구마가이 후미에熊谷文枝, 2012, 『'지역력'으로 직면해야 하는 인구감소 사회-작은 지자체의 지역재생책』 미네르바서적.

구보타 유키히코久保田進彦, 2004, '지역브랜드의 매니지먼트' 『유통정보』 418: 4-18.

구쓰와다 료조轡田竜蔵, 2017, 『지방생활의 행복과 젊은이』 勁草書房.

국립국회도서관, 2019, '제61회 국회중의원 지방행정위원회의록 제53호' 국회회의록 검색시스템.(2019년 1월 4일 취득, http://kokkai.ndl.go.jp/SENTAKU/syugiin/061/0050/06107230050053.pdf)

국립사회보장·인간문제연구소, 2018, 『일본의 장래 추계 인구-헤이세이 29년 계획의 해설 및 조건부 추계-』.

국민생활심의회커뮤니티소위원회, 1965, 『커뮤니티-생활의 장에 있어서의 인간성 회복』.

국토교통성, 1977, 『제3차 전국종(총)합개발계획』.

──, 1987, 『제4차 전국종(총)합개발계획』.

──, 1998, 『21세기 국토의 그랜드디자인』.

──, 2008, '과소지역 등에 있어서의 집락의 상황에 관한 앙케이트 조사'.(2019년 11월 3일 취득, http://www.mlit.go.jp/kisha/kisha07/02/020817/01.pdf).

──, 2013, '헤이세이 25년도 새로운 낙도진흥시책에 관한 조사'(2019년 11월 4일 취득, https://www.mlit.go.jp/common/001081043.pdf).

──, 2015, 『국토형성계획』.

──, 2020, '관계인구 실태파악'.

기노시타 히토시木下斉, 2015, 『돈을 버는 마을이 지방을 바꾼다』 NHK출판.

기노 아키코木野 聡 子·시카다 아사미敷田麻実, 2008, '관광·교류에 있어 관계에 의한 어업인의 Empowerment의 과정에 관한 연구-홋카이도 하마나카정浜中町의 어업인 활동을 사례로' 『일본관광연구학회 전국대회학술논문집』 23: 177-180.

기다 에리나木田恵理奈·고토 하루히코後藤春彦·사토 히로스케佐藤宏亮, 2011, '상점가진흥조합에 의한 제례운영을 통한 지역 커뮤니티의 형성에 관한 연구' 『도시계획논문집』 46(3): 481-486.

기도 히로시城戸宏史, 2016, '지방창생' 정책의 문제와 앞으로 시정촌 합병 가능성-일촌일품운동의 함의를 근거로 해서' 『경제지리학회연보』 62(4): 306-323.

기무라 가즈미木村和美, 2008, '교육 주체로서의 가족·지역의 형성-피차별부락에 있어서의 사회관계자본에 주목해서' 『오사카대학 교육학 연보』 13: 109-121.

기무라 시세이木村至聖, 2009, '산업유산의 표상과 지역사회의 변화' 『사회학평론』 60(3): 415-432.

기시 마사히코岸政彦, 2013, 『동화와 타자화-전후 오키나와의 본토 취직자들』 나카니시야출판.

──, 2016, 『질적 사회조사 방법-타자 합리성의 이해사회학』 有斐閣.

기요하라 게이코清原桂子, 2008, '부흥을 떠받치는 네트워크' 오카다 마미코 편 『지역재생과 네트워크 툴로서 지역재생과 협동의 공간만들기』 昭和堂: 184-201.

기카와 도루吉川徹, 2001, 『학력사회学歴社会의 로컬 트럭-지방으로부터 대학진학』 세계사상사.(신장판, 2019, 오사카대학출판회.)

──, 2014, 『현대 일본의 '사회의 심리'-계량사회의식론』 有斐閣.

──, 2018, 『일본의 분단-따로 분리되는 비대졸 젊은이들(レッグス)』 광문사.

── 하자마 료타로狭間諒多朗 편, 2019, 『분단사회와 젊은이의 현재』 오사카대학출판회.

기타야마 사치코北山幸子·하시모토 다카히코橋本貴彦·우에조노 마사타카上園昌武·세키 고헤이関耕平, 2010, '시마네현 3지역(아마정海士町, 미사토정美郷町, 고쓰시江津市)에 있어서의 U·I턴한 사람의 앙케이트 조사검토' 『산음연구山陰研究』 3: 37-66.

기타이 마유코北井万裕子, 2017, '퍼트남의 Social Capital 개념 재고-공동체의 미화와 국가제도의 역할' 『리쓰메이칸경제학』 65(6): 1387-1400.

기타지마 시게루北島滋, 1998, 『개발과 지역변동-개발과 내발적 발전의 상극』 東信堂.

기타가와 유키히코北川由紀彦, 2016, '타관돈벌이』라고 하는 이동」기타가와 유키히코北川由紀彦·단노 기요토丹野清人『이동과 정주의 사회학』 방송대학교육진흥회: 162-173.

기토 슈이치鬼頭秀一, 1998, '환경운동·환경이념 연구에 있어서의 외지이론의 사정(射程)-이사하야만諫早湾과 아마미오시마奄美大島의 자연권리 공소의 사례를 중심으로' 『환경사회학연구』 4: 44-59.

기토 히로시鬼頭宏, 2000, 『인구로부터 읽는 일본의 역사』 講談社.

나가노시, 2019, '인구증가 추진과', 나가노시 웹사이트.(2019년 11월 17일 취득, https://www.city.nagano.nagano.jp/soshiki/jinkou/).

나가오 마사노부長尾雅信·야마자키 요시히로山崎義広·야기 도시아키八木敏昭, 2018, '지역브랜드론에 있어서 외부인재의 수용 연구-중산간 지역에 있어서의 Social Capital의 측정으로부터' 『마케팅 저널』38(1): 92-107.

나가이 고유키中井郷之, 2010, '새로운 사회네트워크의 구축과 지역진흥에 관한 연구'『RPSPP Discussion Paper』17: 1-15.

나오타 하루오直田春夫, 2005, '센리 뉴타운의 마을만들기 활동과 Social Capital' 『도시주택학』 49: 15-21.

나카가와 가나에中川哉, 2017, '의문투성이의 20대가 여성관리직이 될 때까지' 『ALPS』 129: 40-43.

나카가와 아쓰시中川敦, 2004, '원거리 개호와 부모와 자식의 거주형태' 『가족사회학연구』15(2): 89-99.

———, 2016, '원거리 개호의 의사결정 과정의 대화분석' 『연보 사회학 논집』 29: 56-67.

나카가와우치 가쓰유키中川内克行, 2018, '목표를 이루지 못한 지방종합전략-도쿄 일극중심이 가속화되면 인구 감소는 멈추지 않는다' 『닛케이 글로컬』 336: 10-29.

———, 2019, '「관계인구」로 지역의 존속·활성화-400곳 이상의 지자체 창출·확충사업 실시' 『닛케이 글로컬』 358: 6-25.

나카가와 히데이치中川秀一·미야지 다다유키宮地忠幸·다카야나기 나오타다高柳長直, 2013, '일본에서의 내발적 발전론과 농촌분야의 과제-그 계보와 농촌지리학 분야의 실증연구를 근거로 해서' 『농촌계획학회지』 32(3): 380-383.

나카니시 아키라中西晶, 2001, '지적 사기꾼' 하라다 다모쓰原田保 編『지식의 이단과 정통』신명론출판사: 78-121.

나카니시 히로아키中西宏彰, 2011, '전원생활에 있어서 새로운 정주자와 농촌측 주민의 함께 거주하는 것에 관한 연구-교토부 난탄시 미야마정 S마을을 사례로 해서' 『농림업문제연구』44(1): 140-145.

——— 가쓰라 아키히로桂明宏, 2007, '시골살이 희망자의 욕구와 지원책에 관한 연구-교토부에 있어서의 시골

살이 희망자에 대한 앙케이트에 기초해서' 『농림업문제연구』43(1): 95-100.

나카다 미노리中田實, 2005, '지역공동관리이론의 성립과 전개-마을 이론으로부터 지역이론으로' 『마을사회연구』 11(2): 1-6.

나카무라 가즈히코中村和彦, 2015, 『입문조직개발』광문사.

나카무라 겐스케中村賢佑·소시로다 아키라十代田朗·쓰쓰미 다카시津々見崇, 2013, '이주자 지원에 관한 주체 간 연계에 관한 일 고찰-나가노현을 사례로 해서' 『일본관광연구학회 전국대회학술논문집』 28: 309-312.

나카무라 겐타, 2018, 『살아가고자 일한다』 미시마출판사.

나카무라 하치로中村八朗, 1978, '지역권력 구조와 주민자치에 관해서' 『도시문제』 70(1): 14-29.

나카쓰가 마사야中塚雅也, 2019a, 『농업·농촌의 자원과 매니지먼트』 고베대학출판회.

———, 2019b, 『거점만들기로부터 농산촌재생』 쓰쿠바출판사.

———, 우치히라 다카유키内平隆之, 2014, 『대학·대학생과 농산촌재생』 쓰쿠바출판사.

나카시마 노리오中嶋則夫, 2013, '시장경제의 역할-시장의 실패와 커뮤니티 정책의 시점' 『히로시마경제대학 경제연구논문집』 36(2): 55-60.

나카시마 마미中嶋真美, 2013, '내발적 발전론으로부터 본 커뮤니티 투어리즘의 담당자-탄자니아 북부를 사례로' 『일본국제관광학회논문집』 20(0): 33-40.

나카야마 마사유키中山政行·가메야마 히데오亀山秀雄, 2014, '프로그램 플랫폼에 의한 창발적 지역활성화 프로젝트에 관한 연구' 『국제P2M학회지』 9(1): 141-152.

나카야마 치나미中山ちなみ, 1998, '젊은이의 지역이동과 거주 지향-생활의식에 관한 계량분석' 『교토사회학 연보』 6: 81-112.

나카자와 다카시中澤高志, 2016, '「지방창생」의 목적론' 『경제지리학연보』 62(4): 285-305.

나카자와 히데오中澤秀雄, 1999, '일본 도시정체에 있어서의 「레짐」 분석을 위해-지역권력구조(CPS) 연구로부터 시사' 『연보사회학논집』1999(12): 108-118.

———, 2005, 『주민투표 운동과 로컬 레짐-니가타현 마키정과 근원적민주주의즘은길1994-2004』하비스트사.

———, 2012, '지방과 중앙-「균형적인 발전」이라고 하는 명분의 붕괴' 고쿠마 에이지小熊英二 편저 『헤이세이사』 가와데서점신사: 169-216.

나카조 아키히토中條暁仁, 2003, '과소산촌에 있어서의 고령자 생활유지 메커니즘-시마네현 이시미정을 사례로 해서' 『지리학평론』 76(13): 979-1000.

———, 2007, '중산간지역에 있어서의 복지활동 조직의 성격과 참가주민의 의식-히로시마현 미요시시를 사례로 해서' 『시즈오카대학교육부연구보고인문·사회과학편』 57: 17-32.

관계인구의 사회학

——, 2017, '중산간지역에 있어서의 지역자원 활용실천과 주민의 대응' 『경제지리학연보』 63(2): 171-181.

나카지마 마사히로中島正博, 2014, '시마네현 아마정의 노력으로부터 본 정주정책의 과제' 『경제이론』 376: 83-101.

난고 요시카즈, 2018, 『홀로 공간의 도시론』 쓰쿠바출판사.

내각부, 2014a, 『도쿄거주자의 향후 이주에 관한 의향 조사』의 결과 개요에 대해서',(2019년 11월 2일 취득, http://www.kantei.go.jp/jp/singi/sousei/meeting/souseikaigi/h26-09-19-siryou2.pdf).

내각부, 2014b, '농산어촌에 관한 여론조사', 내각부 웹사이트,(2019년 11월 2일 취득, https://survey.gov-online.go.jp/h26/h26-nousan/index.html).

——, 2020, '신형코로나바이러스 감염병의 영향하에서의 생활의식·행동에 관한 조사'.

네기시 유타카根岸裕孝, 2009, '글로벌리제이션의 진전과 지역정책의 전환' 『경제지리학연보』 55(4): 338-350.

노무라 요시히로野村義博, 2012, '부활하는 낙도 오키·아마정에 살고 있다' 『인연의 풍토기-열도 각지에서 본 사회재생의 움틈』 니혼게이자이신문출판사: 55-59.

누마오 나미코沼尾波子, 2016, 『서로 울림을 주는 도시와 농산촌-대류형対流型사회가 탄생한다』 농산어촌문화협회.

니시구치 도시히로西口敏宏·쓰지다 소자辻田素子, 2017, '커뮤니티 Capital 서설-인쇄 동일 척도의 신뢰수준 유대의 기능' 『조직과학』 50(3): 4-15.

니시모리 마사키西森雅樹, 2017, '지역간 인재이동의 요인분석' 『지역활성연구』 8: 20-27.

니시무라 다쓰로西村達郎·미나미 마이南真衣, 2016, '지방 진학학교 졸업생의 로컬트럭-가고시마현립 K고등학교를 사례로서' 『사회문화논집』 14: 25-57.

니시무라 도시아키西村俊昭, 2010, '젊은 세대의 농산촌 이주는 간단하지 않다' 하야시 나오키林直樹·사이토 신齋藤晋 편저 『물러나는 농촌계획-과소지역으로부터 시작되는 전략적 재편』 학예출판사: 60-65.

니시야마 미마, 2015, '농촌과 도시를 연결하는 소셜비즈니스에 의한 농산촌 재생』 쓰쿠바출판사.

니시자와 아키히코西澤晃彦, 2000, '거주하는 지점에서 확산되는 사회' 마치무라 다카시町村敬志·니시자와 아키히코西澤晃彦 저 『도시의 사회학-사회가 모양새를 나타낼 때』 有斐閣: 175-201.

니시타니 히로시西谷弘, 1983, '원전개발과 지역대응-다카하마·오오이원자력발전소 건설에 따른 지역권력구조의 변화와 지역 대응' 『불교대학사회학』 8: 63-77.

니타가이 가몬似田貝香門 감수, 2006, 『지역사회학의 시각과 방법』 동신당.

니헤이 노리히로仁平典宏, 2002, '전후 일본에 있어서의

자원봉사 담화의 전환과정-『인간형성』 레토릭과 〈주체〉의 위치에 주목해서' 『연보사회학논집』 2002(15): 69-81.

——, 2003, '자원봉사자란 누구인가-참가에 관한 시민사회론적 전제의 재검토' 『Sociology』 48(1): 93-109.

——, 2012, '사회보장-신자유주의화와 보편주의의 틈새에서' 오쿠마 에이지小熊英二 편저『헤이세이사』 가와데출판사: 218-294.

니혼게이자이신문, 2007, '지방붕괴-재생의 길은 있는가』 니혼게이자이신문출판사.

——, 2012, 『인연의 풍토기-열도 각지에서 본 사회재생의 움틈』 니혼게이자이신문출판사.

다구치 타로田口太郎, 2006, '시민을 중심으로 한 마을만들기 체제의 자율화 프로세스에 관한 연구' 와세다대학대학원이공학연구과 박사논문.

——, 2017a, 『관계인구』의 지역만들기에 있어서의 가능성' 『ECPR』 2017(2): 13-18.

——, 2017b, 일본농업신문 2017년 10월 1일부, 『관계인구』의 이해 방식'.

다나카 나오키田中尙輝, 1998, 『자원봉사의 시대-NPO가 사회를 바꾼다』 이와나미서점.

다나카 데루미田中輝美, 산음중앙신보 2016년 5월 27일부, '시마네 미래탐방(14) 학교매력화 프로젝트'.

—— 산음중앙신보 2016년 12월 23일부, '시마네미래탐방(21) 고쓰시 비즈니스플랜콘테스트'.

——, 2017a, '인구감소 시대에 있어서 외지인과의 지역재생-시마네현을 사례로' 오사카대학대학원 인간과학연구과 2016년도 석사논문.

——, 2017b, 『외지인과창조하는새로운농산촌』 쓰쿠바출판사.

——, 2017c, 『관계인구를 만든다-정주도 교류도 아닌 로컬이노베이션』 기라쿠샤.

——, 2018, '지역의 사람이 관계인구를 만든다' 『거버넌스』(202): 21-23.

——, 2019a, '관계인구의 가능성과 과제' 『지역문제연구』(95): 9-14.

——, 2019b, '지역-도시와 지방을 다시 연결한다' 후지시로 히로유키藤代裕之 편저 『소셜미디어론·개정판-연결을 재설계한다』 靑弓社: 172-186.

—— 산음중앙신보 2019년 8월 30일부, '시마네 미래탐방(53) 도젠고교졸업생 축제'.

—— 후지시로 히로유키藤代裕之研究室, 2015, 『지역에서 일하는 '바람의 사람'이라고 하는 새로운 선택』 하비스트출판.

다나카 마키코田中マキ子·간다 히로미神田裕美·시로우즈 마코白水麻子·모리구치 사토리森口覚·오가와 다케오小川全夫, 2008, '중산간지역 재생을 위한 건강복지

편의점 구상의 유효성 검토-제1보 생활자의 건강실
태로부터의 고찰' 『야마구치 현립대학 학술정보』 1:
148-160.

다나카 사토미田中里美, 2010, '지역의 복지 상태-고령자
에 의한 평가' 『현대사회학』 11: 15-28.

다나카 시게요시田中重好·야마시타 유스케山下祐介,
1999, '지방도시와 과소지역과의 새로운 관계성-과
소지역으로 부터의 접근방법' 『일본 도시사회학회 연
보』 1999(17): 109-126.

다나카 유스케田中佑典, 2019, '마을의 終活을 생각하자'
니혼게이자이신문 전자판 2019년 9월 12일(2019년
12월 2일 취득, https://www.nikkei.com/article/
DGXMZO49674400R10C19A9SHE000/).

다니구치 겐지谷口憲治 편저, 2012, 『중산간지역 농촌발
전론』 농림통계출판.

다니구치 이사오谷口功, 2004, '커뮤니티에 있어서의 주체
형성에 관한 일고찰' 『커뮤니티정책』 2(0), 173-189.

다도코로 요시키田所承己, 2017a, '모빌리티 시대에 사람
은 왜 장소에 모이는가-커뮤니티카페의 『장소 의미
짓기』를 단서로' 『데이쿄사회학帝京社会学』 30: 85-
108.

——, 2017b, 『장소에서 연결된다, 장소와 연결된다』 홍문당.

——, 2014, '커뮤니티 카페와 모빌리티-지역공간에 있어
서 〈연결〉의 변화' 오사다 고이치長田攻一·타도코로
요시키田所承己 편 『연결과 연결되지 않는 것의 사회
학』 홍문당: 80-106.

다루미 아키垂水亜紀·후지와라 미쓰오藤原三夫·이즈미 에
이지泉英二, 2000, '도쿠시마현 야마시로정에 있어서
정주촉진정책의 전개와 성과' 『임업경제연구』47(1):
57-62.

다마노 가즈시玉野和志, 2006, '1990년대 이후의 분권개
혁과 지역 거버넌스' 이와자키 노부히코岩崎信彦·야
자와 스미코矢澤澄子 감수 『지역사회의 정책과 거버
넌스』 동신당:135-153.

다마무라 마사토시玉村雅俊 편저, 2016, 『Social Power
의 시대-'연결의 힘'이 혁신하는 기업과 지역의 가치
공동창출(CSV) 전략』 産学社.

——. 도지마 도시아키小島敏明 편저, 2016, 『히가시카와
스타일-인구 8,000명의 마을이 공동 창출하는 미래
의 가치기준』 産学社.

다마오키 히토미玉沖仁美, 2012, 『지역을 창출하는 일』
英治出版.

다무라 구미田村久美, 2006, '가족·시설·지역의 복지 거버
넌스' 『가와사키 의료복지 학회지』 15(2): 511-519.

다무라 시게루田村秀, 2018, 『지방도시의 지속가능성-'도
쿄 홀로 승리'를 넘어서』 치쿠마서점.

다쓰미 가즈코辰巳佳寿子, 2012, '외지인도 지키는 일본

의 농지-농지를 지키는 것은 지역을 지키는 일' 『일본
작물학회 기사紀事』 81(2): 241-243.

다시로 요우이치田代洋一 編, 2004, 『일본농촌의 주체형
성』 쓰쿠바출판사.

다이몬 히로아키大門大朗·아쓰미 도모히데渥美公秀,
2016, '재해시의 이타행동에 관한 기초적 시뮬레이션
연구-1995년과 2011년의 자원봉사에서는 무엇이
다른가' 『실험사회심리학연구』 vol. 55(2): 88-100.

——·——, 2018, '재해 후 재해지역에서의 재해자와 지원
자의 관계를 생각한다-2016년 구마모토 지진에 있어
서의 재해 자원봉사자센터의 사례로부터' 『재해와 공
생』 vol.2(1): 25-32.

다이아몬드사, 2000, '누계 14조엔이나 마구뿌리는 재정 모
럴해저드의 전형'(〈특집〉 여전히 하고 있다! '고향창생
1억엔'의 현장)『주간 다이아몬드』 vol. 88: 107-108.

다치바나 사토시立花敏·이노우에 마코토井上真·야스무
라 나오키安村直樹·오쿠다 히로노리奥田裕規·야마모
토 노부유키山本伸幸·쿠보야마 히로후미久保山裕史,
1998, '인적 연결에서 본 수도권 근교 산촌의 현상과
전망-사이타마현 오타키촌을 사례로' 『임업경제연
구』 44(2): 67-72.

다치바나키 도시아키橘木俊詔, 2004, 『리스크 사회를 살
다』 이와나미 서점.

다카노 료이치高野良一, 2014, '사회관계자본의 Ethos론-교육
이론의 『가능성 중심』' 『교육사회학연구』 94(0): 65-89.

다카미 고타田上幸太·타카하시 사토시高橋智, 2004, '전후
장애아 교육에 있어서의 지역과 교육 Discourse-『지
역-주체형성-교육』이라고 하는 언설모델의 형성을
중심으로' 『도쿄학예대학 정기간행물 제1부문 교육
과학』 55: 221-240.

다카야 유키高谷幸, 2009, '탈국제화된 대항적 공공권公
共圏의 기반-비정규 체류 이주노동자 지원 노동조합
의 시도로부터' 『사회학평론』 60(1):124-140.

——, 2019, '이민이 「외지인」이 될 때와 되지 않을 때'
『CEL Culture, energy and life』 : 123: 38-41.

——, 2017, 『추방과 저항의 Politics-전후 일본의 경계와
비정규 이민』 나카니시야출판.

다카자와 겐지高澤健司, 2016, '아동기·청년기에 있어서
의 앞으로의 학생지도 검토-신뢰관계로부터 관용과
주체성을 기르는 학생지도' 『후쿠야마시립대학교육
학부 연구 정기간행물』 4: 63-68.

다카하시 가즈히로高橋和宏, 1985, '지역권력구조론의 재
구축을 위하여' 『인문학보』 177: 41-62.

——. 1994, '지역 권력구조의 비교분석-자기조직성 개념
의 상대성을 향하여' 『인문학보』 251: 31-81.

——. 무라야마 토미오村山登美雄·오니시 야스오大西康雄
·이가라시 마코토五十嵐誠, 1987, '지역사회 변동에

있어서의 지역권력 구조와 그 자기조직화 능력의 분석-지바현 Y정을 중심으로 해서」『인문학보』195: 43-95.

다카하시 겐지高橋憲二, 2012, 『과소지에 있어서의 지역복지정책-제1시마네의 고령자·장애자의 생활과 복지』高菅出版.

다카하시 마사아키高橋正明, 1986, '도시와 농촌의 교류에 의한 지역활성화-오카야마현 가가미노정 고시와 타고향마을의 사례」『오오테마에여자대학논문집』20: 148-171.

───, 2006, '그린 투어리즘에 의한 마을만들기-효고현 구단도정의 사례'『오오테마에대학 인문과학부 논문집』7: 77-88.

다카하시 유우에쓰高橋勇悦·나이토 다쓰미内藤辰美, 1990, 『청년의 지역 리얼리티 감각-도쿄·지방·국제화』恒星社 厚生閣.

다카하시 히로유키高橋博之, 2016, 『도시와 지방을 잇는다一'먹거리통신'의 기적』광문사.

다케노 가쓰미竹野克己, 2015, '오히라 마사요시 내각의 『전원도시 국가구상』과 전후 일본의 국토계획」『공동정책 志林』(3): 125-138.

다케모토 다쓰야竹本達也, 2012, 'Puttnam의 Social Capital론의 재검토-세대와 시대경험에 대한 시각을 활용해서」『사회학연구과 정기간행물』10: 29-46.

다케바타 히로시竹端寛, 2018, 『Social Worker의 사회학』을 위하여」『복지사회학연구』15(0): 49-65.

다키모토 마사에滝本優枝, 2016, '관광지 유형에 의한 지역경제 활성화의 비판적 검토」『상경학총』63(2): 257-275.

단노 기요토円丹淸人, 2016, '얼굴이 보이지 않는 정주화' 기타가와 유키히코北川由紀彦·단노 기요토円丹淸人『이동과 정주의 사회학』방송대학교육진흥회: 105-137.

데라모토 에이지寺本英仁, 2018, 『Village Pride-'0'엔 창업'의 마을을 만든 공무원 이야기』Bookman사.

데라모토 요시야寺本義也·나카니시 아키中西晶, 2000, 『지식사회구축과 인재혁신-주체형성』일본과학기술연맹출판사.

데라지마 에이미寺島英弥, 2012, 『슬픔으로 삶을 잣는다-'가와키타신보' 편집위원의 재해기록 300일』강담사.

데라토코 유키오寺床幸雄, 2016, '사회관계자본에 관한지리학의 연구동향과 과제-농업·농촌연구와의 관련을 중심으로」『인문지리』68(4): 443-461.

───, 2018, '사회관계자본으로부터 본 나가사키시의 비파재배 지속성과 지역적 과제'『지역경제지리학연보』64(1): 36-54.

덴다 세이스케天田誠介, 2004, '저항은 어떻게 가능한가-어려움의 한 가운데에 선 구조주의'『사회학평론』

vol.55(3): 223-243.

도가와 신스케十川信介, 2008, 『근대 일본문학 안내』이와나미서점.

도멘 신기堂免信義, 2010, '현대의 화폐경제에 있어서의 경제격차 확대 메카니즘의 이론적 고찰-그 중 하나, 통화의 순환부전(不全)에 의한 경제격차 확대'『Journal of Intergrated Creative Studies』(2016): 1-17.

도모에다 도시오友枝敏雄, 2017, '사회관계자본으로부터 21세기의 커뮤니티와 사회로'『학술의 동향』22(9): 8-12.

───·하마 히데오浜日出夫·야마다 마모루山田真茂留, 2017, 『사회학의 힘』有斐閣.

도미노 기이치로富野暉一郎, 2013, '지금 요구되는 지역공공인재' 이마가와 아키라今川晃·우메하라 유타카梅原豊編『지역 공공인재를 육성한다-마을만들기를 담당하는 사람들』법률문화사: 15-36.

도야마 시게키遠山茂樹, 2011, '사교를 디자인한다-SNS를 이용한 지역사교장 창설의 시도'『정보문화학회지』8(1): 11-18.

도야마신문보도국富山新聞報道局, 2018, 『난토南砺하쓰콘이치뇨혼魂一如-'일류의 시골'에 대한 도전』도야마신문사.

───, 2018, 『기적의 마을·후나바시舟橋-일본의 작은 마을에서 인구가 어떻게 증가했는가?』도야마신문사.

도요시마 신이치로豊島慎一郎·니헤이 노리히로仁平典宏, 2012, '니헤이 노리히로 저 '자원봉사자'의 탄생과 종언-'증여의 패러독스'의 지식사회학'『Sociology』57(2): 97-104.

도이 다카요시土井隆義, 2010, '지방의 공동화와 젊은이의 지방정주-축소되는Flat化 일상공간의 아이러니'『사회학저널』35: 97-108.

도젠고향매력화재단, 2020, '매력화프로젝트에 대해서', 오키도젠교육매력화프로젝트 웹사이트, (2020년 12월 30일 취득, http://miryokuka.dozen.ed.jp/about/).

도쿠노 사다노德野貞雄,2007, 『농촌의 행복, 도시의 행복-가족·먹거리·생활』NHK출판.

───, 2010, '축소론적 지역사회학 이론의 가능성을 찾아서-도시를 떠나는 사람과 과소농촌'『일본도시사회학회 연보』28: 27-38.

도쿠다 쓰요시德田剛, 2004, 'Marginal Man 개념의 射程'『고베대학문학부 정기간행물』31: 19-35.

───, 2005, '외지인 개념의 문제 기제機制-전문가의 시각」과 '이민자의 시각」의 비교로부터'『소시올로지』49(3): 3-18.

───, 2007a, '외지인 개념의 사회학적 조탁彫琢-G. Simmel에 의한 개념규정을 중심으로'『사회학잡지』

24: 97-111.

——, 2007b, '외지인의 사회학-가까움과 멂의 동학' 고베대학대학원 문화학연구과 2007년도 박사논문.

——, 2010, 'ZZ·Baumann의 사회질서관-「외지인」과 「사회적 거리」의 시점으로부터' 『사회학사연구』 32: 59-73.

——, 2017, 'G·Simmel의 「공간의 사회학」-학문·도시·이동을 중심으로' 『사회학사연구』 39:27-45.

——, 2020, 『외지인·이방인의 사회학』晃洋서점.

도쿠시마대학종합과학부지역계획학연구실, 2017, 『만노정 고토나미미래회의사업위탁업무-구 고토나미정 가와오쿠니시타니지구 마을조사보고서』.

——, 2019, 『만노정 구 고토나미정 가와오쿠지구 전출자에 의한 지역지원 검증보고서-전출자에 의한 네트워크형 주민자치의 검토』.

마나베 잇스이俱鍋一水, 2014, '아이덴티티 형성에 관여하는 타자, Identity agent를 이해하는 시도' 『일본청년심리학회대회발표논문집』 22(0): 32-33.

마루다 이치田一·고쿠료 지로國領二郎·구몬 슌페이公文俊平, 2006, 『지역 정보문화 인식과 설계』 NTT출판.

마스다시, 2019, '인구확대과', 마스다시 웹사이트, 마스다 나오키增田直紀, 2007, 『우리는 어떻게 연결되어 있는가』 중앙공론신사.(2019년 11월 17일 취득, https://www.city.masuda.lg.jp/soshiki/21/).

마스다 히로야增田寬也 편저, 2014, 『지방소멸-도쿄 일극중심이 초래하는 인구급감』 중앙공론신사.

마쓰나가 가즈코松永桂子, 2012, 『창조적 지역사회-주고쿠中国 산지에서 배우는 초고령 사회의 자립』 신평론.

——, 2016, '로컬지향을 어떻게 이해할 것인가' 마쓰나가 게이코松永桂子·오노 히로아키尾野寬明 편저 『로컬에서 살고 소셜에서 일한다』 농산어촌문화협회: 6-22.

마쓰모토 가즈키松元一明, 2016, '시민활동에 의한 시민센터의 생성-P·L 버거의 이론과 Pestoff의 도식을 이용해서(2)' 『세이케이대학成蹊大学 문학부 정기간행물』 51: 175-192.

마쓰모토 미치하루松本通晴·마루키 게이스케木恵祐, 1994, 『도시이주의 사회학』 세계사상사.

마쓰모토 오오키松本大, 2016, '지역주민의 공민관 참가 프로세스' 『히로사키대학 교육학부紀』 116:57-66.

마쓰모토 다카후미松本貴文, 2017, '내발적 발전론의 재검토-쓰루미 가즈코鶴見和子와 미야모토 겐이치의 논의의 비교로부터' 『시모노세키시립대학논집』 61(2): 1-12.

마쓰미야 아시타松宮朝, 2011, '농도교류' 지역사회학회 『신판 키워드 지역사회학』 하비스트사: 360-361.

마쓰무라 가즈노리松村和則, 1999, '산촌재생과 환경보전 운동'-'자유문화 공간'과 '외지인의 交錯' 『환경사회학연구』(5): 21-37.

마쓰무라 다카시町村敬志, 1999, 『국경을 넘은 사람들의 로스앤젤레스』 平凡社.

——, 2006, '글로벌리제이션과 지역사회' 니타가이 가몬似田貝香門 監修 『지역사회학의 관점과 방법』: 46-66.

——, 編, 2007, 『개발의 시간, 개발의 공간-사구마뎀과 지역사회의 반세기』 도쿄대학출판회.

——, 2017, '커뮤니티는 지역적 기반을 필요로 하는 것인가' 『학술의 동향』 22(9): 32-35.

——, 2018, '「과잉인구」로부터 「축소사회」로-전후개발에 있어서 〈스케일의 이야기〉의 동원력' 지역사회학회편 『축소사회와 지역사회의 현재』 하비스트사: 23-40.

——, 編, 2012, 『도시의 정치경제학』 일본평론사.

——, 編, 2013, 『도시공간에 잠재돼 있는 배제와 반항의 힘』 명석서점.

마쓰무라 다게松村武, 2014, '과소過疎·인구급감 지역으로 이주자 주도에 의한 관광의 의의와 과제' 『일본관광학회지』(55): 73-83.

마쓰시타 게이이치松下啓一, 2016, '젊은이의 힘으로 어떻게 지역을 살릴까-지자체 젊은이 정책에 대한 전망' 『거버넌스』 181: 17-19.

마쓰오카 슌지松岡俊二, 2018, '지속가능한 지역사회를 만드는 방법-지방창생과 사회혁신을 생각한다' 『아시아태평양 연구』 33: 1-18.

마쓰오카 히로지松岡廣路, 2006, '복지교육·자원봉사 학습의 새로운 계획-당사자성当事者性·Empowerment' 『일본복지교육·자원봉사학습학회연보』 11(0), 12-32.

마에다 고剛前田剛, 2018, '낙도의 지방창생 역학 연계에 의한 「관계인구」 만들기-역학 연계는 지방창생에 있어서의 혁신·인구환류의 핵심' 『지방행정』 10805: 12-15.

마에다 마코前田真子·니시무라 이치로西村一朗, 2004, '산촌유학을 계기로 한 도시주민의 농산촌 지역으로의 이주와 이주가족의 산촌유학에 있어서의 역할' 『농촌계획학회지』 23(1): 8-15.

마에무라 나오키前村奈央佳·가토 준조加藤潤三·후지히라 다케히로藤原武弘, 2015, '이동을 희구하는 심리-「라이프스타일 이민」에 대한 사회 심리학적 고찰' 『간사이가쿠인대학 사회학부 정기간행물』 120: 133-146.

마에카와 히데카前川英城, 2010, '역사에서 배우는 취락이전의 평가와 과제' 하야시 나오키林直樹·사이토 신齋藤晉 편저 『철수하는 농촌 계획-과소 지역에서 시작되는 전략적 재편』 학예출판사: 89-95.

마을·사람·일자리 창생본부, 2019, 『마을·사람·일자리와 창생기본방침 2019』.

마키노 아쓰시牧野厚史·마쓰모토 다카후미松本貴文 編,

관계인구의 사회학

2015,『생활의 시점부터 지방재생』규슈대학출판회.

마키 다이스케牧大介, 2018,『로컬벤처-지역에는 비즈니스의 가능성이 넘치고 있다』木楽舎.

마키리 메이지牧里毎治·노구치 사다히사野口定久·다케가와 쇼고武川正吾·와케 고우타和気康太, 2007,『자치체의 지역복지 전략』가쿠요우쇼보学陽書房.

만노정, '지세(地勢)개요',(2019년 11월 10일 취득, http://www.town.manno.lg.jp/info/chisei.php.

무라자와 마사타가村澤昌崇, 2003, '서평『학력사회의 로컬트럭-지방으로부터의 대학진학』요시카와 토루 저'『이론과 방법』18(2): 262-264.

문부과학성, 2018,『폐교 활용 사례집』.

모리 교코森恭子, 2016, '사회통합의 개념과 Social Capital'『생활과학연구』38: 43-52.

모리시게 마사유키森重昌之, 2008, '관광을 통한 지역 커뮤니티의 활성화 가능성-지역주도형 관광의 시점으로부터 본 유바리시의 관광정책의 평가'『관광창조연구』5: 1-20.

——, 2011, '다양한 사람들이 관련된 기회를 만들어내는 지역주도의 관광-서로 관계되는 지역사회(Engaging Community)'의 형성을 위하여'『홋카이도대학대학원 국제광고미디어·관광학원생논문집』7: 61-70.

모리토 데쓰森戸哲, 2001, '도시와 농촌의 공생을 생각한다-교류활동의 현장으로부터'『농촌계획학회지』20(3): 170-174.

모리오 준森尾淳·스기타 히로시杉田浩, 2009, '중산간지역의 모빌리티와 생활권역에 관한 분석'『토목계획학연구·논문집』26(1): 85-91.

——, 나카쓰카 다카시中塚高土, 2013, '지속가능한 지역의 조건에 관한 연구-젊은이 인구 동태분석을 통해서'『헤이세이 25년도 국토정책 관계연구 지원사업 연구 성과 보고서』.

——, 스기타 히로시杉田浩, 2008, '생활 단계에 주목한 지역간 이동의 변화 분석과 지역생활화 정책의 방향성'『토목계획연구·논문집』25(1): 193-200.

모리오카 기요시森岡清志 編, 2008,『지역의 사회학』有斐閣.

모리오카 히토시森岡仁, 2008, '전후 일본의 인구변동'『고마자와대학경제학논문집』39(3): 37-54.

모리토모 유이치守友裕一, 2000, '지역농업의 재구성과 내발적 발전론'『농업경제연구』72(2):60-70.

——, 2019,『레이와 원년도 학교기본조사』.

무라카미 요시아키村上義昭, 2016, '비즈니스플랜 콘테스트에서 지역을 활기있게 하는 인재를 배출한다-시마네현 고쓰시' 일본정책금융공고총(총)합연구소『지역경제의 진흥과 중소기업』同友館: 122-151.

무라쿠시 닌자부로村串仁三郎, 1999, '유바리탄광 유적의

관광자원화에 대해서-관광학과 산업고고학의 관점으로부터'『경제지림』67(1): 121-162.

미스미 가즈오三隅一人, 2013,『사회관계자본-이론통합의 도전』미네르바서점.

——, 2015, '테마별 연구동향(Social Capital)'『사회학평론』66(1): 134-144.

미야다이 신지, 1997,『환상마보로시의 교외-성숙사회를 사는 젊은이들의 미래』아사히신문사.

미야모토 가즈오, 2007, '지역에 뿌리를 둔, 지역으로 이어지는 고교상을 찾아서-나가노현에 있어서의 지역고등학교 조사보고'『교육』57(11): 60-67.

미야모토 겐이치宮本憲一,1989,『환경경제학』이와나미서점.

——, 2000,『일본사회의 가능성-지속가능한 사회로』이와나미서점.

미야모토 조이치宮本常一, 1985,『잊혀진 일본인』이와나미서점.

미야시타 가즈히로宮下和裕, 1993,『지방자치의 현실과 가능성-주권자의 주체형성을 둘러싼 대립구조』지자체연구사.

미야시타 세이이치宮下聖史, 2015, '「인구 감소 사회」의 지역정책·지역만들기에 관한 일고찰-「선택과 집중」노선에 대항하기 위한 이론과 실천'『나가노대학 정기간행물』36(3):143-155.

미야케 와코三宅和子, 1993, '일본인의 언어행동과 내부·밖·남의 집의 개념'『일본어교육방법연구회지』1(1): 6-7.

미야하라 고지로宮原浩二郎, 1998, '타자의 충격, 충격의 타자' 우치다 다카조内田隆三 編『정보사회의 문화 2 개의 이미지 속의 사회』도쿄대학출판회: 49-78.

미우라 노리코三浦典子, 1976, '지역간 이동 효과를 둘러싼 고찰'『사회학연구 연보』7(8):42-49.

미우라 린페이三浦倫平, 2016,『공생'의 도시사회학-시모키타자와 개발 문제의 가운데에서 생각한다』신요사.

미우라 아쓰시三浦展, 2006,『자유로운 시대'의 '불완전한 자신'-소비사회의 탈신화화』晶文社.

미즈노 준코水野淳子, 1999, '과소지역에 있어서 내발적 발전의 유효성에 관한 연구-홋카이도 시모가와정을 사례로 해서'『농업경영연구』25: 51-76.

미카미 나오유키三上直之, 2016, '고교생이 말하는 지역 이동의 지향-35명의 청취조사 결과로 부터' 가지이 쇼코梶井祥子 편저『젊은이의 '지역' 지향과 Social Capital-도내 고교생 1,755명의 의식조사로부터』나카니시출판: 87-140.

미타니 다이치로三谷太一郎, 2017,『일본의 근대란 무엇인가-문제사적 고찰』이와나미서점.

미타 무네스케, 1996,『현대사회의 이론-정보화·소비화사회의 현재와 미래』이와나미서점.

——, 2006,『사회학입문-인간과 사회의 미래』이와나미

서점.

——, 2018, 『현대사회는 어디로 향하는 것인가-高原의 전망을 여는 일』 이와나미서점.

미타무라 겐이치三田村けんいち, 2012, '사랑과 자본-지역재생을 찾아서' 다니구치 겐이치谷口憲治 편저 『중산간지역 농촌발전론』 농림통계출판: 25-34.

바바 마사타카馬場正尊 편저, 2016, 『지역혁신-변화의 구조와 로컬라이즈』, 학예출판사.

사노 준야佐野淳也, 2018a, '네트워크형 주체형성에 의한 지역의 자기생태계획-도쿠시마현 가미야마정의 지역창생 사례로부터 고찰' 『同志社 정책과학연구』 20(1): 61-73.

——, 2018b, '지역만들기 주체의 네트워크 형성과 자기생태계획-도쿠시마현 가미야마정의 지역만들기 사례로부터의 고찰' 『지역활성화학회연구대회 논문집』 10: 65-68.

——, 2019, '시마네현 아마정에서의 마을만들기 주체의 자기생태계획 프로세스' 『同志社 정책과학연구』 20(2): 13-30.

사사키 마사유키佐々木雅幸, 가와이다 사치코川田祥子, 하기하라 마사外萩原雅也 편저, 2014, 『창조농촌-과소를 창조적으로 살리는 전략』 학예출판사.

사사키 유타카佐々木豊・이노우에 다카유키井上貴之・오소노이 아카네小薗井茜・와타나베 미즈키渡邊瑞生, 2014, '일본형 Sub-Culture 전략-"やおわらし"를 이용한 농학·농업활성화의 시도' 『농업정보연구』 23(2): 123-131.

사시데 가즈마사指出一正, 2016, 『우리들은 지방에서 행복을 발견한다-소토코토류 로컬재생론』 포플러사.

사업구상연구소事業構想研究所, 2018, '지방창생의 현상과 과제: 후루사토납세 지자체 앙케이트 효과를 가시화, 앞으로의 가능성을 탐구한다' 『월간사업구상』 73: 126-129.

사이토 가쓰코齋藤克子, 2008, 'Social Capital론의 일 고찰-자녀 양육지원 현장에 활용을 목적으로 해서' 『현대사회연구과논집』 2: 71-82.

사이토 마사시계斉藤雅茂, 2018, 『고령자의 사회적 고립과 지역복지』 明石書店.

사토 이치코, 2012, '지역재생을 위한 Social Capital의 계승과 지역학습의 전개과정-사이타마현 후카야시의 사례연구를 중심으로' 『호세이대학 커리어 디자인학부 정기간행물』 9: 465-492.

사카모토 가즈에坂本佳鶴惠, 2017, '아이덴티티-내가 나인 것' 도모에다 도시오友枝敏雄・다케자와 쇼이치로竹沢尚一郎・마사무라 도시유키正村俊之・사카모토 가즈에坂本佳鶴惠, 『사회학의 에센스 신판보정판-세상의 구조를 보지 않는다』 有斐閣: 22-43.

사카모토 요시카즈坂本義和, 1997, 『상대화의 시대』 이와나미서점.

사카모토 추지坂本忠次, 2008, '재정재건과 지방분권-최근의 광역행정론에 관한 일 고찰' 『오카야마대학 경제학회 잡지』 39(4): 345-362.

사카모토 하루야坂本治也, 2010, '일본의 Social Capital의 현상과 이론적 배경' 『Social Capital과 시민참가』: 1-31.

사카쿠라 기요스케坂倉杏介・야스이 도시유키保井俊之・시라사카 세이고白坂成功, 2015, 「공동행위에 있어서 자기실현의 단계모델」을 활용한 협동형 지역만들기 거점 참가자의 의식과 행동변화 분석' 『지역활성연구』 6: 96-105.

사쿠노 히로카즈作野広和, 2006, '중산간지역에 있어서의 지역문제와 마을의 대응' 『경제지리학 연보』 52(4): 264-282.

——, 2014, '시마네현에 있어서 과소화의 동태적 파악과 오늘날의 지역적 과제' 『산음山陰지방에서 지역사회의 존립기반과 그 역사적 전환에 관한 연구-2011년도, 2013년도 시마네대학 중점연구프로젝트 연구성과 보고서』: 115-138.

——, 2018, '「관계인구」의 이해방법과 지자체의 역할-지자체의 진가를 묻는 시대를 위하여' 『거버넌스』 202: 18-20.

——, 2019, '인구감소사회에 있어서의 관계인구의 의의와 가능성' 『경제지리학연보』65(1): 10-28.

사쿠라이 다쓰히코櫻井龍彦, 2001, '게오르그 짐멜의 다리와 문' 『현대사회이론연구』 11: 291-294.

사쿠라이 요시히데櫻井義秀, 2011, 'Social Capital론의 射程과 종교' 『종교와 사회공헌』 1(1): 27-51.

——, 2014, '인구감소 사회 일본에 있어서의 희망과 유대감-행복과 Social Capital' 『종교연구』 88(2): 315-342.

—— 가와마타 슌노리川又俊則 編, 2016, 『인구감소 사회와 사원-Social Capital의 시각으로부터』 法藏館書店.

사쿠마 야스토미佐久間康富・야마자키 요시토山﨑義人, 2018, '계속 살아가는 마을을 만드는 경영 가운데 「농촌협동력」-「계속 살아가는 마을을 만드는 교류·이주·왕복하며 살아가는 지역」再読' 『농촌계획학회지』 36(4): 500-503.

사토 노리코佐藤宣子, 2005, '산촌사회의 지속과 삼림자원관리의 관계에 관한 고찰' 『임업경제연구』 51(1): 3-14.

사토 료佐藤遼・기도코로 데쓰야城所哲夫・세타 사히코瀬田史彦, 2014, '지방 이주 관심층과 이주 가능층의 사이에서 지방 이주생활 이미지에 대한 선호패턴의 차이-이주 지역에서의 생활방식·노동의 질에 관한 이미지

서점.

——, 2018, 『현대사회는 어디로 향하는 것인가-高原의 전망을 여는 일』 이와나미서점.

에 주목해서' 『도시계획논문집』 49(3): 945-950.

사토 마코토佐藤誠, 2003, '사회자본과 Social Capital' 『리쓰메이칸국제연구』 16(1): 1-30.

사토 야스유키佐藤康行, 2011, '축소하는 지방사회에 있어서의 지역재생-지속가능한 생계 접근 방법으로부터 본사도佐渡' 『사회학연보』 40: 11-21.

——. 마쓰나가 게이코松永桂子 편, 2009, 『중산간 지역의 '자립'과 농상공 연계』 신평론.

——. 세키 미쓰히로関満博, 2009, 『지역산업의 '현장'을 가다』 신평론.

——. 요코야마 데루야스横山照康 편, 2004, 『지방소도시의 산업진흥전략』 신평론.

사토 타쿠미佐藤卓己, 2006, 『미디어사회-현대를 읽는 시각』 이와나미서점.

산음山陰중앙신보, 2013년 1월 7일부, '이주의 신시대⑤ 정주의 독특한 방법'.

——, 2019년 11월 6일부, '서로 배우는 『대학』 수강자 1,000명 돌파'.

——, 2019년 11월 9일부, '지속하는 지역만들기 주체적으로 담당하는 인재육성에서 데고넷이와미 등의 보고'.

——, 2019년 12월 16일부, '체험형 관광농원을 미시마씨(하마다), 아다치씨(고쓰) 고쓰시 비전대상'.

세키 다카토시関孝敏, 1990, '지역 이동론 서설' 『홋카이도대학 문학부 정기간행물』 38(3): 25-65.

세키하라 쓰요시関原剛, 2010, '야마사토 NPO 기능의 본질·5가지의 연대' 『지역개발』 550: 51-53.

센도 아야코潜道文子, 2018, 'Social Enterprise에 의한 사회혁신의 창출과 「Community Capital」' 『타쿠쇼쿠拓殖대학경영경리연구』 111: 317-336.

소가 겐고曽我謙悟, 2019, 『일본의 지방정부』 중앙공론신사.

소네 에이지曽根英二, 2010, 『한계마을-나의 마을이라면』 니혼게이자이신문출판사.

소토코토편집부, 2019, '관계인구 입문' 『소토코토』 木楽舍 20(2): 24-77.

수상관저, 2014, '제187회 국회에서의 아베내각 총리대신 소신표명 연설', 수상관저웹사이트, (2019년 11월 13일 취득, https://www.kantei.go.jp/jp/96_abe/statement2/20140929shoshin.html).

——, 2019, '지방창생', 수상관저웹사이트, (2019년 11월 4일 취득, https://www.kantei.go.jp/jp/headline/chihou_sousei/index.html).

스가 미치오須貝道雄, 2012, '야마가타현 신조시 셔터거리 상점가에 살아 본다' 『인연의 풍토기-열도 각지에서 본 사회재생의 움틈』 니혼게이자이신문출판사: 182-225.

스기만 도시오杉万俊夫, 1997, '과소지역의 활성화-그룹·다이나믹스와 토목계획학의 만남' 『실험사회심리학

연구』 37(2): 216-222.

——. 모리 히사토시森永壽·아쓰미 도모히데渥美公秀, 1997, '과소지역 활성화의 그룹·다이나믹스-돗토리현 치즈정의 활성화 운동 10년에 대해서' 『토목학회논문집』 562: 27-36.

스기오카 히데키杉岡秀紀, 2010, '새로운 공공과 인재육성-교토발 『지역공공인재』의 육성사례' 『사회과학』 89: 159-177.

스도 나오코須藤直子, 2012. 변화하는 이주의 형식-외지인(Stranger) 개념에서 보는 '새로운 이주' 『Sociological Papers』 21: 36-53.

스미다 가즈노리住田和則·와타나베 다카스케渡邊貴介·하뉴 후유카羽生冬佳, 2001, '지방자치단체에 있어서의 U·I턴 시책에 관한 연구' 『도시계획논문집』 36: 355-360.

스즈키 겐지鈴木健史·모리오 아쓰시森尾淳·우치야마 히사오内山久雄·데라베 신타로寺部慎太郎, 2011, '히로시마에 있어서의 U·J·I턴의 요인에 관한 연구-지역 특징,U·J·I턴 지원시책으로부터 본 분석' 『도시계획논문집』 46(3): 325-330.

스즈키 겐스케鈴木謙介, 2013, 『웹 사회의 미래』 NHK출판.

스즈키 노부오鈴木伸生, 2017, '외부집단성원과 네트워크 형성의 요인-대학생 클럽·서클을 사례로 한 Zero-Inflated Negative Binomial Regression Model에 의한 실증연구' 『이론과 방법』 32(1): 13-31.

스즈키 도시마사鈴木敏正, 1996, '지역주민의 주체형성과 사회교육학-야마다 주체형성론에 의해서' 『도카이대학교육학부 정기간행물』 71: 21-35.

——, 2007, '현대교육계획론에 대한 3가지의 관점' 『도카이대학대학원교육학연구과 정기간행물』 101: 1-18.

스즈키 무네노리鈴木宗徳, 2015, '벡 이론과 제로 연대의 사회변동' 스즈키 무네노리鈴木宗徳 편저 『개인화하는 리스크와 사회』 勁草書房: 1-24.

스즈키 히로쿠鈴木広 감수, 2002, 『지역사회학의 현재』 미네르바서점.

스즈키 히로쿠鈴木浩·야마구치 미기유키山口幹幸·가와사키 나오히로川崎直宏 편저, 2013, 『지역재생-인구감소시대의 지역만들기』 일본평론사.

쓰다 소타로津田翔太郎, 2019, 'Identity론의 발전적 검토-승인의 시각을 중심으로' 『21세기 윤리창성연구』 12: 52-67.

쓰루다 다카시鶴田俊, 2016, '아키타현립고등학교 졸업생의 대학진학동향 분석' 『아키타현립대학웹저널』 3: 58-64.

쓰루미 가즈코鶴見和子, 1996, 『내발적 발전론의 전개』 쓰쿠바출판사.

쓰마가리 다카시津曲隆·야마베 스에미쓰山部末光, 2008, '확장에 의한 학습으로서의 지역활성화-아소阿蘇 지역의 스포츠를 활용한 공발적 발전모델에 대한 검토' 『Administration』 15: 43-76.

쓰쓰미 겐지堤硏二, 1987, '과소산촌 오이타현 가미쓰에 촌上津江村으로부터의 인구이동 분석' 『인문지리』 39(3): 1-23.

——, 1989, '인구이동연구의 과제와 관점' 『인문지리』 41(6): 41-62.

——, 2011, 『인구감소·고령화와 생활환경-산간지역과 Social Capital의 사례로부터 배운다』 규슈대학출판회.

쓰쓰이 가즈노부筒井一伸·가사미 가즈오嵩和雄·사쿠마 야스토미佐久間康富, 2014, 『이주자의 지역창업에 의한 농산촌 재생』 쓰쿠바출판사.

—— 사쿠마 야스토미佐久間康富·가사미 가즈오嵩和雄, 2015, '도시로부터 농산촌으로의 이주와 지역 재생-이주자의 창업·가업계승의 관점으로부터' 『농촌계획학회지』 34(1): 45-50.

쓰지 류헤이辻竜平·사토 요시미치佐藤嘉倫 編, 2014, 『Social Capital과 격차사회-행복의 계량사회학』 도쿄대학출판회.

쓰지 요시히로辻喜彦·요시타케 데쓰노부吉武哲信·데구치 치카시出口近士, 2010, '복수 공공사업에 의한 마을만들기 프로젝트·매니지먼트에 있어서의 니코시日向市 디자인회의의 역할과 기능평가' 『사회기술연구논문집』 7: 1-10.

쓰치야 가오루土屋薫·스가 유키코須賀由紀子, 2019, '지역을 떠받치는 사회관계자본 형성구조의 구축-마을을 걸음으로써 지역에 대한 애착의식의 배양을 향하여' 『에도가와대학 정기간행물』 29: 305-313.

시노하라 다다시篠原匡, 2014, 『가미야마프로젝트의 미래 작동방식을 실험한다』 닛케이BP사.

시라이 고코로白井 こころ, 2013, '오키나와현민의 사회참가 활동과 지역 귀속의식-오키나와현에 있어서의 Social Capital과 Social Determinants of Health에 대한 고찰' 안도 요시미安藤由美·스즈키 노리유키鈴木規之 編저 『오키나와의 사회구조와 의식-오키나와종합사회조사에 대한 분석』 규슈대학출판회: 149-185.

시마네현, 2012, 『헤이세이 24년 시마네의 인구이동과 추계인구』.

——, 2015, 『시마네현 인구비전』.

——, 2015, 『마을·사람·일자리와 창생 시마네현 종합전략』.

——, 2016, 『시마네종합발전계획』.

——, 2020a, 『시마네현 인구 시뮬레이션 2020』.

——, 2020b, '레이와 2년 시마네의 인구이동과 추계(속보)'.

시마네현립오키노젠고등학교, 2019, '고교매력화프로젝트'(2019년 12월 5일 취득, https://www.dozen.ed.jp/miryokuka/).

시마다 아키후미嶋田暁文, 2016a, '「마스다 리포트」 재고찰-「지방자치단체 소멸」론과 그것에 기초한 처방전은 바람직한 것인가?' 『지방자치 후쿠오카』 60(0): 3-20.

——, 2016b, '아마정에 있어서 지역만들기의 전개 프로세스-「사례」도 「표본」도 없이 실천 주체에 의한 「반성적 대화」의 소재로서' 『자치총연통권』456: 1-34.

시마즈 구니히로島津邦弘, 2012, 『산골마을로부터의 소식-주고쿠中国산지 2010-2012』 계수사.

시미즈 료淸水亮, 2008, '「축소사회」와 지역사회의 현재' 지역사회학회『축소사회와 지역사회의 현재-지역사회학이 무엇을 어떻게 물어야 할 것인가』 하비스트사: 3-8.

시미즈 마사토淸水昌人, 2001, '최근의 인구이동 이유' 『인구문제연구』 57(1): 8-24.

시미즈 히로유키淸水洋行, 2010, '테마별 연구동향NPO·자원봉사' 『사회학평론』 61(1): 69-78.

—— 시미즈 고키치淸水宏吉, 2014, 「'관계의 격차'가 학력 격차를 낳는다」 亜紀書房.

—— 다카다 이치히로高田一宏·스즈키 이사무鈴木勇·지넨 아유무知念涉·나카무라 아키히토中村瑛仁·후루타 미키古田美貴·岡邑衛오카무라 에이·야부타 나오코薮田直子, 2010, 'Ⅰ. 사회관계자본과 학력-관계격차 가설의 재검토' 『일본교육사회학회대회발표요지모음집』(62): 368-373.

시바야마 기요히코柴山淸彦·단게 히데아키丹下英明, 2010, 'Innovation을 일으키는 이방인의 시각―다양성이 가져오는 혁신을 실현하기 위한 제조건' 『일본정책금융공고논문집』 8: 53-73.

시바타 가즈코柴田和子, 2006, 「'외지인'이 실시하는 마을만들기와 지역주민」 『류코쿠대학제사회문화연구소정기간행물』 8: 5-17.

시시카와 시노부椎川忍·오다키리 도쿠미小田切徳美·히라이 타로平井太郎·일반재단법인 지역활성화센터·일반사단법인 이주교류추진기구, 2015, 『지역부흥협력대-일본을 활기차게 하는 60인의 도전』 학예출판사.

시오미 나오키塩見直紀, 2013, 『반농반X라고 하는 생존방식의 결정판』 치쿠마서점.

시오하라 요시카즈塩原良和·이가라시 야스마사五十嵐泰正·야마기타 데루히로山北輝裕·아다치 사토시安達智史·이나즈 히데키稲津秀樹·다니무라 가나า谷村要·구쓰와다 류조轡田竜蔵, 2011, '특집 글로벌리제이션 이동·정주' 『사회학평론』 4: 83-95.

시키다 아사미敷田麻実, 2005, '외지인과 협동하는 지역만들기의 가능성에 관한 연구' 『江淳の久爾(에누노쿠니)』 50: 47-85.

관계인구의 사회학

——, 2009, '외지인과 지역만들기에 있어서의 그 역할에 관한 연구' 『국제광고미디어·관광학저널』(9): 79-100.

——, 2010, '외지인과 함께 만들어가는 사회로-지역만들기에 있어서 담백한 관계와 끈근한 관계' 『개발 공보』: 10-11.

신카이 히데유키新海英行, 2013, '지역의 Empowerment와 주민의 주체형성-지역만들기는 사람만들기' 『나고야조단기대학연구 정기간행물』 35: 1-13.

신토 게이新藤慶, 2008, '시정촌 합병을 둘러싼 주민투표운동의 전개와 지역권력 구조의 변화-군마현 후지미촌을 사례로 해서' 『현대사회학 연구』 21: 1-17.

아다치 기요시安立淸史, 2008, 『복지NPO의 사회학』 도쿄대학출판회.

아다치 이쿠쓰네安達生恒, 1973, 『마을과 인간의 붕괴-농민에게 내일이 있는가』 삼일출판사.

아라라기 신조蘭信三, 1994, '도시이주자의 인구 환류(還流)-귀촌과 인구 유턴' 마쓰모토 미치하루通晴·마루키 게이스케丸木惠祐 편저 『도시이주의 사회학』 세계사상사: 165-198.

아라라기 유키코蘭由岐子, 1994, '지방인구의 향도이촌 현상' 마쓰모토 미치하루·마루키 게이스케 편저 『도시이주의 사회학』 세계사상사: 49-82.

아라타 마사후미新雅史, 2012, 『상점가는 왜 소멸되는가-사회·정치·경제지로부터 찾는 재생의 길』 광문사신서출판사.

아마정, 2014, '작은 섬의 지칠 줄 모르는 도전!' 『홍보 아마』 vol. 2-4.

——, 2015, '없는 것이 없다-낙도로부터의 도전, 최후미에서 최첨단으로』.

——, 2019, '아마정', 아마정 웹사이트(2019년 11월 12일 취득, http://www.town.ama.shimane.jp/about/gaiyo/).

——, 2019, '아마정 통계 데이터', 아마정웹사이트, (2019년 11월 12일 취득), http://www.town.ama.shimane.jp/about/tokei/).

아베 료스케阿部亮介·오다키리 도쿠미. 2015. '지방이주현상-마이니치신문·메이지대학합동 조사 참조' 『거버넌스』 vol. 168: 103-105.

아베 쓰요시阿部剛志·기타시타 유키喜多于悠貴. 2019. '고교존속·통폐합이 시정촌에 미치는 영향에 관한 일 고찰-시정촌의 인구동태로부터 본 고교존속·통폐합의 영향', 미쓰비시UFJ리서치&컨설팅웹사이트.(2019년 12월 4일 취득. https://www.murc.jp/wpcontent/uploads/2019/11/seken_191122_1.pdf).

아베 신다이阿部眞大. 2013. 『지방에 가득한 젊은이들-도시와 시골의 사이에 출현한 새로운 사회』 아사히신문출판사.

아사노 도모히코淺野智彦, 2006, 『(검증) 젊은이의 변모-잃어버린 10년 후에』 경초서적출판사.

—— 편저, 2009, 『젊은이와 아이덴티티』 일본도서센터.

아사노 도시히사淺野敏久, 1999, '지역 환경문제에 있어서의 현지인-내해南海간척사업을 사례로서' 『환경사회학연구』 5(0): 166-182.

아사노 요이치朝野洋一·데라사카 아키노부寺坂昭信·기타무라 요시유키北村嘉行 편저, 1988, 『지역의 개념과 지역 구조』 대명당출판사.

아쓰미 도모히데渥美公秀, 2012, '재해지역과의 관계로부터 광역 연대로' 『인간관계연구』 vol. 11: 1-12.

——, 2014, 『재해자원봉사』, 홍문당출판사.

아즈마 다이시東大史, 2014, '전 협력대원에 의한 실패의 본질 연구' 『계간 지역』 vol. 18: 29-33.

아즈마 히로키東浩紀, 2014, 『약한 연대-검색 단어를 탐구하는 여행』, 겐토샤幻冬舍.

——, 2017, 『Genronゲンロン0 관광객의 철학』, Genron출판사.

아지사카 마나부鰺坂学. 2011. '개발에 있어서의 중앙과 지방' 지역사회학회 『신판 키워드 지역사회학』 하비스트출판사: 282-283.

아카사카 노리오憲雄, 1992, 『이인론서설』 쓰쿠바출판사.

아카자와 가쓰히로赤沢克津·이나바 겐지稲葉賢治·세키 고헤이關耕平, 2009,'마을 활성화에 있어서 사회자본의역할에 관한 구조분석' 『농림업문제연구』 vol. 45(1): 1-13.

아키모토 리쓰오秋元律郞, 1966, '지역사회의 권력구조와 리더의 구성' 『사회학평론』 vol. 16(4): 2-19.

—— a. 1970. '지역권력구조와 시민운동' 『사회학평론』vol. 21(2): 39-49, 106.

—— b. 1970. '지방제도의 확립과정과 지역권력구조의 전개-사이타마현 지치부秩父의 사례' 『사회과학의 討究』 vol. 15(3): 155-192.

아키오 고야부小薮明生, 2009, '사회이론으로서의 퍼트남의 사회관계자본론에 대해서' 『사회학연보』 50: 53-67.

안도 요시미安藤由美·스즈키 노리유키鈴木規之 편저, 2012, 『오키나와의 사회구조와 의식-오키나와종합사회조사에 의한 분석』 규슈대학출판회.

야나기타 구니오柳田国男, 2017, 『도시와 농촌』 岩波書店.

야나이 마사야, 2017, '「외지인」에 의한 지역만들기의 특징과 과제에 대해서' 『도호쿠가쿠인대학교양학부 논문집』 178: 15-27.

야노 사토시矢野聡, 2010, '규범이론으로서의 Social Capital' 『행동계량학』 37(1): 69-76.

야다 도시후미矢田俊文, 2016, '국토형성계획제도의 의의와 과제-국토계획체계 재검토 논의를 추적한다' 『경제지리학연보』 62(4): 360-384.

—— 편저, 2005, 『지역구조론의 궤적과 전망』 미네르바서점.

야마구치 마사오山口昌男, 1975, 『익살의 민속학』 신조사.

—. 마쓰야마 가오루松山薫, 2015, '전후 일본의 인구이동과 젊은 인구이동의 동향'『도호쿠공익문과대학종합연구논문집』27: 91-114.

야마구치 야스후미山口泰史, 2016, '야마가타현 쇼나이지역에 있어서의 젊은 인구 유출과 부모세대의 의식'『지학地学 잡지』125(4): 493-505.

야마기시 토시오山岸俊男, 1998,『신뢰의 구조-마음과 사회의 진화게임』도쿄대학출판회.

—. 1999,『안심사회로부터 신뢰사회로-일본형 시스템의 미래』중앙공론신사.

야마다 마모루山田真茂留, 2017, '사회관계자본의 빛과 그림자-요약과 미래'『학술의 동향』2017. 9: 48-52.

야마다 사다도시山田定一, 2006, '지역산업의 진흥과 지원네트워크-비영리·협동의 시점을 근거로 해서'『개발논집』77: 87-112.

야마다 하루키山田晴義, 2011, '농촌이주에 의한 농촌재생을 위한 계획적 과제와 전망'『농촌계획학회지』29(4): 414-417.

야마모토 구마타로山本熊太郎, 1971,『고쓰의 지지地誌』고쓰시문화재연구소.

야마모토 노부유키山本伸幸·이노우에 마코토井上真·다치바나 사토ш 立花敏·야스무라 나오키安村直樹·오쿠다 히로노리奥田裕規·야스무라 나오키安村直樹·구보야마 히로후미久保山裕史, 1998, '인적 관계로부터 본 주고쿠中国지방 산촌의 현상과 전망-시마네현의 산촌마을을 사례로'『임업경제연구』44(2): 79-84.

야마모토 쓰토무山本努, 2014, '경계집락론에 대한 의문'『현립히로시마대학경영정보학부논문집』6: 113-123.

야마모토 신지山本信次, 2010, '시민참가·삼림환경 거버넌스론의 사정射程-삼림 자원봉사자의 역할을 중심으로해서'『임업경제연구』56(1): 17-28.

야마나카 아키山中亜紀, 2011, '「아메리카인」과 「외지인」과의 경계선-Lewis C. Lewin의 '네이티브 아메리카니즘'을 단서로 해서'『법정연구』78(3): 741-763.

야마모토 에이이치山本栄一, 1992, '과소지역활성화와 「내발적 발전론」'『경제학논구』46(1): 41-57.

야마모토 에이지山本英治, 1973, '60년대에 있어서의 지역 권력구조의 변화'『도시문제』64(12): 3-15.

야마시타 료헤이山下良平·호시노 사토시星野敏·구키 야스아키九鬼康彰, 2010, '조건불리지역에 있어서의 내발적 발전 요인과 추진체제에 관한 연구: 교토부 마이주루舞鶴시 스기야마杉山 마을을 사례로 해서'『농촌계획학회지』28: 375-380.

야마시타 무네토시山下宗利, 2006, '중심시가지의 활성화와 앞으로의 역할'『경제지리학연보』52(4): 251-263.

야마시타 유스케山下祐介, 2003, '사회적 네트워크와 지역활성화'『인문사회논총』9: 171-184.

—. 2010, '전후 일본사회의 세대와 이동-과소·과밀의 생성과 귀결'『일본 도시사회학회 연보』28: 1-25.

—. 2012, '이동과 세대로부터 보는 도시·촌락의 변화-전후 일본사회에 있어서의 광역시스템 형성의 관점으로부터'『사회학평론』62(49): 428-441.

—. 2014,『지방소멸의 덫』치쿠마출판사.

—. 스가 마시호菅磨志保, 2006, '자원봉사의 육성과 조직화' 이와자키 노부히코岩崎信彦·야자와 스미코矢澤澄子 감수『지역사회의 정책과 거버넌스』東信堂: 230-244.

야마우치 나오토山内直人, 2005, 'Social Capital과 지역재생'『CEL』73: 3-8.

—. 2006, 'Social Capital의 관점에서 커뮤니티 재생을 생각한다'『지역정책연구』34: 57-64.

—. 아즈마 가즈히로東一洋, 2006, 'Social Capital을 지역재생에 어떻게 활용할 것인가'『사람과 국토 21』31(6): 12-15.

—. 2016,『축충縮充하는 일본-'참가'가 만들어 내는 인구감소 사회의 희망』PHP연구소.

야마우치 미치오山内道雄, 2007,『낙도발 생존을 위한 10가지의 전략』NHK출판.

—. 이와모토 유岩本悠·다나카 데루미田中輝美, 2015,『미래를 바꾼 섬 학교-오키도젠발 고향 재부흥에 대한 도전』이와나미서점.

야마우치 유타카山内裕·히라모토 다케시平本毅, 2016, '조직화에 있어서의 주체와 객체의 상호반응성Reflexivity-투석치료의 민속방법론 Ethnomethodology'『조직학회대회논문집』4(2): 69-80.

—. 사토 나오佐藤那央, 2016, '서비스 디자인의 재검토-상호주관성으로부터의 시각'『마케팅 저널』35(3): 64-74.

야마자키 료山崎亮, 2012,『마을의 행복론-커뮤니티 디자인으로부터 생각한다』NHK출판.

야마자키 요시히토山崎義人, 2017, '어떻게 살고, 어떻게 이어지도록 해야 할까' 야마자키 요시히토山崎義人·사쿠마 야스토미佐久間康富 편저『계속 살아가는 마을을 만든다-교류·이주·오가며 꿋꿋하게 살아남는 지역』학예출판사: 13-23.

야마키 가즈나리八巻一成·쓰지 류헤이辻竜平·지노 쓰네히데芽野恒秀·후지사키 히로유키藤崎浩幸·하야시 마사히데林雅秀·히야네 아카리比屋根哲·가나자와 유스케金澤悠介·사이토 아케미齊藤朱未·시자키 시게미쓰紫崎茂光·다카하시 마사야高橋正也, 2014, '과소지역의 지역만들기를 지탱하는 인적 네트워크-이와테현 가즈마키정葛巻町의 사례'『일본삼림학회지』96(4):

관계인구의 사회학

221-228.

야마타케 신지山竹伸二, 2011, 『'인정받고 싶다'의 정체-승인불안의 시대』講談社.

야베 타쿠야矢部拓也, 2006, '지역경제와 마을 부흥' 이와자키 노부히코岩崎信彦·야자와 스미코矢澤澄子 감수 『지역사회의 정책과 거버넌스』동신당: 88-102.

────. 와타도 이치로渡戸一郎, 니시야마 시보西山志保, 2011, '총설분권총설分権과 자치' 지역사회학회 『신판키워드 지역사회학』하비스트사: 222-227.

야스후쿠 에미코安福恵美子, 2000, '투어리즘의 사회적·문화적 영향-투어리스트와 호스트의 이문화 접촉을 중심으로' 『이문화 커뮤니케이션 연구』 12: 97-112.

야쓰기 신이치八木信一·세키 고헤이関耕平, 2019, 『지역으로부터 생각하는 환경과 경제-적극적인 환경 경제학입문』有斐閣.

야자키 게이타로矢崎慶太郎, 2017, '신뢰: 사회학의 기초전제와 Social Wellbeing 조사 결과의 검토' 『Social Wellbeing 연구논문집』 3: 9-31.

에다히로 준코枝廣淳子, 2018, 『지방경제를 다시 창조한다-분석·진단·대책』이와나미서점.

에사키 유지江崎雄治, 2007, '지방권 출신자의 유턴 이동' 『인구문제연구』63(2): 1-13.

────. 아라이 요시오荒井良雄·가와구치 다로川口太郎, 2000, '지방권 출신자의 환류이동-나가노현 및 미야자키현 출신자의 사례-' 『인문지리』52(2): 80-93.

엔도 다케시遠藤健·오키 기요타케沖清豪, 2017, '지방에서 고교생의 진로선택 특성과 요인-『후쿠시마현 고교생 조사』의 분석' 『와세다교육평론』 31(1): 101-115.

엔도 도모미遠藤知巳 edit, 2010, 『플랫 컬처-현대 일본의 사회학』세리카출판사.

엔도 히데키遠藤英樹, 2018, '투어리즘·모빌리티 연구의 의의와 논점' 『간사이가쿠인대학사회학부 정기간행물』(128): 9-20.

엔에이치케이(NHK)스페셜 취재반, 2017, 『축소 일본의 충격』講談社.

오가와 다케오小川全夫, 1990, '어번 엑소더스인가 루럴 르네상스인가-사회학적 관점에서 본 인구 이동의 변화' 『농림통계조사』 40(9): 13-16.

────. 1996, '도시·농촌 교류의 역사와 지금까지의 성과-지속적인 교류를 위하여' 『농림통계조사』 46(11): 4-10.

오구마 에이지小熊英二 편저, 2012, 『헤이세이사』河出書房新社.

오기노 다쓰시荻野達史, 2006, '새로운 사회문제와 사회운동-학교를 가지 않음, 히키코모리, NEET를 둘러싼 민간 활동' 『사회학평론』 57(2), 311-329.

오기노 료고荻野亮吾, 2013, '「사회관계자본론」의 사회교육연구에 대한 응용가능성' 『도쿄대학대학원 교육학연구과 정기간행물』 53: 95-112.

오노 다케시大野剛志, 2010, '지역활성화 운동에 있어서의 신규참여자의 입장과 역할-홋카이도 가미카와군 시모카와정 『시모카와산업클러스터 연구회』의 실천을 사례로 해서' 『현대 사회학연구』 3(0): 19-37.

오노 아키라大野晃, 2001, '조건불리지역 농업의 현상과 지역재생을 위한 주체형성-한랭지 산촌·홋카이도 쓰베쓰정의 사례' 『상학논찬(論纂)』42(6): 1-39.

────. 2009, '산촌마을의 현상과 집락재생의 과제' 아키쓰 모토키秋津元輝 편 『집락재생-농산촌·낙도의 실정과 대책』농산어촌문화협회,45-87.

오노 히로아키尾野寛明 편저 『로컬에서 살고 Social에서 일한다』농산촌문화협회, 6-22.

────. 2015, 『로컬지향의 시대-일하는 방식의 산업경제를 생각하는 단서』광문사.

오노 히사大野久·시게가키 마도카茂垣まどか·미요시 아키코三好昭子·우치지마 카에이内島香絵, 2004, 'MIMIC모델에 의한 아이덴티티의 실감으로서의 충실감의 구조 검토' 『교육심리학연구』 52(3): 320-330.

오니마루 마사아키鬼丸正明, 2007, '소셜캐피털-스포츠론의 가능성' 『히토쓰바시대학 스포츠연구』 26: 33-40.

오다 마코토小田亮, 2007, '현대사회의 「개인화」와 친밀성의 변화-개인의 대체불가능성과 공동체의 향방' 『일본 보통사람 문화 정기간행물』 26: 156-188.

오다키리 도쿠미小田切徳美, 2008, '농산촌 지역재생의 이미지' 『농업과 경제』 74(5): 51-62.

────. 2009, 『농산촌재생-「한계마을」문제를 넘어서』이와나미서점.

────. 2014, 『농산촌은 소멸하지 않는다』이와나미서점.

────. 2018, '관계인구의 미래-배경·의의·정책' 『거버넌스』 202: 14-17.

────. 2019, '농산촌의 동태- 지금 왜 「프로세스 중시」인가' 오다키리 도쿠미小田切徳美·히라이 다로平井太郎·즈시 나오야図司直也·쓰쓰이 가즈노부筒井一伸 『프로세스 중시의 지방창생-농산촌으로부터의 전망』쓰쿠바출판사: 2-9.

────. 쓰쓰이 가즈노부筒井一伸 편저, 2016, 『전원회귀의 과거·현재·미래-이주자와 창조하는 새로운 농산촌』농산어촌문화협회.

오리타 지노스케折田仁典, 1989, '과소문제와 과소지역의 지역이미지에 관한 기초적 연구' 『토목계획학 연구·논문집』 7: 203-210.

오사와 마사치大澤真幸, 2015, 『사회시스템의 생성』홍문당. 次世代 教員養成センター

────. 2019, 『사회학사』講談社.

오시마 유지로小嶋祐伺郎, 2018, '타자와의 만남이 일어나는 「심층학습」에 관한 일고찰-「타자 관계성의 재구축」에 관한 도덕수업의 실천으로부터' 『차세대 교원양성센터 연구 정기간행물』 4: 139-145.

오야마다 신小山田晋·하세베 다다시長谷部正·기타니 시노부木谷忍·야스에 히로유키安江紘幸·이토 마키코伊藤まき子, 2012, '동일본대지진 재해부흥을 위한 외지인의 관계방식에 관한 윤리학적 연구' 『농업경제연구 보고』 43: 15-36.

오에 모리유키, 1995, '국내 인구분포 변동의 코호트 분석-도쿄권으로 인구 집중 프로세스와 장래 전망' 『인구문제연구』 51(3), 1-19.

오제키 에리노小瀬木えりの, 1994, '홍콩에 있어서의 중국인 고용주 필리핀인이 정부의 관계에 관한 고찰-역할을 둘러싼 창발적 관계형성과 경계유지에 관해서' 『교토사회학연보』 2: 57-78.

오카다 겐오岡田憲夫, 1997, '지식기술의 집적·전파과정으로 본 과소지역의 활성화에 관한 연구-돗토리현 치즈정의 사례' 『토목학회논문집』 562: 47-55.

――, 2015, '해바라기 시스템을 탄생시킨 도토리현 치즈정 지역부흥 사례의 마을만들기-인구감소·저출산고령화에 적응하는 사회시스템의 디자인' 『JP종합연구 리서치』 31: 40-54.

――, 가와라 도모카즈河原利和, 1997, '교류시대에 있어서 중산간지역의 외부자 참여과정에 관한 실증적 연구-해비턴트(habitant) 개념의 예증' 『실험사회심리학연구』 37(2): 223-247.

――, 고바야시 세이지小林清司·다카노 히로시高野博司, 1989, '과소지역의 커뮤니티 활성화에 관한 기본적 분석' 『토목계획학연구·강연집』 12: 151-158.

――, 고바야시 요시小林潔司·기타오 준北尾淳, 1990, '외부자의 참여가 산촌과소지역에 주는 활성화 효과에 관한 연구' 『토목계획학연구·강연집』 3: 161-168.

――, 스기며 슌오杉万俊夫, 1997, '과소지역의 활성화에 관한 연구 퍼스펙티브와 그 분석의 접근방법-커뮤니티 계획학을 향해서' 『토목학회논문집』 562(Ⅳ-35): 15-25.

오카다 마미코岡田真美子 編, 2008, 『지역재생과 네트워크 툴로서의 지역통화와 협동의 공간만들기』 昭和堂.

오카다 미치오奧田道大 編, 1999, 『강좌사회학4-도시』 도쿄대학출판회.

오카모토 노부유키岡本伸之 편저, 2001, 『관광학 입문』 有斐閣.

오카자키 요이치岡崎陽一·스다 토미須田トミ, 1969, '전후 인구 이동의 동향' 『인구문제연구』 109: 53-64.

오쿠다 다로奧田太郎·가고시 가즈키篭橋一輝 編, 2019, 『Stranger Ethics-사람은 〈외지인〉의 무엇을 두려워 하는 것인가?』 남산대학사회윤리연구소.

오타야 히로아키帯谷博明, 2002, '댐건설 계획을 둘러싼 대립의 구조와 그 변화-운동·네트워크의 형성과 수익·수고에 주목해서' 『사회학평론』 53(2), 197-213.

오하시 쇼이치大橋昭一, 2008, '관광과 Social Capital-관광지의 전략주체 형성을 위한 기본적틀의 연구' 『간사이대학상학논집』 53(5): 45-64.

온다 모리오恩田守雄, 2011, '상호지지의 지역만들기-시마네현 하마다시 아사히초의 조사' 『유통경제대학 사회학부논총』 22(1): 23-75.

와카바야시 미키오若林幸夫, 2000, 『도시의 비교사회학』 이와나미서점.

와카하라 유키노리若原幸範, 2005, '농촌의 내발적발전과 핵심멤버의 의식형성' 『사회교육연구』 23: 73-91.

――, 2007a, '지역만들기 주체의 형성과정' 『일본사회교육학회 정기간행물』 43: 83-92.

――, 2007b, '농촌에서의 내발적 발전 담당자 형성과정' 『교육사회연구』 25: 39-49.

――, 2009, '농촌에 있어서의 네트워크형 지역만들기 주체형성' 『홋카이도대학대학원 교육학연구원 정기간행물』 107: 157-177.

와타나베 가오루渡部薫, 2006, '도시의 변화와 문화자본-활동의 창발과 네트워크에 의한 문화의 창조' 『문화경제학』 5(2): 55-71.

와타나베 마치코渡辺真知子, 1985, '전후에 있어서의 국내인구 이동의 새국면-경제저성장 시기로의 인구학적 적응의 한 측면' 『미타三田학회잡지』 78(1): 40-68.

와타나베 사토小渡辺諭, 2016, '마을과 사람의 흐름을 바꾼 창업지원' 마쓰나가 게이코松永桂子·오노 히로아키尾野寛明 편저 『로컬에서 살고, Social에서 일한다』 농산어촌문화협회: 58-70.

와타나베 유리渡部友里, 2016, '오카야마현 가사오카笠岡제도에 있어서의 이주자의 특성과 생활의 현상' 『지역지리연구』 22(1): 16-26.

와타나베 히로미渡辺啓已, 2003, '역사적 농산촌 환경의 보전과 지역재생' 『일본수의축산대학연구보고』 52: 29-33.

와타베 나나渡部奈々, 2011, 'Putnam의 Social Capital론에 관한 비판적 고찰' 『사학연론집』 18: 135-150.

요네야마 히데타카米山秀隆, 2012, '빈집 급증의 진실-방치·붕괴·한계 맨션화를 막아라』 니혼게이자이출판사.

――, 2018, 『축소 마을만들기-성공과 실패의 갈림길』 시사통신사.

요네자와 가즈히코米沢和彦, 2002, '지방자치행정과 지역활성화-「마을만들기」 「마을부흥」의 계보와 전망' 스즈키히로시鈴木広 감수 『지역사회학의 현재』 미네르

바서점: 238-251.

요시노 히데키吉野英岐, 2006, '전후 일본의 지역정책' 이와사키 노부히코岩崎信彦·요자와 스미코矢澤澄子 감수 『지역사회의 정책과 거버넌스』 東信堂: 5-22.

요시다 마사유키吉田昌후, 2004, '사회제도로서 시장과 기업활동과의 상호보완성-Hayek·Kirzner·Harper의 시장=기업가론으로부터' 『경제학연구』 54(2): 221-237.

요시다 모토하라吉田基晴, 2018, 『본사는 시골에 두는 게 가장 좋다』 講談社.

요시무라 다카시吉村隆·기타야마 아키오北山秋雄, 2010, '중산간지역에 사는 주민의 Social Capital에 관한 연구-집단 농업활동에 의한 Social Capital 양성의 가능성 검토' 『신슈信州 공중위생잡지』 5(1): 58-59.

요시무라 아야吉村彩·히로타 준이치広田純一, 2006, '지역만들기에 있어서 지역주민의 주체형성 프로세스와 그 요인' 『농촌계획학회지』 25: 305-310.

요시미 마사히코妙見昌彦, 2015, '셔터거리 상점가의 재생-상점가 재생의 사례로부터' 『일본경제대논집』 44(2), 209-227.

요시미 순야吉見俊哉,2009, 『포스트전후사회』 이와나미서점.

요시카와 노보루吉川登, 1985, '지역 권력구조의 비교연구-지역 정치연구의 새로운 시각을 찾아서' 『고난甲南대학 정기간행물 문학편』 59: 1-16.

요시카와 미치히로吉川光洋, 2010, '농촌지역으로의 이주자 증가와 역사적 변천-U·J·턴의 개념의 발생과 정책적대응' 『지역협동-지역협동연구소 연보』 7: 1-26.

요시타케 사토시吉武聡, 2006, 'Community Business에 의한 지역재생의 가능성에 관한 고찰-Social Capital과의 관계에 관하여' 『일본 지역정책 연구』 4: 175-182.

요시하라 나오키吉原直樹, 2008, 『모빌리티와 시장-21세기 도시공간의 뒤바뀜』 도쿄대학출판회.

우노 시게키宇野重規, 2010, 『『나私』 시대의 민주주의』 이와나미서점.

──, 2007, Mobilities, Cambridge: Polity Press.(요시하라 나오키吉原直樹·이토 히로타카伊藤嘉高 역, 2015, 『모빌리티즈 이동의 사회학』 작품사.)

우메하라 유타카梅原豊, 2013, '지역 공공인재의 육성과 그 육성-교토부에서의 도전' 이마가와 아키라今川晃·우메하라 유타카梅原豊 編 『지역 공공인재를 육성한다-마을만들기를 담당하는 사람들』 법률문화사, 37-52.

우쓰노미야 기요히토宇都宮浄人, 2015, 『지역재생 전략-'교통마을만들기'라고 하는 접근방법』 쓰쿠바출판사.

우에노 신야上野眞也, 2004, '조건불리지역의 구조와 정책분석(1)-질적 비교분석에 의한 마을존립 조건의 연구' 『구마모토 법학』 : 105: 1-46.

우에다 히로후미上田裕文·고리야마 아야郡山彩, 2016, '지역만들기에 관한 주민의 행동변화 프로세스와 외지인

의 역할-홋카이도 슷쓰寿都정에서의 대학프로젝트 사례로부터' 『농촌계획학회지』 35(5): 398-403.

우자와 히로후미宇沢弘文, 2000, 『사회적 공통자본』 이와나미서점.

우치노 스미코内野澄子, 1990, '전후 일본의 인구이동 변동' 『인구문제연구』 194: 16-34.

우치다 류조内田隆三 編, 1998, 『정보사회의 문화 2개의 이미지 속의 사회』 도쿄대학출판회.

우치야마 다카시内山節, 2010, 『공동체의 기초이론-자연과 인간의 기층으루부터』 농산어촌문화협회.

우치코시 아야코打越綾子, 2014, '외지인이 지역주민으로부터의 신뢰를 얻는다: 호감을 받기 위한 전략' 『Wildlife Forum』 18(2): 12-13.

우카이 고조鵜飼孝造, 2000, '네트워크론' 우스이 다카시碓井崧·마루야마 데쓰오丸山哲央·오노 미치쿠니大野道邦·하시모토 가즈유키橋本和孝 『사회학의 이론』 有斐閣: 205-219.

유학렬劉鶴烈·센가 유타로千賀裕太郎, 2002, '주민주도형 마을만들기의 태동기 태태에 관한 고찰-후쿠시마현 이나촌 오오모모지구大桃地区를 사례로 해서' 『농촌계획학회지』 21, 193-198.

윤효진尹孝鎭·미무라 히로시三村浩史·Lim Bon, 1990, '전출 시기별로 유형화된 지방도시 출신자의 고향회귀 의식 구조-쓰야마시 공영주택계획에서 보는 U턴 세대용 주택정책의 문제' 『도시계획 논문집』 (25): 745-750.

이가도 다카오井門隆夫, 2018, '2018년 여행트렌드 예측-「관광객」으로부터 「관계인구」로' 『니가타의 현재와 미래센터 월보』 531: 23-25.

이가라시 야스마사五十嵐泰正, 2011, '공간과 네트워크' 지역사회학회 『신판 키워드 지역사회학』 하비스트사: 164-165.

──, 가이누마 히로시開沼博 編, 2015, 『죠반센常磐線 중심주의(죠반센트리즘)』 河出書房新社.

이구치 다카히시井口隆史·이토 가쓰히사伊藤勝久·기타가와 이즈미北川泉, 1995, '중산간지역에 있어서의 농림업생산과 정주촉진정책에 관한 의향조사 분석(I) 중산간지역으로의 이주 가능성에 관하여' 『일본임학회지』 77(5): 421-428.

이나가키 후미히코稲垣文彦 외 著, 2014, 『재해부흥이 말하는 농산촌재생-지역만들기의 본질』 Commons.

이나바 게이신稲場圭信, 2017, '종교사회학에 있어서의 재해 자원봉사 연구의 구축' 『재해와 공생』 1(1): 9-13.

이나바 요지稲葉陽二, 2004, '지역재생에 있어서의 Social Capital의 역할' 『개혁자』 529: 34-37.

──, 2007, 『Social Capital-「신뢰의 유대」로 해결하는 현대경제·사회의 제문제』 생산성출판.

──, 2011, 『Social Capital 입문』 중앙신서.

——. 후지와라 요시노리藤原佳典 편저, 2013, 『Social Capital로 해결하는 사회적 고립-중층적 예방책과 Social Business에 대한 전망』 미네르바서점.

이노우에 기미코井上公子, 2002, '지역복지의 새로운 전개와 주민의 성장-지역복지 관점으로부터 자녀양육서클의 사례를 통해서' 『리쓰메이칸산업사회논문집』 38(3): 201-213.

이노우에 다카시井上孝, 1991, '일본 국내의 있어서의 연령별 인구이동률의 지역적 차이' 『쓰쿠바대학 인문지리학연구』 15: 223-250.

이노우에 에마井上慧真, 2016, '이행 위기의 젊은이에 대한 지원의 형성과 변용-사회관계자본의 관점으로부터' 『사회학평론』 67(2): 222-237.

이노우에 준井上俊·이토 기미오伊藤公雄 편, 2008, 『자기·타자·관계』 세계사상사.

이노우에 히데지로井上秀次郎, 2008, '변혁주체 형성론의 현대적 탐구' 『동방학지』 37(1): 97-108.

이누마루 아쓰시犬丸淳, 2017, 『지자체 파탄의 재정학』 일본경제평론사.

이다 데쓰야飯田哲也, 1991, 『퇴니이스 연구—현대사회학의 원류』 미네르바서점.

이다 야스유키飯田泰之·이리야마 아키에入山章栄·가와사키 가즈야스川崎一泰·기노시타 히토시木下斉·하야시 나오키林直樹·구마가이 도시히토熊谷俊人, 2006, 『지역재생의 실패학』 광문사.

이다테 다카아키伊達晃·시키다 아사미敷田麻実·사카무라 게이坂村圭, 2018, '커뮤니티의 관계성에 주목한 외지인의 특성에 관해서' 『지식공창』 8: V6-I-6-7.

이마가와 아키라今川晃, 2013, '사람의 힘을 생각한다' 이마가와 아키라今川晃·우메하라 유다카梅原豊 편 『지역공공인재를 육성한다-마을만들기를 목표로 하는 사람들』 법률문화사: 1-12.

이마이 사치히코今井幸彦 편저, 1968, 『일본의 과소지대』 이와나미서점.

——. 우메하라 유다카梅原豊 편, 2013, 『지역 공공인재를 육성한다-마을만들기를 담당하는 사람들』 법률문화사.

이사가이 요시노리飯盛義徳, 2014, '지역만들기에 있어서의 효과적인 플랫폼 설계' 『일본정보경영학회지』 34(3): 3-10.

이소다 노리히코 磯田則彦, 2009, '고등교육기관으로의 진학이동과 도쿄 대도시권으로의 인구집중' 『후쿠오카대학인문논총』 41(3): 1029-1052.

——. 1993, '1970년대·1980년대에 있어서의 지역간 인구이동-주고쿠지방을 예로 해서' 『인문지리』 45(1): 24-43.

——. 2015, 『지역만들기의 플랫폼-관계를 만들어 창발을 낳는 구조만들기』 학예출판사.

이시구로 이타루石黒格, 2018, '아오모리현출신자의 사회

관계자본과 지역간 이동의 관계' 『교육사회학 연구』 102: 33-55.

——. 이영준·스기우라 히로아키杉浦裕晃·야마구치 게이코山口惠子, 2012, 『도쿄로 나가는 젊은이들-일·사회관계·지역 간 격차』 미네르바서점.

이시다 미쓰노리石田光規, 2017, '〈연결되는 지역〉을 실현시키는다' 『談 : speak, talk, and think』 110: 27-34, 37-50.

이시다 히데다카石田英敬·요시미 준야吉見俊哉·Mike Featherstone, 2015, 『미디어도시』 도쿄대학출판회.

이시야마 노부타카石山恒貴 편저, 2019, 『지역과 느슨하게 연결하자!-제3의 공간과 관계인구의 시대』 시즈오카신문사.

이시이 마코도石井まこと·미야모토 미치코宮本みち子·아베 마코토阿部誠 편, 2017, 『지방에 사는 젊은이들-인터뷰로부터 보여지는 일·결혼·생활의 미래』 旬報社.

이시자카 도쿠노리石阪督規, 2002, '세토나이 과소지역의 고령자 생활과 他出家族-히로시마현 과소산촌의 조사사례로부터' 『인문논집』 19: 31-44.

——. 미도리가와 나나緑川奈那, 2005, '과소지역의 고령자와 타지역 출신자-미에현 기이나가시마정의 조사 사례를 통해서' 『인문논총』 22: 111-128.

이시즈카 히로石塚浩, 2006, '지식창조에 있어서의 사회관계자본의 역할' 『정보학저널』 1: 1-13.

이시카와 도시하루石川利治, 2016, '공업단지의 입지와 생산활동 구성의 이론적 분석' 『경제연구소 Discussion Paper』(268).

이시카와 요시타카石川義孝, 1986, '전후에 있어서의 국내 인구 이동' 『지리학평론』 51: 433-450.

이와시타 아키히로岩下明裕 편저, 2017, 『국경관광-관광으로 지역을 만들자』 홋카이도대학출판회.

이와자키 노부히코岩崎信彦·스미코 야자와矢澤澄子 감수, 2006, 『지역사회 정책과 거버넌스』 東信堂.

이주·교류추진기구, 2019, '이주란 좋은 것도 있다!!모르면 손해보는 전국 자치단체 지원제도 2019판', 이주·교류 추진기구 웹사이트(2019년11월17일 취득, https://www.iju-join.jp/feature_exp/071.html).

이즈미 데쓰히코和泉徹彦, 2014, '아동의료비지원의 사회적 영향-정령지정도시 및 도쿄도의 덧셈(加算)을 생각한다' 『가에쓰대학연구논집』 56(2): 21-37.

이즈미 히로시和泉浩, 2015, '지역의 회복탄력성에 있어서의 Social Capital과 기억-동일본대지진 후의 지역 커뮤니티에 관한 논의를 근거로' 『아키타대학 교육문화학부연구 정기간행물』 70: 9-20.

이토 도시야스伊藤敏安, 2002, '지방에 있어서 '국토의 균형있는 발전'이란 무엇인가' 『지역경제연구』 14: 3-21.

이토 미도리伊藤美登里, 2015, '사회학사에 있어서의 개인과 사회-사회학 과제의 변화와 이를 위한 이론적 격

투' 스즈키 무네노리 편저 『개인화되는 리스크와 사회』 勁草書房, 27-58.

일본농업신문 취재반, 2019, 『젊음의 힘』 일본농업신문.

일본정책금융공고종합연구소, 2016, 『지역경제의 진흥과 중소기업』 同友館.

주고쿠산지편집사中國山地編輯舍, 2019, 『모두가 함께 만드는 주고쿠산지中國山地』.

주고쿠신문사, 1967, 『주고쿠산지中国山地(상)』 미래출판사.

———, 1968, 『주고쿠산지中国山地(하)』 미래출판사.

중의원, 2019, '과소지역대책긴급특별조치법', 중의원웹사이트,(2019년 11월 4일 취득, http://www.shugiin.go.jp/internet/itdb_housei.nsf/html/houritsu/0631 9700424031.htm).

———, 2019, '과소지역진흥특별조치법', 중의원웹사이트,2019년 11월 4일 취득, http://www.shugiin.go.jp/internet/itdb_housei.nsf/html/housei/h147015.htm).

———, 2019, '과소지역활성화특별조치법', 중의원웹사이트,(2019년 11월 4일 취득, http://www.shugiin.go.jp/internet/itdb_housei.nsf/html/houritsu/11819900331015.htm).

즈시 나오야図司直也, 2012, '농산촌에 있어서의 지역 Support 인재의 역할과 수용지역에 요구되는 관점' 『JC총연総研 Report』 23: 23-29.

———, 2014a, '젊은이는 왜 농산촌으로 향하는 것인가-「사토야마里山」 자원이 창출하는 생업만들기의 가능성' 『지역개발』: 11-14.

———, 2014b, 『지역 서포트 인재에 의한 농촌재생』 쓰쿠바출판사.

———, 2019, '프로세스 중시의 「사람」 육성-농산촌의 미래를 개척하는 사회혁신가의 성장' 오다키리 도쿠미小田切徳美·히라이 다로平井太郎·즈시 나오야図司直也·쓰쓰이 가즈노부筒井一伸 『프로세스 중시의 지방창생-농산촌으로부터의 전망』 쓰쿠바출판사: 28-44.

지노 마사토千野雅人, 2012, '인구감소사회 「원년」은 언제인가?', 총무성통계국 웹사이트, (2019년 11월 1일 취득, http://www.stat.go.jp/info/today/009.htm).

지역사회학회, 2008, 『축소사회와 지역사회의 현재-지역사회학은 무엇을 어떻게 물어야 하는가』 하비스트출판사.

———, 2009, 『축소사회에있어서의지역재생』, 하비스트출판사.

———, 2011, 『지역사회학의 최신 키워드』, 하비스트출판사.

진류강(陳瑠紅), 2014, '1970·80년대 일본의 사회변동-학력사회론에 초점을 맞춰서' 『모모야마 가쿠인대학사회학편집』 vol 48(1): 115-142.

총무성総務省, 2014, '다이쇼 9년 국세조사', 정부통계

포털사이트,(2019년 12월 2일 취득, https://www.e-stat.go.jp/stat-search/files?page=1&layout=datalist&toukei=00200521&tstat=000001036875).

———, 2016, 『주민기본대장 인구이동보고 2015년 결과』.

———, 2018, '앞으로의 이주·교류시책의 실상에 관한 검토회 보고서-'관계인구'의 창출을 위하여』.

———, 2019a, '과소대책의 현상과 과제', 총무성웹사이트, (2019년 11월 4일 취득, http://www.soumu.go.jp/main_content/000513096.pdf).

———, 2019b, '헤이세이27년 국세조사', 총무성통계국웹사이트, (2019년 12월 2일 취득, https://www.stat.go.jp/data/kokusei/2015/kekka.html).

———, 2019c, '지역부흥협력대', 총무성웹사이트, (2019년 11월 2일 취득, http://www.soumu.go.jp/main_content/000717586.pdf).

———, 2019d, '「관계인구」란?', 관계인구포털사이트,(2021년 2월 12일 취득, http://www.soumu.go.jp/kankeijinkou/).

———, 2019e, '헤이세이 2년도~헤이세이 29년도 우량사례표창 일람', 총무성웹사이트, (2019년 11월 4일 취득, http://www.soumu.go.jp/main_sosiki/jichi_gyousei/c-gyousei/2001/kaso/h17hyousyouichiran.html).

———, 2020, '모델사업개요', 관계인구포털사이트,(2020년 12월 30일 취득, https://www.soumu.go.jp/kankeijinkou/discription/index.html).

플래티넘구상네트워크, 2019, '제1회 플래티넘 대상 최종심사 발표회·심사결과' (2019년 11월 12일 취득, http://www.platinum-network.jp/pt-taishou2013/ceremony.html).

하기와라 슌이치萩原俊一, 2008, '방법의 관점에서 지역재생-Social Capital소셜 캐피털의 구조와 이용을 염두하고』 『현대복지연구』8: 101-122.

하라다 다모쓰原田保(편),2001, 『지식의 이단과 정통』 신평론.

하라다 아키라原田彰, 1989, '학력과 지역이동-현피유출에 관한 사례연구』 『교육사회학연구』24: 113-125.

하라다 요헤이原田曜平, 2010, 『요즈음의 젊은이는 왜 안 되는가』 광문사.

하루나 마모루春名攻·다케바야시 미키오竹林幹雄·야마다 고우이치로山田幸一郎·나메리가와 스스무滑川達·미야하라 다카히로宮原尊洋·오쿠무라 다카유키奧村隆之, 1998, '지방도시에 있어서의 도시정비사업실시계획의 책정과 그 합리성·타당성 평론을 위한 수리모델분석' 『건설매니지먼트연구논문집』6: 255-264.

하루타 준지春田淳志·니시고리 히로시錦織宏, 2014, '의료전문직의 타직종 연계에 관한 이론에 대해서' 『의료교육』45(3) : 121-134.

하마구치 게이코濱口惠子, 2004, '내발적 발전론 연구에 있어서 내발성의 재검토-주체형성 과정을 착안점으로해서' 『농림업문제연구』40(1): 70-75.

하마다 구니스케濱田国佑, 2019, '젊은이의 순종은 어떻게 생겨나는 것인가-불투명한 시대에 있어서의 권위주의적 태도의 구조' 요시카와 도오루吉川撤·하자마 료타로狹間諒多郎(편) 『분단사회와 젊은이의 현재』오사카대학출판회: 85-90.

하마다총무사무소·지역진흥과浜田總務事務所·地域振興課, 2002, 『하마타시浜田市·고쓰시江津市·사쿠라에정櫻江町·가나기정金城町·아사히정旭町·야사가무라촌弥栄村·미스미정三隅町에 있어서의 지연단체의 상황에 대해서』.

하바 구미코羽場久美子, 2011, '확대 EU에 있어서의 경계선과 시민권-유럽 정체성과 제노포비아(외지인 혐오)의 상극' 『사회지림志林』57(4): 35-53.

하세야마 도시로長谷山俊郎, 1981, '경영주체의 형성과정과 지역농업진흥에 관한 실증적 고찰' 『동북농업시험장 연구보고』 63: 161-209.

──, 1996, 『지역활력향상의 디자인-그 사람과 조직』 농림통계협회.

하스미 오토히코蓮見音彦, 1990, 『고뇌하는 농촌-국가정책과 농촌사회의 변화』 유신당有信堂.

하시모토 교지橋本恭之·기무라 마코토木村真, 2015, '유바리시에 있어서의 공영사업公営事業과 국보사업国保事業의 현상과 과제' 『간사이대학경제논문집』 64(3·4): 303-321.

하시모토 사토루橋本理, 2007, '지역의 주체형성과 공영정책公共政策의 역할-나가노현의 사례를 중심으로' 『지속가능한 사회와 공공정책』 189-222.

하야시 나오키林直樹. 2010a. '과소마을에 남아있는 고령자의 생활' 하야시 나오키林直樹·사이토 스스무齋藤晋(편저) 『철회하는 농촌전략-과소지역으로부터 시작하는 전략적 재편』학예출판사: 21-27.

──, 2010b, '적극적인 철회의 기초' 하야시 나오키林直樹·사이토 스스무(편저) 『철회하는 농촌계획-과소지역으로부터 시작되는 전략적 재편』학예출판사, 78-83.

──. 사이토 스스무(편저), 2010, 『철회하는 농촌계획-과소지역으로부터 시작하는 전략적재편』학예출판사.

하야시 야스요시 林泰義, 2008, '주민자치와 NPO, 그리고 지자체의 새로운 관계' 『커뮤니티 정책』 6(0): 52-75.

하자마 에미코狹間恵三子, 2010, '지역의 주체형성과 네트워크의 전개로부터 본 지역활성화의 다이나미즘 연구-고베시 신가이치地域과 오키나와시의 마을만들기를 사례로' 『지역경제학연구』 24: 78-98.

하치야 다이하치峰屋大八, 2017, '쓰루미 가즈코의 내생적 발전론을 통한 지역만들기 주체형성 검토' 『메이케이茗溪사회교육연구』8: 15-28.

하루바세 다쓰야白波瀬達也, 2017, '빈곤과 지역-아이린지구로부터 바라보는 고령화와 고립나』 중앙공론신사.

하타모토 유스케畑本裕介, 2010, '한계집락론의 비판적 검토-지역진흥으로부터 지역복지로-야마구치시 도쿠지德地지역의 고령자생활조사를 중심으로' 『야마구치현립대학 인간복학부정기간행물』 5: 1-15.

하토리 게이로服部圭郎, 2009, 『도로정비사업의 대죄-도로는 지방을 구할 수 없다』 양천출판사.

호리우치 시로堀内史朗, 2011, '커뮤니티 형성에 투자하는 중개인의 특성-에이전트·베이스·모델에 의한 분석' 『이론과 방법』 26(1): 51-66.

호보 다케히코保母武彦, 1996, 『내발적 발전론과 일본의 농산촌』 이와나미서점.

호시노 사토시星野敏, 2002, '마을계획 만들기에 대한 의욕과 그 규정요인, 고베시 북구 K지구 마을만들기 앙케이트 조사를 근거로 해서' 『농촌계획학회지』 21: 133-138.

혼다 유키本田由紀, 2009, 『교육의 직업적 의의-젊은이, 학교, 사회를 연결한다』 치쿠마서점.

혼마 요시히토本間義人, 2007, 『지역재생의 조건』 이와나미서점.

후루마야 다다오古廐忠夫, 1997, 『우라니혼裏日本-근대 일본을 다시 묻는다』 이와나미출판사.

후루키 도시아키古城利明(감수), 2006, 『글로벌리제이션·포스트모던과 지역사회』 동신당.

후지노 히로after藤野寛, 2006, '주체성이라고 하는 이념과 그 한계' 『다카사키高崎경제대학논집』 48(3): 203-211.

후지모토 노부요시藤本信義·구스모토 유지楠本侑司·미쓰하시 노부오三橋伸夫, 2000, '전원이주를 촉진하는 주거환경 정비의 공적 지원에 관한 연구' 『농촌계획논문집』 2: 115-120.

후지야마 이치로藤山一郎, 2014, '외부자의 역할을 둘러싼 「커뮤니티 디자인」과 「참가형 개발」의 비교 연구' 『리쓰메이칸국제지역연구』 40: 91-107.

후지야마 히로시, 2015, 『전원회귀 1% 전략-지방이 사람과 일자리를 되찾는다』 농산어촌문화협회.

후지와라 겐고藤原健固, 1979, '집합의식' 『중앙대학 교양논총』19(4): 603-622.

후지와라 마사고藤原眞砂, 2012, '시마네현의 젊은층 인구이동에 관한 연구 서설-대학 등 진학자의 향도이동의 정확한 파악을 목적으로' 『종합정책논총』(34): 53-71.

후지와라 미쓰오藤原三夫·다루미 아키垂水亜紀, 2005, '임업 신규취업자의 유형과 전출자의 특성-에히메현의 제3섹터 임업회사를 대상으로 해서' 『임업경제연구』 51(2): 67-74.

후지이 다키藤井多起·오카다 마유岡田麻由·후지와라 미쓰오藤原三夫, 2009, '농산촌이주-농림업 취업희망자의 속성과 의향' 『임업경제연구』 55(1): 87-98.

후카사와 히로키深澤弘樹, 2013, '지역미디어의 의의와 역할-「관계」와 「당사자성」의 관점으로부터' 『해석사회학의 연구』 45: 73-95.

후쿠다 게이코福田惠子·사토 토요노부佐藤豊信·다타이 히사시駄田井久, 2007, '지역만들기의 계속적 참가에 관한 요인분석-활동자의 공헌과 효용의 향수라는 관점으로부터' 『농촌계획학회지』 26(2): 76-85.

후쿠다게 다다시福武直(編), 1965a, 『지역개발의 구상과 현실〈제1〉 백만도시 건설의 환상과 실태』 도쿄대학출판회.

——, 1965b, 『지역개발의 구상과 현실〈제2〉 신산업도시에 대한 기대와 현실』 도쿄대학출판회.

——, 1965c, 『지역개발의 구상과 현실〈제3〉 공업도시화의 대차대조표』 도쿄대학출판회.

후쿠오카 다카마사福岡賢昌, 2014, '오부세정小布施町의 관광마을만들기와 지역브랜드 아이덴티티' 『주몬지학원 여자대학 단기대학부 연구 정기간행물』45: 39-60.

후타가미 히로시二神弘, 1971, '지방 중소도시에 있어서의 젊은 인구의 환류현상' 『지리학평론』 44: 47-51.

후생노동성, 2015, 『후생노동백서』.

——, 2017, '헤이세이 28년 국민생활기초조사 개황', (2019년 11월 4일 취득, https://www.mhlw.go.jp/toukei/saikin/hw/k-tyosa/k-tyosa16/dl/16.pdf).

히구치 마사키樋口真己, 2005, '대학과의 연계에 의한 시민학습활동의 전개-지쿠호우筑豊무라오코시·지역만들기 세미나를 사례로 해서' 『세이난조가쿠인대학 정기간행물』 9: 83-93.

히노마사키日野正基, 2013, '중산간지역에 있어서 이주자의 현상과 과제-이주자의 가계수지의 관점으로부터' 『농촌계획학회지』 32(3): 360-363.

히다 다이지로樋田大二郎, 2015, '낙도·중산간지역 고등학교의 지역인재 육성과 지역 내 외지인'-시마네현의 '낙도·중산간지역의 고교매력화·활성화 사업의 사례로부터' 『아오야마가쿠인대학교육학회 정기간행물』 59: 149-162.

——. 히다 유이치로樋田有一郎, 2015, '사회관계자본과 지역자원의 이·활용에 의한 지역인재육성-시마네현 낙도·중산간지의 고교매력화·활성화사업의 도전' 『아오야마가쿠인대학교육인간과학부 정기간행물』 6: 1-20.

————, 2018, 『인구감소사회와 고교매력화 프로젝트-지역인재육성의 교육사회학』明石書店.

히다 유이치로樋田有一郎, 2016, '인구감소 시대의 지방 군부郡部의 고교교육 변화-학교지식의 변화와 매력화(학교)코디네이터 제도에 주목해서' 『와세다대학대학원 교육학연구 정기간행물 별책』 24(1): 81-92.

히라마쓰 마코토平松誠·미타니 하루요三谷はるよ, 2017, '시민참가를 활성화시키는 지역이란-다수준분석을 활용한 지역특성의 효과 검토' 『사회학』 62(2): 59-76.

히라오카 요시카즈平岡義和·다카하시 가즈히로高橋和宏, 1987, '지역 경제유형과 지역 권력구조' 『종합도시연구』 31: 55-70.

히라이 다로平井太郎, 2019, '프로세스 중시의 커뮤니티 만들기-존중과 연쇄와 서로 관계하기' 오다기리 도쿠미小田切徳美·히라이 다로平井太郎·츠시 나오야図司直也·쓰쓰이 가즈노보筒井一伸 『프로세스 중시의 지방창생-농산촌으로부터의 전망』 筑波書房: 10-25.

히라카와 다케히코平川毅彦, 1986, '도시주변부에 있어서의 지역주민 조직과 권력구조-삿포로시 교외 S연합초나이카이를 사례로 해서' 『사회학평론』37(2): 134-151, 269.

히라타 도루平田暢, 1993, '지역 권력구조의 네트워크 분석' 『와세다대학 교육학부연구 정기간행물 인문과학사회과학』 45: 1-12.

히로다 야스오広田康生, 2006, '테마별 연구동향(이민연구)-공생을 둘러싼 질서구조 연구를 위하여' 『사회학평론』 57(3): 650-660.

히로이 요시노리広井良典, 2011, 『창조적 복지사회-'성장' 후의 사회구상과 인간·지역·가치』 筑摩書房.

——, 2015, 『포스트 자본주의』 이와나미쇼텐.

히사시게 데쓰노스케久繁哲之介, 2010, 『지역재생의 함정-왜 시민과 지방은 풍요로와 질 수 없는가』 지쿠마서점.

——, 2018, 「관계인구⇔교류인구⇔정주인구」의 질(質)에서 정책을 창조한다-이바라기현편 (1)인구와 통행자의 양만 늘리는 정책의 실패를 이해한다' 『상점가 7가지 분류』 『지방행정』10796: 2-6.

영문 참고문헌 및 번역본

Bauman, Z., 2000, Liquid Modernity, Cambridge: Polity Press.(모리타 노리마사森田典正 역, 2001, 『리퀴드 모더니티-액상화하는 사회』 大月書店.)

Beck, U., 1999, World Risk Society, Cambridge: Polity Press(야마모토 데쓰 역, 2014, 『세계 위험사회』 법정대학출판국).

Florida, Richard L., 2008, Who's Your City? How the Creative Economy Is Making Where to Live: The Most Important Decision of Your Life: New York: Basic Books(이구치 노리오井口典夫 譯, 2009, 『혁신도시론-창조성은 마음이 편한 장소를 요구한다』

다이아몬드사.)

Giddens, A., 1991, Modernity and Self-Identity: Self and Society in the Late Modern Age, Cambridge: Polity Press(아키요시 미토秋吉美都·안도 다로安藤太郎·쓰쓰이 준야筒井淳也 역, 2005, 『모더니티와 자기 정체성-후기 근대에 있어서의 자기와 사회』 하비스트사.)

——, 1986, The Constitution of Society: Online of the Theory of Structuration, Berkeley: Univ. of California Pr.(가도타 겐이치門田健一 역, 2015, 『사회의 구성』, 경초서적출판사.)

Gillmor, Dan, 2010, Mediactive Morrisville: Lulu Press. (다이라 가즈히로平和博 역, 2011, 『당신이 미디어!-소셜 신시대의 정보기술』 아사히신문출판).

Jung, Soonok, Sasaki, Mitsuo, 2007, 'Glocal Marketing Based on Social Capital and Cultural Identity,' Nihon University Journal of Business, 76(4): 35-40.

Kawamura Nozomu and Takahashi Kazuhiro and Sakoda Kosaku, 1986, 'Community Power Structure ; A Japanese Case Study,' Comprehensive Urban Studies, 28: 173-203.

Lin, Nan, 2001,Social Capital: A Theory of Social Structure and Action, Cambridge: Cambridge University Press.(쓰쓰이 준야筒井淳也·이시다 미쓰노리石田光規·사쿠라이 마사나리桜井政成·미와 사토시三輪哲·도키 지카코土岐智賀子 訳, 2008, 『Social Capital-사회구조와 행위의 이론』 미네르바 쇼보.)

Putnam Robert D., 1993, Making Democracy Work: Civil Traditions in Modern Italy, Princeton: Princeton University Press.(가와다 준이치河田潤一 역, 2001, 『철학하는 민주주의-전통과 개혁의 시민적 구조』NTT출판.)

——, (ed.), 2000, Bowling Alone: The Collapse and Revival of American Community, New York: Simon & Schuster.(시바우치 야스후미柴内康文 역, 2006, 『홀로치는 볼링-미국 커뮤니티의 붕괴와 재생』柏書房.)

——, 2006, Our Kids: The American Dream in Crisis, New York: Simon & Schuster.(시바우치 야스후미柴内康文 訳, 2017, 『우리 아이들-미국에서의 기회 격차 확대』창원사.)

Scott, N./Baggio, R./Cooper, C., 2008, Network Analysis and Tourism: from Theory to Practice, Clevedon: Cannel View Publications.

Simmel, G., 1909, '다리와 문 Brücke und Tür', (기타가와 사키코北川東子 편역·스즈키 다다시鈴木直 역, 1999, 『짐멜 모음집Simmel Collection』 치쿠마서

점: 90-100.)

——, 1992, Soziologie: Untersuchungen uber die Formen der Vergesellschaftung, Georg Simmel Gesamtausgabe, Bd.11, Berlin: Suhrkamp.(이야스 다다시居安正역, 1994, 『사회학』 상·하, 白水社.)

Sumner, William G., 1959 (1906), Folkways: a study of the sociological importance of usages, manners, customs, mores, and morals, New York: Dover Pub.(아오야기 기요타카青柳清孝·소노다 교이치園田恭一·야마모토 에이지山本英治 역, 1975, 『Folkways』 아오키서점.)

The International Bank for Reconstruction and Development, The World Bank, 2001, World Development Report 2000/2001: Attacking Poverty, New York: Oxford University Press.(니시카와 준西川潤·이가라시 도모코五十嵐知子 역, 2020, 『세계개발보고 2000·2001-빈곤과의 싸움』 Springer· Verlag 도쿄.)

Urry, J., 2000, Sociology Beyond Societies: Mobilities for The Twenty-First Century, London: Routledge.(요시하라 나오키吉原直樹 감역監訳, 2006, 『사회를 초월하는 사회학』 호세이대학출판회.)

Ward, Neil, and Atterton, Jane, and Kim, Tae-Yoen, and Low, Philip, and Philipson, Jelemy, and Tompson, Nicola, 2005, 'Universities, the Knowledge Economy and 'Neo-Endogenous Rural Development', CRE Discussion Paper 1: 1-15.(안도 미쓰요시安藤光義·오다키리 도쿠미小田切徳美 역, 2011, '대학·지식경제·「네오 내발적발전」' 안도 미쓰요시安藤光義·Philip Lowe 編 『영국 농촌에 있어서의 새로운 지평』 농림통계출판, 189-211.)

William, F., White, 1993=1952, Street Corner Society: the social structure of an Italian slum, Chicago: University of Chicago Press.(오쿠다 미치히로奥田道大·아리사토 노리미쓰有里典三 역, 2000, 『Street Corner Society』.)

관계인구의 사회학

감사의 글

외지인이 오르기에는 너무나도 높은 산이 아닐까. 오사카대학대학원 인간과학연구과 박사후기과정에 진학한 내가 우선 느낀 것이었다.

사회학적으로 관계인구를 정의하고 지역재생에 맡은 역할을 분명히 하는 것은 현역의 저널리스트, 즉 아카데미아에 있어서 외지인이 정면 돌파하기에는 난이도가 높은 테마라고 지금에 와서는 생각됩니다. 그러나 외지인이다 보니 산의 높이를 알지 못하고 오르기 시작한 것이 가능했을지도 모릅니다. 아직 일본에서는 많다고는 말할 수 없는 아카데미즘의 문법을 배운 저널리스트가 되고 싶다고 하는 생각도 배경에 있었습니다.

간신히 박사논문 제출과 본서의 출판까지 이르게 된 것은 오사카대학대학원 인간과학연구과의 선생님들을 비롯해 많은 분들의 덕분입니다.

요시카와 선생님은 박사 전기(前期)과정에 이어서 지도교수를 맡아주셨습니다. 요시카와 선생님의 스타일은 알기 쉬운 답을 즉석에서 제시하기보다 질문을 통해서 생각을 심화하기 위한 보조선을 그려 준 것처럼 생각됩니다. 그 질문은 본질적이어서 제대로 이해하는 것이 힘들 때도 있었지만 그렇기 때문에 힘이 됐던 부분도 있었던 것으로 생각합니다. 고향이 같다는 장점도 있어서 논문지도 시기에는 시마네와 관련된 화제도 공유할 수 있어서 뵙는 것이 즐거움이기도 했습니다. 지도교수를 보조하며 심사에 참여했던 부사(副査) 가와바타 아키라川端亮선생님, 다카야 사치高谷幸 선생님도 언제나 따뜻한 시선으로 염려해주며 박사논문에 직접 도움이 되는 조언뿐만 아니라 사회학의 매력과 어려움도 가르쳐 주셨습니다. 또 대학원의 선배였던 하시쓰메 히로토橋詰裕씨, 히라마쓰 마코토平松誠씨는 사정을 몰라 불안했던 대학원 생활이나 논문 집필을 친절히 도와주었습니다.

새삼스럽지만 오사카대학대학원에서 공부할 수 있었던 것을 자랑스럽게 생각합니다. 그런 까닭에 오사카대학출판회에서 출판할 수 있는 것은 더할 나위 없는 기쁨입니다. 적확한 코멘트로 원고 고치는 것을 지도해준 편집자 반도 시오리板東詩おり씨에게도 많은 도움을 받았습니다. 진심으로 감사드립니다. 그럼에도 본서에 부족한 점이 있다고 한다면 그것은 전적으로 집필자인 저의 책임입니다. 아직 불충분한 것이 많아 실수 등을 포함해서 문제점을 지적해 주시면 다행으로 알겠습니다.

그 밖에 메이지대학의 오다키리 도쿠미 선생을 좌장으로 하는 일본협동조합연계기구(JCA)의 도시·농촌공생사회창조연구회의 멤버인 모든 분들에게도 대단히 많은 신세를 졌습니다. 연구회는 매회 지적(知的) 자극으로 충만하고 박사논문의 피와 살이 된 것은 물론, 다수의 유익한 조언을 아끼지 않았습니다. 더욱이 돗토리대학의 쓰쓰이 가즈노부筒井—伸 선생님, 오타니대학의 도쿠다 쓰요시德田剛 선생님도 적극적인 조언에 나서 주셔서 이를 통해 중요한 영감을 얻는 것이 가능했습니다.

무엇보다도 바쁜 와중에 조사에 시간을 할애해 주신 시마네현 아마정과 같은 현의 고쓰시, 가가와현 만노정 분들의 협력이 있었기 때문에 마무리 짓는 것이 가능했습니다. 조사에서는 대상자의 생각이나 내력을 알게 되고, 마음이 흔들리는 일도 없지 않았습니다. 정말로 감사했습니다. 평소 유형·무형으로 힘이 되어 준 가족과 파트너, 주고쿠中国 산지를 비롯한 전국 각지의 동료와 여기에 이름을 거론할 수 없을 만큼 많은 분들에게도 더불어 감사하는 마음뿐입니다.

관계인구를 둘러싼 최근의 상황은 '붐'이라고 말할 수 있는데 내가 가슴 설레며 기대했던 무렵과는 차이가 나는 것을 느끼지 않을 수 없습니다. 다만 말은 살아있는 것이고 그 시대를 살고 있는 사람들에 의해서 만들어지는 것이라고 생각하면 갖는 의미나 이미지는 시대와 더불어 변화하는 것이 당연합니다. 종장의 마지막에서도 언급한 바와 같이 앞으로 관계인구라고 하는 말 자체가 계속 변해가는 것일지도 모릅니다.

그렇지만 인구감소시대, 즉 인적자원에 제한이 있다고 하는 제약이 전제가 되는 시대에 있어서 지역에 사는 사람들뿐만 아니라 외부의 사람들과도 힘을 합쳐서 살아갈 필요성도 높아지고 있다고 생각합니다. 사람이 줄더라도, 사람 수가 적더라도 행복한 지역사회를 어떻게 만들어갈 것인가, 우리들은 커다란 질문의 초입에 서 있는 것은 아닐까요?

2021년 2월 다나카 데루미

색인

관계인구의 사회학

관계인구의 사회학 인구감소 시대의 지역재생
関係人口の社会学 人口減少時代の地域再生

발행일   2024년 1월 20일 초판1쇄
지은이   田中輝美(다나카 데루미)
옮긴이   김기홍
커버/도표 제작 Yuuri Mikami
펴낸곳   한스하우스

등 록   2000년 3월 3일(제2-3033호)
주 소   04559 서울특별시 중구 마른내로12길 6
전 화   02-2275-1600
팩 스   02-2275-1601
이메일   hhs6186@naver.com

ISBN 978-89-92440-66-0 (03330)   값 27,000원

『関係人口の社会学－人口減少時代の地域再生』(田中輝美)
KANKEI JINKO NO SHAKAIGAKU－JINKO GENSHO JIDAI NO CHIIKI SAISEI
Copyright © 2021 by Terumi Tanaka
Original Japanese edition published by Osaka University Press, Japan
Korean edition published by arrangement with Osaka University Press.
through Japan Creative Agency Inc., Tokyo and BC Agency, Seoul

* 잘못 만들어진 책은 구입하신 곳에서 바꾸어 드립니다.